FRAU
UND
PFERD

KLAUS FERDINAND HEMPFLING

FRAU UND PFERD

TANZEN ZWISCHEN
DEN WELTEN

KOSMOS

kosmos Bücher • Videos • Kalender • Experimentierkästen •
Spiele • Seminare
Natur • Garten und Zimmerpflanzen • Heimtiere • Astronomie •
Pferde & Reiten • Kinder- und Jugendbücher • Eisenbahnen/
Nutzfahrzeuge
Informationen sendet wir Ihnen gerne zu:
KOSMOS Verlag · Postfach 106011 · 70049 Stuttgart · Telefon 0711-2191-0 ·
Fax 0711-2191-4 22

Schutzumschlag: Friedhelm Steinen-Broo, eSTUDIO CALAMAR,
unter Verwendung von Fotos des Autors

Mit 57 Illustrationen von Claudia Messmer nach Vorlagen des Autors

Die Deutsche Bibliothek – CIP-Einheitsaufnahme

Hempfling, Klaus Ferdinand:
Frau und Pferd : Tanzen zwischen den Welten / Klaus Ferdinand
Hempfling. [Ill.: Claudia Messmer nach Vorlagen des Autors]. –
Stuttgart : Kosmos, 1999
    ISBN 3-440-07652-0

1999, Franckh Kosmos Verlags-GmbH & Co., Stuttgart
Alle Rechte vorbehalten
Printed in Germany/Imprimé en Allemagne
ISBN 3-440-07652-0
Satz: Fotosatz Reinhard Amann, Aichstetten
Herstellung: Die Herstellung, Stuttgart
Druck und Bindung: Friedrich Pustet, Regensburg

INHALT

EINFÜHRUNG   7

PROLOG – ZUR VORBEREITUNG

Ein vergessener Seismograph?   20
Das Ziel verfehlt?   25
Ein gewaltiger Schritt   31
Verletzlichkeit und Identität   43
Die freie Wahl?   56

KAPITEL 1
DER WEG ZURÜCK

Wo sich die Geister scheiden   66
Das Resultat ist immer gleich   82
Einstieg zum Leben?   91
Der Weg des einzelnen   112
Verdorbene Schöpfung?   118
Bastarde?   132
Ein Wald ohne Wild   150

KAPITEL 2
DAS DURCHBRECHEN – AUF DEN SPUREN DER PFERDE

Diplomatie des Ursprungs   186
Wie eine gigantische, unsichtbare Blase?   191
Von der Angst und den fünf Steinen   223
Buchstabe, Mythos, Wort   229
Die Befreiung   234
Das Pferd in der Urquelle   263
Die Frau in der Urquelle   280

KAPITEL 3
DIE KONSEQUENZEN

Der Weg des Mannes	304
Der Weg des Menschen	323
Der Weg der Frau	334
Ein Urmensch sieht den »Westen«	342
Frau und Pferd – Letztes Zeichen einer entwurzelten Welt?	364
Frau und Pferd – Erstes Zeichen für einen neuen Beginn?	382
Die Welt im Spiegel von Frau und Pferd	397

Verzeichnis der zitierten Literatur	420
Quellennachweis	423

EINFÜHRUNG

Soeben habe ich die letzten Zeilen von »Frau und Pferd« geschrieben. Ich habe eine Reise zurückgelegt und beendet, von der ich zu Beginn nicht ahnte, wie weit sie mich führen würde und wie aufregend, wie dramatisch, wie abgelegen, wie zerklüftet oder wie unbeschreiblich lieblich, wie schroff oder wie sanft, ja zärtlich ich die einzelnen Abschnitte dieses Weges erleben würde. Es war eine Reise der Extreme.

Immer wieder, wenn ich einige Seiten geschrieben hatte, nahm ich meine Gitarre oder setzte mich ans Klavier, um zu versuchen, das Geschriebene, das Erlebte in ein Lied zu verwandeln, in eine kleine Melodie. Denn sind es nicht oft überwältigende Emotionen, die uns tief berühren, wenn wir einer ergreifenden Musik, einer einfachen, zärtlichen Melodie lauschen? Da wird etwas erzählt, eine Art Geschichte ohne Worte. Und doch ist es wie eine Reise auf festem Boden, mit Abschnitten, Formen, Höhen und Tiefen. Nichts ist konkret – aber das gefühlvolle Mitschwingen in uns ist dennoch real, bewegend und echt.

Das alte Quellentum berichtet von einem Sein, von einem Leben, in dem jede, auch die winzigste, ja die scheinbar unbedeutendste Handlung, auf einem solch starken, gefühlsmäßigen, ja »melodischen Erlebnisteppich« ruht. *Die Urrätsel der Welt, sagen die Alten, seien niemals zu lösen, versuche der Mensch nicht, sein tägliches Dasein in dieser Erfülltheit zu begründen.* Nicht ein einziger Augenblick dürfe verstreichen, der sich in nur automatischem und mechanischem Funktionieren verlöre.

Und zwei Wesen seien es, so die Alten, die mehr als alle anderen von dem einen wie von dem anderen künden: *Frau und Pferd!*

Von alledem, von diesen Urrätseln, von jenem »Feuer der Kinder« in ihnen, von dieser *Musik des Lebens* und von dem Verwurzeltsein in ursprünglichsten Lebenszusammenhängen handelte meine Reise, handelt dieses Buch.

Doch an den Beginn dieser Reise von »Frau und Pferd« denke ich mit gemischten Gefühlen zurück, denn die erste Hälfte des Weges, der »Aufstieg zum Gipfel des Berges«, war erschreckend hart. Jetzt, in der Rückschau, erscheint mir auch dieser anfängliche Teil in einem anderen Licht. In diesem vorliegenden Bericht aber kann und darf ich Ihnen diesen Teil nicht ersparen. Ich kann ihn nur begrenzt verkürzen, nicht beschönigen und nichts beschwichtigen. Nur versprechen kann ich dieses: Hätte mich meine Reise nicht auf einen Weg geführt, der gesäumt ist von den Lehren der Alten, von zum Greifen und Begreifen realen, handhabbaren, nachvollziehbaren Geschenken des Lebens, Schatztruhen ältester Quellen, zu denen dieses Buch auch die Leser zu guter Letzt führen wird, ich hätte es bei einem Lied belassen. So aber habe ich das Erfahrene in die Grenzen der Worte gedrängt, damit die Leserin, der Leser sie zum Schluß durchdringt und nichts weiter bleibt als die eigene Melodie.

Unsere reitenden Vorfahren, die Kelten, sie verstanden es noch zu singen, und zwar mit ihrem ganzen Sein. Um Druide zu werden, also ein Weiser, ein Priester, mußte der Adept eine Lehrzeit von bis zu 30 Jahren durchlaufen. Die Druiden weigerten sich, die ihnen gebräuchliche Schrift dafür zu benutzen, überliefertes Wissen aufzuschreiben. Es wurde immer nur mündlich gelehrt, und zwar in der

Form des Gesanges, und es wurde singend vom Schüler rezipiert und erlernt. Das ist eine bemerkenswerte und in anderen Kulturen wiederzufindende Tradition. Wenn wir auch heute nur noch wenig von dem Gedankenschatz wissen, den sich diese Menschen von Generation zu Generation zugesungen haben, so ist das »Singen der Druiden« an sich schon ein Phänomen, aus dem sich viele wertvolle Schlüsse ziehen lassen.

Um dieses besondere Wissen aufnehmen und erlernen zu können, bedurfte es des ganz persönlichen, nahen menschlichen Kontaktes. Es bedurfte der gegenseitigen Sympathie und der vorherigen Akzeptanz eines Lehrers, um überhaupt die ersten Schritte tun zu können. Von Anfang an war eine Führung, ein vertrauenswürdiger Halt garantiert, der den Schüler genau so weit hinein führte in die für ihn neue, unbekannte Welt, wie es für seinen Werdegang vonnöten war. Aber eben niemals darüber hinaus! Wurde ihm zu einem bestimmten Zeitpunkt nur ein kleiner, erster Einblick in die großen Geheimnisse vermittelt, dann geschah das sicher nicht, weil man ihm einer ängstlichen, egoistischen Kleinheit wegen nicht mehr gönnte, sondern weil die Persönlichkeit immer *vor dem Wissen um die Geheimnisse reifen muß*. Das bloße »Wissen« läßt sich in seiner äußeren Struktur womöglich in wenigen Wochen übermitteln. Der Weg des durchdringenden Begreifens, des Wachsens und des Erfahrens der Urrätsel der Welt aber dauert Jahrzehnte. In der persönlichen Übermittlung wurde für all das Sorge getragen.

Das »Singen der Druiden« vermittelt uns aber noch mehr. Nicht nur gab es offenbar ein immenses Quellentum, das es weiterzugeben galt. Die bemerkenswerte Form der Übermittlung zeigt darüber hinaus die große Bedeutung, die von Anbeginn an der Individualität des

Schülers beigemessen wurde. Denn das bloße Quellentum ließe sich zweifelsohne auch sprechend übermitteln. Der Klang der Stimme, die Variation der Melodie, der »Gesang des Lebens« eben, ist auch ein Symbol dafür, daß alles Quellentum, alles von Anbeginn an Gefügte erst in der *Einmaligkeit des einzelnen Menschen, in der Stimme und Stimmung, die nur er ihm gibt, in der Melodie seines Lebens, in seinem ganz eigenen Ausdruck, in seinem »Tanz« aufersteht, ja zur wahrhaftigen Erscheinung neu geboren wird.* Die große Bedeutung des Lehrers, der Prozeß des Reifens, das vorsichtige, geführte, allmähliche Eindringen in die Ganzheit der Erscheinungen, die Förderung und Bewahrung aller Individualität als einziger Garant dafür, Lebendiges neu zu gebären, alles das liegt als wertvolle Erkenntnis in dem »Singen der Druiden« verborgen. Wie gesagt, dieses »Singen der Druiden« ist lange erloschen. Diese vorsichtige, behütete Form, einen neuen, schwierigen Weg tastend und vertrauensvoll zu beschreiben, gibt es in unserer Kultur nicht mehr. Aber die Urrätsel der Welt haben Bestand, solange diese Welt existiert. Es gab in jeder Zeit Möglichkeiten, daran anzuknüpfen, und – wie dieses Buch zeigen möchte – eben ganz sicher auch in unserer. Meine ganz persönliche Hinwendung zu den Pferden galt darum niemals nur ihnen allein, sondern vor allem auch den durch sie repräsentierten Geheimnissen menschlicher Existenz. *Zum ersten Mal berichte ich hier ganz unmittelbar von diesen Erfahrungen.*

Die Schüler jener Druiden, die Schüler jener alten Meister, hatten einen langen, schwierigen Weg vor sich. Auf diesem aber waren sie behütet und eingebettet in die Strukturen und Überlieferungen ihrer Kultur. Sie waren verbunden mit uraltem Quellentum, durch die Lehre und durch ihre Lehrer. Hatte sich in jenen Zeiten in einem

Menschen der Entschluß gefestigt, die Geheimnisse der Urrätsel wirklich zu erfahren, so nahm der Suchende erst einmal Abstand von seinen gewohnten Beziehungen. Er ging in die Abgeschiedenheit eines Lehrerkreises, um dann im Laufe seines Reifens sein Wesen mit dem »Ganzen« zu vereinen. Wie ein Satellit, wie ein Trabant, hat sich unsere Welt heute von diesen Daseinsformen losgelöst und entfernt. Sie ist eben von alledem »fortgeschritten«. *Damit ist sie aber auch zu einer gefährlichen Falle geworden für alle, die »hinter die Fassaden« blicken wollen.* Denn die größten Gefahren für jeden innerlichen, also an der Ursprünglichkeit des Lebens interessierten Menschen der westlichen Welt birgt nicht mehr der Weg selbst. Nicht auf dem Weg selbst kann man leicht scheitern, *sondern auf dem Weg zum Weg!*

Hier berühren wir eine Eigenart unserer Kultur, der man, davon bin ich überzeugt, allergrößte Beachtung schenken muß. Denn viele, die auf der Suche sind nach den Urrätseln dieser Welt, irren zunächst im »Niemandsland«, und allzu wenigen gelingt es, eine Richtung einzuschlagen, die dahin führt, wo z.B. der Druidenschüler von Anfang an war: in der sicheren Verbindung mit dem »Anderen«, mit den Quellen! Im Niemandsland kann aber niemand leben, und das Niemandsland ist unendlich groß. So besteht für den Suchenden die große und sehr ernst zu nehmende Gefahr, in eine Richtung abzugleiten, die ihn womöglich noch viel weiter von der Wahrheit entfernt, als es diejenigen sind, die er verlassen hat!

Das Pferd verbindet Himmel und Erde, und nie verläßt es das eine oder das andere – sagen die Weisen des Ostens. Durch die Geschichte der Menschheit hindurch bot es immer auch *Orientierung und Halt.* Denn es ist nie korrupt und es schmeichelt nie. So will dieses Buch auch mithelfen – vor dem unbestechlichen Hintergrund dieser »neuen alten Verbündeten« –, eine Ahnung, eine Vorstellung von diesen *längst »vergessenen« Pfaden* zu geben, bis hin zum Eintrittstor der vielen ganz persönlichen Wege zu den verborgenen Phänomenen, den Urrätseln dieser Welt.

In chinesischen Erzählungen und Überlieferungen findet sich eine sehr hilfreiche Parabel. Die Erzählung beschreibt einen Menschen, der, erschöpft und halb verdurstet, in der Wüste an eine Oase gelangt. Inmitten der Oase findet sich ein Brunnen. Nichts aber hat er zur Hand, um Wasser zu schöpfen. Er läßt einen Stein hinunterfallen, um die Tiefe des Wasserspiegels besser abschätzen zu können. Mit der Kraft, die ihm bleibt, beginnt er ein Seil zu knüpfen. Er verwendet alles Material, das er finden kann, und formt zum Schluß aus Holz einen Bottich zum Wasserschöpfen. Mit der letzten Kraft wirft er den Bottich, zusammen mit dem Seil, hinunter. *Das Seil knüpfte er 99 Meter lang, doch der Wasserspiegel ist 100 Meter tief!* Trotz aller Mühe, die er aufgewendet hatte, verdurstet der Mann schließlich kläglich über dem Brunnen. Die Geschichte endet mit dem Satz: »Es wäre besser gewesen, er hätte gar nicht erst angefangen.«

Das ist hart und tragisch, aber es ist wahr und es spiegelt das Leben, eben wie es sein kann in seiner Härte, in seiner Tragik. »Aber der Mann hatte doch alles versucht, es war eben Pech, eben Unglück, daß das Seil nicht ganz gereicht hatte, daß der Bottich den Wasserspiegel, das lebensrettende Wasser eben nicht ›durchbrochen‹ hat. Und woher soll man denn zu Beginn wissen, ob ›der Strick‹ zum Schluß lang genug ist oder ob möglicherweise ein Meter fehlt.« So oder ähnlich könnte man auf diese Geschichte reagieren. Und doch: Ist es Unglück, was diesem Menschen widerfahren ist? Die 99 Meter jedenfalls, dieses enorm lange Stück Seil nützt zum Schluß ebensoviel wie gar kein Seil, es nützt nämlich überhaupt nichts. Was aber fehlte diesem Seil? Ein ganzer Meter? Nein, dem 99 Meter langen Seil fehlte nicht ein ganzer Meter am Schluß, sondern jedem Zentimeter des langen Seiles fehlte ein Zehntel-Millimeter! Hätte jeder Zentimeter des Seiles einen Zehntel-Millimeter mehr gehabt, so wäre der Durchbruch gelungen. *Auf den einen Zehntel-Millimeter eines jeden Tages also kommt es an!* Nicht der Endspurt ist entscheidend, sondern das Ganze des Lebens, der Zehntel-Millimeter eines jeden Tages! Der eine Zentimeter ist sichtbar, ist viel womöglich, und doch fällt es relativ leicht, ihn zu knüpfen. Das Schwierigste, oft das fast Unmögliche ist der letzte Zehntel-Millimeter. Und von diesem berichten die Urrätsel der Welt. Die Summe der fehlenden, fast nicht sichtbaren Zehntel-Millimeter läßt jenen Mann schließlich über dem Wasser verdursten. *Die fehlenden Zehntel-Millimeter, die niemand in den Jahren ernst nimmt, über die man allenfalls lacht, die lassen den Menschen schließlich verdursten, sein Herz, seine Seele!* Hätte jener Mann gar nicht erst angefangen, er hätte seine Kräfte geschont und im Schatten eines Baumes einen halben oder ganzen Tag länger gelebt, jemand hätte ihn womöglich zuletzt noch finden können. Also lieber erst gar nicht anfangen? *Doch, natürlich, aber man muß eben schon im ersten Beginnen »zu Ende bringen«.* Denn wer ohne die (geheimen und verborgenen) Weisheiten der Welt aufbricht, so mahnen die Urquellen, der durchdringt eben nicht, ja, der kommt zum Schluß womöglich um. Das Wasser schließlich zu schöpfen ist das eine, das mag ein jeder tun, wie er will. Aber dorthin zu gelangen, zu jener tiefen erfüllenden Melodie des Lebens, das ist etwas ganz anderes. Dazu benötigen wir die verschütteten

Landkarten und Wegweiser einer anderen, unerkannten, ebenso ursprünglichen wie atemberaubenden Welt. Und der Ausgangspunkt unserer phantastischen Reise, unseres »Weges zum Weg«, ist darum ganz einfach dieser: *Das Zeitereignis von »Frau und Pferd« verweist uns auf eine Stelle, an der die »Kruste der Geschichte«, die sich über all das Verborgene gelegt hat, sehr dünn ist.* Dort können wir eindringen! Nutzen wir diese wunderbare Chance, viele Geheimnisse, so auch das Geheimnis um die fehlenden Zehntel-Millimeter, zu lüften!

Die Suche nach wahrer Identität und das Erfahren größter Verletzlichkeit, vor allem auf dem Weg dorthin, trennt das tägliche Erleben vieler Frauen, wie sich zeigen wird, auch noch heute von jenem ihrer männlichen Zeitgenossen. Doch vor dem unruhigen Hintergrund all der nicht verwurzelten Lebensbiographien des überwiegenden Teiles der »modernen Menschheit« verbinden sich beinahe lautlos und kaum bemerkt diese zwei Wesen: *Frauen und Pferde.* Wie wir sehen werden, durchbrechen sie außerordentlich bedeutsame Grenzen nahezu ohne jedes Aufsehen, *um auch allen anderen wovon zu künden?*

Die historisch, und daran wird wohl kaum jemand ernsthaft zweifeln, überwiegend Unterdrückten besteigen längst und weit in der Überzahl jenes nicht minder unterworfene und benutzte »Herren«-Wesen, jenen welt- und zeitumspannenden, mythischen, spirituellen wie realen Begleiter, der bis dato vorwiegend *männlichen Welt.* Lassen sich die Urrätsel der Welt neu entschlüsseln und verstehen, indem man einen eher indirekten, ungewohnten Blick auf sie wirft? Sie einfach wie in einem Spiegel betrachtet, z.B. im Spiegel dieser Unterdrückten? Und bilden diese Urrätsel, neu entschlüsselt, dann wiederum das Fundament, um eine der auffälligsten Erscheinungen unserer Zeit wirklich zu begreifen und zu erklären: Das Bündnis von Frau und Pferd?

Jene Melodie des Lebens scheint in vielen Bereichen der sogenannten »modernen Welt« gänzlich verstummt oder in einen kreischenden Schrei verwandelt zu sein. *Ist das Phänomen von Frau und Pferd auch eine Antwort darauf? Und liefert diese Antwort womöglich aufschlußreiche Erkenntnisse, auch für »die anderen«, also für diejenigen, die sich den realen Pferden nicht nähern wollen oder können? Kann man Leben vor diesen Hintergründen anders, ja wieder neu begreifen?* Ich gestatte mir, all diese Fragen schon jetzt mit einem klaren Ja zu beantworten. Der »Bericht meiner Reise«, dieses Buch, ist der Versuch, auf diese Fragen und auf die vielen, die sich daraus ableiten lassen, konkrete Antworten zu liefern!

Vieles davon wird Ihnen neu erscheinen, vieles auch ungewohnt, ja fremd. Aber: Wirkliches Erkennen kommt ja nicht durch das Ansammeln einzelner Teilaspekte, sondern vielmehr – in meinen Augen – aus dem Bemühen um eine Gesamtschau. Deswegen werden wir nun sehr behutsam die einzelnen Aspekte wie Perlen aneinanderreihen, in der richtigen Reihenfolge, um dann das Gesamte in den Händen zu halten ... eben ein »Seil«, das schließlich bis ganz hinunter reicht, um den Wasserspiegel zu durchbrechen. Die geheimnisvollen Urrätsel, die uns wie etwas Verborgenes, Unsichtbares umgeben, festgehalten in den ältesten Quellen, beschreiben Wege hinein ins Leben, die heute genauso gültig sind wie vor Tausenden von Jahren. Aber den Ausgangspunkt einer Reise muß ich kennen, mag auch der Weg ein Abenteuer und das Ziel noch unbekannt sein. Und indem ich zu Anfang dieses Buches das Bild zeichne von der Frau in der Welt, zeichne ich da nicht auch zwangsläufig ein ganz besonderes, gültiges, auch schonungsloses Bild dieser Welt überhaupt? Darum: Versuchen Sie doch, das wäre meine Bitte, beim Lesen vor allem diese große Gesamtschau im Auge zu behalten. So manche Einzelaspekte sind nicht um ihrer selbst willen angeführt, sondern stets, um den großen Bogen, den es zu spannen gilt, zu halten und zu stützen. Und auf diesen großen Bogen kommt es mir an, ... auf jenen verborgenen und zugleich alles durchdringenden Tanz zwischen den Welten. Wie der Regenbogen hat er einen Anfang und ein Ende, auch wenn man nicht immer beide sogleich erkennt. Er verbindet die Jahrtausende und viele Kulturen dieser Welt. Durchbrechen wir also die Kruste, da, wo sie am dünnsten ist.

Klaus Ferdinand Hempfling
Sant Miguel, Spanien, im Januar 1999

Man stelle sich vor: In einer Runde sitzen einige Menschen, die sich zu einem Vortrag versammelt haben zu dem Thema: »Abnehmen und Schlankbleiben«. Da der Vortragende noch nicht eingetroffen ist, tauschen sich die Wartenden untereinander aus ob ihrer Wunschvorstellungen und ob ihres Idealgewichtes. Der eine möchte fünf, der andere zehn, und sogar bis zu dreißig Kilogramm möchte jemand aus der Runde abspecken.

So vergeht die Zeit des Wartens. Schließlich öffnet sich die Tür und ein immens dicker Herr betritt den Raum. Beileibe, er ist der Dickste unter allen. Zielstrebig steuert er auf jenen Stuhl zu, der ganz offensichtlich dem Vortragenden bestimmt ist. Unter seinem Gewicht knarrt dieser, und die verwunderten Blicke der zum Vortrag Erschienenen heften sich stumm an jedes Kilogramm dieses Mannes.

»Ja, Sie wundern sich womöglich, daß ich einen Vortrag halte über das angekündigte Thema«, bricht jener jetzt das Schweigen. »Zweifelsohne bin ich der dickste Mensch in diesem Raum. Dennoch glaube ich, daß ich durchaus der Geeignete bin, einen solchen Vortrag zu halten. Denn ich wiege zwar weit über hundert Kilogramm, doch noch vor einem Jahr wog ich fast hundert Kilo mehr.«   KFH

PROLOG
ZUR VORBEREITUNG

»Es nützt nichts, daß Du wirbst. Unter Dir tanzt es nicht, lacht es nicht, spielt es nicht mehr. Nichts sucht Dich. ... Die Dressur ist beendet, aber das Leben ist dahin. ... Sieh, was Menschen aus Pferden machen. Die Menschen sind es, die das Leben zerbrechen. So zerbrechen sie auch das Leben im Pferde.«
RUDOLF BINDING

»Natürlich ist heute nicht mehr von einer ›Hierarchie‹ der Geschlechter die Rede, und keiner plädiert offen für das Patriarchat. Aber es ist, als sehnten sich viele nach einer höheren Ordnung, die wieder jeden Menschen an seinen Platz stellt.«
SPIEGEL, SEPTEMBER 1997

EIN VERGESSENER SEISMOGRAPH?

Wir befinden uns in Holland. Mein Gesprächspartner kommt direkt aus der Mongolei. Der drahtige, freundliche Mann ist hier, um an einem Projekt mitzuarbeiten, das die ehemaligen Wildpferde seiner Heimat wieder ansiedeln will. Von seinem Land sprechen wir, und fasziniert lausche ich dem Erben einer der gewaltigsten Pferdekulturen aller Zeiten. Er spricht ruhig, mit Bedacht, doch durch die Worte hindurch spüre ich dieses innere Feuer, das seine neuen und alten Geschichten mit prallem Leben erfüllt.

»Ja, heute ist das nicht mehr zu verstehen«, betont er schließlich, »selbst wir Mongolen dringen nicht mehr wirklich ein in die Geschichten unserer Vorfahren. Als sei etwas abgerissen – heute ist das nicht mehr einzuordnen, daß jemand auf der Stelle aus der lebenssichernden Gemeinschaft ausgestoßen, ja, ihm sogar der Kopf abgeschlagen wurde, wenn er ein Pferd schlug oder eine Frau belästigte.« Ich hatte in der Tat richtig gehört! Diese drastische Vergeltung, die Todesstrafe der grausamsten Art, galt nicht Mord, nicht Diebstahl, nicht dem Stören eines rituellen Kultes, nein: Sie galt dem Belästigen der Frauen und dem Schlagen der Pferde! Mich überraschte vor allem die Art und Weise, wie er dies erzählte – so als sei es das Selbstverständlichste der Welt, Gewalt gegen Frauen und das Schlagen von Pferden in diesem Zusammenhang in einen Topf zu werfen. Wenn die Mongolen also von einer glücklichen, wenn auch längst vergangenen Zeit sprechen, dann eben von einer, *in der Pferde nicht geschlagen und Frauen unter gar keinen Umständen belästigt wurden. War die Welt der Frauen und der Pferde »heil«, und zwar miteinander und zugleich, dann war die Welt auch als Ganzes heil.*

Was für eine seltsame und antiquiert scheinende Gleichung auf den ersten Blick. Doch wie wir noch sehen werden, ist sie in Wahrheit nicht nur hochkompliziert, sondern auch brandaktuell. Und wie wir weiterhin sehen werden, verbirgt sich dahinter so Gewaltiges, daß wir vor der tiefen Intuition der Mongolen ehrerbietig den Hut ziehen dürfen.

Auch in unserer Kultur gab es eine Zeit, als beides *miteinander* da war und *beides wie selbstverständlich zusammengehörte*: die tiefe Achtung vor der Frau und würdevoller Respekt für das Lebewesen Pferd. Es war die Zeit der Troubadoure, die Zeit der Gedichte, der Poeten und der Minnesänger, die Zeit der platonischen, zutiefst geistigen Form der Liebe. Es war die Zeit der Sagen um den heiligen Gral, um König Artus, um Parceval (Par = König, Ceval = Pferd, Parceval = Pferdekönig), die Zeit der Ritter und der Ritterlichkeit. Es war die Zeit der mythischen Verehrung jener Drachentöter zu Pferde, die wir vor allem von den St.-Georg-Darstellungen kennen. Auf diesen Bildern ist das Pferd zumeist ein graziles Geschöpf, mit üppig wallender Mähne, die Augen groß, ausdrucksvoll und oft weiblich akzentuiert, die Zügel durchhängend, sich freiwillig und ohne jeden Zwang dem Helden – immer einem Mann!? – mit seiner ganzen anmutigen Kraft anvertrauend.

Die Zeit der Troubadoure brachte sie zwar nicht zusammen, die Frauen und die Pferde, ganz und gar nicht – *aber sie behandelte sie gleich!* Wir werden sehen, was mit jenen Frauen geschah, die sich leibhaftig dem realen Pferd näherten. Dazu ausführlich später mehr – aber: *Mein mongolischer Freund und die Troubadoure bringen die Hochkultur einer Epoche ausdrücklich mit jenen zwei Wesen in Verbindung!* Sie nennen nicht Katze, Hund und Maus – sie nennen nicht den Mann – nicht einmal den Menschen als solches, nein, *sie benennen miteinander und zugleich das Pferd und die Frau!* Dieses Pendel, dieser »Zeiger« eines merkwürdig unbekannten Seismographen zeigt deutlich in eine Richtung. Was ist mit der anderen Seite dieser Skala? Ist der folgende Umkehrschluß auch möglich?

Sind Frauen und Pferde diejenigen, an denen sich auch der Niedergang einer Kultur zuerst erweist? Und läßt sich bei feiner Betrachtung nicht schon viel früher viel mehr ablesen? Sind sie, »Frau und Pferd«, so etwas wie der »Seismograph« einer jeden kommenden Zeit? Und warum sind sie dann gerade in unserer Zeit in einer Form miteinander, wie es nie zuvor der Fall war?

Viele ungezählte Wesen wurden und werden zerbrochen – Tiere aller Art gehetzt, gejagt, gequält – Kinder, Jungen wie Mädchen, zerschunden – Farbige gefoltert, Männer wie Frauen – Völkergruppen unterdrückt und ausgelöscht – Natur zerstört, Wälder vernichtet, Lebensräume von Grund auf und gründlichst ausradiert. Genug.

Aber, und das ist die erste große Frage: Kann es sein, daß es Wesen gibt, die nicht unterdrückt werden aufgrund einer augenblicklichen Situation – sei sie durch offensichtlich innere, eigene Prozesse bewirkt oder durch äußere Umstände –, *sondern aufgrund ihres spezifischen Daseins als solches, quasi einfach, weil es sie gibt?* Kann es denn wirklich sein, daß zu jeder nur denkbaren persönlichen oder schicksalsbedingten Form der Repression, des Gedrücktwerdens eine hinzukommt, die sich a priori auf einer Wesensimmanente begründet? Einfach so – als sei ein unerklärliches, uns vollkommen unbekanntes Naturgesetz eingebaut? Und wenn, was ist das für ein Gesetz – wo kommt es her – wer könnte so etwas verfügt haben und warum? *Wo liegt die Wurzel dieses Übels, die Geburt dieses Ungleichgewichtes und welches sind seine wahrhaften Erzeuger?* Unser Thema wird uns genau dort hinführen! Ausgehend davon, könnte man dann nicht weiterfragen: Was ist, wenn sich ausgerechnet diese Wesen zusammenfinden*, wie sich zeigen wird, ohne jedes historische Beispiel? Erreicht der Zeiger dieses Seismographen mit all dem nicht einen anderen Extrempunkt? Und was markiert dieser? Sind das nicht unübersehbare Signale einer neuen Zeit, welcher Art auch immer? Soviel will ich schon jetzt vorwegnehmen: Genau das ist es!

Fragen wir weiter: Was bedeutet das für die Beteiligten? Sie, die Frauen und die Pferde in der Anschauung nebeneinander zu stellen – es ihnen »gut oder schlecht gehen zu lassen«, an ihnen mehr oder weniger Gewaltiges, Signifikantes einer Zeit, einer Epoche, einer Kultur ablesen zu können oder eben nicht – das ist das eine. Sie stehen in all diesen Fällen immer noch da und »*lassen geschehen*« – zumindest sieht es ganz danach aus. Einmalig aber in der Geschichte der Menschheit treten sie miteinander so auf, wie sie es eben heute tun. Jedoch: Was fängt Frau damit an? Und was fängt – und auch das meine ich ganz ernst – das Pferd damit an?

Und schließlich: Von den Troubadouren zu den Mongolen, von den Stuten Mohammeds zu Pegasus und den

---

* »Der deutsche Military-Chef hält es für möglich, daß seine nächsten Weltmeisterschafts- und Olympiamannschaften nur noch aus Frauen bestehen – was einer Kulturrevolution gleichkäme.« Spiegel, Oktober 1997 griechischen Pferdegottgestalten, von den keltischen Rittern zu den Pferdeopfern der Germanen, vom Apostel Paulus, der in allen bildlichen Darstellungen bei seiner Bekehrung vom Pferd fällt, obwohl im Bibeltext in keiner Fassung von einem Pferd die Rede ist, zu den geschlechtlichen, libidinösen Archetypen C. G. Jungs – von Pontius bis nach Pilatus, von den heiligen Jungfrauen, von den Amazonen, von den Heldinnen geschichtsträchtiger Epochen zu den Pferdefrauen des 20. Jahrhunderts: Führt uns dieses Thema nicht direkt in die tiefsten Geheimnisse menschlichen Seins? Ja, darum eben schrieb ich dieses Buch!

DAS ZIEL VERFEHLT?

Die Troubadoure und die Mongolen, sie dienten uns als Beispiele aus Hochkulturen. Die Daseinsqualität, die diese symbolisieren, und vergleichbare Gesellschafts- und Volksgruppen zu ganz bestimmten Zeiten, steht dem generell zersplitterten, immer weiter auseinanderdriftenden Sein der Mehrzahl der Menschen in den Niederkulturen gegenüber. *Kein Zweifel: Eine solche Talsohle, eine solche Niederkultur durchwandern wir im Augenblick!* Und darum führt auch an der folgenden Tatsache kein Weg vorbei: Über Frauen oder über Pferde zu sprechen kann heißen, den Finger in klaffende Wunden zu legen, zu verletzen und sich selbst verletzlich und verdächtig zu machen. In puncto Pferde kann ich da wirklich »viele Lieder singen«.

In der westlichen Welt gehört die Peitsche wie ein »Geburtsanhängsel« zu den Pferden. In vielen Pferdeställen werden Sie schlichtweg für total verrückt erklärt, wenn Sie auch nur vorsichtig den Gedanken äußern, man solle doch den Gebrauch dieses Werkzeuges wenigstens einmal überdenken. Wenn irgendwo in Mitteleuropa ein Hund öffentlich so behandelt würde, mit der Peitsche z.B., wie Pferde routinemäßig auch unter dem Beifall Hunderter von Zuschauern, die Mißhandelnden würden sofort der Tierquälerei bezichtigt!

Und der »andere Teil« des Paares? In den Wochen, in denen ich dieses Buch schrieb, widmete ein großes deutsches Magazin dem »Kampf der Geschlechter« eine dreiteilige Titelserie. Lapidar und ernüchternd heißt es da:

Nach wie vor herrschen die Männer, sagen die deutschen »Männerforscher«. Frauen hätten zwar ein paar Jobs und ein bißchen mehr Verantwortung als früher. Doch von einem Vormarsch könne keine Rede sein: Ihnen sei lediglich »ein Stück Ausleben von der Wirklichkeit gestattet worden«, aber nach wie vor würden »die Zulassungsbeschränkungen« durch den Mann festgelegt. Betrachtet man also historische, soziale und gesellschaftliche Realitäten und glaubt man den Mythen und vielen überlieferten Quellen, so sind Frau wie Pferd, wenn auch scheinbar oder tatsächlich auf gänzlich unterschiedliche Weisen, *auf extremen Positionen angesiedelt. Realität wie Mythos: Beides verpflanzt sie zu allen Zeiten an Ränder, an Grenzen.* Und beide, Frau wie Pferd, erleiden in der Welt, in der realen wie der mythologischen, erschreckend ähnliche »Schicksale«. Und sind sie miteinander, so schließen sie ein Bündnis. *Und man mag das mögen oder nicht, aber es ist ein Bündnis der Unterdrückten: Denn sie stehen und sie standen beide gleichermaßen für das Benutzt-, für das Gebraucht-, für das Ausgebeutetwerden.*

Wir schreiben das Jahr 1998. Das Jahr 1968 liegt 30 Jahre zurück, genau wie der Beginn eines gigantischen Befreiungsversuches, der heute, glaubt man den Chronisten, mehr oder weniger als beendet erscheint: Die sogenannte Frauenbewegung. Auch in jenem besagten Artikel-Dreiteiler wird sie im großen und ganzen abgewunken und für gescheitert erklärt. Die Frauenbewegung habe zwar, so die Autoren, einiges erreicht, aber eben nicht das, was sie ursprünglich wollte, nämlich die Integration der Frauen in die Gesellschaft. Ja, schlimmer noch: Wir stehen ganz offensichtlich vor der kaum zu glaubenden Tatsache, daß der Frauenbewegung *nicht nur das Erreichen ihrer Ziele abgesprochen, sondern ihr darüber hinaus* bescheinigt wird, das genaue Gegenteil bewirkt zu haben. Heißt das: Tapfere und kluge Frauen haben gearbeitet, gekämpft und gelitten – nur damit am Ende statt der erstrebten Position der Achtung und des Respekts kosmetische Fassaden die Realität verdecken? Nur, damit eine Reihe von Sonderregelungen mit »Ghettocharakter«, so der Tenor jener Autoren, einen Grad von Emanzipation vorgaukeln, der in Wahrheit nicht existiert – wie Frauennetzwerk, Frauenbuchladen, Frauenreisen, Damensitzungen im Karneval, Frauenbeauftragte, Frauenparkplätze, Frauenhäuser etc. »... als wollte man Behinderten den Einstieg in die Busse erleichtern«?[1] Und jetzt: Frau und Pferd? Frauenreitvereine?

Nahezu jede Revolution, jede Bewegung erreicht zum Schluß das Gegenteil ihrer ursprünglichen Ziele. Das belegt die Geschichte. Warum sollte es dieser Bewegung anders ergehen? Statt der Integration der Frauen in die Gesellschaft eben das Gegenteil, die fortschreitende Separierung, eben den »Frauenapartheidsbus«. Da muß man zugegebenermaßen schon tief durchatmen. War's das also? Heißt es jetzt lapidar: Zurück zur Normalität? Doch was ist das, Normalität?

Kommen wir zu den Pferdemenschen. Hier erleben wir heute eine Entwicklung, die ihren Höhepunkt noch nicht erreicht zu haben scheint – nämlich den enormen Zuwachs an Menschen, die sich mit dem Pferd und dem »Pferdesport« auseinandersetzen. Das Besondere: *Der Anteil der Frauen ist um Längen überproportional höher als der der Männer.* Diese Erscheinung aber, und das herauszustreichen ist mir an dieser Stelle sehr wichtig, ist eben *nicht* die Damensitzung im Karneval, und das ist auch *nicht* der Frauenbus und auch *nicht* das gesellschaftliche Gegenteil von alledem. *Hier dringen wir, so unglaublich das im Augenblick noch erscheinen mag, in eine andere, übergeordnete Ebene vor.* Und zwar abseits jeder zeitlich begrenzten Bewegung, eben auch der Frauenbewegung!

Mit Hilfe nur eines Beispieles will ich diese Aussage noch etwas auskleiden, denn im Zuge der Lektüre dieses Buches wird der Leser ohnehin bald erkennen, mit wie mächtigen Schritten wir uns von diesen zum Schluß, wie sich herausstellen wird, immer pessimistischen Formen der Betrachtung entfernen:

Beileibe nicht jede Frau nahm an der Frauenbewegung teil. Diese zog gleichsam eine Grenze innerhalb der Frauenschaft. Auch ein erheblicher Teil der Pferdefrauen ist dem allgemeinen Gedankengut »Frauenemanzipation« geradezu vollkommen konträr, ja ablehnend gegenüber eingestellt. Das Bemerkenswerte: Zu dieser Gruppe zählen auch viele jener Frauen, die sich in der Pferdewelt beruflich und sportlich durchaus stark behaupten und damit, ohne Frage, von den Errungenschaften und Erfolgen dieser Bewegung ganz unmittelbar »profitieren«. Zumindest scheint es so. Denn rein äußerlich betrachtet, kommt wohl niemand an dem Umstand vorbei, daß Frauen sich in eine Domäne vorgewagt, sich integriert und in ihr stark behauptet haben, die seit den Anfängen der Menschheit dem Mann vorbehalten war. Wie gesagt: Sie sind sogar weit in der Überzahl! Das ist im Sinne der Frauenbewegung absolut emanzipatorisch. Im Gegensatz dazu jedoch steht das Agieren vieler Frauen innerhalb der »Szene«: Die Kleidung, die Hierarchie, der Habitus, die generellen Machtverhältnisse, die organisatorischen Strukturen entsprechen tradierten Normen, die von kaum einem emanzipatorischen Gedanken beflügelt wurden und oftmals weit hinter der Entwicklung in vielen anderen gesellschaftlichen Bereichen zurückgeblieben sind. Worauf ich hinauswill, ist die Markierung eines weiteren, bedeutsamen Ausgangspunktes für unsere Reise: In der Tat »verschmilzt« auf ganz eigene Art und Weise in dem gesellschaftlichen Umfeld von Frau und Pferd Emanzipatorisches mit extrem konservativ Bürgerlichem! *Das Phänomen Frau und Pferd ist eben ganz sicher nicht auch diesen – pardon – allzu einfachen Mustern unterzuordnen!*

Ich betone noch einmal, daß es mir um Antworten geht. Um diesen näherzukommen, müssen wir zweierlei tun: den feinen, exakten Blick auf die verschiedensten Erscheinungen, wie die zuletzt angesprochene, fest beibehalten, uns dabei aber stetig weiter zu den Wurzeln vortasten, dahin also, wo die kaum zu entwirrende Vielheit gebündelt und strukturiert entspringt, um den Versuch zu wagen, *wirkliche, tiefe Ursachen zu erkennen!* Aus dieser ganz anderen Perspektive betrachtet, verschwimmen nämlich die Unterschiede mehr und mehr und legen an anderer Stelle den Blick frei auf viel größere Zusammenhänge. *Das ist die Ebene, von der aus ich das »Zeitphänomen Frau und Pferd« betrachten möchte!* Denn auch diese »Bewegung« ist wahrscheinlich eine zeitlich begrenzte, doch die Dauer ist nicht das eigentlich Interessante, sondern: *Mit dieser Erscheinung dringt etwas an die Oberfläche, das über das momentane Geschehen weit hinausweist.* Das mag zu Anfang unserer Betrachtung übertrieben klingen, doch die Spur, die wir aufgenommen haben, führt aus dem allein Zeitlichen schnell hinaus, hinein in ganz andere Regionen der Wirklichkeit. Die Wesen, denen wir uns mit aller Verantwortung zuwenden, sind zu groß, als daß sie sich in irgendeine Schublade quetschen lassen könnten. Und die Energien und die Mythen, die bei alledem mitschwingen, sind zu erhaben, als daß ich es wagen würde, sie klischeehaft abzubügeln.

Nein, wir sind einem ganz anderen Phänomen auf den Fersen. Da ist die Suche nach Glück und Erfülltheit, ja vor allem nach Identität, da ist die Geschichte der vielfach geteilten Menschheit, die Aufeinanderfolge von Kulturen und Gesellschaften in Jahrmillionen – über und in allem ihre Mythologien, Religionen und Mythen – und da ist eine Erscheinung, ein Thema, das sich wie kaum etwas anderes geradezu mitten in das alles hineinsetzt. Da ist das symbolreichste, sagenumwobenste, kulturprägendste, mythologischste Geschöpf überhaupt – das Pferd. Und dazu gesellen sich mehr und mehr jene Wesen, die man überall auf der Welt lehrt zu schweigen und denen viele große Gesellschaften erst im Laufe der letzten Jahrhunderte zugestanden, wirklich und wahrhaftig auch Mensch zu sein, wenn auch nur zweiter oder dritter Klasse! (In einigen Teilen der Welt haben Frauen selbst heute diesen Status noch nicht erreicht.) Das Thema Frau und Pferd fordert darum ganz sicher den Aufbruch zu einer Reise, die uns den Boden unter den Füßen zwar niemals verlieren, ihn aber gänzlich anders betrachten läßt.

EIN GEWALTIGER SCHRITT

Warum ist das vermehrte aktive Zusammentreffen von Frauen und Pferden so interessant? Die Größenordnung ist gigantisch: Hunderttausende, ja Millionen von Frauen widmen sich heute der intensiven Beschäftigung mit dem Pferd. Ich möchte den Leser dafür sensibilisieren, daß dieser gewaltige Schritt in kürzester Zeit vollzogen wurde. Man mache sich klar: Noch in unserer jüngeren Vergangenheit wären Frauen für einen solchen »Übergriff« in die Männerwelt gefoltert, verbrannt oder auf andere Art bestialisch bestraft worden. Denn, um es ganz deutlich zu sagen: Selbst diejenigen der Gefolterten und der Verbrannten, die sich tatsächlich kämpferisch gegen herrschende Normen aufgelehnt haben, hätten sich einer solch »unglaublichen Handlung« widersetzt. »Frau mit Pferd« war im Denken der Menschen so wenig verankert, so ganz und gar nicht vorhanden, wie für einen Menschen des Mittelalters oder der Antike die Vorstellung, sich mit einer Maschine in die Lüfte zu erheben. Der Gedanke an eine das Pferd domestizierende Frau war einfach jenseits allem Vorstellbaren.

Aber waren da nicht z. B. auch die Amazonen? Eben, und genau diese sind die deutlichsten und vehementesten Zeugen eines ganz bestimmten Denkens, Fühlens und Seins, das sich so ziemlich durch alle Gesellschaften und Gesellschaftsstrukturen hindurchzog. Doch dazu gleich mehr. Verweilen wir erst noch einen Augenblick an jener Zeitgrenze, an der das gänzlich Unvorstellbare sich anschickt, nach drei Millionen Jahren Menschheitsgeschichte erstmals(!) selbstverständlichste Normalität zu werden.

Drehen wir die Zeit einfach ein wenig zurück: Das 18. Jahrhundert geht zu Ende – Goethe flieht in seinem 40. Lebensjahr aus Weimar ob der »äußeren und inneren Kälte dieses Landes«![1] Zu diesem Zeitpunkt gibt es die erste Dampfmaschine in Deutschland – es herrschen bürgerliche, bäuerliche und aristokratische Strukturen. Goethe flieht, wie er sagt, »... um mich von den physischmoralischen Übeln zu heilen, die mich in Deutschland quälten.«[2] (Ganz nebenbei: Welcher national Denkende nimmt den Haß und den Widerwillen zur Kenntnis, den viele große Geister, die heute zu Kulturmonumenten unserer Nation erkoren sind, gegen ihr Heimatland empfanden, und wer fragt nach den Gründen?)

Damals hatte eine Stadt wie Frankfurt wenig mehr als gerade mal 30 000 Einwohner. Daß niedrige Schichten auch so etwas wie ein Lebensrecht, ja in der Tat so etwas wie Menschenwürde besaßen, darüber begannen Revolutionäre und Denker teils vorsichtig, teils mutig zu philosophieren. Die Literatur, das Theater, die Malerei Europas öffnete allmählich ihr Bewußtsein für die Angehörigen anderer, auch unterer Klassen, um sie nebeneinander agieren und auftreten zu lassen. Die Emanzipation der Menschlichkeit, die bis heute schwerste Rückschläge erlitten hat, entflammte hie und da. Obwohl noch im 18. Jahrhundert(!) »Hexen« verbrannt wurden, lehnte sich die Kunst jetzt auch weniger versteckt auf gegen die Dogmen der alles beherrschenden Kirche. Die Arroganz der Aristokratie versteinerte vollends: Saat auf das Feld der Revolution. Der vorsichtige Übergang zur Romantik kristallisierte sich heraus, die Bourgeoisie und das Kapital entpuppten sich als die wahren Sieger aller Revolutionen.

Beethoven schleuderte diesem neuen, anderen Erkennenwollen der Natur noch schnell seinen schmetternden Friedenschor vor die Füße – gewaltiges Erheben des Nicht-mehr-Verstehens – Klage und Hoffnungsschrei des Tauben. Der Osten öffnet sich. Die Farben Chagalls und die fressend heiteren Klänge Tschaikowskis: Die Schizophrenie des Düsteren zeigte sich von ihrer heitersten Seite. Suchen, ohne an Antworten zu glauben. Sartre, Camus, Picasso, Simone de Beauvoir – alles endet in dem so prägnanten Satz der letzteren: »...alle aber hatten weit radikaler als ich die Folgerungen aus der Nichtexistenz Gottes gezogen.«[3] Damit beginnt die neue Zeit.

Und die eben macht es *erstmals* möglich: das Phänomen, daß sich Frauen jenen Wesen männergleich entgegenstellen, die eben nicht nur Macht repräsentieren, sondern darüber hinaus etwas anderes ganz Entscheidendes mehr! Doch will ich mich Schritt für Schritt vortasten: Bleiben wir noch bei dem Phänomen von Macht und Unterdrückung.

Um diesem rasenden Reigen zeitgeraffter Ereignisse durch menschliche Stimmen ein möglichst authentisches Leben einzuhauchen, will ich gänzlich kommentarlos einige prägnante Worte aus der philosophischen und belletristischen Literatur jener Jahrhunderte sowie aus der heutigen Literatur zitieren, die sich darstellend und kommentierend auf diese Zeiten beziehen. Ich möchte ausdrücklich darauf hinweisen, daß bei der Auswahl extreme Standpunkte bewußt vernachlässigt wurden, um ein möglichst allgemeines Bild zu vermitteln:

»Eine Frau, die nicht Mutter ist, ist ein unvollkommenes und verfehltes Wesen.«[4]

»Eine verheiratete Frau gehört nicht mehr sich selbst, sie ist Königin und Sklavin des häuslichen Herdes.«[5]

»Vielleicht wird an solchen konkreten Beispielen deutlich, eine wieviel mühevollere Anstrengung es für Frauen um die Jahrhundertwende war, so etwas wie eine eigene Persönlichkeit zu entwickeln. Schwer zu sagen, was härter zu überwinden war: Das eigene Unwertgefühl, die Engstirnigkeit der Eltern, die Armut, die öffentliche Empörung über unabhängige Frauen, die sexuelle Ausbeutung und entsprechende Doppelmoral der Gesellschaft oder der Mangel an Bildung. Alles scheint dazu angetan, auch das bescheidenste Selbstbewußtsein unter (männlicher) Kontrolle zu halten.«[6]

»Das Recht der Soldaten, Frauen zu vergewaltigen.«[7]

»... nur eine Frau, die anspruchslos, schutzbedürftig, gehorsam, asexuell, unschuldig, hausfraulich, im übrigen unwissend und passiv ist, ist *schön* und begehrenswert und kann von dem furchtbaren Schicksal, das es bedeutet, keinen Mann zu haben, erlöst werden.«[8]

»Robert glaubt mich bis auf den Grund zu kennen; er ahnt nicht, daß ich außer ihm noch ein Eigenleben haben könnte. Er betrachtet mich nur noch als einen Ableger von sich. Ich bin ein Teil seiner Bequemlichkeit. Ich bin seine Frau.«[9]

»Der männlich-vernünftigen Welt des Tages, der Sonne, wird ein weiblich geprägtes, von Zauberei und Aberglauben beherrschtes Reich der Finsternis schroff gegenübergestellt. Im Kampf zwischen beiden Prinzipien siegt am Ende die Männerwelt der Vernunft.«[10]

»... daß nämlich alles Weibliche begleitet sei von Heuchelei, falscher Moral und heimtückischer Unaufrichtigkeit – niedere Qualitäten, mit denen der soviel edlere, höhere, männliche Geist verwirrt und letztendlich zerstört werde.«[11]

»In diesem Kontext wird die Beschreibung des obligatorischen klösterlichen Waschrituals zur absoluten Groteske: Da es bei Strafe der Exkommunizierung verboten ist, den eigenen Körper je unbedeckt zu sehen oder zu berühren, auch nicht beim Baden, so wird in Kleidern in den Zuber gestiegen, über dem nassen Unterrock wäscht man sich seine edleren Teile, wie man sich abtrocknet, ist mir trotz genauen Studiums dieser Verschleierungstechnik nicht klar geworden. Wahrscheinlich überhaupt nicht. Das Reiben des Handtuchs auf dem nackten Körper hätte ja Spaß machen können, und wer sich je selber nackt erblickte, mußte erblinden.«[12]

Das hier Geschilderte war und ist real gelebtes Leben, real gelebtes Leid. Die Unterdrückung, die Qual, die Resignation, die Verzweiflung, die lauten und vor allem die nie gehörten Schreie: Das alles prallte gegen Mauern der Hoffnungslosigkeit, der ausweglosesten Ohnmacht. Und wer will sich aufschwingen zu behaupten, die Fangarme dieses Geistes reichten nicht bis weit hinein in unsere Zeit?

Unsere Wirklichkeit heute mag subtiler sein, aber ist sie wirklich verändert? Womöglich gelingt es mir mehr und mehr, auf die Gewaltigkeit hin zu sensibilisieren, von der das Phänomen Frau und Pferd heute tatsächlich getragen ist! Und womöglich gelingt es mir dann auch, Sie dafür zu sensibilisieren, daß (gerade weil die Frauenbewegung auch gemäß den zuvor zitierten Chronisten ihre Zielorientierung verfehlt habe) es dringend an der Zeit ist, sich auf *gänzlich andere Institutionen und Urwerte zu berufen!* Was das Thema Frau und Pferd innerhalb der geordneten Gesellschaft betrifft, so mag ein einziges Zitat genügen, das gefährlich erinnert an eine Zeit, in der die allgemeine Ansicht herrschte, daß man sich eben nicht wie ein Vogel in die Lüfte erheben könne und daß die

Welt eine Scheibe sei – und daß zu verbrennen gehöre, wer auch nur anders denke.

»... das Pferd ist eine Schule echten Mannestums, eine Erziehung ohnegleichen! ... Das ist echter Mannesgeist, das ist Unverzagtheit, Frische, Draufgängertum. Vor ihm beugt sich das Geschick.«[13]

Natürlich gab es »Frau und Pferd« auch in seltenen Ausnahmen zu jenen Zeiten. Der entscheidende Unterschied aber: Nur außerhalb der geordneten Gesellschaft war so etwas überhaupt zu finden. Und dann eben nur in ganz außergewöhnlichen Formen. In der Tat: Die Geschichte der Menschheit zeigt eindeutig, daß die Auseinandersetzung mit dem Pferd *da, wo sie ein gewisses zeitliches Maß und ein gewisses Maß an Intensität überschreitet, immer ein männliches Phänomen war!* Und die Ausnahmeerscheinungen, denen wir uns jetzt zuwenden, bestätigen und bezeugen nur diese Regel. Verschaffen wir uns einen kurzen Überblick. Jene Frauen, die die vergleichsweise deutlich abgesteckten und in aller Regel unmenschlich engen Grenzen überschritten haben, hatten an sich und sogleich bereits einen gesonderten Stand. Eine Kriegsfrau, eine von jenen ganz seltenen Erscheinungen, wurde nicht lediglich mit ihrem Namen benannt, sondern ihr Stand, der ein besonderer war innerhalb der Gesellschaft, *wurde zum herausragenden Merkmal ihrer Identifikation.* Ich spreche von den heroischen Jungfrauen. Da war die wohl bekannteste von ihnen, die *Jungfrau* von Orléans. Das Außergewöhnliche ihrer Taten war überhaupt nur zu erfassen für ihre männlich wertende Umwelt, *indem bereits ihr Name den außergewöhnlichen Stand zum Ausdruck brachte.* Die Jungfrau von Orléans war ein Wesen *außerhalb* der Norm! Ihren Stand trug sie, wie andere große, weise Frauen auch, eingebrannt in ihrem Namen. Denn:

Eine »Heldin« konnte kaum Ehegattin und Mutter sein! Das Heraustreten aus der Norm, das Wirken außerhalb der häuslichen Mauern, implizierte zugleich das *Heraustreten aus der Norm des Frau-Seins!* Spiritualität, Heldentum, Eigenständigkeit, Macht, politisches Eingreifen wurde mit Asexualität, Bindungslosigkeit und in seiner endgültigen Konsequenz auch mit dem frühen Tod gleichgesetzt. *Als sei das Geschehen um diese Frauen nicht von dieser Welt, konnte es eben auch nicht lange mit dieser Welt verhaftet sein!*

Das Pferd ist das Symbol für Freiheit, Heldentum, für Kampf, für Ritterlichkeit, Ruhm und Ehre, für Spiritualität. Zumindest in der nicht mythologischen Welt bedurfte es weniger, genauer gesagt, keiner Worte, dieses alles unverrückbar dem Männlichen, dem Mann zuzuordnen. Betrat eine Frau jenes ruhmreiche Feld, so nennt die Geschichte immer nur Varianten vom »Anders-Sein«. Diese Frauen waren anders, draußen – verstoßen, geächtet oder idealisiert, aber auf keinen Fall »normal«! Neben der kriegerisch-bindungslosen Jungfrau spricht Nathalie Heinrich noch von den »Bräuten Gottes«,[14] den klösterlichen und den heiligen Jungfrauen. Und sie verweist auf die eigentümlichen, weiblichen Gesellschaften, die in sozialer oder auch körperlicher Hinsicht dem Eintritt des Männlichen scharfe Grenzen setzten – die Nymphen und eben die Amazonen. Beide Gruppen »lebten« in einem bindungslosen, ehelosen, ja gesellschaftslosen Raum. Jene reitenden Heldinnen standen im Ruf äußerster Härte und Kraft. Sie waren menschheitsgeschichtlich gesehen die absolute Ausnahme. So wurden sie als unweiblich, wild, unbeherrscht, ungebunden beschrieben, und ihre Sexualität mußte darum auch alle Grenzen der Norm überschreiten. Als reitende Kriegerinnen und Jägerinnen waren sie nahezu »asexuell« – und dem Männlichen gestatteten sie oftmals nicht einmal das Recht der Existenz. Ehemalige Geschlechtspartner und die eigenen männlichen Kinder wurden nicht selten kastriert. Die verschiedenen Darstellungen weisen da Unterschiede auf – von mehr oder weniger sozialen und kultivierten hin zu mehr oder weniger barbarischen Strukturen. Die Tendenz aber ist unbestritten.

Bleiben noch drei weitere Formen des Daseins als Frau außerhalb der gesellschaftlich abgezirkelten Norm. Da ist das naturverbundene, jungfräuliche Mädchen. Überschritt es eine »magische« Altersgrenze, so wurde auch sie zu einer jungfräulich-ehelosen Ausnahme-Erscheinung. Ihre Bindungen, ihre Beziehungen, ihre Welt fand sie durch und in der Natur und durch die Lebewesen in ihr. *Asexualität, Kinderlosigkeit waren auch hier der Preis für ein Leben außerhalb der Norm.* Die naturverbundene, jugendliche Jungfrau, das Mädchen, wird, sobald sie den »Stand« der Ehelosigkeit verläßt, auch jene Beziehung zur Natur und zur Tierwelt lockern oder ihr gänzlich entsagen. Die Naturverbundenheit, die Weisheit, die jene dort erlangten, die Kraft zu heilen gab ihnen eine gewisse Macht. Indem dies dem gängigen Frauenbild zuwiderläuft, ist es von hier nur ein kleiner Schritt zur verfemten Hexe. Auch sie, bekanntermaßen ausgestoßen, verfolgt, gemordet. Ich komme nicht umhin, in diesem Zusammenhang ein paar Sätze zu zitieren, die sich auf den sogenannten Hexenhammer beziehen, jenes schriftliche Gebilde, das der »Heiligen Inquisition« zur Grundlage diente:

»Auffallend an diesem ›unheilvollsten Buch der Weltliteratur‹ ist seine Zuspitzung des Hexenwesens auf das weibliche Geschlecht. Nach dem ›Hexenhammer‹ können sowohl Männer wie Frauen der Hexerei huldigen, aber in der Praxis ist doch das weibliche Geschlecht unverhältnismäßig stärker an diesem Gewerbe beteiligt. Die beiden Inquisitoren gaben dem Hexenglauben eine geschlechtsfeindliche Wendung. ... Die Frage, warum das weibliche Geschlecht mehr als das männliche der Hexerei verfallen sei, beantwortet der ›Hexenhammer‹ mit einer Reihe von Gründen: ›Weil es fleischlicher gesinnt ist als der Mann‹, weil es bei seiner Erschaffung ›aus einer Brustrippe, die gekrümmt und gleichsam dem Manne entgegengeneigt ist‹, geformt wurde, weil es ›nur ein unvollkommenes Tier ist‹, während der Mann einem privilegierten Geschlechte angehört, aus deren Mitte Christus hervorgegangen ist. Es ist die denkbar niedrigste, direkt beleidigende Auffassung von der Frau, welche im ›Hexenhammer‹ sich austobt.«[15]

Der Vollständigkeit halber sei noch die letzte Gruppe erwähnt. Von der Hexe ist es nicht weit zur letzten Frauengemeinschaft, die ein mehr oder weniger geduldetes Dasein außerhalb der genormten Welt führte, darum aber auch zuweilen mit Privilegien der Selbstbestimmung und der Persönlichkeitsentwicklung ausgestattet war: die Prostituierten. Es sind dies die unverheirateten Frauen, die »heimlichen« und »peinlichen« Komplizinnen der Männer – hemmungsloser, beweglicher und lauter. Ihre Stellung außerhalb der Norm beinhaltet auch mehr Freiheit, und mehr Freiheit heißt mehr Macht, und Macht erzeugt Angst – so finden sich die Prostituierten letztlich auch in jenen Lebensbereichen, in denen die »Jungfrauen« und die »Hexen« angesiedelt wurden.

»Die Frau habe zu schweigen.« »Die Frau soll nicht ohne Mann sein.« Bis heute schwingen diese Werte in unserer Welt mit – mehr oder weniger versteckt – mehr oder weniger brutal aufoktroyiert. Laute Frauen sind oder wollen mächtig sein – auch das will ich erst einmal einfach so hier in den Raum stellen. Die Amazonen sind mächtig, die Hexen sind mächtig, die Heldinnen sind mächtig, das Pferd verleiht Macht, der Reiter ist mächtig, die Reiterin ist mächtig – zumindest bedient sie sich eines solchen Symbols. Die Macht der Frauen wurde aus der Normalität verbannt, vertrieben, verbrannt.

Wie gesagt, es gab nur ein Entweder-Oder, nicht beides zugleich. Entweder die Individuation, die Persönlichkeit, Abgrenzung und damit Macht, oder die Rolle, das Verständnis um akzeptierte, das heißt den Normen angepaßte Weiblichkeit, die sich als Persönlichkeit zu verlieren, ja nahezu aufzugeben hat, um mit ihrer Umgebung vollends zu verschmelzen.

Von den Amazonen Kleists heißt es: »... die das Männliche nachahmen, wie um seiner besser entraten zu können ... Nichtfrauen, die ihre Weiblichkeit opfern.«[16]

Von jenem Mythos, der mit Frauenpower überschrieben werden kann, ist hier also nicht viel zu spüren oder doch? Ist das eine Alternative? Ohnmacht als Frau oder Macht als Nicht-mehr-Frau?

Aus alledem folgt: Frau und Pferd als geduldetes, nicht auffälliges Phänomen innerhalb der gesellschaftlichen Strukturen *ist eine absolut neue Einzelerscheinung unserer Zeit!* Doch was hat sich verändert? Die Frauen, die Pferde, die Männer, die Normen, die Welt? Was ist wirklich anders geworden? Ist überhaupt in Wahrheit irgend etwas anders geworden, oder trügt nur der Schein?

Einen weiteren wichtigen Aspekt will ich hier nur am Rande – vorerst zumindest – erwähnen. Bisher war nur von großen, nationalen, staatlichen Kulturen die Rede gewesen. Wie sieht es denn bei kleineren Volksgruppen aus, bei natürlich organisierten Gesellschaften? Hier kann ich nur darauf verweisen, daß inzwischen wohl so ziemlich alle Verhaltensforscher jenes romantische Bild Rousseaus revidieren mußten, der da hinausgezogen ist, um das Paradies zu finden, wo er es vermutete – bei den »friedlichen, nicht aggressiven Wilden«. Besonders seit der weit fortgeschrittenen Erforschung der Naturvölker Südamerikas, des Amazonasgebietes, z. B. der Yanomamö, auch und besonders durch Napoleon Chagnon, weiß man: »Chicago ist ein ungefährlicher Ort im Vergleich zum Land der Buschleute!« Sicherlich gibt es unterschiedlich organisierte Strukturen, doch im allgemeinen muß man sagen: »Frauen- und Männerwelt (sind) klar getrennt«. »Die Arbeitsbereiche sind klar geschlechtsgeschieden« und »die Mobilität und die Aggressivität der Knaben (wird) betont gefördert«.[17]

Keine Frage: Das ist nicht mit jenen gesellschaftlichen Strukturen zu vergleichen, von denen zuvor die Rede war – nein –, und die folgende Aussage mag jetzt so manchen enttäuschen: *Diese Strukturen dort machen Sinn!* Und diese Aussage werde ich später ausführlich erklären. Worauf ich nur jetzt hinauswill, ist einfach die Tatsache, daß wir auch bei den Naturvölkern *keine* Strukturen vorfinden, die den Frauen einen unmittelbaren Zugang zu den Pferden gewähren (abgesehen von gelegentlichen Ritten, von jugendlichen Spielen und Tollereien und langen, ruhigen Wanderungen).

Nein – auch hier kommt Frau und Pferd als *aktiv agierendes Paar* – mit der domestizierenden, zähmenden, sich der Urgewalt Pferd ganz aussetzenden Frau – nur als seltenste Ausnahme, niemals aber als Regel vor! Das ist natürlich eine Überraschung, die man erst einmal schlucken muß: *In beiden Welten findet »Frau und Pferd« keinen Platz!* – Denkpause.

Aber warum hat dieses Paar denn auch bei den Naturvölkern keinen Platz? Daß es in der Welt der Unterdrücker nicht vorkommt, in der Welt der ängstlichen, um-sich-besorgten Hüter einer zweifelhaften Macht, das ist ja noch einzusehen. Aber bei den anderen? Den »Natürlich-lebenden«?

Um auch hier wieder Antworten zu finden, müssen wir, und das wird jetzt womöglich immer deutlicher, in der Tat allmählich die Startlöcher ausheben, um gewaltige Sprünge zu vollziehen. Noch nicht ganz können wir die Darlegung der Realität, so wie wir sie vorfinden, verlassen – aber wir sollten uns schon einmal langsam darauf vorbereiten. Denn, und das meine ich ernst, für das, was noch folgt, brauchen wir einen großen Anlauf!

VERLETZLICHKEIT UND
IDENTITÄT

Wenn es darum geht, wie sich eine vor allem männlich geprägte Welt nach innen und nach außen hin gebärdet, dann richtet sich unser Blick auf Frau und Pferd in ihrer geheimnisvollen Gemeinsamkeit. Sie sind dann gleichsam so etwas wie die Offenbarung des Passiven in der Schöpfung, die das eine wie das andere tragen und er-tragen: in einer lichten Kultur eben den Schutz, in einer niedrigen, dunklen Kultur die Repression, die Qual, ja die Folter. Das bedeutet: Ihr Schicksal ist in besonderer Form abhängig von der Zeit. Das Schicksal eines jeden Menschen scheint abhängig von der Zeit, das Schicksal der Pferde und der Frauen aber offensichtlich in ganz besonderer Weise. Während sich der Mann einem widrigen Schicksal noch aktiv entgegenstellen kann und darf, eben »männlich mutig, den Mächten trotzend«, so scheint diese Wehrhaftigkeit den »anderen« nicht oder nicht in gleichem Maße zuzustehen. Schon gar nicht in der Gemeinschaft mit ihrem »Leidensgenossen«, denn miteinander passen sie in der gesamten Kulturgeschichte erst recht nirgends mehr in die »geordneten« Zusammenhänge – eben mit Ausnahme dieser, unserer Zeit und unserer Region. Eine seltsame Grenze scheint übersprungen – nur welche?

Szenenwechsel. Spanien. Draußen regnet es – und für diese Jahreszeit ist es viel zu kühl. Darum sitzen wir alle in dem hohen Raum meines alten Hauses, den wir einfach nur »la Sala« nennen. Für einen Augenblick gleiten meine Blicke über die Vorsprünge und Verwinkelungen der alten Mauern und verharren kurz beim Feuerschein des

Kamins in der gegenüberliegenden Ecke. Dann widme ich mich wieder jener etwa vierunddreißigjährigen Frau, die, den Blick leicht gesenkt, direkt vor mir sitzt.

»...und was mir wichtig ist?« Nur einen kleinen Moment stockt sie, schaut zögernd in die Runde: »...daß ich aus meiner Isolation herauskomme, in die ich mich vor über zehn Jahren hineingeflüchtet habe.« Still beginnt sie zu weinen. An Situationen wie diese habe ich mich in den Jahren meiner Arbeit mit Mensch und Pferd gewöhnt – nicht, daß sie mich nicht mehr berühren – nein, das werden sie immer, aber das Wissen um andere Möglichkeiten, die Zuversicht also, ist viel größer, ist zu groß, als daß die Bedrückung eines Augenblickes das schmälern könnte.

Für die fünfunddreißig Menschen dieser Kursveranstaltung zum Thema »Körpersprache« ist dieser Raum gerade ein klein wenig zu eng. Gedrängt sitzen wir auf Stühlen und Bänken. Den großen Tisch vor mir, in der Mitte des Saales, bleibt für mich dennoch Distanz, Schutz, Privates. Auch wenn diese spezielle Veranstaltung sich mit Fragen über Körperausdruck und Bewegung, Rhythmus und Gleichgewicht auseinandersetzt, so schwingt, wie immer, auch das »Andere« mit, das Geistig-Seelische und das Erspüren tiefreichender Wurzeln. So bat ich dieses Mal die Teilnehmer bei ihrer Vorstellung darum, das Augenmerk zusätzlich auf drei Fragen zu richten: Was ist dir wichtig? Was magst du an dir am wenigsten? Was magst du an dir am meisten?

In bestimmten Situationen mag ich Fragen wie diese, wobei ich sehr darauf achte, daß die Unterhaltung nicht in fragwürdige Betroffenheitsgespräche abgleitet. Doch sie geben für Augenblicke die Gelegenheit, gleichsam eine neue, auch tiefere Beziehung zu sich selbst zu knüpfen, mag dies auch gelegentlich von Trauer oder Angst begleitet sein. Eingebettet in die respektvolle Anteilnahme der Zuhörer können sich die Kursteilnehmer so intensiver mitteilen und kennenlernen.

»... und was ich an mir nicht mag, ist meine Aggressivität.« Wieder beginnt die Frau vor mir zu weinen.

Die Atmosphäre in diesem Raum ist klar und fest, die Präsenz aller Teilnehmer so uneingeschränkt, daß das Erleben dieser Frau getragen werden kann, ohne peinliche Berührtheit. Und schließlich fügt sie noch hinzu: »Und ich weiß nicht, ob es überhaupt etwas an mir gibt, was ich mag.« Unter den Teilnehmern sind drei Männer. Das ist, bezogen auf meine Kursgruppen, ein relativ großer Anteil.

Wenn ich die Kernaussagen hier so gebündelt wiedergebe, dann nicht, weil das Geschehen und die Äußerungen an diesem Nachmittag etwas Besonderes waren, sondern nur und einzig aus dem Grund, weil diese Aussagen überhaupt nichts Besonderes waren!

Eine Frau: »... ich bin achtundzwanzig Jahre alt und habe einmal den Beruf der KFZ-Mechanikerin gelernt – jetzt bin ich seit vier Monaten arbeitslos...

Wichtig ist mir, daß ich einmal ein Leben leben kann, das in jeder Sekunde erfüllt ist...

Was ich an mir überhaupt nicht mag, ist, daß ich so oft schwermütig bin. Oft gibt es Tage, da will ich einfach nur im Bett bleiben...

Ich mag an mir meinen starken Willen – der bringt mich dann doch immer wieder hoch, egal was...«

Eine Frau: »... Ich bin achtunddreißig Jahre alt und ohne Beruf...

Mir kommt oft alles so unwirklich vor, darum ist es mir wichtig, ein Leben zu führen, das einfach wahrhaftig ist, ich meine, wirklich ist...

Ich mag nicht an mir, daß ich mich so leicht ausnutzen lasse. Das passiert mir zu oft...

Und ich mag an mir meine Offenheit – ja, ich glaube, ich bin für vieles wirklich offen.«

Eine Frau: »...Ich bin auch achtunddreißig Jahre alt« – lacht – »und Industriekauffrau. ...

Ich arbeite in dem Betrieb meines Mannes...

Und wichtig ist mir, endlich eine Aufgabe zu finden. Ich habe geglaubt, die könnte ich in der Firma meines Mannes finden, aber das stimmt nicht. Und ich weiß nicht, warum ich sie noch nicht gefunden habe und wie ich sie überhaupt finden kann. ...

Was ich an mir nicht mag, ist, daß es mir so unglaublich wichtig ist, was andere von mir denken. Das ist wie ein Zwang. ...

Ich mag an mir, daß ich trotzdem immer wieder lachen und albern kann.«

Eine Frau: »...Ich bin zwanzig Jahre alt und habe gerade ein Studium abgebrochen. Und jetzt weiß ich nicht, was ich machen soll. Ich habe auch ziemliche Probleme mit meinen Eltern – die haben eben andere Vorstellungen von meinem Leben als Frau. ...

Wichtig ist mir, einmal ein Leben führen zu können, wie ich es bei den Pferden sehe – ja, das ist mir wichtig. ...

Was ich nicht mag an mir, ist, daß ich bei ganz bestimmten Menschen so blockiert bin. Es ist, als wäre dann alles wie tot. Dann bringe ich keine Silbe heraus – bei bestimmten Menschen erscheint mir jedes Wort so blödsinnig. ...

Und ich mag an mir, daß ich dann doch die Dinge durchziehe – und ich ziehe es auch durch, ein Studium abzubrechen, wenn ich es abbrechen will.«

Ein Mann. Zögert: »... Tja, ich bin zweiundvierzig Jahre alt und Versicherungskaufmann – ich hab ein eigenes Geschäft. Aber mal was anderes – sind in deinen Kursen eigentlich immer so viele Frauen – ich meine, da kriegt man es ja mit der Angst zu tun.«

Lautes Lachen.

»Nun, in diesem Kurs sind sogar vergleichsweise viele Männer.«

Erstaunt blickt er sich um, fährt dann fort: »... Tja – was mir wichtig ist ...«, lange Pause.

»Vielleicht kannst du uns sagen, was du an dir *nicht* magst?«

»... Was ich an mir nicht mag ... da fällt mir im Augenblick auch eigentlich nichts ein.« Soviel zu einem kurzen Ausschnitt jenes Nachmittages.

Immer bin ich bemüht, hinter das Äußere zu blicken und auch, so Zeit und Raum es zulassen, dahinter blicken zu lassen. Hier waren die einfachen Fragen der Einstieg dazu. Sie öffneten das Äußere und drangen, weil ja auch die Bereitschaft der Teilnehmer da war, sich zu öffnen, in die Ebene der Sehnsüchte und Träume, der Wünsche, Verletzlichkeiten und Hoffnungen.

Die Frauen, Pferdefrauen allesamt, schilderten kurz, aber, wie ich glaube, doch auch eindringlich Bilder innerer, weiblicher Welten im Hier und Jetzt. Das heißt, korrekt gesagt sind es innere Welten, die in Beziehung stehen mit einem ganz bestimmten Umfeld. Diese Relationen innerer Welten, bezogen auf ein bestimmtes Umfeld, sind es nicht nur wert, sie schreien förmlich danach und sie erfordern es, genauer betrachtet zu werden, und zwar so unsentimental wie nur eben möglich. Darum will ich jetzt den Versuch wagen, wenigstens auf einigen Seiten den Rahmen für innere, weibliche Welten vor allem in den großen Kulturen anzuskizzieren – das ist das Mindeste, was wir der weiteren Betrachtung unseres Themas schuldig sind. Bevor ich das aber tue, ist jetzt sicher die Zeit gekommen, darauf hinzuweisen, daß ich ganz selbstverständlich die Erklärung nicht schuldig bleiben werde, warum ich als Mann ein Buch über Frauen schreibe, wenn auch im Zusammenhang mit den Pferden. Die Antwort wird Sie sicher überraschen. Aber dazu später mehr.

Gerade auch die Arbeit an diesen folgenden Seiten des Buches hat mich tief bewegt. Und wenn sich die jetzt folgenden, kurzen Schilderungen wieder Daseinsgrenzen annähern, dann will ich damit nicht ausdrücken, daß sich das Leben in unserer Kultur nur in der Nähe dieser Grenzen abspielt. Aber es wird von diesen Grenzen leidvoll eingefaßt. Sie markieren den Rahmen, in dem dann auch das Unfaßbare zur Normalität wird.

»Die Einsamkeit öffnet der Demütigung Tür und Tor«[1], schreibt eine Frau über das Thema Frauen. Mir scheint dies ein ganz zentraler Gedanke zu sein, öffnet er doch – wenn auch wohl erst auf den zweiten Blick – die Sicht ganz weit für das, was ich als »die Last weiblichen Seins in dieser Welt« bezeichne. Die sensiblen Worte berühren die zwei wichtigsten Grenzen weiblich-gesellschaftlichen Erlebens: die Verletzlichkeit und das Verirrtsein in Rollen, die keine Identität zulassen! Spielt sich nicht im Grunde alles innerhalb dieser Grenzen ab? Wie findet Frau zu welchem Zeitpunkt welche Identität? Und was geschieht während des Suchens mit den Demütigungen, mit all den Verletzungen, mit den Ängsten, mit der Ohnmacht? Und was ist, wenn sie zum Schluß auf beides keine gültige, wirklich lebbare Antwort findet? Nicht auf die Frage nach der Identität und auch nicht auf die Frage nach dem Schutz vor Verletzungen, Demütigungen? Die Zeiten ändern sich, doch ändern sich mit ihnen auch die wesentlichen Aspekte des Daseins? Bildet nicht das den Zeiten trotzende Fundament auch im Dasein der Frauen innerhalb unserer Kultur bis heute den gewaltigen Teil des Eisberges, der nicht zu sehen ist? Von dem will ich jetzt einige Stücke herausschlagen. Denn Antworten auf die Frage: Was ist eigentlich Frau und Pferd für ein Phänomen und was alles kann es uns sagen?, finden wir nur, wenn wir uns einige Brocken von diesem gewaltigen Berg einmal etwas genauer anschauen. Und beim Abschlagen, da kann es schon mal spritzen, und da können auch einmal Splitter ziemlich unkontrolliert abplatzen, also Vorsicht...

Es heißt: Ein Mann innerhalb der genormten Welt »ist einfach ein Mann«, er ist jung oder alt, verheiratet oder ledig – basta. Und eine Frau? Ist sie nicht, im Grunde sogar noch bis heute: Jungfrau, Mädchen, Fräulein, erste Frau, zweite Frau oder Geliebte, Konkubine oder Mätresse? Sie ist berufstätig oder Hausfrau, alte Jungfer, sie ist in einem begehrenswerten Stand – durch eine »gute Partie« oder eben nicht, sie ist Mutter, mit Familie oder ohne Familie. Und das alles mit und in den offenen und versteckten, für die jeweilige Rolle zugeschnittenen Normen, Verweisen und vor allem mit den eingeschränkten »Platzanweisungen«. Es heißt: Der Mann definiert sich durch sich selber – die Frauen werden noch immer von außen definiert, z.B. durch den sozialen Rang des Mannes. Jeder Mensch sucht nach einem geistigen, sozialen Verbund, nach seinem Platz. Findet Frau den heute auch außerhalb der Bindung zu einem Mann?

Es heißt: Der Mann an sich ist Schutz. Die Frau muß ihn finden in der Gruppe. Sei es in der Gruppe der Amazonen, des Klosters, der eigenen Familie, der Gruppe des Vaters, des Bruders. Hierauf bezieht sich das obige Zitat einer modernen Frau, die in der Bindungslosigkeit ihre Einsamkeit als drückendste Last empfindet und das Gedemütigtwerden schon in kleinsten Gesten erkennt. Wie verletzlich, wie erniedrigend können Blicke von Männern sein. Eine Form der Verletzlichkeit, gegen die sich eine Frau kaum zur Wehr setzen kann. Denn demütigende, obszöne Übergriffe durch Blicke, Erniedrigungen, geistige Vergewaltigungen und Belästigungen, denen kann eine Frau nur ausweichend entkommen – wenn überhaupt. Von all den Tätlichkeiten, den kleinen, versehentlichen Berührungen bis hin zu strafbaren Handlungen will ich hier erst gar nicht sprechen – auch nicht von den seelischen Wunden, die dabei entstehen und von denen ich glaube, daß kaum ein Mann sie ein Leben lang ertragen könnte. Eine meiner Grenzerfahrungen als Mann: Als ich 20 Jahre alt war, arbeitete ich an einem Theater in München. Zur gleichen Zeit probten dort Schauspieler der Fassbinder-Truppe – allesamt homosexuell. Dagegen ist wahrlich nichts einzuwenden, aber ich bin geflohen vor der nicht mehr erträglichen, alle Grenzen mißachtenden »Anmacherei«, die mich zu guter Letzt nur noch angewidert hat. Ich konnte meine Siebensachen packen und verschwinden. Wohin auch immer die Frauen laufen, vor einem vergleichbaren Verhalten vieler Männer schützt sie kaum ein Platz der Welt.

Und auch die Gegenseite ist Realität: Was ist mit jenen Frauen, die kaum oder nicht sexuell begehrt werden? Für manche Männer kann das schon ein Problem darstellen – Frauen aber werden in dieser Welt stets dazu gedrängt, sich zuvorderst auch über ihre Attraktivität zu definieren, und darüber, wie begehrenswert sie für das andere Geschlecht sind. Daraus kann unvorstellbares Leid entstehen, in das sich ein Mann wohl nie ganz hineinversetzen kann: das Versagen in der Barbie-Norm. Die Magersucht, die Bulimie. Neurosen, Tablettenkonsum, die Zerstörung der leiblichen und seelischen Gesundheit. Man werfe nur einen vorsichtigen Blick in die »Modelszene«. Daraus resultierend: Der mögliche »Makel« der Beziehungslosigkeit – der Ehelosigkeit. George Eliot läßt eine ihrer Figuren sagen: »Wir fragen nicht, was eine Frau tut, wir fragen, wem sie gehört!«[2] Das ist Vergangenheit! Ist das Vergangenheit?

Schlagen wir noch ein bißchen weiter drein, in den Eisberg – hier ein großer, ganz sicher aktueller Brocken: Welche Möglichkeiten gibt diese Welt den Frauen, sich zu wehren, sich zu beschweren? Das Erleiden wiegt doppelt und dreifach, wenn die Ursache nicht einmal einen Richter findet. Ja, oft genug kann die Repression nicht einmal abgestellt werden – zu groß sind die Abhängigkeiten. *Das Sich-zur-Wehr-Setzen – gleicht es nicht einem Aufbegehren gegen die Norm?* So kommt es, daß nicht selten die eigentlichen Opfer auch noch bestraft werden, nach dem Motto: »Sie sind ja selber schuld – so wie die rumlaufen!« Kann sich ein Mann vorstellen, auf was für einer Gratwanderung eine Frau sich befindet, die sich zum einen vor Übergriffen schützen, sich, wie auch immer, verstecken muß, auf der anderen Seite aber den ihr aufgedrückten Normen vom Schön-Sein, vom Gefällig-Sein, vom Attraktiv-Sein entsprechen muß, um überhaupt irgendwie überleben zu können? Als Frau erkannt und akzeptiert? Das ist die pure Schizophrenie! Aber einer von vielen realen Aspekten weiblichen Seins.

Und noch etwas anderes kommt hinzu. Vor Jahren sang die Kabarettgruppe »Insterburg und Co« den etwas dümmlichen Text: »Sind die Blätter welk, dann fallen sie ab. Drum Mädchen, laß dich locken, auch deine Zeit ist knapp.« Über den kulturellen Wert dieser Zeile läßt sich sicher streiten, doch: Versetze sich bitte einmal ein Mann in jene nicht zu leugnende Realität, daß in dieser Welt einer Frau ja in der Tat nur eine begrenzte Zeit bleibt, um einen ihr von der Gesellschaft aufoktroyierten, wichtigen Lebensschritt zu vollziehen, bis hin zu der Entscheidung, Mutter zu werden oder nicht. Diesen Druck erlebt der Mann gar nicht oder nur extrem abgeschwächt! Ein Damoklesschwert: Dem Muster der Passivität, der Fügsamkeit zu entsprechen, der Zurückhaltung, und gleichzeitig gedrängt zu sein, möglichst schnell eine möglichst gute Wahl zu treffen! Ich sagte es vorhin schon: Die Verhältnisse heute sind subtiler als z. B. zur Jahrhundertwende, aber sind sie im Grunde wirklich verändert?

Ein weiterer Brocken aus dem Eisberg: Lebt der Mann in den meisten Fällen seine Beziehungen außerhalb seiner eigentlichen Aktivitäten, steht die Beziehung für eine Frau oftmals im Zentrum ihres Lebens. Dadurch ergibt sich ein erhebliches Ungleichgewicht: »Mann« kann »Frau« austauschen, der Großteil seines Lebensbereiches wird ja davon nicht tangiert. Diese Austauschbarkeit ist im Falle, daß sie zum Zuge kommt, womöglich ein harter Schicksalsschlag für eine Frau – und die Angst davor ist oft Teil ihres ständigen Erlebens. Dieses Gefühl der Austauschbarkeit, der Beliebigkeit ist sicher auch ein gewaltiges Identifikationsproblem.

Die Splitter fliegen uns nur so um die Ohren, und ich will es nur noch stichwortartig splittern lassen: das Leid schwieriger Schwangerschaften, in persönlicher oder sozialer Hinsicht; die mögliche Last der Mutterschaft außerhalb stabiler Beziehungen. Und auch dies unerträglich:

der Absturz in die totale Enttäuschung, wenn eine Frau erkennt, daß ihr Mann alles ist, nur kein Mann! Daß er viele Tricks erfand, um zu blenden, aber daß hinter der Fassade des Unterdrückers auch noch eine elende Kreatur steckt, ein Schlappschwanz, ein Waschlappen, eine Pfeife. Und ich weiß, daß es viel mehr Frauen so ergeht, als man sich träumen läßt. *Und ihm ist sie – die oft viel Stärkere – auf Dauer laut Vertrag und gesellschaftlicher Norm untergeordnet!*

Doch bei wem sich beklagen? Das Eheglück war doch alles, wonach sie strebte. Sie hat doch alles bekommen, was sie sich erträumte!³ Aus der Traum! Das Aushalten beginnt! Wo ist ihr Platz, wo ihre Identifikation – wo ihre Welt? So entsteht das Schweigen. Laut Statistik sprechen deutsche Eheleute im Durchschnitt 10 Minuten – in Worten: zehn Minuten (!) täglich miteinander! Die letzte Phase beginnt, der Haß! Und schließlich das Altern, Frau wird alt. Nur hat unsere Welt leider auch dafür sehr wenig Verständnis.

Heute gibt es die Flucht nach vorne. Die freie Frau, Schutzlosigkeit oder Bindung, Karriere oder Kind? Erkenntnis und/oder Weiblichkeit? Emanzipation oder Geborgenheit in traditionellen Modellen? Die totale Freiheit oder die totale Krise der Frauenstände? Eine seltsame Position – hier also haben wir sie wieder! Erfolg statt Hingabe? Der Sieg der Intellektuellen? Die Vereinsamung im Freundeskreis? Die Rahmen jedenfalls sind gesprengt, aber die Normen auch? Heißt es, wie es schon immer hieß, »Normen einhalten«, dann jetzt auch noch ganz und gar ohne Rahmen. Selbst ist die Frau! Sie, jede einzelne, ist aufgefordert, ihr eigenes Modell zu stricken! Aber hübsch angepaßt bitte. Das Zimmer für den Single. Partnerschaft auf Zeit? Egalitäre Kameradschaft oder Rollenspiel? Verhältnis und Ehe auf Probe? Der Ausbruch aus den Gesetzen, doch auf wessen Kosten?

Als die Welt noch »heil« war, berief sie sich auf die Frauen und die Pferde als ihre Zeugen, und ich frage nun: *Was sind sie in unserer unheilen Welt, und wofür steht dieses bemerkenswerte Paar wirklich?* All das bedeutet natürlich überhaupt nicht, und da wiederhole ich mich sicherheitshalber noch einmal, daß es nicht auch anders sein kann, daß nicht auch andere Gruppen leiden unter einer Zeit, unter einer Welt, und natürlich auch Männer, und natürlich auch Männer durch Frauen. Die tatsächliche und die kalkulierte Unterdrückung von Frau und Pferd aber ist eine akzeptierte und nicht als solche erkannte und nicht als solche gewertete Form der Unterdrückung. Sie ist legitimer, tradierter, etablierter, ja, wie wir in ganz anderen Zusammenhängen noch sehen werden, gewollt geforderter Bestandteil dieser Gesellschaft! Sie ist auch Normalität. *Und kaum jemand der Bedrückenden ist sich überhaupt einer Schuld bewußt. Das ist das Gigantische, das Heimtückische und das so Bemerkenswerte.* Die Opfer leiden, ohne als Leidende erkannt zu werden, und oftmals, ohne sich der Natur ihres Leides bewußt zu sein.

Die bestialischen Tierversuche, das Halten der Tiere in Zoos, in Gefangenschaft, in Zirkussen – das alles findet auch bei den (Miß-)Handelnden zumeist soviel nervigen Bodensatz, daß sie immer wieder nach neuen Gründen forschen, das eigentlich nicht zu Legitimierende doch zu legitimieren. Widersprüche tauchen wenigstens ab und an auf, Erklärungsbedarf und Begründungen. Irgendwo drückt wenigstens doch noch ein wenig so etwas wie ein Gewissen. Das ist bei vielen Reitern, man mag es nicht glauben, in der Regel nicht mehr der Fall. Das Schinden des Pferdes gehört einfach dazu, anders geht es eben nicht. Und eben genau dieser Stringenz und in ihrer Konsequenz unerträglich grausamen Moral sind Frauen ausgesetzt. Aber eines wissen sie genau, von den Pferden jedenfalls kann ich das mit Bestimmtheit sagen und von den Frauen mit ziemlich großer Bestimmtheit: »*Wir sind im tiefsten Grunde, im Innersten den Unterdrückern überlegen.*«

DIE FREIE WAHL?

»Was redet der denn da?« glaube ich jetzt den einen oder anderen murmeln zu hören, bzw. die eine oder andere. »Ich hab doch bloß ein Pferd, und jetzt alles das!« Eine Frau mit einem Pferd ist ein Paar, aber eine Million Frauen mit einer Million Pferde sind eine Million Paare, und in Wahrheit sind es ja noch viel, viel mehr.

So individuell sich jedes Paar, jede einzelne Frau mit jedem einzelnen Pferd, auch ganz zu Recht empfindet: Diese eine Frau hat eben ein Pferd, *weil Frau heute eben oftmals ein Pferd hat, bzw. ohne weiteres haben darf!* Pferdehaltung ist »in«. Die eine Frau ist die eine Frau, aber der Trend ist immer zugleich auch *Masse!* Und die eben ist Maßstab für die Norm, und, wie wir schon feststellten, in unserem Falle sogar ganz besonders. *Frau und Pferd – und daran führt kein Weg vorbei, ist Masse!* Masse in einer Welt, in einer Gesellschaft, in der sich der einzelne immer schwieriger in seiner wirklichen Individualität zu behaupten vermag, in einer Gesellschaft, in der Trends, Konsum, Gleichschaltung, eben *Masse*, der *prägende* Bestandteil ist.

Wenn ein Land, eine Region von einem Trend, einer Zeiterscheinung, einer Modewelle überflutet wird, dann entsteht ein Sog, dem sich viele anschließen, auch ohne echte, eigene Motivation. Man tut es eben. Auch wenn man es zuerst gar nicht so toll fand, anfangs sogar dagegen protestierte oder angewidert die Nase rümpfte, irgendwann trägt man dann doch die Hosen eng oder weit, *ganz wie es die Zeitnorm prägt.* Wieviel echte Eigen-

Die freie Wahl?

entscheidung steht dahinter, wenn eine Frau sich ein Pferd hält?

Wer kein Pferd hat, wird sich kaum vorstellen können, wie arbeitsintensiv ein solches Wesen ist, wie zeitaufwendig und wie sehr es seinen Besitzer dadurch »anbindet«. In einem schönen Song von Chris Rea heißt es: »Someone loves horses and always stays at home.« »Ein anderer liebt Pferde und bleibt immer zu Hause.« Womöglich hatte er einst eine Partnerin, auf die sich diese nette und so richtige Zeile bezieht. Ein Pferd zu halten ist eine gravierende Lebensentscheidung. »Es ist wie eine neue Beziehung«, habe ich Reiterinnen sagen hören, »wie ein Berufswechsel«, ja, »wie Kinderkriegen«. Hat Frau ein Pferd, dann steht ihr in aller Regel der Partner so gut wie niemals helfend und entlastend zur Seite, so wie es bei vielen reitenden Männern umgekehrt der Fall ist. *Sie* hat dann die Familie im Nacken *und* das Pferd. In diesem Punkt kann man kaum übertreiben. Die Wirklichkeit ist in dieser Hinsicht nicht selten ein Alptraum, und ich höre viele Leserinnen jetzt kopfnickend und zustimmend seufzen.

Aber: *Warum tut Frau sich das an?* Ich meine diese Frage ganz ernst und ich diskutiere sie sehr ernsthaft in meinen Veranstaltungen. Steckt eventuell ein Zwang dahinter? Chris Rea jedenfalls hält das offensichtlich nicht für normal und viele, wenn nicht die meisten nichtreitenden Familienmitglieder auch nicht. *Wie groß ist die eigene Entscheidungsfreiheit? Was drängt in Wahrheit eine Frau zum Pferd, und zwar ganz besonders in den hochindustrialisierten Gesellschaften?*

Noch einmal – die Hose oder das Kleid wird angezogen, weil man(n) oder frau sich dafür im Geschäft entschieden hat, aber wie frei war die Wahl in Wahrheit? Wer hat gewählt, der Kunde oder die Masse? Die Mode? Ist die Wahl in einem Geschäft nicht außerordentlich beschränkt? Wurde die eigentliche Wahl nicht lange zuvor von der Masse, den Händlern, der Zeit getroffen? Wie *frei* ist Frau in der Entscheidung für das Pferd? Füllt sie ein Vakuum, das in Wahrheit *ganz andere* Ursachen hat? Liegt die Hinwendung zum Pferde in *ganz anderen* Defiziten begründet?

Wenn irgendwo Defizite vorherrschen, dann entsteht Ungleichgewicht. Aus Ungleichgewicht entsteht Krankheit, und dagegen nimmt man Medizin. *Ist das Pferd eine Medizin für Ungleichgewichte, die an ganz anderer Stelle entstehen?* Die Frauenbewegung ist gescheitert – kommt jetzt als nächster Emanzipationsversuch das Pferd? *Sind die Frauen krank? Ist Frau und Pferd die Manifestation eines soziologischen Krankheitsbildes?* Oder das Symptom einer durch und durch kranken und dekadenten Gesellschaft? Kompensieren die Frauen da in Wahrheit etwas Unerkanntes, handeln sie also in der Form einer Übersprungshandlung, einer Neurose, einer Hysterie?

Unter all den Massenbewegungen ist die von Frau und Pferd ganz sicher, wie ich versucht habe darzustellen, eine *außergewöhnliche*, eine in der Tat *extreme!* Extrem ist aber auch die Geschwindigkeit und Richtung, in der unsere Welt einer düster prognostizierten Zukunft entgegendrängt. *Hängt das eine mit dem anderen zusammen?* Kann es sein, daß das Drama dieser Welt mit seinem unbekannten, bedrohlichen Ausgang an der Tatsache schuld ist, daß »Frau und Pferd« überhaupt zu einer solchen Masse haben anwachsen können? *Ist Frau und Pferd eine direkte Konsequenz aus dem Jammertal »of modern times«?*

Es kann aber auch ganz anders sein: Ist es die Hinwendung zum Gesunden? Sind die Frauen so sensibel, daß sie einen bedeutsamen Weg zur Natürlichkeit wiedergefunden, für sich neu entdeckt haben? Wir werden sehen.

Findet jemand das Blatt eines Baumes, dann kann er sehr schnell auf den ganzen Baum schließen. Ja, mit etwas Kenntnis sogar auf seinen Zustand, sein Alter, seinen Standort. Wenn dieses »Einzelne« darüber hinaus noch etwas ganz Prägnantes, Bedeutsames ist, um so leichter läßt sich doch dann daraus auf das Ganze und auf den Zustand des Ganzen schließen. Unser Thema ist ein großes, gut erkennbares Blatt am »Weltenbaum«. Und indem wir es untersuchen, können wir sicherlich nicht nur etwas über den Zustand der Welt herausfinden, sondern darüber hinaus Spuren entdecken, die zu einem *neuen* Begreifen und Erleben führen.

Wenn vor drei Tagen ein extrem verängstigtes Pferd in einer Veranstaltung in Dänemark, Urbild tiefster Trauer, autistisch gemacht durch unvorstellbare Qualen, sich mit immer weiter öffnenden Augen nach einigen Minuten der Reglosigkeit mir zuwendet und schließlich ganz sachte seinen Kopf auf meine Schulter legt, wenn auch weit entfernt sitzende Menschen ob dieser Begegnung, in der das Äußere nur einen Hauch von dem widerspiegelt, was sich gewaltig, ja erdrutschartig im Innern bewegt, wenn sich diese Menschen von dem kaum Sichtbaren tief berühren lassen, ja sich ihrer Tränen nicht schämen, dann sprengt das viele Grenzen. Der Weg, den ich da beschreibe, ist ein anderer Pfad zum Pferd. Aber: *Das ist kein spezieller Weg für die Pferde, das ist ein Weg für alles. Wenn es aber ein Weg für alles ist, dann ist es auch und vor allem ein Weg für die Menschen.* Wenn ich von diesen Wegen spreche, dann verweise ich dabei auf etwas, das so alt ist wie die Menschheit selbst. Was ich versuche deutlich zu machen, ist, *daß der Kern, die Grundlage all dessen, mit den Pferden in Wahrheit nur am Rande zu tun hat!*

Was für ein Grundanliegen steckt denn dann hinter alledem? Wir Menschen haben eine unglaubliche Kraft des Überlebens und sehr ausgeklügelte, vor allem innere Überlebenstechniken entwickelt. Diese Mechanismen, diese Techniken werden so sehr ein Teil von uns, daß wir sie gar nicht mehr bemerken. Da sitzen in einer Gruppe fröhliche, lachende Menschen, die sich im Moment auch genauso erleben. Und dann kommt eine kleine Frage wie: »Was ist dir wichtig?« Und dieselben Menschen verändern sich schlagartig, wie auch die ganze Stimmung, werden nachdenklich, traurig, ja fangen an zu weinen. Denn die tiefe Trauer verkapselt sich im nicht bewußten Dasein immer tiefer. Jenen panischen Wallach mußte ich, wie ungezählte andere Pferde auch, erst einmal auf seine Trauer hinstoßen, damit er sie »über Bord werfen« konnte. Bei Pferden geht das »Überbordwerfen«, wenn man es denn richtig anstellt, viel leichter als beim Menschen. Aber hinter automatisierten Redewendungen wie: »Mir geht es *ja doch eigentlich ganz* gut« kann man eben immer auch jenen dumpfen Druck wahrnehmen, der tief innen die Seele lähmt, gut verborgen hinter einer schier undurchdringlich harten und festen Mauer von: ... *ja doch eigentlich ganz* ... Und der Unterschied zwischen »Mir geht es *ja doch eigentlich ganz* gut« und »Mir geht es gut« – dieser Unterschied ist so groß wie ein ganzes Universum. Aber: Derjenige, der dieses Universum nicht durchschritten hat, der weiß eben nichts von dem Weg und nichts von »Mir geht es gut« und auch nichts von dem gewaltigen Unterschied. Das Unbekannte verschließt sich dem Menschen wie eine andere Dimension.

In meiner Nachbarschaft lebt ein kleines siebenjähriges

Mädchen. Sie ist eben kein Junge geworden – muß immer zuschauen, wie ihr kleiner Cousin, nur etwas jünger als sie, von jedem auf den Arm genommen, herumgereicht wird. In Spanien ist die Geburt eines Jungen noch immer ein ganz anderes Ereignis als die eines Mädchens. Der kleine Junge wird jeden Tag neu geboren, und das Mädchen wird jeden Tag neu verstoßen. Beide lernen ihre Rollen, hören irgendwann auf zu fragen, und das Mädchen wird bald sagen – zur Frau geworden: »Mir geht es *ja doch eigentlich ganz* gut.«

Wo gehen all die Tränen hin, die nicht geweint sind? Wo all die Zärtlichkeiten, die nicht erlebt wurden? Wo der warme Empfang in dieser Welt für einen neuen Menschen, der nicht stattfand? Und dann kommt die Frage: Was ist wichtig für dich? Wonach sehnst du dich, wovon träumst du? Und es sind dann eben die winzigen Kleinigkeiten, die sie endlich lösen, die Tränen, die winzigen Kleinigkeiten, die zu unscheinbar sind, als daß man sie in der Monotonie der Tage noch bemerken würde. Denn das Erschütternde an den Antworten auf Fragen wie diese ist, daß sie nur aus Kleinigkeiten bestehen und einem schlagartig bewußt wird, wie schwer sie wiegen im Vergleich zu all dem Großen. Aber der Weg durch jenes Universum ist nur mit ihnen gepflastert, mit einem endlosen Mosaik aus winzigen Kleinigkeiten. Und eine Kleinigkeit neben der anderen trägt den Menschen dort, wo das Große viel zu schwer ist und untergeht. Doch wo ist das Tor dorthin?

Meine Vorstellungen sind und waren schon immer kompromißlos und gigantisch. Mir geht es auch hier um dieses Universum: Wie gelangt »Mensch« zu: »Mir geht es gut«, und was ist das eigentlich? Was ist Glück?

»Was macht der Wind, wenn er nicht weht ...«, läßt

Erich Kästner ein Kind fragen. Ist das nicht wunderbar? Wer die tiefen, kindlichen, träumerischen, sensiblen, neugierigen, grenzenlosen und keiner Überraschung ausweichenden Fragen im Laufe seiner Jahre vergessen hat, ja, wem sie ausgetrieben wurden, dem versiegen nicht nur die Antworten, dem versiegen zum Schluß sogar die Tränen.

Ist es nicht seltsam, daß die Welt der Verfolger, und ich will das hier einfach einmal so unscharf umrissen stehen lassen, daß diese Welt eine so eigenartige Absolutheit entwickelt, daß sich immer der zu verteidigen hat, der *keine* Atomkraftwerke bauen möchte, *keine* Pferde schlagen, *kein* Gift auf die Felder tragen will, *keine* Kriege führen, *keine* Frauen verbrennen möchte, *keine* sterilen Krankenhäuser, sondern gesunde Lebensgrundlagen errichten möchte? Der Wahnsinn rückt sich immer in die Position, wo er sich nicht legitimieren muß! Nicht die kämpfen, die in unwürdigster Weise Schlachttiere transportieren, sondern die, die es verhindern wollen. Kein Mensch mit Verstand wird allen Ernstes behaupten können, solche Transporte seien etwas Wünschenswertes und Rechtes. In der Masse aber formen jene die Front der Normalität, die sich auf scheinbare Sachzwänge beruft, um sich dann nicht mehr rechtfertigen zu müssen.

Oft werde ich ob meiner Aussagen und Aktivitäten als »Weltverbesserer« bezeichnet. Wahr aber ist, daß ich mich immer nur an einzelne Menschen richte. Ich spreche immer nur *diese* Frau und *jenen* Mann an: *einzelne* Wesen. Lösungen, Antworten und Wege gibt es immer nur für den einzelnen. Nur der einzelne, das Individuum kann in sich und mit sich Grenzen überschreiten. Diese wunderbare Spanne versuche ich immer wieder aufzuzeigen, den gewaltigen Bogen, der sich zwischen den Wurzeln menschlichen Ursprungs und dem Erleben im Hier und Jetzt erfahren läßt. *Das »Verbinden« ist das Phantastische, nicht das Negieren.* Darum liegt mir so viel daran, unmißverständlich deutlich zu machen, auch aus meiner eigenen Naturerfahrung mit den Pferden heraus, daß ein individuelles Überwinden einer jeden Zeitströmung nicht nur denkbar, sondern möglich, ja gefordert ist.

Soviel zu alledem. Der Vorbereitungen ist Genüge getan – die eigentliche Reise beginnt.

Kapitel 1
Der Weg zurück

»Die Inquisition, so meint man, sei tot. Die Inquisition ist aber nicht tot. Wo immer Sie auf eine Staatsform treffen, die mit geistigen Angelegenheiten nicht umgehen kann, werden Sie früher oder später eine Inquisition haben.«

BERNARD SHAW

WO SICH DIE GEISTER SCHEIDEN

In allen Urquellen, den Überlieferungen alter Weisheit, werden die Handelnden gern in zwei symbolische Gruppen eingeteilt. Da ist der »Tor« oder der »Weise«, da ist der »Gemeine« oder der »Edle«, der »Gestrauchelte« oder der »Berufene«, der »Gottlose« oder der »Gerechte«. Keine dieser Urquellen geht davon aus, daß der Weise *immer* der Weise und der Gestrauchelte eben *immer* der Gestrauchelte sei, ganz im Gegenteil. Die Grenzen können sich verschieben, der eine wie der andere sich verändern, sich wandeln. Der Edle wird nicht immer edel handeln, und er selbst ist sich seines edlen Handelns oftmals nicht einmal bewußt. Die Summe seiner Handlungen aber folgt ganz bestimmten Parametern, die ihn dann *zum Schluß* als »Berufenen«, als »Weisen«, als »Edlen« erscheinen lassen.* Diese einfache Gegenüberstellung hat sich in allen Kulturen bewährt. Darum will ich sie in meinen Beispielen nun auch wählen und die für uns bedeutsamen Gegensätze mit Hilfe der Begriffe »der Gemeine« und »der Berufene« einander gegenüberstellen. Eine sich allmählich immer weiter aufbauende Skizze dient zunächst der Fragestellung, wie sich der »Gemeine« auf der einen

---

* Allein über den Begriff des »Berufenen« etwas aussagen zu wollen, hieße, zu beginnen, ohne ein Ende finden zu können. Dieses Buch wird diesen Begriff auf seine Weise näher erläutern. Ganz sicher aber sind nicht jene Selbstgerechten gemeint, jene Gewandten, den Kopf stolz Erhobenen, über-sich-selbst-fallenden Eitlen, von denen Meister Eckehart sagt: »Es sind jene Leute, die in Bußübung und äußerlicher Übung an ihrem selbstischen Ich festhalten, was diese Leute jedoch für groß erachten. Erbarm's Gott, daß solche Leute so wenig von der göttlichen Wahrheit erkennen! Diese Menschen heißen heilig auf Grund des äußeren Anscheins, aber von innen sind sie Esel, denn sie erfassen nicht den (genauen) eigentlichen Sinn göttlicher Wahrheit.«[1]

und der »Berufene« auf der anderen Seite (bewußt vereinfacht und globalisierend betrachtet) »Frau und Pferd« gegenüber verhält und welche Motivationen dabei ausschlaggebend sind. Hier unsere Ausgangsposition:

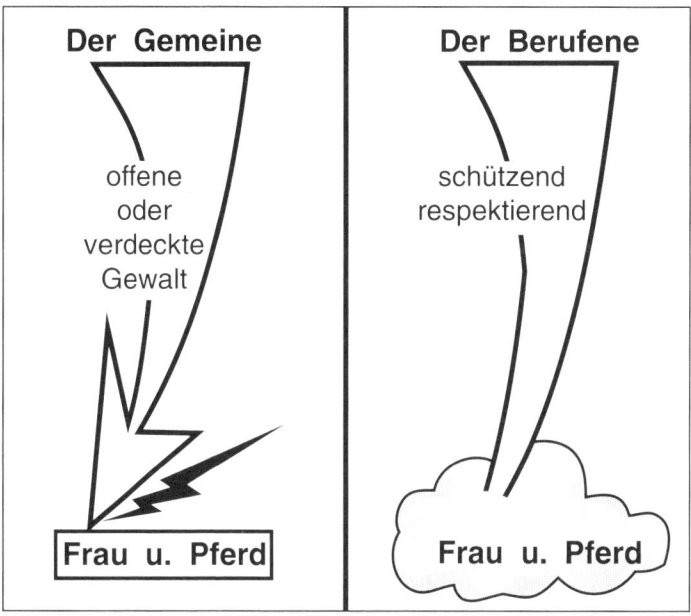

Zeichnung 1

Unser mongolischer Freund charakterisierte das edle Verhalten seiner Vorfahren dadurch, daß er auf den unbedingten Schutz von »Frau und Pferd« aufmerksam machte. Die »moderne Welt«, so konnten wir sehen, hat diesen Aspekt praktisch vollkommen vergessen. Wie kann das sein – wie ist so etwas möglich? Läßt sich aus dem grundsätzlichen Verhalten des »Gemeinen« eine erste Spur aufnehmen, die uns etwas über seine Motivationen verraten kann, dieses zu tun oder jenes zu lassen? Welche rudimentären Grunderklärungsmuster hält er parat, um sich z. B. einem Pferd mit Peitsche und ähnlichem in aggressiver Weise oder sogar mißhandelnd zu nähern? Vielfältige Formen der Unterdrückung, subtilste, aber auch roheste Gewalt, wird den Pferden gegenüber angewendet, »weil sie eben schlicht und einfach zu gehorchen haben«, da sonst Gefahr für Leib und Leben von Pferd und Reiter droht. Das scheint auf den ersten Blick durchaus etwas für sich zu haben. Außerdem ist das Pferd ein Tier, und darum hat es sich dem Menschen in jedem Falle unterzuordnen. Auch das macht erst einmal Sinn. Wie aber sieht das bei dem Verhältnis des »Gemeinen« zur Frau aus?

Selbst wenn wir die ganz üblen Extreme, von denen wir hörten, nämlich »die Frau sei nicht mehr als ein Tier, und darum eben wie ein Tier dem Manne automatisch untertan«, beiseite lassen: Es bleibt eindeutig, wenn auch noch so versteckt, die geteilte, die Zweiklassenwelt. Dafür gibt es aber selbst in der Vorstellungswelt des »Gemeinen« *keine unmittelbar nachvollziehbare Notwendigkeit!* Doch wie, um alles in der Welt, kommt »Mann« dazu? *Denkt er sich das einfach aus?* Nein! Das tut er eben nicht! Wie wir sehen werden, *beruft er sich auf Überliefertes!* Und das tut er *immer,* und zwar unabhängig von der Kultur, der er angehört! Und auch dann, wenn er selbst von den Inhalten dieser Überlieferungen kaum noch oder gar keine Kenntnis mehr besitzt. Die primäre, zumeist unbewußte Urbegründung für sein Handeln liegt also *nicht* in ihm selbst, sondern irgendwo außerhalb von ihm. Das ist für uns ein erster, wie sich herausstellen wird, immens bedeutsamer Anhaltspunkt! Dabei richtet sich seine repressive Einstellung nicht selten gegen das *gesamte* Dasein der Frauen. Sie richtet sich *insgesamt gegen die Erscheinungsform »Frau«.* Dabei beruft »Mann« sich also auf eine Art

»Grundrecht«, das ihm, durch welche Art von Überlieferungen und tradierten Normen auch immer, quasi *bei seiner Geburt »mitgeliefert« wird*. Aus alledem entnimmt er seine »Überlegenheit« und schließlich auch sämtliche Erklärungen und Begründungen für seine Handlungsmuster! Und die Umwelt bestätigt ihn mit seltsam einfach daherkommenden Schablonen und deren mannigfaltigsten Abwandlungen und Kopien:

»Gott erschuf die Frau aus dem Manne – darum ist der Mann der Frau überlegen.«

»Die Frau habe zu schweigen.«

»Die Frau sei ihr Leben lang dem Manne untertan.«

»Dein Leben lang suchst du Frau den Mann, und er soll immer über dich herrschen.« etc. etc.

So brennen in Indien (die Witwenverbrennung ist zwar seit kurzem illegal, wird aber dennoch weiterhin praktiziert), wie in Europa, wie in vielen Teilen der Welt die Frauen auf den realen wie auf den symbolischen Scheiterhaufen. Im Verhältnis vom Mann zur Frau ist also so etwas wie eine dogmatische, nicht realbezogene Zwischenstufe eingebaut, eine Art *»Legitimierungsebene«*. Die Anpassung an diese Dogmen führt dazu, daß die Frau quasi »legitimiert« auf eine niedrigere Stufe gestoßen werden »darf«, um dann, im krassesten Fall, »legitimiert« auf eine Daseinsstufe mit dem Tier (Pferd) gestellt zu werden. Sie dorthin zu transplantieren, *dazu bedarf es also einer Weisung, einer Regel, einer Tradition!* »Mann« folgt einem breiten, lange vor ihm schon angelegten und komfortabel ausgetretenen Pfad. Und: Indem die Gesamtheit dieser Tradition folgt, erfährt sie das Bewußtsein des »Einigseins«, der Sicherheit, und das Gefühl, *bedingungslos richtig und korrekt zu handeln*. Wer anders ist, bringt das System in Gefahr. Dieses Paradigma ist so stark, daß ja sogar die

Leidtragenden, die Frauen selbst, dieses »Geburtsrecht« der männlichen Welt viel zu selten ernsthaft in Frage stellen: »*Unsere einzige Aufgabe ist es, dem Mann zu dienen und Kinder zu kriegen. Das war eben immer so und das hat sicher seinen Sinn!*« Ob dieser »überlieferten Berechtigung« liegt das Schicksal der Frau in vielen Teilen der Welt bis heute praktisch allein in männlicher Hand, in seiner »Gnade« oder seinem »Gemein-Sein«. Wie gesagt, ob er dann, und man erschauere ob dieses Umstandes, noch einen Unterschied macht zwischen Frau und Tier, obliegt *seinem* Ermessen. Tut er das nicht, hat er, je nach Kulturkreis, noch nicht einmal mit Kritik zu rechnen, oft ist das Gegenteil der Fall. (In Teilen Südamerikas ist das Recht des Mannes, seine untreu gewordene Frau zu erschießen, noch heute ausdrücklich im Gesetz verankert!)

Das offene oder unterschwellige Unterdrücken wird zu einem Lebenskodex, zu einem nicht mehr angezweifelten Bestandteil des menschlichen Beziehungssystems. Durch was auch sollte es angezweifelt werden? Alle ziehen doch am selben Strang – sogar, wie es scheint, die Worte der Alten, die Worte der Religionsstifter und die Worte jener, die diese Gesetze hüten und für deren Einhaltung sorgen.

Nun kann man ja ganz einfach sagen: »Dann verlassen wir eben die Dogmen, und das Problem ist erledigt.« Daß das nicht funktioniert, belegt unsere mitteleuropäische, »aufgeklärte« Welt, die ja eben keine grundlegenden Veränderungen zuließ. Etwas an diesen Dogmen ist offensichtlich so beherrschend, sie scheinen von uns so internalisiert, so durch und durch aufgesogen zu sein, daß sie selbst *dann* präsent sind, wenn man sie abgeschafft zu haben glaubt. Was ist das für eine seltsame Geschichte mit den Dogmen?

Der Berufene oder der Edle, dem wir die rechte Spalte unserer Skizze zugewiesen haben, der sei z. B. ein ehrwürdiger, uralter Mongole aus längst vergangenen Zeiten. Aus jenen Zeiten eben, in denen man stolz den Durchreisenden berichtete, wie sorglos vor allem auch Frauen in dieser Region lebten. Natürlich hatte dieser Mongole auch Pferde, und natürlich gehorchten sie ihm, war doch gerade dieses Volk dafür bekannt, hervorragende Reiter und Schützen zu besitzen. Wer aber sein Pferd schlug, der hatte, wie wir hörten, mit einer drastischen Strafe zu rechnen. Bei ihm also gab es nicht die Notwendigkeit, ein Pferd zu unterdrücken, damit es gehorche! Waren die Hufe seiner Pferde nicht ebenso hart, die Beine nicht ebenso flink? Waren sie nicht genauso wild und ungestüm? Dennoch: Die Pferde *ließen* sich führen ohne Gewalt. Und: *»Frau« erfuhr größtmöglichen Schutz.* Halten wir all das Gesagte zunächst einmal in unserer Skizze fest: (Siehe Zeichnung 2)

Da stellt sich natürlich gleich die Frage: Wie gelingt es dem »Berufenen«, dem Mongolen, dem Ritter, dem keltischen Reiterpriester, sein Pferd zu führen *ohne* äußere Machtanwendung? Und die nächste, ganz entscheidende Frage gilt natürlich seinen Überlieferungen, Urquellen und Dogmen. *Denn selbstverständlich war auch und ganz besonders seine Welt durchdrungen von den Überlieferungen der Väter.* Ja, sagten die denn etwas so anderes? *Nein! Das taten sie eben nicht!* Bei ihnen wie bei anderen großen Kulturen – ebenso wie bei der großen Mehrzahl der Naturvölker – sagen die Überlieferungen bekanntermaßen *genau dasselbe*, wenn auch natürlich mit immer anderen Parabeln, Worten und Bildern. Und das Erstaunliche: Ihnen allen lag eine *strikte Trennung der Geschlechterrollen* zugrunde, und zwar, bis auf sehr, sehr wenige

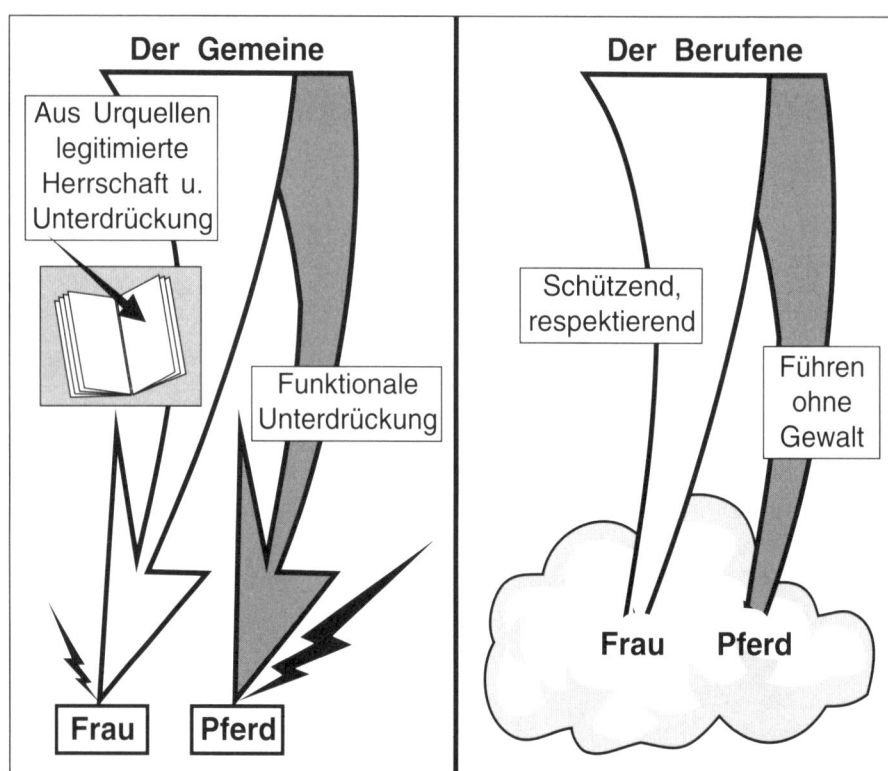

Zeichnung 2

Ausnahmen in der Welt, mit der Tendenz zu einer *dem Manne dienenden Frau!* In unserer Abbildung stellt sich das dann so dar: (Siehe Zeichnung 3)

Wie sehr sich die Bilder gleichen! Die eine Seite sieht nicht viel anders aus als die andere. Und doch sind die Früchte, die beide Kulturgattungen hervorbringen, *absolut gegensätzlich*. Für *beide* Seiten, links wie rechts, finden wir die *gleichen* Voraussetzungen! Die von Kultur zu Kultur zwar differierende, aber doch grundsätzliche Rollenzuteilung ist dieselbe, ebenso, und das ist das besonders

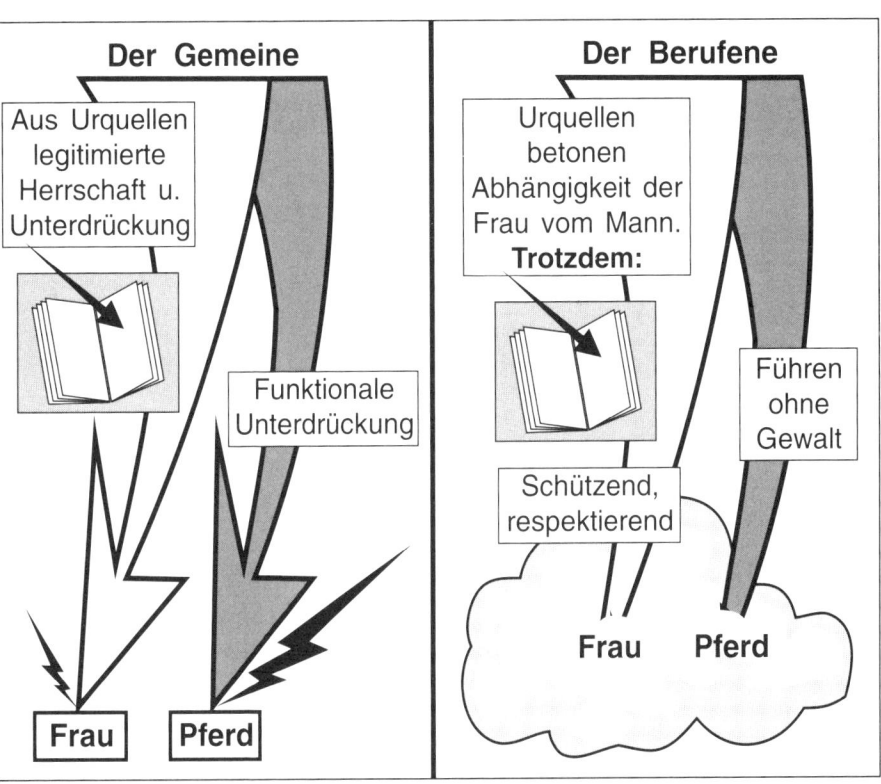

Zeichnung 3

Bemerkenswerte, die Inhalte der Quellen und der daraus ableitbaren Dogmen (die Frau sei dem Manne untertan).

Jede Kultur, in alter wie auch in neuerer Zeit, wird von den Worten und Inhalten der Überlieferungen, der Urquellen, ihrer Bilder und Dogmen durchdrungen wie von gewaltigen Kräften. Das mag man wahrnehmen oder nicht, allemal ist es für das Verhalten der Menschen, besonders in der Gemeinschaft, prägend.

Das heißt: *Ein und derselbe Quelleninhalt zeitigt im Laufe der Geschichte völlig unterschiedliche Folgen: Schutz oder Repression, Leben oder Tod.* Ja, es geschieht noch mehr: Menschen schöpfen aus ihnen und kommen ganz offensichtlich zu Verhaltens- und Erkenntnisformen, die sie in die Lage versetzen, Dinge *gänzlich* unterschiedlich zu handhaben mit Handlungsweisen, die vollkommen andersartige Früchte zutage bringen. Auf der einen Seite: Das Pferd folgt, ohne unterdrückt zu sein. Die handgreifliche Unterdrückung gefährdet sogar das Leben des Unterdrückenden, ihm droht die Todesstrafe. Ganz anders in den »Niederkulturen«. Hier herrscht sogar immer ein besonderes Mißtrauen gegenüber den Menschen, die so etwas wie eine »gewaltlose Macht« über Tiere haben: Dann, wenn der Löwe vor dem Massai weicht, der Wolf vor Franz von Assisi, das Pferd vor dem Ritter.

In dem Reifungsprozeß, genährt aus der Urquellen-Wurzel, beim Schöpfen aus der Quelle sozusagen, muß sich bei einigen »Berufenen« etwas vollziehen, was ganz offensichtlich bei den anderen, bei der großen Masse *nicht* passiert! Beide Gruppen werden gespeist aus den *gleichen* Quellen, die einen wie die anderen, beide Gruppen beziehen sich darauf, *und doch hat das Handeln des einen nichts, aber auch gar nichts mit dem des anderen gemein!*

Die Lösung kann nicht unmittelbar im Pferd, in der Frau, im Menschen, ja in der Gemeinschaft zu finden sein. *Die einzig überhaupt denkbare Variable in diesem ganzen Komplex sind die grauen Felder in unserer Grafik, nämlich das, was die Menschen in ihren Köpfen aus der Urquelle folgern.* Das ist schon eine bedeutsame erste Grunderkenntnis! Wir sehen, daß die Annahme eines Paradigmas wie »Der Mann herrsche über die Frau« zweierlei Schlußfolgerungen zulassen kann:

1. Es kann eine Handlungsform ausgelöst werden, die offensichtlich eine Art »*Gegensatz*« *zur wörtlichen Aussage darstellt,* denn jener Mongole, jener Berufene ist *nicht* bereit, die Frau zu unterdrücken und dem Pferd Gewalt anzutun.
2. Es kann zu ganz bestimmten Kenntnissen, ja Fähigkeiten führen, zumindest erscheint es erst einmal so. Zum Beispiel zu der Fähigkeit, mit wilden Hengsten umzugehen, als seien es kleine Kätzchen!

Die Leserin, der Leser wird im Laufe der Lektüre dieses Buches erkennen, daß Fähigkeiten wie diese nicht durch den planenden Willen erlangt werden können. Wohl aber können sie sich entwickeln, eben durch eine ganz bestimmte Auseinandersetzung mit den Urquellen. Offensichtlich steckt in jenem Satz, so unendlich seltsam das im Augenblick auch noch anmutet, »die Frau sei nicht ohne Mann, und sie habe ihm immer und unter allen Umständen zu dienen«, wie auch in ungezählten anderen, phantastischen Worten, die soviel Leid nach sich ziehen können, doch auch so Gewaltiges verborgen, daß sich an und mit ihnen die Hoch- von den Niederkulturen scheiden, der Edle vom Gemeinen, Erfülltheit von Leere, ja Sein vom Nicht-Sein! *Was, um alles in der Welt, ist das?*

Das graue Feld in unserer Skizze, mit dem stilisierten Urquellen-Buch darin, markiert also fraglos eine Grenze, eine *Scheidegrenze*, markiert einen Durchgang, der Folgenschweres auf der einen wie auf der anderen Seite auszulösen vermag.

Das Thema »Die Quellen der Menschheit« ist natürlich so umfangreich, daß wir es in diesem Buche nur so weit berühren wollen und können, wie es uns Aufschlüsse gibt zum Zusammentreffen von Frau und Pferd in unserer Zeit. Es ist gewiß ein gewaltiges Gebiet, dem wir uns

hier nähern, doch ich möchte einen ersten kleinen Teilbereich mit Ihnen ganz langsam, Schritt für Schritt beschreiten. Darum hier noch einmal in der Zusammenfassung unser augenblicklicher Standort:
- Wir erkannten, daß die Strömungen einer Hoch- oder einer Niederkultur sich zuallererst im Guten wie im Bösen an der symbolischen und realen Beziehung zu »Frau und Pferd« offenbart.
- Weiter kamen wir zu der Erkenntnis, daß ganz offensichtlich der unterschiedliche Umgang, die unterschiedlichen Folgerungen aus dem, was ich die Urquellen nenne, zu vollkommen gegensätzlichen Handlungen und Auffassungen führen.
- Bleiben wir in einfachen, logischen Abfolgen, dann muß man daraus unzweideutig folgern können, daß »Frau und Pferd« wiederum ihrerseits einen *sehr starken Bezug zu den Urquellen haben müssen*, daß sie quasi eine extrem wichtige Rolle darin spielen! Denn ihr Wohl und Wehe durch die Jahrtausende der Menschheitsgeschichte, durch viele Kulturen hindurch, hängt ja von dem Umgang mit den »Quellen« und den »Dogmen« ab! (Liegt darin womöglich eine erste Erklärungsspur verborgen, warum das Pferd ein so überragendes Wesen der Mythologie in ungezählten Kulturzeugnissen ist?)
- Folgern wir weiter: Frau hat sehr viel und signifikant mit Urquellen zu tun, und Pferd hat sehr viel und signifikant mit Urquellen zu tun. Worum also geht es in Wahrheit, wenn wir uns mit Frau und Pferd beschäftigen, auf jeden Fall dann, wenn wir bis zu den Wurzeln des Phänomens vordringen wollen?
- Und auch dieses können wir nach all dem Gesagten schon mit ziemlicher Sicherheit feststellen: Aus den Urquellen scheint sich eine Entscheidung herzuleiten,

eine Art »Brechung«, die immer entweder in die eine oder in die andere Richtung führt. Tag oder Nacht, Leben oder Tod, Sein oder Nicht-Sein, schützen oder verfolgen. (Dieses Phänomen des »Entweder-Oder« nimmt in der Tat geradezu eine Schlüsselstellung ein ob des Verständnisses der alten Quellen.)

Nun sagten wir, daß gerade das Pferd ja eine wichtige Rolle in Mythen, Sagen und Überlieferungen spielt. Ist dann auch der Umkehrschluß möglich? Gilt die Brechung hinein in die Extreme dann auch für das *reale* Pferd, für den »realen Vierbeiner«? Diese Frage bildete für mich den letztlich entscheidenden Anstoß, mich den Pferden zuzuwenden. Das wollte ich unbedingt herausfinden: *Tragen sie tatsächlich ein »Horn« zwischen den Augen und »Flügel« an den Schultern?* Bevor wir also die Spur »Dogmen der alten Quellen: Die Frau diene dem Mann« weiterverfolgen, will ich einen kleinen Ausflug zum realen Pferd und zum realen Pferdemenschen dazwischenschieben, um einer Antwort auf diese Frage, der noch eine große Bedeutung zukommen wird, etwas näherzukommen.

Wir alle kennen ihn: Er ist ein braver Mann. Er fällt nicht weiter auf. Ist im großen und ganzen von ruhigem Wesen. Er hat eine kleine Familie, einen Hund und eben im ortsansässigen Reitstall ein Pferd. *Dort aber erkennt man ihn oft nicht wieder.* Selten sonst erlebt man ihn so verärgert, so verbissen, so zornig, ja so brutal, so *»anders«*. Dabei will er ja gar nicht unbedingt gewinnen auf den Turnieren, will nicht glänzen, sagt er, »aber irgend etwas an dem Biest macht mich oft rasend!«.

In der Welt der Pferde ist das kein Einzelfall. Nein, es ist eher die Regel, daß sich die Menschen zusammen mit ihren Pferden *oft von einer ganz anderen Seite zeigen, oder auch, daß jene Eigenschaften, die sonst versteckt im Verborgenen schlummern, allzudeutlich zutage treten.*

»Wenn der Bettelmann das Pferd besteigt«, heißt es warnend in einem Spruch aus vergangenen Zeiten. Der Volksmund hält viele tiefe Wahrheiten bereit – wie eben auch diese. Was geschieht mit dem Bettelmann, der das Pferd besteigt? Der Bettelmann an sich ist ein netter Kerl, das Pferd an sich ist ein nettes, reines Wesen, gemeinsam aber, so will der Spruch sagen, bringen sie Unglück. Wem? Dem Bettelmann, dem Pferd und allen, denen sie begegnen! Unser braver Mann ist kein Bettelmann, aber ihm geschieht, wie wir feststellten, auf seine Weise Ähnliches. Der Bettelmann unseres Spruches ist nämlich auch nicht unbedingt ein nach außen hin armer Mann, denn sonst könnte er das Pferd ja gar nicht besteigen. Im Gegenteil, irgendwie muß er wohl zu einem solchen »Mindestreichtum« oder Ansehen gekommen sein, der es ihm ermöglicht, ein Pferd zu bekommen, zu halten, zu besteigen. Und eben jetzt beginnt das Unglück. Und zwar jenes Unglück, das noch größer ist als das seiner Armut zuvor. Was ist das für ein Unglück, und warum widerfährt es ihm und dann auch all jenen, die ihm begegnen?

Der Begriff »Bettelmann« in diesem kleinen Sprichwort bezeichnet zuallererst nichts Äußeres, er dient hier vielmehr als Symbol für »innere Qualitäten«, für die Art und Weise, sich Dingen (Pferden, Urquellen) zu nähern. *Besteigt ein Mensch mit eher mangelnden inneren Qualitäten das Pferd, was hier natürlich symbolisch für viele Lebenssituationen steht, dann bringt das Unglück.* Das Unglück liegt nicht im »Pferd«, es liegt nicht in der alten Quelle und ihren Aussagen begründet, es liegt offensichtlich an der Art und Weise, sich dem zu nähern. Der (innere) Bettelmann muß scheitern!

Ist es nicht sowieso schon ein Unglück, das dieser Mensch mit seinen mangelnden, inneren Qualitäten zuvor schon erleben mußte? Wohl schon, aber offensichtlich beginnt das wirkliche Unglück erst jetzt! Besteigt der Bettelmann das Pferd, übertritt er nämlich *innerlich unvorbereitet* eine Grenze, eine Scheidegrenze, und das bringt ihm Unglück. Sprachen wir nicht ob der grauen Felder in den Zeichnungen auch von einer Scheidegrenze? Von einer Grenze, an der sich zum »Guten« wie zum »Bösen« offensichtlich vieles und in sehr drastischer Form entscheidet?

Hier symbolisiert eben das Pferd diese Scheidegrenze! Es stellt den Menschen vor die Möglichkeit, die *äußere* Erscheinung eines *tiefen, sehr alten Symboles zu »besteigen«.* Was aber bringt ihm daran Unglück? Daß er seine Entscheidung ob seiner Handlungen im *Äußerlichen* trifft. Er bedient sich *äußerlich* benutzend, legitimierend, aufwertend, die Leiter der Hierarchie erklimmend, eines lebendigen Symbols, das er *innerlich* nicht durchdringt, sich nicht einmal darum bemüht. Geschieht mit den Aussagen der alten Quellen etwas Ähnliches? Bedienen sich die Menschen auch hier äußerlich einer Erscheinung, die sie innerlich nicht zu durchdringen vermögen?

Zurück zu unserem Mann aus dem Reitstall: Dadurch, daß er sich äußerlich mit einem Symbol kleidet, wird die Armut seiner inneren Welt nicht um ein Jota bereichert. Statt sich aber um seine innere Welt, um seinen inneren Reichtum, schlicht um »Verstehen« zu mühen, greift er nach einem Symbol, das ihn scheinbar den mühevolleren Weg der inneren Reifung umgehen läßt. Und da beginnt das wirkliche Unglück. Der Bettelmann auf dem Pferd ist jetzt nicht mehr der einfache Bettelmann. Mit der hinzugewonnenen äußeren Macht, die seiner inneren Kraft nicht entspricht, gleicht er einem Kind, das ohne zu ahnen, was es tut, mit Feuer, Schere und Licht spielt – und dadurch Unheil anrichtet.

Der Bettelmann besteigt das Pferd. Es hätte aber auch heißen können: »Der Bettelmann findet einen Sack voll Geld.« Auch das wäre ein Zeichen seiner neu gewonnenen Macht gewesen, und auch damit hätte er genügend Unheil anrichten können. Das eine wie das andere, das Pferd wie der Sack voll Geld, sind Symbole äußeren Reichtums. Aber da ist ein großer Unterschied. *Das Pferd symbolisiert vor allem anderen den Reichtum der inneren Welt.* Der Bettler also bedient sich nicht nur eines äußeren Wesens, *er greift nach einem gewaltigen Symbol innerer Kraft, innerer Reife, dem Ursymbol aller Mythen – um was zu tun? Um im Äußeren damit zu wirken. Er bedient sich des Symbols innerer Wahrheit auf der Ebene äußerer Macht.* Und so tut er auch hier Dinge, die er nie tun würde bei anderen Tieren. Und das Pferd schweigt und erleidet mit dem Menschen zusammen seinen Fall. Und das »geistige und emotionale Fallen« wird zur Routine. Das Brüllen, das Frustriertsein, der Zorn, die Wut, das Schlagen, das Benutzen im Außen. Und viele nehmen es kaum noch wahr.

Die Frage nach dem Sinn all dessen, nach dem Sinn der so seltsam geteilten Welt, der »unvollständigen«, wird immer seltener gestellt, an eine Antwort glaubt man ohnehin schon längst nicht mehr. Und das Pferd wird so lange für ihn leiden, den »braven« Mann, bis er nicht mehr nur äußerlich das Pferd besteigt, sondern zuerst und vor allem in seinem Inneren.

Das, was wir über die Pferde sagen oder über die alten Quellen, in denen das Pferd eine so große Rolle spielt, die Worte sind offensichtlich austauschbar. Durch irgend etwas gilt es hindurchzudringen, durch irgend etwas, das es uns, wie es scheint, alles andere als leicht macht. Und doch ist jenes seltsame Erkennen von elementarer Bedeutung. Denn: Einige wenige Menschen stoßen auf ein Pferd – wissen zwar um das eine, lassen jedoch ab, *suchen, erkennen und tun das andere!* Einige wenige Menschen stoßen auf eine alte Quelle – hören zwar genau wie alle anderen auch das eine, lassen jedoch erschrocken ab, *suchen zu verstehen, erkennen und tun das andere!* Dem einen verschließt sich ein Tor, das sich einem anderen wundersam öffnet. Der Weg jenseits dieses Tores ist ein Weg des Erkennens. Wollen Sie weiter mein Gast sein? Auf vorsichtigen, leisen Sohlen diesen Weg erkunden? Sie wissen ja, dieses Tor schließt sich wieder ganz schnell, z. B. so: Klappen Sie es einfach zu, das Buch!

DAS RESULTAT IST
IMMER GLEICH

Geht es Ihnen nicht auch so? Es gibt bestimmte Worte, die ich nur sehr ungern verwende, obwohl es wunderbare Worte sind, einfach, weil sie so ausgepreßt, sinnentleert und schamlos zerstört wurden. Das Wort Liebe gehört dazu. Es liebt zur Zeit jeder jeden und alles, auch die neueste Hamburger-Kreation der x-ten Fastfoodkette wird heiß geliebt. In dem weiteren Verlauf dieses Buches kommt dieses Wort als Wort darum auch fast nicht mehr vor.

Genauso geht es mir aber auch mit vielen anderen Dingen. Eher zögerlich nähere ich mich darum jetzt kurz einer ganz einfachen Einteilung chinesischer Urquellen, dem Yin und Yang. Ich zaudere, davon zu sprechen, weil sich mir und sicher vielen Lesern dabei der Magen herumdreht ob der Abstrusität, mit der solche Begriffe gerade hier im Westen verwurstet wurden und werden. Überzeichne ich, wenn ich sage: Auch hier ist ganz sicher die Wahrheit nicht in jenen »Würsten« zu finden, die auf den buntschillernden Märkten der eitlen Sphärenwelten feilgeboten werden? Bepackt mit diesen Würsten, in der Konfrontation mit jenen Pferden, mit jenen Hengsten, die das Schicksal für mich bereitgestellt hat, könnte ich jedenfalls nur hoffen, daß ihr übler Geruch diese Urgewaltwesen in die Flucht schlagen würde. Denn Hilfe, Rat und Anweisung ob einer wirklichen Begegnung mit diesen »Powerklötzen« fände ich in keiner dieser Würste, und lutschte ich sie bis zur Pelle leer. Ja, im Gegenteil, Menschen, die sich mit diesen »Würsten« verköstigt haben, sind in der Konfrontation mit Pferden (dem Leben), in der Konfrontation mit jenen Wesen, die alles tun, nur nicht lügen und nicht schonen (wie das Leben), so schnell an ihrem Limit angelangt, ja an der traurigen Abstrusität ihrer bisherigen Wege, daß ich sehr häufig schon im Vorfeld meiner Seminare große Warnungen aussprechen muß. Denn so ein Zusammenbruch kann wirklich gewaltig sein, nicht ob der Gesundheit und ob eventueller Verletzungsgefahren. Darauf achte ich peinlichst, und da gibt es bis heute nicht den geringsten Vorfall. Nein, den inneren Zusammenbruch meine ich, besonders wenn man sich bereits im Besitz von Erkenntnissen wähnt, und diese dann dahinschmelzen wie Butter in der Sonne. Und es scheint dann, als sei die Butter jener Mensch und die Sonne das Pferd.

Ob Erkenntnisse wirklich ein Erkennen sind, das zeigt sich in der Frage nach wirklicher, innerer, bodenständiger Erfülltheit, und zwar vor allem dann, wenn die Stürme wehen, die Wellen hoch schlagen und einem das Wasser bis zum Halse steht. Bleibt dann das Vertrauen, die Kraft, die Freude, ja das Glück? Die Sphärenklänge sind süß und lieblich, der Kuschelteppich für die neueste Hawaiimassage ist weich und flauschig. Das ist prima, und dagegen ist auch überhaupt nichts einzuwenden. Doch Veränderung durch Erkenntnis, das einfache Sein jenes Mongolen z. B., das ist auf eine sehr eigentümliche Weise deutlich davon verschieden. Sich dahin vorzuwagen ist wirkliches Durchbrechen, ist ein ganz besonderer Aufbruch in unbekanntes Terrain. Für »Frau« wie für »Mann«.

Im chinesischen Kulturbereich gibt es für die Zweiteilung in Yin und Yang u. a. einfache Strichsymbole. Diese Strichsymbole sind die folgenden seit Jahrtausenden:

———   —— ——

Vor mir liegt ein großes Blatt Papier, das während einer Kursveranstaltung an einer Wand hing. Oben links und rechts trägt es jeweils eines der zwei Symbole. Die Teilnehmer sollten durch Zurufen kundtun, was ihnen dazu einfiel. Die Äußerungen sollten so spontan wie möglich sein. Hier sind die prägnantesten Begriffe:

―――――   ――― ―――

1.	Kontinuität	Teilung
2.	Hart	Weich
3.	Beständigkeit	Unterbrochen
4.	Einheit	Gegensätze
5.	Klarheit	Gefahr
6.	Kontakt	Trennung

Bis hierhin gab es noch keine Diskussionen, alle waren sich einig. Bei den nächsten Vorschlägen gab es erst einige Zweifler, die sich aber dann der Mehrheit anschlossen:

7.	Leben	Tod
8.	Heilung	Schmerz
9.	Geist	Materie

Was für eine wunderschöne Unterteilung hatte sich ergeben! Einheit, Beständigkeit, Klarheit, Kontakt, Leben und Geist auf der einen, weich, Gegensatz, Gefahr, Tod, Trennung, Schmerz und Materie auf der anderen Seite. Und als ich dann die Frage stellte, wo sie denn nun das Männliche und das Weibliche plazieren würden, da gab es in der Tat einen kleinen Tumult. Zum Schluß jedoch kam niemand umhin, der rechten Seite, der Seite der Materie, das Weibliche zuzuordnen und der linken Seite das Männliche.

Das Resultat ist immer gleich

Bei unserer kleinen Aufzählung kam zum Schluß niemand daran vorbei, in der Konsequenz das gleiche zu tun, was die Chinesen schon vor 5000 Jahren taten: Nämlich die *Frau* auf die Seite von *Tod, Trennung, Schmerz* etc. zu plazieren und den Mann der Seite zuzuordnen, die Begriffe wie Leben, Geist, Klarheit und Beständigkeit beherbergt. Noch einmal: Diese Gegenüberstellung haben wir nicht einem chinesischem Weisheitswerk entnommen, *sie ist spontan durch Zuteilung assoziativer Begriffe während eines Kurses in meinem Haus entstanden!* Ich will auf das Folgende hinaus: Die Symbolwelt stellt sich, ebenso wie die Welt der uralten Quellen, auf den ersten Blick immer *höchst chauvinistisch* dar. Können die Chinesen das denn ernst gemeint haben, was sie da schreiben: Frau ist gleich: Tod, Gefahr, Schmerz und weiter auch noch: Dunkelheit, Feuchtigkeit, Mond, Schatten, Diskontinuität, Schwäche, Siechtum, Stockung, Hemmnis...?

Und Mann ist gleich: Leben, Beständigkeit, Erfüllung, Einheit, Stärke, Sonne, Feuer, Dauerhaftigkeit, Licht, Geist...? Schwingen da nicht Töne mit, die wir getrost dem schon zitierten Hexenhammer zuordnen könnten, oder Nietzsche oder einem Anleitungsbuch für die Herausgabe eines Männermagazins? Mit dem Tenor: »Die Frau habe zu schweigen! Tut sie's nicht, dann bringt sie irgendwie dazu!« Das Ganze ist also durchaus viel verstrickter, als es zu Anfang erscheinen mag: Auch die Zurufenden in dieser Kursveranstaltung waren fast ausschließlich Frauen!

Was fangen wir denn jetzt damit an? Nicht nur unser kleines Experiment brachte jenes fragwürdig scheinende Ergebnis zustande: All diese Bücher, all diese Abhandlungen, größte Schätze der Menschheit, sie liegen in den Bibliotheken, in den Buchhandlungen, sie liegen in den

Kirchen – nur damit ungezählte Greueltaten der Menschheit zum Schluß auf sie zurückgeführt, durch sie legitimiert werden können? Wie Fallgruben liegen sie da und warten – aber worauf? Darauf, daß einfach einmal jemand sagt: »Ja, was meinst du denn eigentlich wirklich damit, liebe Urquelle, wenn du so seltsam, ja oft so unvorstellbar schauerlich grausam, rachsüchtig und abwertend daherredest! Ich meine, du verlangst doch nicht von mir, daß ich das wirklich genau so tue, was du da so ausführlich beschreibst? Aber wiederum muß ich mich doch schwer darüber wundern, daß du so sehr alt geworden bist, daß so ein – Verzeihung – »Blödsinn« so lange hat überleben können. Das kannst du doch nicht wollen, liebe Urquelle, daß sich meine Frau an meinem Grab umbringt, daß wir die Heiden töten, wo wir sie nur finden, daß wir Hexen und Wahrsager steinigen, die Andersgläubigen niedermetzeln, die Kulturen der Naturvölker ausrotten und aus den Hodensäcken der Aborigines Tabaksbeutel machen (bis vor nicht langer Zeit große Mode in Australien!)? Meine liebe Urquelle, ich weigere mich, das so, in dieser Form, als deinen Ernst anzuerkennen.« Und dann sagt die Urquelle: »Das mußt du schon selbst herausfinden, aber womöglich scheint das, was ich da so erzähle, deswegen so abstrus, damit man nach etwas *anderem* forscht. Den Wachen drängt es, zu fragen und weiter zu fragen, ob *dahinter* nicht doch etwas ganz anderes steckt. Denn vergiß nicht, ich bin sehr alt. Und *wenn schon nichts für mich spricht, auf den ersten Blick, mein Alter zumindest tut es doch!* Also mein Freund, beiß dir ruhig die Zähne aus, aber: In Gottes Namen, *beiß sie dir aus!*«

Tja – genau das wollen wir im Folgenden gemeinsam tun. Doch will ich an dieser Stelle jene zwei Zeichen noch nicht gleich verlassen. Das alte chinesische »Buch der Wandlungen«, mit dem wir uns hier nicht im Detail auseinandersetzen wollen, ist auf den eben dargestellten Strichsymbolen aufgebaut. Zuallererst ist dieses Buch (das »I-Ging«) ein tief geistiges Werk, eine Urquelle. Leider gerät sein tiefer Sinn oft in den Hintergrund vor der Möglichkeit, damit in fragwürdiger Art und Weise zu orakeln. Auch im alten China wurde es als Orakelbuch herangezogen, doch am Ende dieses Buches wird die Leserin, der Leser, um den gewaltigen Unterschied ahnen, an dem sich eben auch hier wieder die Geister scheiden. Nun weiß ich nur zu gut, daß es allein in Deutschland Tausende und Abertausende von Menschen gibt, die sich münzenwerfenderweise dem chinesischen Orakel nähern, ohne im mindesten ein Verständnis dafür zu haben, wes Geistes Kind sie in den Händen tragen und wie dieses Kind zu wickeln und zu füttern ist, und vor allem, welche innere Sprache es überhaupt spricht. Das »Buch der Wandlungen« gehört neben dem Tao-te-king zu den großartigsten Schatztruhen der Weisheit und Einsicht der Welt. Nur: Findet einer den Schlüssel nicht, geschieht genau das, was eben eigentlich immer geschieht. Denn die Urquellen verwenden zwar die Worte und die Begriffe der Welt, verbergen aber darin Inhalte, die sich der *weltlichen Betrachtung entziehen*. Gleichsam *verborgen* im Mantel der Buchstaben und Worte, kann auf diese Weise vermittelt werden, *was eigentlich nicht zu vermitteln ist*. Dies aber ist eben zugleich auch die Fallgrube, denn die Worte sind jedem Menschen ja so bekannt – zu bekannt, um zu ahnen, daß sie Türen sind zu grenzenlosen Räumen.

Doch bevor wir uns dieser anderen, großen Welt zuwenden, will ich an einem Beispiel deutlich machen, wie selbst übersetzende und kommentierende »Fachleute«

ins Schwimmen geraten ob einfacher Zusammenhänge. Eines von insgesamt 64 Zeichen, oder besser Wandlungsphasen im Buch der Wandlungen, heißt allgemein übersetzt »Die Familie«. Das Zeichen beschreibt Struktur, Gliederung und Aufbau dieser prägenden und zentralen Kulturzelle innerhalb der chinesischen Gesellschaften. Natürlich kann und will ich hier nicht auf alle Aspekte dieses Bildes eingehen, das würde auch den Rahmen des Buches vollkommen sprengen. Wenden wir uns nur einem entscheidenden Aspekt zu: Vor mir liegen drei verschiedene Übersetzungen und Kommentare des I-Ging. Zwei Ausgaben sind von männlichen Übersetzern und Kommentatoren, eine stammt von einer Frau. Eigentlich sind sich alle drei Übersetzungen im allgemeinen Tenor ziemlich einig. Geringe Unterschiede in der Gewichtung spielen nur eine untergeordnete Rolle. Mit dem Inhalt des Zeichens Familie aber hatte die Übersetzerin und Kommentatorin offensichtlich ihre liebe Not. Die beiden von Männern übersetzten Ausgaben klingen etwa so – eben gar nicht so verschieden von der anderen, dritten:
– Die Frau soll sich immer nach dem Willen des Hausherrn richten, sei es des Vaters, des Gatten oder des erwachsenen Sohnes.
– Sie soll nicht ihrer Laune folgen.
– Sie soll im Innern für Speise sorgen.
– Ihre Stellung ist inmitten des Hauses.
– etc., etc.
Hier bringt der Autor noch einen Vergleich mit einer westlichen Parallele: »Dienen lerne beizeiten das Weib nach seiner Bestimmung.«[1]

In der zweiten Ausgabe heißt es ähnlich:
»... dem Vater, dem Gatten und den Kindern folgen. Nicht streben bedeutet daher: Wage nicht, deinen eige-

nen Interessen nachzugehen. ... Sie bleibt in der Mitte des Hauses und bereitet das Essen vor. Sei zustimmend und nachgiebig und bringe nur Wein und Speisen. Erfülle deine Pflichten mit Eifer und sei nicht eigenwillig. Das ist die Hingabe einer Frau.«[2] etc., etc.

In der Tat beschreibt das die Struktur der chinesischen Familie praktisch bis heute. Eben: Das Resultat ist immer gleich!

Nun kommen wir zu der dritten Übersetzung. Die Autorin schreibt: »Der rechte Platz für die Frau ist im Innern des Hauses. ... Hier ist die wichtige Aufgabe der Hüterin des Feuers angesprochen. ... diese Pflichten nicht zu vernachlässigen, indem du eigene Wege gehst.«[3] Also auch hier *keine* andere Variante. Natürlich muß einer Frau des 20. Jahrhunderts eine solche Formulierung übel aufstoßen (das sollte ja eigentlich auch bei Männern so sein). Darum versieht sie kurzerhand die obige Aussage mit der folgenden Fußnote:

»Mann und Frau, Vater und Mutter usw. stehen hier als Urbilder für das erwachsene Männliche bzw. Weibliche und für die Zuordnungen von Funktionen und Rollen, die innerhalb jeder Organisation auszufüllen sind. Die männliche Rolle kann ebensogut von einer Frau wahrgenommen werden und umgekehrt. Wichtig ist, daß jedes Mitglied einen eindeutigen Platz ausfüllt.«[4]

Das Problem ist nur, daß auch sie ganz gewiß weiß, daß der chinesische Text exakt dann von »Frau« spricht, wenn »Frau« gemeint ist. Im Übrigen: Wenn von *Folgen*, von *Dienen*, von *Herrschen*, von *»nach dem Willen richten«* und von vielem anderen die Rede ist, genügt es dann, *einfach die Vorzeichen zu vertauschen*? Ich meine, wenn dann eben der Mann derjenige ist, der dem Willen der anderen Familienmitglieder untersteht, ist das *dann etwa soviel* besser? Oder ist nicht das eine wie das andere Kokolores, sollten nicht wirklich und wahrhaftig beide FREI sein? (Was der Urtext nämlich in Wahrheit ausdrückt, wenn man ihn denn zu lesen versteht!) Sie sind es aber nicht, *und hier wie woanders sind eben die Frauen als Frauen benannt und auch gemeint! Da nützt auch die wohlgemeinteste feministische Umpolung nichts!*

Die Autorin bemüht sich redlich, wie viele andere auch, nur kommt man so eben nicht weiter! Der Knoten ist so nicht zu lösen! In dieser Form die Quellen betrachtet, werden beim besten Willen die Früchte immer so sein, wie wir sie auf der jeweils *linken* Seite der Skizzen aufgezeichnet haben. Weder mit Ablehnung noch mit einfacher Umpolung kommt man den Urquellen auch nur ein Quentchen näher, im Gegenteil, sie werden dann nur bis zur Unkenntlichkeit verstümmelt, so daß schließlich ein Verstehen im wirklichen Sinne überhaupt nicht mehr möglich ist.

Das mag genügen, um auf den Umstand deutlich hinzuweisen, was für eine Crux diese Urquellen darstellen, was für eine Gefahr für alle, die sie anwenden, ohne den Zugang zu kennen zum verborgenen, wahren Sinn. Auch in unserem Beispiel bleibt zum Schluß nur Ratlosigkeit, präsentiert sich doch auch diese Urquelle, gelinde ausgedrückt, extrem *frauenbegrenzend*. Die Quellen selbst sind das aber in Wahrheit ganz und gar nicht. Sie sind zutiefst menschlich, zutiefst gerecht, zutiefst sanft, zutiefst weise und für menschliche Begriffe von gewaltigen, alle Grenzen überschreitenden Ausmaßen.

Eines jedenfalls steht fest, die Welt praktiziert, was die Quellen sagen. Aber wer schon praktiziert, was sie wirklich meinen?

EINSTIEG ZUM LEBEN?

Was also meinen die Urquellen, wenn sie etwas ganz Bestimmtes durch Worte sagen? Und warum sagen sie dann nicht ganz deutlich, was sie in Wahrheit meinen? Sind sie sich nicht darüber im klaren, was für ein Unheil sie anrichten? Sind sie überhaupt für dieses Unheil verantwortlich zu machen? Mit ihnen oder durch sie jedenfalls geschieht offensichtlich beides, Heiliges und Heilloses. Versuchen wir also, uns mutig dem undurchdringlich scheinenden Dschungel zu nähern.

Zunächst sollten wir uns unsere Grafik noch einmal vor Augen führen, jedoch mit einer kleinen Abweichung. In den grauen Feldern mit dem kleinen Büchlein darin, welches die Texte der Quellen darstellt, steht jetzt auf jeder Seite auch noch ein großes Y und ein genau so großes Fragezeichen. (Siehe Zeichnung 4)

Was hat es mit dem äußerlich Wahrnehmbaren der Quellen (der Einfachheit halber jetzt Ypsilon genannt) auf sich? Die Seiten gleichen sich, *die Folgen, die Früchte aber ganz und gar nicht*. Irgend etwas an diesem »nebulösen Y« *muß* also auf der linken Seite gänzlich anders sein als auf der rechten. Etwas offensichtlich Unsichtbares, Verborgenes. Ohne die Inhalte der Urquellen jetzt schon zu prüfen: Worin kann im *Grundsatz* überhaupt nur der Unterschied liegen? Worin kann sich das linke Y vom äußerlich identischen rechten so gewaltig unterscheiden, daß derart bedeutsame Unterschiede im Dasein der Menschen zutage treten? Man könnte ja annehmen, das Y stünde einfach im Sinne einer Allegorie, im Sinne eines

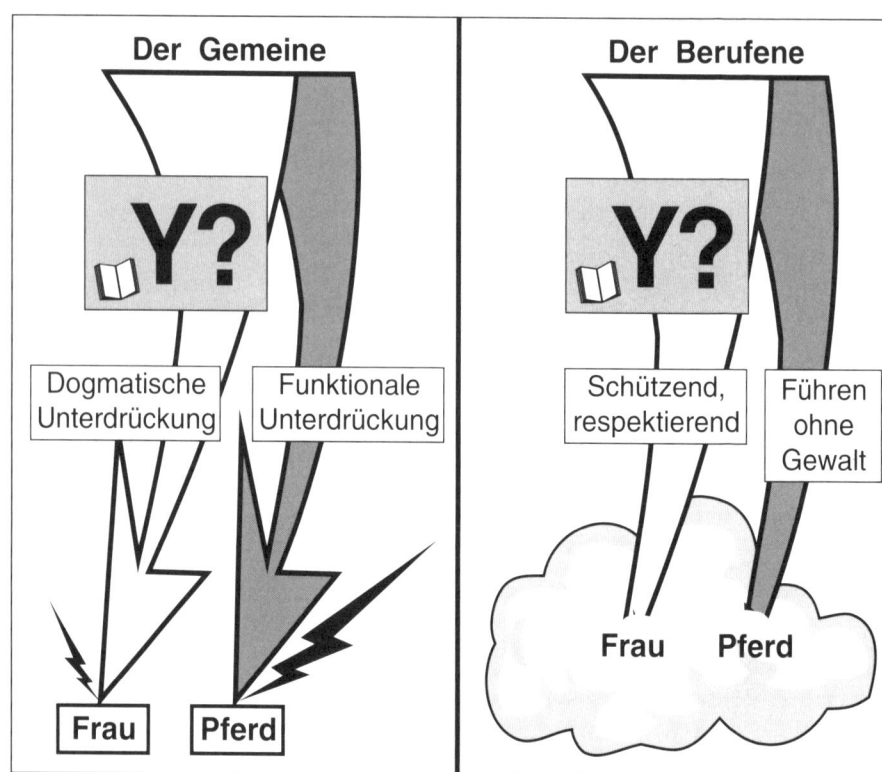

Zeichnung 4

einfachen Symbols, wie es in der künstlerisch-schaffenden Welt oft herangezogen wird, um mit dem einen in Wahrheit etwas ganz anderes auszudrücken. In Diktaturen findet sich immer eine Kunst, die dieses Mittel bis zur Perfektion beherrscht. Denn der Protest, der nicht offen ausgesprochen werden kann, sucht sich das Ventil des Symbols, der Allegorie. Eine Dampfwalze ist dann z.B. das unterdrückende Regime und die Blumenwiese, über die sie fährt, das unterdrückte Volk. Über Art, Form und Farben von Dampfwalze und Blumenwiese können dann weitere »Informationen« zu einer Ganzheit zusammengesetzt werden. Hier hat das eine mit dem anderen dann aber nur noch eine *symbolische* Verbindung, nicht mehr eine reale! Denn ein Regime ist eine Menschengruppe, eine Dampfwalze aber eben eine Dampfwalze. In unserer Betrachtung würde das aber heißen, daß an einer Stelle, wo »Frau« steht oder »Apfel« oder »Schlange«, etwas gemeint ist, was nur noch einen symbolischen Bezug miteinander hätte. In der Tat ist dieser Gedanke ja gar nicht abwegig und gelegentlich scheint das sogar so zu sein. Aber: Erinnern wir uns an jene Stelle im Buch der Wandlungen, die zu dem Zeichen »die Familie« gehört. Wenn eben hier von Frau die Rede war (und das bereitet uns ja so Kopfzerbrechen), *dann war auch eindeutig die Frau gemeint.* Das macht das Ganze so unvorstellbar schwierig, dann aber auch in der Auflösung so unvorstellbar wunderbar.

Wenn also die äußere Erscheinung des Y links gleich der des Y rechts ist, und wenn dennoch im Endeffekt auf jeder Seite konträre Einstellungen und Handlungsweisen herauskommen, dann bleibt nur die *eine* mögliche Annahme: Etwas versteckt sich in eigentümlichster Weise im Y, das auf der einen Seite gesehen und erkannt wird, auf der anderen aber *nicht*. Und so ist es tatsächlich: Beim genauen Hinsehen werden wir feststellen, daß für das wahre Verständnis von Y, gemäß der Leseart der Urquellen-Texte, *noch weitere Informationen eine Rolle spielen, die, warum auch immer, hinter dem Y im Vordergrund zurücktreten,* und erst zu ihm addiert das Ganze, den ursprünglichen Sinn ergeben. Das heißt: Y ist *mehr*, als es scheint. Was wie Y aussieht, kann dann in Wahrheit beispielsweise YXZ sein.

»Die Frau diene dem Manne, sie sei ihm immer und

unter allen Umständen zu Diensten« ist Y. Und das Y als solches bleibt ja unangetastet stehen. *Dahinter* nur verbirgt sich etwas, das uns im Augenblick noch verborgen ist! Wir müssen also herausfinden, was denn dieses Unbekannte ist, das wir, um dem geheimnisvollen Kind einen Namen zu geben, XZ* nannten! Fest jedenfalls steht schon jetzt:

Um die ganze Aussage, die ganze Information zu erhalten (Y + XZ), *müssen wir die eigentliche Grundaussage, den Original-Quellentext, extrem ernst nehmen! Darum sind die Worte der Quellen so unantastbar.* Denn eine kleine Veränderung ändert nicht nur das Außen, sie muß dann natürlich auch den Kern, das Innere, das Geheimnis, also das XZ verändern. Jedes Wort der Quelle ist *immens* wichtig, denn es geht ja nicht nur darum, das Äußere wahrzunehmen, sondern *aus jedem Hinweis das andere, eben XZ ableiten zu können!* In jedem Buchstaben des Textes kann oder, besser gesagt, wird ein Hinweis sein, der mich in Wahrheit dem Ganzen näherbringt.

Und noch etwas anderes Bedeutsames können wir ableiten: Wenn der linke und der rechte Mensch auf unserer Grafik sich nicht nur im Detail unterschiedlich verhalten, sondern in der Tat *gegensätzlich,* dann *muß* zwangsläufig die Zusatzinformation hinter dem Y *bedeutsamer* sein als das Y selbst! Vereinfacht sähe das dann etwa so aus: (Siehe Zeichnung 5)

Auch der »Berufene« betrachtet Y sehr genau, schaut sich jedes, auch das kleinste Detail gründlich an, findet

---

* Dem einen oder anderen Leser kommen jetzt sicherlich Gedanken an kabbalistische oder sonstige geheime Lehren. Auf diese und auf anderes komme ich schon im nächsten Abschnitt erklärend zurück. Doch schon hier möchte ich darauf verweisen, daß alles das unseren alten, weisen Mongolen nicht davor hätte bewahren können, von seinen Pferden überrannt zu werden oder seinen Kopf zu verlieren.

Einstieg zum Leben?

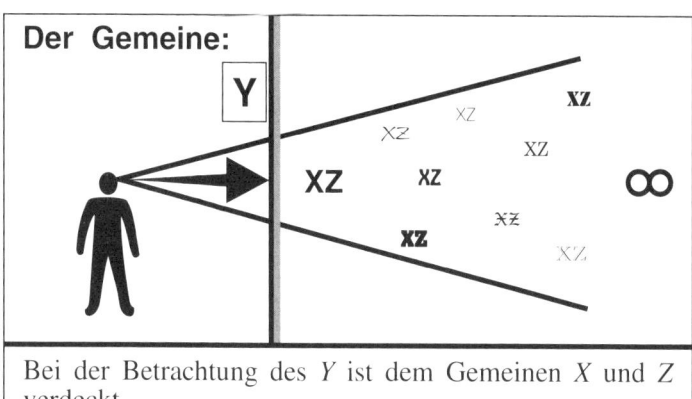

Bei der Betrachtung des Y ist dem Gemeinen X und Z verdeckt.
Nicht so dem Berufenen:

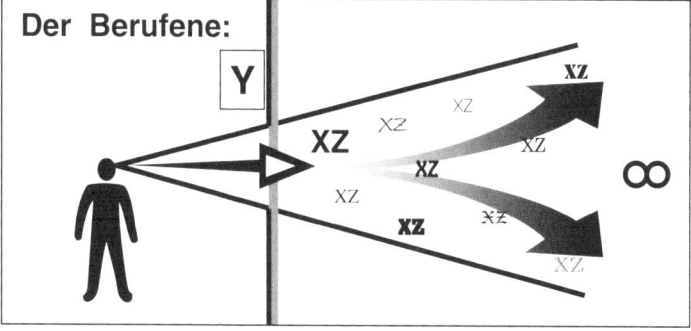

Zeichnung 5

aber schließlich einen Durchgang. Er gelangt so zum *Wesentlichen*, zu XZ. Er läßt Y zurück und entdeckt, daß es *dahinter* für einen Menschen keine Grenzen mehr gibt. Mit jedem Schritt entdeckt er Neues. Das eine kommt aus dem anderen. Das eine wird mit dem anderen begreiflich, immer vollständiger, immer komplexer wird seine Sicht. Er erkennt, daß Y nichts weiter ist als ein Bestandteil, so wie die Tür der Bestandteil eines Hauses ist. Denn die Tür soll nicht wegdiskutiert werden, ich will aus ihr auch keinen Dachstuhl machen, und ich will sie auch nicht auf den Kopf stellen, ich will sie *so, wie sie ist!* Alleine nützt sie mir nichts, und sie nützt mir auch nichts, wenn sie verschlossen ist. Erst wenn sie ist, was sie ist, und ich sie auch noch benutzen kann, ich sie als Tür zu erkennen vermag, dann verbindet sie das eine mit dem anderen, das Drinnen mit dem Draußen. *Die Tür alleine ist sinnlos! Die Worte der Quellen alleine sind sinnlos!* Ja, sie werden offensichtlich sogar zur gefährlichen Falle. Denn für den Gemeinen *verbergen sie ja den wahren inneren Gehalt. Er hält sie schlicht und einfach für das Ganze. Und so stellt er dementsprechend seine Dogmen auf und legitimiert sein Tun durch sie.* Der Berufene dagegen durchdringt, wodurch und wie auch immer, dieses rein Äußere. *Ihm* offenbart sich die einzig mögliche Differenz, die sich nach allen Gesetzen des Erkennens überhaupt zeigen kann: Die Welt, die sich *dahinter,* hinter den nackten Worten, zu verbergen vermag. Hütet der eine die Quellen zur fragwürdigen Legitimation, so hütet sie der andere als den größten Schatz menschlichen Daseins. Er addiert die Wahrnehmung des inneren Gehalts der Worte, das XZ, zu der Wahrnehmung des Äußeren und gelangt zum Erkennen des Ganzen, zu YXZ. (Siehe Zeichnung 6)

Unsere Untersuchungen und Skizzen werfen spätestens jetzt natürlich eine ganz andere Frage auf. Es gibt zu denken, daß die Frau, wie es auf den ersten Blick scheint, *auch* in den Urquellen nur eine *passive* Rolle spielt. Wir müssen, wenn auch momentan noch mit größtem Befremden, festhalten: *Alle Urquellen der Welt, die mir bekannt sind, geben nahezu immer nur Anweisungen für den Mann!* Sie scheinen *immer* nur für den Mann geschrieben worden zu sein. Das Verhältnis des Mannes zu den Frauen wird dargelegt, aber den letzteren wird

Einstieg zum Leben?

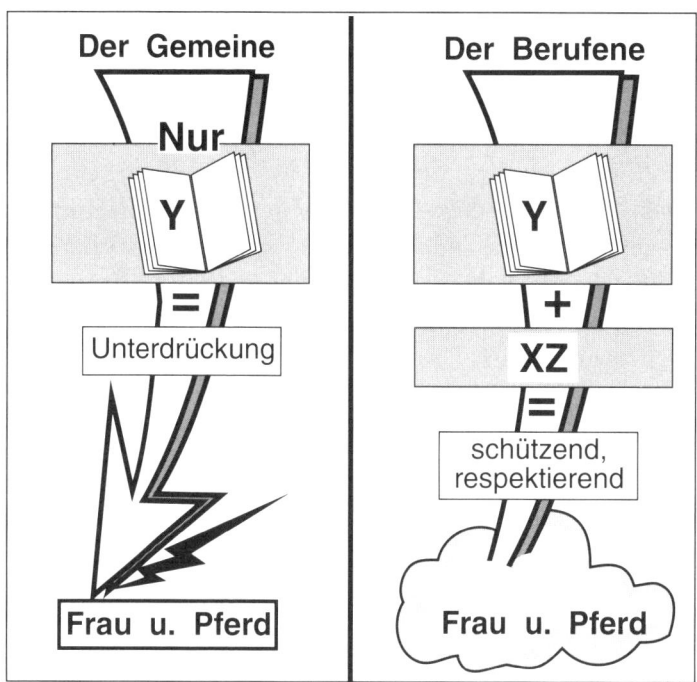

Zeichnung 6

meistens die *passive* Rolle zuteil. In dieser Hinsicht also wieder: Das vordergründige Resultat ist immer das gleiche!

Gehen wir jetzt mit Hilfe eines Beispiels einen ersten, vorsichtigen Schritt zu auf dieses nebulöse XZ, vor allem um seine unüberschaubare Bedeutung zumindest zu erahnen: Das Leben kommt uns in vielen Fällen so problematisch vor, weil wir oft nicht wissen, wie wir handeln sollen. Was ist für die jetzige Situation das beste, in welche Richtung kann ich mich wenden, was soll ich tun und was lassen? Einer ganz bestimmten Handlung geht, und das ist überhaupt nichts Neues, ein spezifisches *Erkennen* voraus. Selbst die spontanste Handlung folgt einem Impuls, dem innere und/oder äußere Reize vorausgehen.

Deutlich unterscheide ich darum bei Demonstrationen und Lehrveranstaltungen die Bereiche *Erkennen* und *Handeln*. Zwischen Erkennen und Handeln liegt in der Realität nicht selten weniger als ein Augenblick. Zumeist ja verschmilzt das eine mit dem anderen. Das verwischt allzuleicht die Tatsache, daß doch einer wahrhaft präzisen Handlung *immer* auch ein wahrhaft präzises Erkennen vorausgehen muß. Das eine bedingt das andere, das eine ist ohne das andere nicht möglich, wie spontan das Geschehen auch sein mag. Zwischen »Erkennen« und »Handeln« liegt darum in meinen Veranstaltungen häufig bewußt viel Zeit, um beides seiner Bedeutung und seiner Abhängigkeit entsprechend darzustellen.

Immer geht es zuerst darum, die Situation, das Wesen und sein Verhalten, hier zumeist das Pferd, in seiner *ganzen Tiefe* wahrzunehmen, um dann nach den möglichen Handlungsformen zu fragen. In beidem geschieht sehr oft etwas Seltsames: Die Pferde, die mir in den Veranstaltungen begegnen, kenne ich nicht. Ich sehe sie in aller Regel dort zum ersten Mal. Auch will ich nicht, daß man mir zuvor über ein Pferd Informationen zukommen läßt, stimmen sie doch häufig in wichtigen Einschätzungen nicht mit der Wirklichkeit überein. In einem besonders krassen und interessanten Fall, an den ich mich noch sehr gut erinnere, wurde während einer Kursveranstaltung in der Nähe von Augsburg ein dreijähriger Pintohengst in die Reithalle geführt. Als das Pferd hereinkam, zeigte es sich von einer ruhigen, sehr freundlichen, spielerisch-kindlichen Seite. Nach diesen äußeren Gesichtspunkten war das Pferd als ein normales, fröhlich-lustiges Tier einzustufen. Auch als es die kleine Umzäunung erreichte und darin freigelassen wurde, bewegte es sich ausgelassen und gelöst, eben einem jungen Hengst entsprechend.

Ich fragte die Kursteilnehmer, wie sie dieses Pferd einschätzen würden. Die Urteile waren einhellig positiv. Um so härter schlug es ein, als ich meinen Eindruck schilderte, daß dieses Pferd in Wahrheit ein Killer sei, absolut unberechenbar und sehr gefährlich! Eine so scharfe Diagnose muß ich Gott sei dank nur sehr selten stellen. Selbst langjährige Begleiter zweifelten in diesem Falle an der Richtigkeit meiner Beurteilung, stand sie doch absolut im Gegensatz zu allem Erkennbaren. Nun, das Pferd entpuppte sich dann sehr schnell als eben genau das, was es war, nämlich als ein äußerst angriffslustiges und gefährliches Tier. Natürlich ging es in der weiteren Begegnung mit dem Hengst dann vor allem darum, ihn von all seinen, für mich äußerst ungesunden Absichten abzubringen.

Eines steht fest: Würde ich nicht den wahren *inneren* Gehalt der äußeren »Handlungsformen« der Pferde erkennen, welch unübersehbarem Risiko wäre ich immer wieder ausgesetzt? Denn bis zu sechs oder acht Pferde werden mir an einem solchen Tag gebracht, und meine Aufgabe ist es ja nicht zuallererst, mich dem Pferd zu widmen, sondern den Menschen, mit Schilderungen und Erklärungen. Etwas Besonderes, etwas Außergewöhnliches? Hellseherei? Eine besondere Begabung? Davon sprechen so manche Kritiker. Nein, das ist es nicht. Was dann? *Im Grunde nichts weiter als unsere einfache Gegenüberstellung: Es ist der Unterschied von Y zu YXZ!* Was geschieht in Wahrheit? Ein Pferd wird zum ersten Mal wahrgenommen. Auch dieses Pferd bezeichnen wir jetzt einfach einmal mit Y. Keine Frage: Leicht erkennt man dieses Y. *Doch was ist, wenn die Wahrheit und die Proble-*

matik des Pferdes in XZ steckt? Das Äußere begreift man sofort. Man liest oder hört »Die Frau diene dem Manne«, man sieht ein »freundliches Pferd«, eine Situation, ein Kind, eine bestimmte Lebensform etc. – eben: Y. Wenn es jemandem aber möglich ist, hier in diesem speziellen Fall auf das Pferd bezogen, auch das XZ dahinter oder Teile davon zu erkennen – *und das ist jedem Menschen möglich* –, ist es dann noch eine »Kunst«, das ganze Wesen als solches wahrzunehmen? Sieht aber jemand nur das Y, hier eben die nur äußere Erscheinung des Pferdes, vermag er dann jemals zu einer *präzisen Erkenntnis* zu gelangen? Nein! Er kann nur *raten* und daraufhin allenfalls irgendwelchen methodischen Strickmustern und Rastern folgen! Und was ist mit seiner Erfahrung? Wenn jemand tausend Jahre Y betrachtet und davon ausgeht, er sähe das Ganze, wird er dennoch nicht *diesen* speziellen Fall, und jeder Fall ist speziell, erkennen. Im Gegenteil, die Erfahrung hindert ihn sogar womöglich daran, sich frei zu machen und wirklich *dieses* Wesen wahrzunehmen, nicht bloß als Y sondern eben mit allem, was das Y verbirgt – was auch immer das sei. Wirkliches Erkennen ist so jedenfalls nicht möglich!

Wie ich schon sagte, führt ein Handeln nur dann zu guten und gesunden Früchten, wenn ihm eine präzise *Erkenntnis*, bewußt oder unbewußt, vorausgeht! Die aber ist ja eben allzuoft nicht da! Jedes folgende Handeln ist darum mal mehr, mal weniger ein *Tappen im Dunkeln!* Und die Möglichkeiten, »richtig zu tappen«, sind Legion! Denn die Handlung wird auch immer und sogleich an der *wahren Ursache ansetzen müssen,* also, um unserer Darstellung zu folgen, bei X oder Z! *Das also gilt es zu erkennen!*

Das Erfassen der Urquellen ob des wahren Hinter-

Einstieg zum Leben?

grundes, und das Erkennen der Pferde, so wie ich es hier beschrieben habe, zeigen immense Parallelen auf. Die Urquelle aber ist statisch. Das Pferd, die Welt und das Leben dagegen sehr bewegt. Zeigt mir die Urquelle den Weg zu XZ, damit ich ihn im Leben, im Schnellen, im Komplexen, im Großen, im Ganzen eben auch finde? *Ist die Urquelle eine »Gebrauchsanweisung für dieses Leben«? Eine gigantische, alles berührende Erklärung?*

Wie gesagt: Die Urquelle ist statisch. Sie kann ich lesen und auf mich wirken lassen in Ruhe, nach und nach, Wort für Wort: Ist die Urquelle auch so etwas wie eine Schule, die mir von einfach bis »superfortgeschritten« all das zur richtigen Zeit und in der richtigen Weise nahebringt, was das bewegte Leben nur so mit Wucht auf mich schleudert? Ist die Urquelle die Schule zum wahren Erkennen, und enthält sie dann auf *ihre* Weise eine Schatzkarte für das ganze Leben? Führt sie also wirklich zu einem Erkennen und damit zu einem Handeln*, das eben mehr ist als ein ewiges Tappen im Dunkeln, als ein Raten, ein ängstliches Verloren-Sein, das dann doch nur allzuoft in Ausweglosigkeit mündet? Was ist Frau, was Mann, was Frau und Pferd? Was ihr Symbol, was ihre signifikante, außergewöhnliche Bedeutung? Was ist das Leben, was ist der Tod?

Das Leben und auch die Pferde sind zu kompliziert, um damit zu »beginnen«! Wie sehr das stimmt, das mußte ich in den letzten Jahren auch an den Resultaten meiner Lehrarbeit erkennen. So manche Diskussionen und Pro-

---

* Damit keine Mißverständnisse aufkommen: Ein erfülltes, selbstverantwortetes Leben ist natürlich nicht ohne Probleme und voller Leichtigkeit, ganz im Gegenteil. Herausforderungen sind ein bedeutender Bestandteil, um diese Form des Handelns weiter zu erproben. Nochmals Meister Eckehart dazu: »Daß ein Mensch ein ruhiges oder rastliches Leben in Gott hat, das ist gut; daß der Mensch ein mühevolles Leben mit Geduld erträgt, das ist besser; aber daß man Ruhe habe *im* mühevollen Leben, *das* ist das Allerbeste.«[1]

teste habe ich ausgelöst. Aber auch nur einem Menschen die Pferde wirklich nahezubringen, das habe ich trotz vieler Mühen auf meinen bisherigen Wegen wohl nicht geschafft! *Mir ist in diesen Jahren klargeworden, daß es einfach keinen Bypass gibt, keine chirurgische Operation, die an den Quellen vorbeiführt.* Die Quellen sind der Einstieg zum Leben, sind Verbindung, Brücke, Plattform, sind Antworten für neue Fragen, für die es dann wieder Antworten gibt... Meine Pferdearbeit, meine vorsichtige Arbeit mit den Menschen über das Pferd, ist eben nichts weiter als der Versuch, eine Verbindung auch auf diesem Wege aufzuzeigen, die Brücke ganz behutsam zu errichten. Viele Menschen suchten in meiner Arbeit immer nur das Äußere, nur die Tricks, suchten das Geheimnis im bloßen Y zu ergründen. Ich habe lernen müssen, mich ihnen zu verweigern, mit Mühen und mit vielen Kämpfen.

Kommen wir zurück auf den Weg unserer Suche nach dem geheimnisvollen XZ. Was sich Gewaltiges dahinter verbirgt, diese Frage können wir noch nicht beantworten. Aber wie es grundsätzlich wirkt, welche Art Früchte es hervorzubringen vermag, davon konnten wir einen ersten Eindruck gewinnen. In unserer Skizze sieht das so aus: (Siehe Zeichnung 7)

Während bei dem Gemeinen alles unverändert blieb, konnten wir in der Spalte des Berufenen den »XZ-Balken« über all seine (Lebens-)Äußerungen und Handlungen ausdehnen. Denn durch das Wahrnehmen einer anderen kompletteren Information ist nicht nur die Gesamtsicht auf die »Frau« (Welt) eine gänzlich andere geworden, es ergab sich darüber hinaus bei ihm eine *Lebensschulung*, ein allmählicher Erkenntnisvorgang, der sich zum Schluß auf *alle* Lebenssituationen auswirkt.

Einstieg zum Leben?

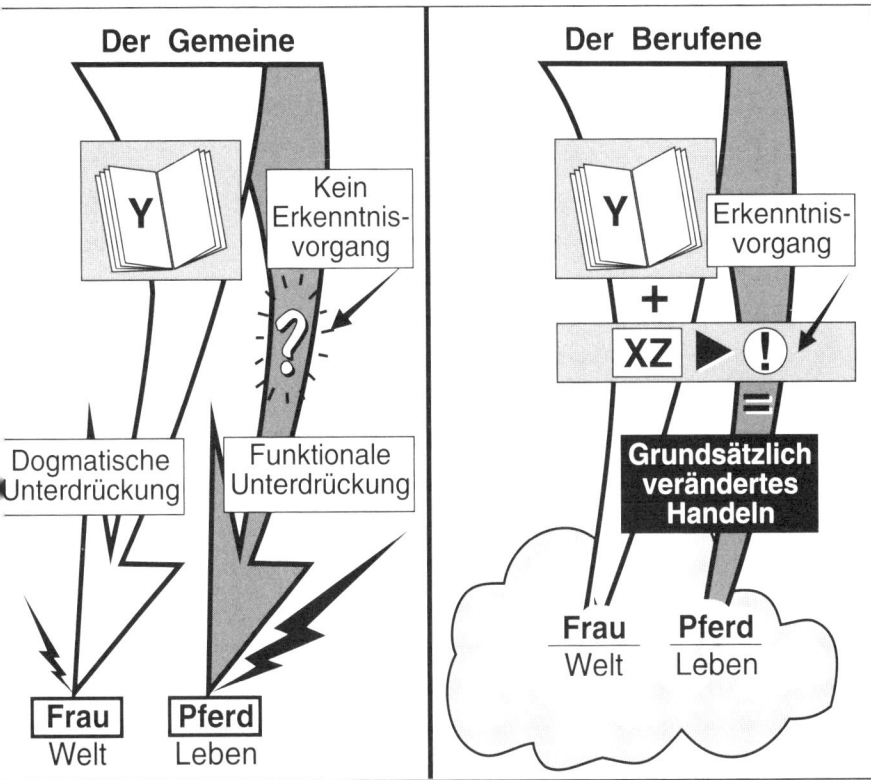

Ab hier will ich an jene Stelle, wo das Wort Frau steht, auch noch das Wort Welt schreiben. Das will ich im Augenblick unerklärt so stehen lassen, auch das Wort Leben neben dem Wort Pferd.

Zeichnung 7

Hier ist das Pferd nur noch ein – wenn auch sehr prägnanter – Teilbereich, ein Zwischenträger. Was unsere Skizze jetzt schon deutlich machen kann, ist, daß das Einwirken auf »alles«, auf »Welt und Leben« mit Hilfe jener seltsamen XZ-Klammer geschieht, die jetzt zwischen diesem Menschen, dem Berufenen, und einfach allen seinen

Beziehungen entstanden ist. *So gleich, wie einst die beiden Seiten unserer Skizze waren, so unterschiedlich sind sie jetzt geworden!* Und schon das nächste Stadium verdeutlicht recht genau die gänzlich gegenteiligen Lebensstrukturen, die wir ja in der Realität durch die Benennung des »Gemeinen« und des »Berufenen«, der Nieder- und der Hochkultur wiederfinden, bis hin zu den äußersten und eben auch grausamsten Grenzen.

In der Tat trennen sich der »Gemeine« und der »Berufene« jetzt auch in unserer Skizze sehr deutlich durch eine bemerkenswerte Tatsache. Was auch dieses XZ immer sein mag, es bewirkt eine deutliche, globale Unterscheidung ob der Einordnung des eigenen Ich. Der Gemeine nimmt es oftmals gar nicht wahr; doch das Y dient *ihm* zur Rechtfertigung für seine erhöhte Ich-Position. *So entsteht, natürlich in ganz unterschiedlicher Ausprägung, ein Ich-verstärkter, hierarchischer Handlungskodex!* (Siehe Zeichnung 8)

Dadurch, daß der »Erkenntnisvorgang« nur um das Ich kreist, kann *keine* Relativierung stattfinden. *Es werden die Handlungen des Ich ungefiltert auf eigentlich alles gerichtet!* Das Lebensprinzip ist gewährleistet, wenn das Ich zum Maß aller Dinge gesetzt wird. Zur Durchsetzung ist offene oder versteckte Gewalt nötig. Daraus folgt: *Das Ich in Abhängigkeit von der Summe aller Ichs (der Masse) wird Gesetz.* Das Handeln ist dann sowohl der Masse als auch dem eigenen Ich untergeordnet. Im Extremfall besteht nur noch diese Wechselwirkung. Unterdrückt die Masse (soziale Identifikationsgruppe) eben Frauen, Pferde, Schwarze, Heiden, Minderheiten etc., so schafft sich der Gemeine *den auf sich bezogenen* Handlungsrahmen. »Frau« wird mit Fug und Recht wie »Tier« behandelt und eben auch *verfolgt, gefoltert, verbrannt.* Das Ich-bezogene

Einstieg zum Leben?

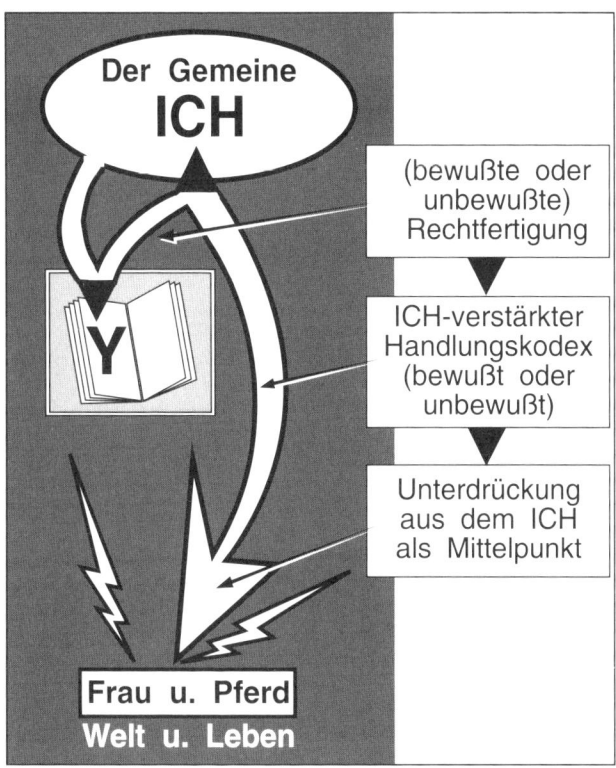

Zeichnung 8

Handeln wird nur, wenn überhaupt, durch die Grenzen des sozialen Rahmens, sowie durch Gesetze aufgehalten. Es ist ein innergesellschaftliches Wechselspiel, an dem zwei Faktoren kaum oder gar nicht beteiligt sind:
1. Ein übergeordneter, tiefer Lebenssinn.
2. Die wirkliche, autonome, unkorrupte Verantwortung sich selbst und damit seinen Handlungen gegenüber.

Es entsteht das, was ich hier einmal als das *Gleichgewicht der Wölfe* bezeichnen möchte. *Eine hierarchische Machtstruktur legt zwar den Grad der Unterdrückung fest* (»Was wollen die denn, woanders werden sie ja sogar verbrannt«), *aber verhindert zugleich eine wirkliche Aufhebung dieser Grundströmung.* Denn die Machtstruktur ist das Wesen des Systems, und wenn man sie nicht anerkennt (durch Mitmachen, Bekämpfen oder Unterliegen), dann gerät das ganze System in Gefahr. *Verändern heißt dann nicht abschaffen, sondern immer nur auf bestimmte Weise damit umgehen!*

Ganz anders sieht es aus auf der Seite des Berufenen: (Siehe Zeichnung 9)

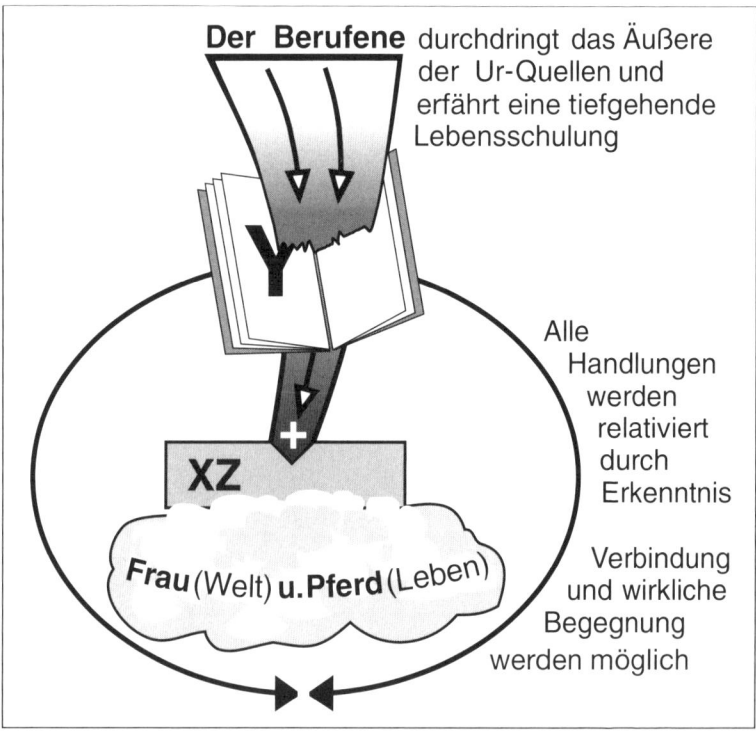

Zeichnung 9

Er gewinnt durch die Betrachtung der Quellen bedeutsame Informationen, die ihn nicht nur *nicht* vom anderen entfernen, sondern ganz im Gegenteil ihn in eine Relativierung und Objektivierung zu seiner ganzen Beziehungswelt bringen. Die Gesamtinformation (YXZ) wird ihn veranlassen, sich *zurückzunehmen*, wird ihn veranlassen, alle Handlungen zu *relativieren*. Ihm erschließt sich eine alles einbeziehende Lebensklammer, in der sein pures »Ich« immer nur relativierend mitschwingt. Er gelangt ja durchaus zu Erkenntnissen, er durchläuft ja durchaus eine Lebensschulung *und damit immer auch einen wirklichen Individualisierungsprozeß*. Er wächst an den Geschehnissen, aber er will sie nicht mit Gewalt unterwerfen. *Er gelangt im Idealfall zum »Sein«.* Er ist sich selbst gegenüber immer verantwortlich und so den Lockungen der Masse gegenüber gänzlich anders eingestellt, aber sicher keineswegs blind oder abhängig. Dabei aber tritt immer mehr das bloße Ich hinter einer größeren, höheren Individuation relativierend zurück.

Der »Lebensrahmen«, gebildet durch die Urquellen, umspannt alles – die Welt und das Leben. Der Lebensrahmen hat Einfluß auf gänzlich *alles*, was, in welcher Form auch immer, mit der Welt zu tun hat. Der Lebensrahmen selbst wieder wird durch die Urquelle begründet! *Alles* wird also dann durch die Urquelle, in ihrer Ganzheit wahrgenommen, bestimmt!

Leben wir nicht in einer Welt der Zerstückelung? Charakterisiert nicht das Getrenntsein am prägnantesten den Zustand der Welt und der Menschen, ihre Beziehungslosigkeit, ihre Trauer, jenes dumpfe Gefühl »irgend etwas fehlt mir, nur weiß ich nicht, was«? Steht man nicht zuletzt allein »allem« gegenüber, allein auf sich bezogen?

Als Gemeiner berufen wir uns zwar auf eine Quelle,

legitimieren uns durch sie, diese aber wirft uns nur auf uns selbst zurück, spuckt uns quasi wieder aus. Der Gemeine, der sich in der Quelle eigentlich nur selber spiegeln will, *bildet Abstand, Hierarchie und Stufen! Er schafft Distanz durch Hierarchie, unterwirft sich oder überstellt sich, schafft so oder so Trennung, Einsamkeit, die zum Schluß sogar oft zur regelrechten Isolation führt!* Er weiß im Grunde nichts wirklich über das Leben (hier das Pferd), so bleibt ihm nur das Unterdrücken statt des Verbindens, bleibt die Distanz, der Abstand, wieder Einsamkeit und zum Schluß, wie gesagt, auch hier nur Isolation. *Der »Gemeine« schafft Leid – und manchmal spürt er tief in seinem Inneren, daß es auch sein eigenes ist!*

Der Ausgleich ist auch die Flucht, die Zerstreuung, ist wieder die Masse, ist die *organisierte Bindung, ist Motivation für Vereinigungen,* Motivation für eine bestimmte Form der Geselligkeit. Man ist *gemeinsam einsam* (siehe Vorbereitungskapitel). Nur das Alter trennt nicht selten auch noch diese Bande, die Bande der Geselligkeit, der organisierten Bindung. Viele dieser Alten, viel zu viele sind dann nicht einmal mehr gemeinsam einsam, sie sind *allein einsam.* Die sieben mageren Kühe fressen die sieben fetten, egal wie fett sie auch waren! Kain wünscht sich den Tod, doch den bekommt er nicht, denn die Strafe für ihn ist das Leben! Wie grausam wahr sind doch die Quellen!

Keine Frage, niemand will das. Und doch ist da offensichtlich ein Mechanismus, der geradezu zwanghaft abzulaufen scheint. Wie ist dieser Mechanismus zu knacken? Denn bei dem »Berufenen« sieht das ja ganz anders aus: »Frau und Pferd« (Welt und Leben) sind, wie wir gesagt haben, ein ganz entscheidender Bestandteil der Quellen. Dringt der Mensch in die Wahrheit der Quellen ein, sind

Einstieg zum Leben?

die Quellen für ihn ein Medium, ein Vermittler, um sich mit der Welt und dem Leben *durchdringend und erkennend zu treffen*. Er verbindet, er taucht ein, *er wird Teil!* Er versteht, er erkennt auch »Pferd« (Leben), er wird auch mit ihm eins, da in allem immer weniger, durch ihn ausgelöste Distanz vorhanden ist. Auch er sieht natürlich Y. Er sieht ja nicht nur XZ! Also sieht er auch die Vorstellungswelt des »Gemeinen« und kann ihm doch nicht helfen. Denn erzählt er ihm von XZ, gibt er ihm diese Perlen, dann zertritt sie womöglich nicht nur der »Gemeine«, er wendet sich nicht selten auch noch gegen ihn. Warum? Weil er sich nicht vorstellen kann, daß das Unsichtbare hinter dem Sichtbaren, der Sinn hinter dem Buchstaben, den Lauf des Lebens in Wahrheit bestimmt. So sucht er nach Bestätigungen, nach vorteilhaften Spiegelbildern seines Ich, auch in dem ja vergleichsweise kleinen »Lebensausschnitt Pferd«! *Er will, richtiger gesagt, er kann das »Pferd« nicht verstehen! Sieht so mancher mich zusammen mit einem Pferd, dann sieht dieser nur meine vermeintliche »Macht«, und die will er auch! »Das will ich auch können!«* Daß ich keine Macht habe und daß ich, bezogen auf sein Verständnis, auf seine Sicht von der Welt, »nichts vermag«, das kann ich ihm endlos oft sagen, er wird mich, und das ist hunderte Male passiert, einer Lüge bezichtigen. In seiner Welt kommt das eben einfach nicht vor!

Er handelt zum Schluß, durchdringt und entlarvt man alle Filter gesellschaftlichen Seins, doch nur für sich. Nahezu oder sogar wirklich jede Beziehung wird zum Schluß bewußt oder unbewußt auf einen vermeintlichen Nutzen hin abgeklopft. Der Chef, der Bankdirektor, der Nachbar, der Untergebene, die Frau, die Freundin, das Pferd. Und auch geliebt werden *wollen*, Gesellschaft haben *wollen* ist zum Schluß »nutzenorientiert«. Daß jemand handelt, ohne einen Nutzen zu wollen, *das ist in dem Denken dieses Menschen nicht vorhanden, das gibt es nicht!* Und wenn er das nicht sieht für sich, dann gibt es das eben auch nicht für andere. Nicht für ihn und nicht in der Welt. Denn er ist Maßstab! Für ihn ist nur das Y wahr. Und er kennt nur eines, um aus seiner Einsamkeit zu entkommen: die Macht. Damit glaubt er, die Angst überwinden zu können, indem er sich des Lebens, der »Sicherheit«, der Freunde, der Frau, eben aller *bemächtigt* und, betrachtet man es genau, alles das zum Schluß »erwirbt«. Alles erscheint käuflich, veräußerbar! Und eine Form der Macht eben sieht er bei mir. Und die will er! Das ist zuweilen wie ein Magnet, wie eine Falle, aus der es keinen Ausweg zu geben scheint.

Er will können, nicht sein!
Er will übertrumpfen, nicht überwinden!
Er will bezwingen, nicht sich verbinden!
Wenn der Bettelmann das Pferd besteigt!

Und wenn ich tue, was ich tue, und geduldig beschreibe, wie es dazu kommt, *dann sagen sie, ich wüßte eben selbst nicht, was ich da täte!* Sie trauen nur ihren Augen, sie trauen dem Außen der Worte, sie verbrennen die Frauen und attackieren den, der ihnen die scheinbar angstnehmende Macht nicht auf dem silbernen Tablett serviert.

Und um dieses Außen aufrechtzuerhalten, dazu gibt es ja genug Wesen, die man unterdrücken kann, Schwarze, Kinder, Ausländer, Frauen, Pferde und, und, und…
Denn: Findet der Berufene sich selber in sich und in seinen umfänglichen Beziehungen zu dem Wunderbaren der Welt, so findet der Gemeine in sich selbst tausend Dinge, nur nicht sich selbst. Er findet das Begehren nach Macht, nach Mehr, er findet fremdgesteuerte Ziele und Maximen, die Sucht nach Statussymbolen und Sicherheiten. Ihm bleibt die Stel-

lung, die Position, die Stufe, die Rolle, eben das Außen, die Maske, Pappmaché. Und dadurch, daß er sich einem anderen Wesen gegenüber erhöht, erreicht er ja auch so etwas wie eine Selbstidentifikation: »*Ich bin mehr als du!*« »*Ich habe fünf (500 – 5000) Stück (Menschen) unter mir, also bin ich (wer).*«

»Was ich bin, was ich eigentlich wirklich soll, was von mir bleibt, wenn die Berufsposition nicht mehr ist, nicht mehr meine Stellung und nicht mehr meine wirkliche oder vermeintliche Macht, das weiß ich nicht, das will ich auch längst nicht mehr wissen. Aber solange ich dich treten kann, subtil, psychologisch, sozial oder wirklich mit dem Fuß, solange ich nicht nur erniedrigt werde von der ganzen oder einem Teil der Masse, der ich mich zugehörig wähne, von der ich mich natürlich abhängig mache, sondern auch selbst erniedrigen kann, so lange bin ich, und zwar größer und stärker als du und du und du und du...« Und dann kommt das Gespenst, der soziale Abstieg, und dann geht der Job, und dann kommt die Arbeitslosigkeit, die Pensionierung, die Rente. Und was allzuoft dann bleibt ist so etwas wie ein dunkles, schwarzes Loch! Die Arbeitslosigkeit ist schuld, die Pensionierung? Scheinbar, doch in Wahrheit? Ist nicht der letzte Fetzen Pappe nun zu Boden gefallen, worauf stand: Position, Rolle, Einordnung im Außen, vorgegaukelte Sicherheit? Der Körper ist noch existent, der Fuß ist noch beweglich, mit dem dieser letzte Pappschnipsel in den Rinnstein geschoben wird. Ein Drama? Es sieht so aus. Vielleicht ist das Drama ein Rettungsakt des Lebens selbst, das jene Menschen zur Befreiung führen will? Doch wo nur nimmt es seinen Anfang? Wo tragen sie es, das Zeichen, das sie zum Leben verurteilt, und wie sieht es aus? Ist es so etwas wie ein riesengroßes Ypsilon?

DER WEG DES EINZELNEN

Der Begriff »Berufener« deutet darauf hin, daß sich jemand *rufen* läßt. Jemand, der sich von den Urquellen angesprochen fühlt, sich von ihrer verborgenen Botschaft ansprechen läßt, um ihre Wahrheit dann in seinem persönlichen Alltag wiederzufinden. Aber auch sie, die »Berufenen« wußten es ja nicht von vornherein. Sie sind irgendwie und irgendwann dort hingelangt. Nur wie? Ich glaube, in ihnen allen liegt zuerst einmal eine ganz grundsätzliche Bereitschaft, nämlich *an ganz bestimmten Stellen einfach nein zu sagen.*

»Warum in die Ferne schweifen, wenn das Gute liegt so nah!« Die Wahrheit liegt immer in dem nächsten Schritt, den jemand tut. Und wenn er mit diesem nächsten Schritt ein Wesen unterdrückt oder ein Stück Land vergiftet oder gegen seine eigentliche Wahrnehmung, gegen seine innere Stimme handelt, womöglich aus zum Schluß kleinlicher Angst, dann ist er der Wahrheit zwar noch nicht habhaft, aber einer großen, gewaltigen Möglichkeit, einer Chance: Nämlich erst einmal aufzuhören, »stop!« zu sagen, »so nicht!«, sein Tun in dieser Form erst einmal nicht fortzusetzen.

Natürlich kommt dann die fragwürdigste aller Erklärungen, die da lautet: »Wenn das alle tun würden, dann bricht doch alles zusammen.« Der Hintergrund dieser Antwort ist ebenso dunkel, wie sie natürlich komplett unsinnig ist. Denn gerade Zeiten der Hochkultur zeichnen sich dadurch aus, *daß es ja nicht nur denen mehr oder weniger »gut geht«, die, sich auf Sachzwänge beru-*

fend, sich an Frauen, Untergebenen, Tieren und Natur unterdrückend und benutzend vergreifen! Es ist eine alte, soziologische Weisheit, daß sich der Wert einer Kultur vor allem an der Stellung der »Schwachen« ausmachen läßt, an den Alten, Kranken, an den Kindern, an den Minderheiten. Was also ist eine Blütezeit? Ganz einfach: Wenn die schützende, relativierende Gesinnung des »Berufenen« überwiegt in einer menschlichen Gemeinschaft. Aber davon sind wir in diesen Zeiten ja ohnehin ganz, ganz weit entfernt.

Aber hat man denn in Wahrheit überhaupt die Möglichkeit, ein Stoppsignal zu setzen? Vermag denn das Nein eines einzelnen zu bestehen zwischen den gigantischen, nackten Wänden Orwellscher Realität? Und wenn das Nein verhallt ist und nichts bleibt als dröhnende Leere, womit kann und soll sie gefüllt werden? Führen die »Alternativen« z. B. der Esoteriksupermärkte wirklich auf saftige, grüne, fruchtbare Wiesen? Führt die Beschäftigung mit den alten oder neuen Religionen oder dem, was von ihnen blieb, zu jenem Erkennen, das den Mongolen davor bewahrte, sein Pferd zu schlagen? Zwischen einer und zehn Millionen Frauen führte eine Religion und äußere Worte der Bibel wie z. B. »die Zauberer aber sollst du nicht leben lassen« nicht auf grüne Wiesen, sondern in die schrecklichsten Formen des Todes. Welche Wege also führen wohin? Welche Wege führen wirklich zu den *anderen* Dimensionen hinter jenen »grausamen Worten«? Und gibt es sie überhaupt noch? Und wohin führen all die anderen Wege? Vermag jemand überhaupt darauf Antworten zu geben? Forschen wir weiter:

Eine unsichtbare Grenze zerteilt die Welt. Handlungen, Erdteile, Kontinente, Städte, Nationen, Menschen, eigentlich alles kann mit Hilfe dieser Grenze eigentümlich zugeordnet werden. Etwas ist entweder mehr »westlich«, eben modern, zivilisiert, technisch orientiert, oder es ist urmenschlich, natürlich, »unzivilisiert«, »unmodern«, kulturhistorisch traditionell. Bekanntlich kommt in reiner Form vor allem das letztere kaum noch vor. Der »Westen«*, so scheint es, vereinnahmt unseren Planeten mehr und mehr. Mit unstillbarem Appetit frißt er nicht nur Natur, Wälder, Lebensräume, Tierpopulationen, Wasserbestände, Luftqualität, Umwelt aller Art, sondern auch Menschen, ja mit Vorliebe ganze Urkulturen und Urpopulationen. Jene Welt des Mongolen, des Alten aus längst vergangenen Zeiten, gehört natürlich auch dazu. Fast könnte man sagen: Man hat sich daran gewöhnt. Doch ich scheue mich nicht, zu fragen: Wie ist so etwas möglich? Wo werden *historisch, kulturell und sozial die Weichen gestellt, so daß sich das eine scheinbar urplötzlich, ja massenhaft vermehrt für das andere entscheidet?*

Mein Geburtsland Deutschland gehört zu den höchstentwickelten Nationen der Welt. Ein Denken wie das jenes Urmongolen findet sich vielleicht in Spuren, aber es prägt ganz sicher nicht die Kultur dieses Landes. Einst aber wohnten hier Menschen, die genauso ursprünglich waren wie in allen anderen Teilen der Welt. Das will ich im Augenblick gar nicht bewerten, schon gar nicht möchte ich auf ein undifferenziertes »Zurück zur Natur« hinauskommen. Nein, es geht mir um etwas ganz anderes: Die Entscheidung, die Worte der Urquellen so oder so aufzunehmen und zu erkennen, ist zum Schluß, so sollte man meinen, die eines jeden einzelnen. In der Betrachtung der Rolle und der Bedeutung dieses »Westens« aber

---

* Unter diesem Begriff fasse ich auch alle anderen ihm entspringenden, d.h. auch sozialistische Gesellschafts- und Wirtschaftsformen zusammen.

muß man erschüttert feststellen, *daß hier offensichtlich nicht so sehr Entscheidungen einzelner getroffen werden, sondern daß vielmehr global eine Verschiebung stattgefunden hat.* Denn dieser ominöse »Westen« – und das ist ja inzwischen nahezu die halbe Welt oder sogar schon viel mehr – verschließt ganz offensichtlich *samt und sonders* die Augen vor dem, was wir XZ genannt haben!

Die Zellen eines Krebsgeschwürs haben, wie alle anderen Körperzellen auch, die Information zu wachsen. Nur an einem winzigen Punkt besteht ein gravierender, ja zum Schluß oft todbringender Unterschied zwischen der gesunden und der erkrankten Zelle: Jede gesunde Zelle hat eine Information, einen genetischen Code, der ihr exakt sagt, wann sie aufhören soll zu wachsen. Und eben diese Information hat die Krebszelle nicht. Sie ist degeneriert. Sie besitzt diese eine, ganz wichtige Information nicht. Die Zellen vervielfachen sich ungebremst, das Geschwür wächst und »frißt« damit einfach weiter. Es ist nur noch auf sich selbst bezogen. Es kennt keine Grenzen mehr, bis dann schließlich sein Wirt, das Lebewesen, stirbt!

Auch die Masse der Gemeinen (der Zusammenschluß der nutzenorientierten, auf Sicherheit bedachten, d.h. notwendig über Gebühr »fressenden« Ich-Menschen) hört nicht auf, diese Welt zu fressen, diese Natur zu verschlingen. Fehlt ihr nicht auch eine ganz wichtige Information, nämlich die begrenzende, integrierende, zurückhaltende, um Erkenntnis ringende von XZ? Unkontrollierbar will auch sie wachsen, bis sie den Organismus verzehrt hat, der sie am Leben erhält: die Erde!

Wie kommt diese große Masse zurück zu der ihr fehlenden Information? Ist der »Westen« das »Krebsgeschwür« der Menschheit? Für den Menschen ist Krebs nur sehr schwer zu heilen. Ist die Welt von diesem »Geschwür« zu heilen? Ein Krebsgeschwür vernichtet im schlimmsten Falle einen Menschen in kürzester Zeit. Gemessen an der langen Zeit der Menschheit haben auch wir in wenigen Jahren schon den Organismus Erde nahezu überall zerstört.

Kommen wir darum jetzt zu einem wichtigen, für das Verständnis der Urquellen und ihrer Hauptprotagonisten Frau und Pferd unumgänglichen historischen Einschub ganz besonderer Art. Denn: Wenn wir die Scheidegrenze einer globalen Verhaltensänderung aufsuchen, dann gelangen wir ja zwangsläufig zu so etwas wie Vorher/Nachher. Das ist in der Realität natürlich nicht ein Datum, das sich auf einen fixen Tag bestimmen läßt, aber ganz sicher auf prägende Epochen. Das Vorher/Nachher aber legt uns dann etwas anderes, ganz Bedeutsames dar, nämlich die ersten, wichtigen Erkenntnisse darüber, was denn eigentlich eine »Urquelle« ist und was nicht. Und vor allem: An welcher Stelle und warum haben sich große Teile der Menscheit von ihnen »verabschiedet«?

Resümieren wir das bisher Gesagte: Das Betrachten von Frau und Pferd in der Welt, als Spiegel der inneren und äußeren Beschaffenheit von Gemeinschaften und Kulturen, führte uns zu der Unterscheidung von Hoch- und Niederkultur und damit zu der Unterscheidung zweier grundsätzlicher Handlungsalternativen (der des »Gemeinen« und der des »Berufenen«). Diese führten uns zu den Quellen und die wiederum zu etwas Verstecktem irgendwo dahinter, das wir XZ nannten. Damit, mit diesem Versteckten, muß es etwas ganz Besonderes auf sich haben, scheiden sich doch offensichtlich an ihm die Geister, und zwar bezogen auf die wichtigsten Fragen des Lebens. In diesem Versteckten XZ vermuten wir ja auch die verborgenen Schlüssel, die uns dann die Tore öffnen sollen zu all den Antworten auf unsere Fragen.

Und diese Spur nun führte uns jetzt ganz konsequent und zielstrebig dahin, zu fragen, an *welcher* Stelle denn und *warum* sich der größte Teil der Welt von diesem so wichtigen Geheimnis hinter den Quellen »verabschiedete«. Denn wenn man etwas wiederfinden will, dann muß man wissen, *wo* und *wann* man es verloren hat. Erst dann kann man, an eben dieser Stelle, das Verlorene suchen. Und das drängt uns jetzt dazu, einen kurzen aber intensiven Blick auf die Zusammenhänge der Welt zu werfen. Dann können wir uns wirklich mit den ersten, tiefen Geheimnissen der Urquellen auseinandersetzen. Die spannende Frage jetzt ist also die: Wo und wann geschah der Bruch, der bis heute eine unüberwindlich scheinende Kluft in die Menschheit riß, und warum, ja, warum um alles in der Welt wurde er vollzogen?

VERDORBENE SCHÖPFUNG?

Gäbe es eine schöpfende Kraft (Gott, Tao, Manitu, Allah etc.), wie könnte sie dann das Elend der Welt legitimieren und rechtfertigen? Menschen leiden nach allem Erkennbaren unschuldig, erleben unfaßbares Unglück, Natur, Umwelt, Tiere, Lebensräume werden scheinbar ungebremst und ohne jede Hinderung verstümmelt. *Gibt es einen Gott, warum greift er nicht ein?* Was hat es mit dem Guten und dem Bösen auf sich? Damit wir unseren Weg konsequent weitergehen können, sollten wir uns etwas sehr Bemerkenswertes vor Augen führen: Die soeben angesprochene Frage nach der »Legitimation« des Schöpfergottes angesichts des Elends dieser Welt, die Frage nach der Existenz und dem möglichen Sinn und Entstehungsherd des Bösen, dieses Hauptthema aller Religions- und Geisteswissenschaften, aller Philosophien, füllt zwar die Bibliotheken der Welt, *nicht* aber die Köpfe der Menschen, die die »Westler« als naturbelassen, als »wild« gekennzeichnet haben! Auch für unseren Mongolen, und das werden wir noch genauer betrachten, ist diese Frage aller Fragen von geringer Bedeutung, ja, *ihm stellt sie sich in dieser Form erst gar nicht!* Nicht jenem Indianer, nicht jenem Ureinwohner Australiens, nicht jenen Naturbewohnern der Antarktis und vielen anderen auch nicht. Zumindest so lange nicht, wie sie nicht von dem überrollt werden, was wir als das Feuer des Vernichtens, das »Feuer des Westens« bezeichneten. Diese bis heute, wie es scheint, ungeklärte Frage kommt *dort in der Tat nicht vor!*

Verdorbene Schöpfung?

Wie wir aber hörten, ist selbst Chicago ein sicherer Ort im Vergleich zu den Lebensräumen der Buschleute. Es kann also *nicht* daran liegen, daß das Böse dort nicht existiert. Das glaubten lange die, die das Paradies des nur Guten in jenen unberührten Regionen vermuteten. Sie mußten sich eines anderen, eines Besseren belehren lassen. Das Böse ist überall! Und auch unser weiser Mongole wird nicht ohne seine »Waffen im Blick« schlafen gehen, ist er doch immer auf der Hut, nicht nur vor wilden Tieren, sondern auch vor dem Bösen in den Menschen. Und die Konfliktbewältigung, die Auseinandersetzungen einzelner Menschen, Familien oder Dorfgemeinschaften gehört mit zu den grundlegenden Erfahrungen aller Lebens- und Überlebensformen. *All diese Menschen und auch der Urmongole werden also ohne Frage mit dem Urbösen konfrontiert.* Ja sogar in womöglich noch ungebremsterer Form, herrschen doch in jenem Buschland nicht einmal die äußeren Gesetzesstrukturen, wie sie zumindest in Chicago z. B. verzweifelt, wenn auch nicht immer erfolgreich, aufrechterhalten werden. Ist dort das Böse anders als das Böse hier? Gibt es ganz bestimmte Formen des Bösen dort nicht? Was ist mit der Frage aller Fragen? Hat dieses ominöse XZ auch eine Antwort auf alles das parat?

Jener »Urmongole« jedenfalls konnte offensichtlich *über die vollständige Reflektion der Urquellen (Y+XZ) einen Erkenntnisweg beschreiten, der so tiefgehend war, daß er ihm selbst diese Frage, die Frage aller Fragen, ohne jeden Restzweifel beantwortete. Er zweifelte nicht an Gott, an Manitu, an Tao, an der großen, schöpfenden Kraft, obwohl er nennenswerte Strecken seines Lebens mit der Wahrscheinlichkeit leben mußte, überfallen, ausgeplündert, erschlagen zu werden. Das Gute und das Böse fand dennoch* seinen unangezweifelten Ort auch und gerade in der Existenz einer schöpfenden Macht.

Dieser Vorgang, das scheinbar Entgegengesetzte miteinander so zu verbinden, daß es zweifelsfrei zueinander gehört, ist des Menschen höchster Akt. Wie wir noch sehen werden, steht er am Ende einer sehr langen Erfahrungskette. Hier in der »neuen Welt« jedenfalls ist dieser Prozeß nicht geklärt, ich erlaube mir zu sagen, bis heute nicht. Diese Grundfrage des Menschen wird uns von nun an über weite Strecken unseres Weges begleiten. Doch zunächst müssen wir auf unserer Wanderung noch ein wenig innehalten, um zwei neue Begriffe einzuführen. Die erste dieser zwei Größen sind die von mir so benannten »Hüter der Quellen«. Wer sind und was tun diese?

Niemand wird bestreiten, daß die Feuerstelle, die Geburt des »Westens«, in Europa liegt, »im Westen« eben. Schauen wir also »nach Westen« und werfen wir noch einmal einen kurzen Blick auf unsere keltischen Vorfahren, speziell auf die Kaste der Druiden, jene mächtige Priestergruppe, die gemeinsam mit den Stammesfürsten die lokalen Stämme »führte«. Vieles von dem, was wir von ihnen wissen, gelangte durch Berichte der besetzenden Römer zu uns. Denen galten die Druiden zwar als seltsam verschlagen und als undurchsichtig, doch ob ihrer Erscheinungen, ob ihrer Fähigkeiten zu schlichten, zu beraten, zu führen und die Ordnung mit kaum erkennbaren Mitteln zu erhalten, zollten sie ihnen tiefe Bewunderung.

Wie in vielen »Naturgruppen« repräsentierten die Druiden bei den Kelten eine Schicht, die zum Wohle der Gemeinschaft einen entbehrungsreichen und alles andere als einfachen Lebensweg auf sich nahm. Man mußte sich wohl schon berufen fühlen und berufen werden, um eine

Verdorbene Schöpfung?

solche Lebensschule zu durchlaufen. Danach standen sie der Gemeinschaft als Gemeinschaft zur Verfügung, wobei sie immer in der Gesamtheit aufgingen, auch was das irdische und sinnliche Leben betraf. Bei den Kelten bewahrten die Druiden auf ihre Weise das Urwissen, sie waren also so etwas wie die *»Hüter von XZ«,* die *»Hüter der Quellen«.* Das Bemerkenswerte und für unsere weitere Betrachtung immens Wichtige dabei ist: Die Hüter der Quellen hatten *keine äußeren Machtmittel!* Folgte ein jedweder »Naturstamm«, ein Indianerstamm z. B. einem »Häuptling« nicht mehr, dann war er eben nicht mehr Häuptling – aus und Schluß. Das »Führen« im Sinne dieser organischen Gemeinschaftsstrukturen hat nichts mit dem zu tun, was wir »Westler« nahezu ausnahmslos darunter verstehen. Es hat in Wahrheit nicht einmal etwas mit Macht zu tun. Es sind ausschließlich *offene* Angebote, die eine Seite einer anderen unterbreitet. Der herrische Indianerhäuptling ist eine Erfindung Hollywoods. Wenn in diesen Zusammenhängen also von »Führen« die Rede ist, dann ist eben ausschließlich *diese* »Ursprungsform« gemeint. Das bedeutet nicht, daß im Einzelfalle sehr drastische Strafmaßnahmen durchgeführt wurden. Die waren aber dann zutiefst begründet im Bewußtsein der *gemeinsamen,* mit den Quellen verbundenen Lebenswurzel. Alles das wird im Verlaufe unseres Weges einsichtig und klar werden.

War das Bewußtsein, das Gewahrsein von XZ auch im ganzen Urvolk präsent, so erfolgte der »Nachschub«, die immerwährende Regenerierung, das Erneuern, das Korrigieren doch von einigen wenigen, eben den *»Hütern der Quellen«.* Diese gingen zur Gänze auf im geistigen Gewahrwerden und Durchdringen der Urquellen. Sie waren für die Gemeinschaft wie »aufgeladene Batterien«.

Sie waren Ratgeber, Umsorger, Bewahrer und Verbindung zwischen den Welten. Und mit diesen letzten Worten kommen wir zu dem nächsten wichtigen Begriff – der von mir so benannten *Diffusionsgrenze*.

Ganz einfach: Die Hüter der Quellen, die Druiden z. B. standen der Gemeinschaft zur Seite, bzw. ihr in gewisser Weise gegenüber. Sie waren stärker als alle anderen von XZ durchdrungen. Was auch immer das sein mag – es mußte an die »anderen« weitergereicht werden. Der Vergleich mit einem feinen, gespannten Stoff, durch den hindurch Wasser gegossen werden kann, trifft wohl am besten das Prinzip dieser »Diffusionsgrenze«. (Siehe Zeichnung 10)

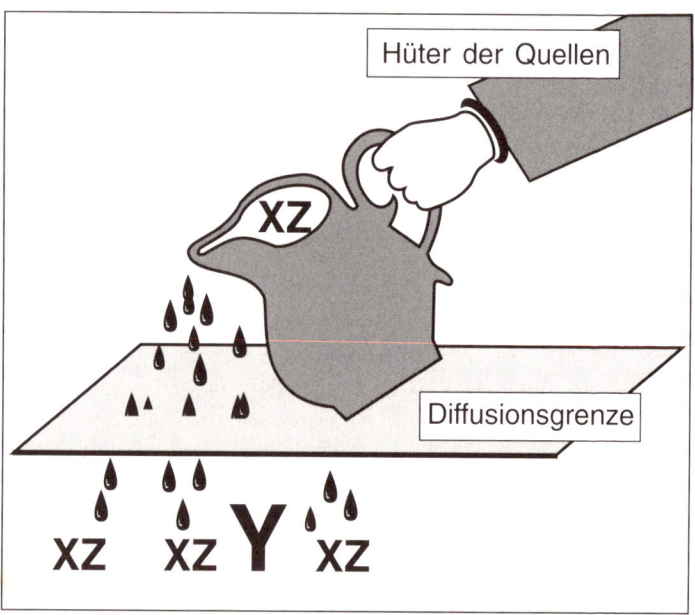

Zeichnung 10

Genauso wie der feine Gazestoff im sauberen Zustand das Wasser ungehindert hindurchläßt, im »verschmutzten«

Zustand aber den Durchfluß behindert, ja sogar gänzlich verstopft, genauso kann eben der Fluß von XZ behindert sein oder sogar ganz abbrechen. Der Gemeine war ja gerade derjenige diesseits der *verstopften* Diffusionsgrenze. Zu ihm drangen die so lebenswichtigen Informationen von XZ nicht mehr hindurch. Die Diffusionsgrenze ist nahezu unexistent bei einem freien Fluß der Kommunikation zwischen XZ und Y. Ist dieser Fluß aber behindert oder ganz unterbrochen, dann bildet die Diffusionsgrenze eine trennende, ja nahezu unüberwindlich scheinende Wand.

Als Diffusionsgrenze bezeichne ich also ab jetzt jene (unsichtbare) Linie, die, wie und wo auch immer, das Ypsilon (das Äußere der Worte z. B.) von XZ trennt, also von jenem uns noch Unbekannten, das sich als äußerst wertvolle und wichtige *innere, wahre Aussage hinter* dem Äußeren, dem Ypsilon verbirgt.

Für das nächste Stück Weg haben wir unseren Rucksack gut geschnürt. Kommen wir also zurück zu unserer letzten Frage: Wie und wo entstand der gewaltige Riß, der sich quer durch die Menschheit zieht? Wie und wo entstand das, was einen großen Teil der Menschheit vom Schützen und Bewahren zum Unterdrücken und Vernichten führte? Zu einer Form des Daseins also, das sich symptomatisch und besonders dramatisch an allem vergriff, was eben »Frau und Pferd« verkörpern! Blenden wir zwei- bis dreitausend Jahre zurück.

Man bedenke: Es gab zu jener Zeit auch in unserer Region keine Nationen, keine Staatsgrenzen im Sinne unserer heutigen Strukturen. Auch große Völkergemeinschaften wie die der Germanen oder der Kelten zerfielen in ungezählte Gruppen und Grüppchen. *Diese selbst vollzogen in sich und untereinander immer wieder den organischen Wechsel vom Alten zum Neuen.* Wie Organismen, die sich wandeln und erneuern, im Generationenwechsel, im Gebären und Vergehen. Die ordnende Kraft war *immer* jenes »Alte«, jenes »Weise«, hier bei uns repräsentiert durch die Druiden, die »Hüter der Quellen«.

Siechtum und Dekadenz kleiner oder großer Gruppen war immer auch dadurch geprägt, daß über manchmal Jahrzehnte die »Information XZ« nicht wirklich hindurchdrang, die Diffusionsgrenze, das »Gazetuch« *verstopft* und somit das Zusammenwirken gefährdet war. Ist der Austausch in der Gemeinschaft behindert, stehen die »Leitenden« (Hüter der Quellen) und die »zu Leitenden« nicht mehr im harmonischen Kontakt zueinander, dann dringen die tiefen Erkenntnisse und damit, wie wir sagten, die fundamentalen Handlungsparameter, der *»Rat der Weisen«* nicht mehr bis in die Gemeinschaft durch. Die Folge: Das Y, das Außen, die unerklärten, rein äußeren Phänomene gewinnen die Überhand. Wir sagten aber, daß wirkliches Handeln nur durch *Erkennen* möglich ist, Erkennen aber heißt, *das Ganze sehen (YXZ)*.

Durch mangelhaftes Erkennen und durch hiervon hervorgerufenes, immer öfter unverwurzeltes Handeln schwächt sich auch nach außen der Organismus, er bricht so, wie er ist, zusammen. Alles taumelt gleichsam im luftleeren Raum, bis sich das Neue zeigt, in Gestalt anderer »Hüter von XZ«, die sich wieder nicht auf Gewaltmittel stützen, sondern auf ihre Weisheit, ihren Ratschluß, ihre integrative, innere Kraft. Die befähigt sie, das »neue Alte« fortzusetzen. Eine positive Durchmischung.

Das wirklich Bedeutsame: Eine solche, wie auch immer geartete Veränderung begünstigte in diesem Natursinne *immer* wieder die *Erneuerung und die Stärkung von XZ*. Ich will das hier noch einmal deutlich betonen: Der organische Wandel und Wechsel galt vor allem und zuerst

Verdorbene Schöpfung?

dem Erhalt *dieser* verborgenen Wahrheiten. Veränderungen, Strukturwechsel, Auseinandersetzungen, Siege und Niederlagen begünstigten zum Schluß das »Intaktere«, jene Struktur also, die das Ganze als Ganzheit erkannte und lebte, die Ganzheit von Y+XZ.

Die große Frage aber ist doch diese: Was, wenn ein solcher Wechsel in den drei Millionen Jahren Menschheitsgeschichte einmal vollzogen würde, *ohne* daß das Neue, das Kommende, aus dem Bewußtsein von XZ gespeist wird? Wenn dieser jahrmillionenalte Zirkel plötzlich an einer womöglich strategisch bedeutenden Stelle klemmt? Was geschieht mit einer Gemeinschaft, die dann eben *nicht* von etwas Gleichwertigem aufgefrischt wird, sondern wenn, im Gegenteil, der Prozeß der *Nichtverbindung* anhält, ja sich etabliert? Genau so etwas hat sich in der Tat im großen Stil abgespielt, und mit dem, was wir schon in den Händen halten, können wir die Geschichte bis zu diesem Knackpunkt tatsächlich zurückverfolgen, bis zu dieser »Nichtsollbruchstelle«. Damit die Zusammenhänge eindeutig erkannt werden können, will ich hier kurz dieses erschreckende Szenario vom ersten kleinen Glimmen bis zum gewaltigen Flächenbrand in seinem grundsätzlichen Ablauf beschreiben:

Wir gehen also davon aus, daß an irgendeiner Stelle in der Geschichte der Menschheit der organische Austausch nicht mehr vonstatten ging. Die Kommunikation brach, nach welchen Zeiträumen und aus welchen Gründen auch immer, ab, die Diffusionsgrenze verschloß sich schließlich nahezu vollständig. X und Z konnten nicht mehr die Diffusionsgrenze passieren. Die Berufenen, die Hüter der Quellen wurden zurückgedrängt, ihnen wurde nicht mehr geglaubt.

Übrig auf der »anderen« Seite der Diffusionsgrenze

bleibt immer nur das Y, das Außen, also die Worte, die ja nach wie vor existieren, nur eben *keine wirkliche Deutung mehr erfahren. Das Krebsgeschwür kann schon im Anfangsstadium nicht wirksam bekämpft werden, es dehnt sich vielmehr ungehindert aus.* Und nun laufen, wie wir gleich sehen werden, die historisch verblüffend exakt bestimmbaren Prozesse mit einer ebenso *krankhaften* wie *zwingenden* Logik ab.

Die Worte der Quellen dringen jetzt nur noch in ihrer äußeren Form durch. Die aber sind bekanntermaßen nicht selten *extrem grausam*. Da ist von Mord, Krieg und Vernichtung die Rede. Die Relativierung und der erkennende, beschreibende Weg ist ja abgeschnitten! Da eben die Kommunikation abgebrochen ist zu den Hütern der Quellen, wie wir sie nannten, werden die auftretenden Probleme auch nicht mehr in ihren Wurzeln gelöst, *auch das Chaos in der Realität also weitet sich aus!* Die Folge: Die Worte schildern das Chaos, und die Realität ist Chaos, und *kaum jemand kann das eine oder andere relativieren.* Die Worte der Quellen haben ihren ursprünglichen Sinn verloren. Sie spiegeln aber jetzt erschreckend deutlich das Chaos der Welt. *Worte und Chaos der Welt stimmen überein!* Die Quelle aber spricht von einer *geschaffenen Welt.* Und sie spricht vor allem *von einem Schöpfer*, der diese Welt, die sich jetzt so grausam in den Worten spiegelt, geschaffen hat. Sind aber die Worte grausam, furchterregend und ist es auch die Welt, die darin beschrieben wird, so muß auch der Schöpfer, der für diese Worte verantwortlich ist, grausam und furchtbar sein! Daraus folgt: Nicht nur die äußeren Worte der Quelle werden legitimierend und benutzend uminterpretiert oder schlicht und einfach abgelehnt, sondern in der Konsequenz auch derjenige, der für diese Worte verantwortlich zeichnet. Und weiter: Sind die Worte, die von der Welt sprechen, schlecht, ist auch die schöpfende Kraft, die diese Welt erschaffen hat, schlecht und sind es dann zwangsläufig auch die »Hüter« dieser Worte, die Hüter der Quellen, *dann muß zwangsläufig auch die Welt als solche schlecht sein. Der totale Negativismus und der Keim des sogenannten Dualismus findet seine ideale Brutstätte.*

Alle Größen sind nun negativiert und für schlecht befunden. Man mag nun glauben, ein Leben sei dann ja gar nicht mehr vorstellbar. Allein mit diesen genannten Abfolgen ist es das auch nicht. Denn aus alledem folgt ein ebenso »konsequenter« wie in seinen Folgen unermeßlich weitreichender, vorläufig letzter Schritt. Die hier im Schnelldurchlauf beschriebene Entwicklung ist dann im Ergebnis nichts weiter als jenes Gebräu, das sich heute »Westen« nennt.

Denn jetzt kommt ein gewaltiger Konflikt auf: Bei allem Negativen sehen die Menschen ja dennoch auch das Gute. Sie handeln natürlich noch immer im einzelnen »gut«. Nicht jeder erschlägt jeden. Wenn auch die Zusammenhänge nicht mehr erkenntlich sind, bleibt doch immer auch ein guter Kern in den Menschen sichtbar, woran allerdings auch ab hier verständlicherweise viele zweifelten. Aber da war ja die Grundsatzfrage des Menschen überhaupt – wir erinnern uns: Wie kommt Gut und Böse in die Welt? Wie ist es zu erklären? Gibt es keine Schöpfung? Gibt es keinen Gott? Die Hüter der Quellen, die diese Frage nicht nur beantworten, sondern vor allem diese Antworten auch leben konnten, die wurden ja mit allem anderen verteufelt. Die Menschen wollten aber nicht gleich annehmen, daß es *überhaupt* keinen Gott gibt. Nein, das nicht. Doch der »Alte« ist ja als Schöpfer des Schlechten entlarvt. Daraus folgt, und man horche auf: Es muß eben einen *anderen* geben, eine Art *»Übergott«*. Die sogenannte Gnosis ist geboren, die fatalste Form des Dualismus, die Lehre von dem guten und dem schlechten Gott. Und mit ihr die Lehre von dem sogenannten Demiurgen.

Sie besagt: Wenn die *Welt* und der *Schöpfer der Welt* und die *Hüter der Quellen* und die *gebliebenen Worte (Y)* schlecht sind, es aber *doch* einen Gott geben muß, »etwas Gutes irgendwo«, dann muß das etwas *ganz anderes* sein. Dann muß das Gute wie das Böse etwas *Eigenständiges* im Universum sein, etwas, das *mit- und gegeneinander ringt*. Eines aber ist dann ganz sicher zu verteufeln und zu vernichten, nämlich der Gott der »bösen Worte«, der Schöpfergott der bösen Welt, der Gott der Hüter der Quellen *und natürlich zuvorderst »sein Volk«!*

Eine der letzten Konsequenzen dieses Denkens, dessen Anfangspunkt längst vollkommen von dem Dunkel der Geschichte eingehüllt wurde: *sechs Millionen ermordeter Juden!* Denn gegen diese, als die in einem Schöpfungsbericht benannten »Hüter der Quellen«, richtete sich ein Zorn, der in der Menschheitsgeschichte seinesgleichen sucht. Ob alle Juden die Hüter der Quellen waren und es heute noch sind, das ist eine andere Frage. Doch die Wahrheit des Grauens hat einen Anfang und eine Zahl. Die Zahl ist sechs Millionen Dahingemetzelte jenes Volkes, das der jetzt »schlechte Gott«, der »Demiurg« als das seinige benannt hatte.

Die Hintergründe erscheinen zum Schluß immer erschreckend einfach, ja viel zu einfach, als daß sie wahr sein dürfen, aber sie sind es. Ich schreibe das nicht, um die Todeskälte der Geschichte vorzuführen. Doch wenn wir gleich die abstrakte Herleitung mit der Realität vergleichen – noch immer ohne den geringsten Blick auf XZ

Verdorbene Schöpfung?

geworfen zu haben –, *finden wir dann nicht die Ursachen für so vieles in der Welt, z. B. die Ursachen für die »Weltenflucht«, die oft fragwürdige Suche in der NewAge-Bewegung, die Ursachen für vieles, was unter dem Stichwort Esoterik zu finden ist? Finden wir nicht den Grund für den Atheismus und die ersten historischen Hinweise dafür, daß Sätze wie »Die Frau diene dem Mann« bis heute unerklärt und als Leitmotiv Unheil anrichten?*

Das Phänomen »Frau und Pferd« ist noch nicht geklärt, so lange nicht, wie diese Diffusionsgrenze auch für uns undurchsichtig und undurchlässig ist. Aber schon jetzt erlaube ich mir zu sagen: Ich habe mich, glaube ich, nicht überhoben, als ich sagte, daß wir einen schonungslosen Blick auf unsere Welt und die Geschichte der Menschheit werfen müssen, um das Thema seiner Wahrheit gemäß – wenn auch noch lange nicht erschöpfend – zu behandeln.

Nahezu unser aller Denken, auch das weiteste, endet seit 2000 Jahren an jener Grenze, an jener »Diffusionsgrenze«! Diese Schallmauer, so scheint es, kann praktisch nicht überwunden werden, und wir werden sehen, daß viele, sehr viele derer, die sich am weitesten wähnen in ihrer Entwicklung, im Grunde leider nichts anderes sind als die Suchenden im luftleeren Raum. Hier knüpfe ich an die Einleitungsworte dieses Buches an. Viele von ihnen sind tragischerweise die Erben der Katharer, der Gnostiker, der »Perfekten«, der »Erleuchteten«, die Gott zum Schluß ihrer Suche dann mit sich selbst verwechseln. Da sie Gott in den 2000 Jahren nirgendwo finden konnten, kommen sie zu dem gleichen Schluß wie auf unterschiedlichen Vorstellungsebenen viele Atheisten, nämlich: Die Welt ist schlecht, und ich bin gut, also steht mir das Gottsein zu. »Ich werde göttlich«: Die äußerste Grenze unüberbietbarer Arroganz ist erreicht. Sehr viele von ihnen hat es auf ihrer Suche nach dem »wahren Gott« am weitesten ins All katapultiert, und sie sind es, die zuerst weinen, z. B. vor der Realität eines Pferdes.

Aus den jetzt völlig rätselhaft erscheinenden Urquellen können die fatalsten Folgerungen in alle nur erdenklichen Richtungen abgeleitet werden, in religiöser, moralischer, weltanschaulicher und politischer Hinsicht. Sogar von all den Institutionen, Verbänden, Machthabern und Konfessionen, die von nun an ihre Grenzen mit anderen Mitteln schützen und natürlich Grenzen erweitern, und die dann als Mittel der Wahl *pressen, drücken, unterdrücken,* ja *morden.* Das größte nur denkbare Extrem wird Realität.

Denn jener Urmongole, jener Weise, berief sich ja ausschließlich auf die *innere* Wahrheit seiner Überlieferungen, auf einen Glauben also, der eines ganz sicher nicht hatte: eine trennende Grenze, die mit Waffengewalt verteidigt wurde. Er hatte eine Urquelle, die ihm zuerst deutlich machte, daß er ein *Weltenmensch* ist. *Urquelle bezeichnet ja eben nicht eine wie auch immer abgegrenzte Institution, Urquelle bezeichnet einen vorinstitutionalisiert religiösen Zustand! Wahre Urquelle, und das ist ja schon deutlich geworden, zeichnet sich durch Verbindung aus, Institution, auch institutionalisierte Religion, aber nahezu immer durch dogmatische Abgrenzung.* Natürlich war unser alter Mongole religiös im Sinne des Wortes, was schließlich Anbindung bedeutet. Gerade er war ja angebunden an jene Wahrheiten, die wir mit XZ bezeichnet haben. Aber er war nicht institutionell und konfessionell organisiert. Für das, was er tat, hatte er nicht einmal einen Namen! So werden die großen Kriege, die die Menschheit im kommenden Jahrtausend zu erwarten hat, das befürchten viele, jene sein im Namen Gottes: Religionskriege. Nicht mehr Nationen bilden zuvorderst die kriegerischen Fronten, sondern die Grenzen, an denen unterschiedliche Religionen und Konfessionen aneinanderkrachen.

Keine Frage: Was auch immer ein einzelner innerhalb einer Institution, einer Bewegung oder einer Religionsform für sich erfahren mag, wie auch immer das ein einzelner persönlich begreift, das bleibt ihm natürlich gänzlich unbenommen und das sei auch hier selbstverständlich unangetastet. Aber Mord bleibt Mord, auch »wenn es sich ja in erster Linie nur um Frauen, Andersdenkende oder unzivilisierte Heidenvölker handelt«. Wir wollten den Weg zurück antreten, und das ist der weiteste, den man sich vorstellen kann, denn wir, diese Welt und mit ihr eine ihrer signifikantesten Erscheinungen, die von »Frau und Pferd«, sind praktisch an einer ihrer äußersten Grenzen angekommen. Mit dem Morden der Juden, der Afrikaner, der Aborigines, der Indianer Nord- und Südamerikas, mit den letzten Vollstreckungen dieses komplett abgeirrten Denkens ist nun wohl die weiteste Entfernung von der Diffusionsgrenze erreicht!

BASTARDE?

Der Rückweg zu den Wurzeln ist in den Jahrhunderten nahezu bis zur Unkenntlichkeit zerfurcht worden. Aber wir müssen uns einen Pfad bahnen, um zu dem »Anderen« zu gelangen. Die Existenz dieses zerklüfteten Gebietes, auf dem sich in der Tat unendliches Leid abspielte und noch abspielt, ist die Voraussetzung dafür, die Ebenen betreten zu können, die nach wie vor Früchte hervorbringen. In einer kommentierten Übersetzung des Buches der Wandlungen heißt es dazu: »Die Arbeit am Verdorbenen. Was durch Schuld von Menschen verdorben ist, kann durch Arbeit von Menschen wiedergutgemacht werden. Es ist nicht unabänderliches Geschick, ... sondern eine Folge von Mißbrauch der menschlichen Freiheit, was den Zustand des Verderbens herbeigeführt hat. Deshalb ist die Arbeit an der Besserung aussichtsvoll, weil sie im Einklang mit den Möglichkeiten der Zeit steht. Das Gelingen hat jedoch zur Vorbedingung die rechte Überlegung. Erst muß man die Gründe kennen, die zum Verderben geführt haben, ehe man sie abstellen kann. An die Stelle der Gleichgültigkeit und Trägheit, die zum Verderben geführt haben, müssen Entschlossenheit und Energie treten, damit auf das Ende ein neuer Anfang folgt.«[1]

Wie schon zuvor will ich durch eine Auswahl unkommentierter Zitate auf erste Klippen des Geländes hinweisen. Lassen wir uns ein auf das unbekannte Bekannte, denn dieses zerklüftete Stück Land ist doch in Wahrheit nichts weiter als unsere heutige Welt! Hier die Zitate:

»Die Welt selbst ist von Grund auf böse; sie ist nicht das Werk des wahren Gottes, sondern dasjenige einer Widersachermacht, die als Demiurg oder Schöpfergott bezeichnet wird. ... Der Mensch ist der Urdualität anheimgegeben, die das ganze Universum durchzieht. Er ist aus der Welt des Lichts gefallen, in der er seinen Ursprung hat; er ist jetzt in der Materie gefangen und befindet sich in den Fängen des Demiurgen.«[2]

»Die Gegenstände und Geschöpfe in der Sphäre des Demiurgen sind bloße Karikaturen wie der Abdruck unvollkommener Siegel oder die Frucht mißgestalteter Ideen. Sie sind so illusorisch wie Schatten und so unfertig wie mißgestaltete Embryonen. Deshalb spricht man von einer nachgemachten ... Welt, und deshalb heißt der Demiurg der ›Affe Gottes‹.«[3]

»Jahwe ist dem höchsten Wesen durchaus feindlich gesinnt. Die gnostischen Lehrer wurden nicht müde, Jahwe, Moses und das Gesetz, die Propheten und überhaupt das ganze Alte Testament im wahrsten Sinn des Wortes zu verteufeln. Für manche Kritiker ist der Gnostizismus daher ein ›metaphysischer Antisemitismus‹.«[4]

»Satan, der gefallene Engel, hat verschiedene Namen und beschreibende Titel. Er ist in erster Linie der Schöpfer, der Demiurg. ... Der Demiurg ist der Allherrscher, ... d.h. der Herrscher über die ganze irdische Sphäre des stofflichen Daseins. ... Die christliche Interpretation von ›Welt‹ in diesem Zusammenhang ist ›Zeitalter‹, d.h., der Demiurg oder Satan ist der Gott der gegenwärtigen Epoche. ... Weil er Gottvater und die Engel schmäht, wird er als der Verleumder (diabolos) bezeichnet, worauf unser Wort ›Teufel‹ wie auch der arabische Name für Satan, *Iblis*, zurückgeht. Er ist der Monarch der Dämonen, ...

der alles Böse und alle Schlechtigkeit ... verkörpert und der voller verborgener Anschläge und geheimer Ränke steckt, um die Menschheit zu versklaven.«[5]

»... indem der endzeitliche Prophet mit Jesus, Jesus aber mit dem göttlichen Wort identifiziert und diesem göttlichen Wort der Abstiegs- und Aufstiegsmythos in Form der Passionsgeschichte zugesprochen wird, um endlich das Satanische mit der Welt und die Welt mit dem Judentum gleichzusetzen, so ist es nur schlüssig, dem Judentum und den Juden die Existenzberechtigung abzusprechen.«[6]

»Die Gnostiker bezeichnen den sterblichen Menschen als den stinkenden Leichnam, das schmutzige Gewebe, das Keimbett der Boshaftigkeit, die Quelle der Verderbnis, vom Stachel der Habgier und Begierde durchbohrt, als den lebenden Tod, das wandelnde Grab.«[7]

»Im apokryphen ›Petrusevangelium‹ heißt es, daß die Juden sich in dem Irrtum befanden, daß sie Gott kannten, doch kannten sie nur einen falschen Gott, einen Hochstapler, über dessen wahre Natur sie sich täuschten.«[8]

»Der Köder ist das Weib. Ohne daß sie es weiß, schreit ihr Schoß danach, gefüllt zu werden, und dies ist wie ein Ruf aus dem Grab nach einem neuen Opfer. Die Empfängnis ist kein Leben, sondern der Abstieg in den Tod für eine unglückliche Seele. Für die Gnostiker trug eine Schwangere einen Teufel in sich.«[9]

»Die menschliche Fortpflanzung ist vom Satan eingerichtet und ist ein Mittel der Archonten, Seelen einzufangen und sie im satanischen Reich der Finsternis zu versklaven.«[10]

»Nach katharischer Lehre konnte Sohn Gottes nur ein Engel, der in keinem materiellen Leib gefangen war, sein, solch ein geistiges Wesen konnte unmöglich in ›so etwas Schändlichem wie einer Frau‹ entstanden sein.«[11]

»Kein Geringerer als C. G. Jung hat einen dritten Weg zur Klärung des Rätsels eingeschlagen. In seinem Buche ›Antwort auf Hiob‹ versucht er auf geniale Art zu zeigen, daß im alttestamentlichen Gotte selbst das Problem liege. ... Den bösartigen Regungen Jahwes falle Hiob zum Opfer; gegen sie lehne er sich auf ... Jung schreibt: ... ›Die Reden Jahwes haben den zwar unreflektierten, aber nichtsdestoweniger durchsichtigen Zweck, die brutale Übermacht des Demiurgen dem Menschen vorzuführen: Das bin Ich, der Schöpfer aller unbezwingbaren, ruchlosen Naturkräfte, die keinen ethischen Gesetzen unterworfen sind, und so bin auch ich selber eine amoralische Naturmacht, eine rein phänomenale Persönlichkeit, die ihren eigenen Rücken nicht sieht.‹«[12]

»Der heroische Realismus eines Carl Schmitt drückt nichts anderes als den Haß auf diese Welt und ihre Möglichkeiten aus und sehnt sich – wie die antiken Gnostiker – nach einer Erlösung durch Erkenntnis, eine Erlösung, die ausnahmslos dem eigenen Ich dient.«[13]

»Die Gnosis ist niemals untergegangen, und sie ist in vielerlei Hinsicht noch ein lebendiger Glaube ...«[14]

Mein Vater war ein leidenschaftlicher VW-Käfer-Fahrer. Und als Knirps habe ich mich immer gefragt, was denn eigentlich diese doch recht häßlichen Trittbretter unterhalb der Türschwellen sollten, die doch kein Mensch benutzte. Die Kabine lag, mit einem kleinen Schritt erreichbar, nur einen halben Meter über der Strasse. Daß in der Tat ein solches Trittbrett keinerlei Sinn macht, das zeigen alle Modelle heute, denn ein Trittbrett wäre an keinem auch nur noch vorstellbar. Und doch brauchte sogar die Industrie viele Modellgenerationen, um das Kutschentrittbrett, wo es wegen der Höhe absolut notwendig war, endlich verschwinden zu lassen. Das Trittbrett existierte, obwohl es in der Tat keinerlei Sinn machte, ja obwohl kaum mehr jemand wußte, wo sein eigentlicher Ursprung zu finden war.

Sind wir alle die Trittbrettfahrer des Dualismus? Wo dieses Trittbrett herkommt, das weiß kaum jemand mehr, nur ist es da, nach wie vor, und nach wie vor prägt es zu praktisch 100% unser Dasein, eben auch da, wo man es niemals vermuten würde!

Was bin ich, was sind die Menschen meines Kontinents, was ist der Westen? Er ist nicht römisch, nicht keltisch, nicht jüdisch. Es ist in der Tat ein Phantom, ein herrenloses »Ypsilon«. Sind wir Bastarde, ihrer Wurzel beraubt? Menschen, die sich der Menschlichkeit nicht mehr erinnern können, deren Seele, ihr metaphysisches Inneres, ihnen blutig entrissen wurde?

Wenn wir die Spuren »unserer Väter« erkunden, müssen wir erkennen, daß von allen nur noch die Anzüge geblieben sind, das Äußerste vom Äußeren. Wir, die wir als Deutsche, als Franzosen, als Engländer, als Holländer, als Schweizer den »Westen« repräsentieren, Europäer, amerikanische Einwanderer – wer und was, um alles in der Welt, sind wir? Schauen wir nach. In den Anzügen steckt nicht viel. Nur ein paar vergilbte Schriften kleben auf den Sakkos: »Auge um Auge, Zahn um Zahn!« Werfen wir einen Blick durch die Nebelschwaden der Geschichte, nicht um Fakten zu lernen, wie in einem faden, langweiligen Geschichtsunterricht, nein, sondern um zu »verlernen«! Um das Vakuum durch Inhalte zu ersetzen, um endlich das abzulegen, was die Anzüge für Rückgrat halten: »Stoff«, mit ein paar Nadelstichen zusammengehalten.

Vor dem Unterrichtsfach Geschichte graute es mir so wie vermutlich vielen Lesern. Womöglich gelingt es mir ja, auf den nächsten zehn Seiten dem Thema »Geschichte« eine gänzlich andere Note zu verleihen. Dieser Versuch ist es mir wert: Wenn wir den griechischen Kosmos für die folgende Betrachtung einmal ganz beiseite lassen, dann bleiben drei Größen, die sicher ohne Frage als die Urwurzeln des »Neuen« benannt werden können. Als da wären: das Judentum, das Imperium Romanum und das »Völkergemisch der keltisch-germanischen Koalition« (hier im folgenden einfach Kelten genannt). Zahlen interessieren uns nur am Rande und nur so weit, wie sie für die chronologischen Abläufe unbedingt erforderlich sind. Interessant sind Beweggründe, elementare Grundeinschätzungen über Leben und Tod, sowie das Zusammenprallen geistiger Strömungen. In diesem Sinne beginnen wir bei den Römern, jenem Ausnahmevolk der Geschichte. Ausnahmevolk darum, weil sich der grundsätzliche Charakter ihres Religionsverständnisses von Anbeginn an seltsam und extrem von dem der anderen unterschied. Denn mit der Religion der Römer ist das so eine komische Sache. Sie, »die vom Wolf Gesäugten«, wie es die Mythologie beschreibt, fühlten sich im großen und ganzen von Anbeginn an regelrecht *minderwertig!* Warum auch sonst entstünde eine solche *Invasionskompensation?* Sie fühlten sich minderwertig, weil in ihrer Religion »etwas nicht stimmte«. Der Religionswissenschaftler Mircea Eliade dazu: »Die von Mars zum Säugen der Zwillinge geschickte Wölfin kündigt die Berufung der Römer zum Krieg an. Ausgesetzt und vom Weibchen eines Raubtieres gesäugt zu werden sind die ersten Initiationsproben, die der zukünftige Held bestehen muß. Sie werden gefolgt vom Aufwachsen des Jünglings unter armen und derben Menschen, die seine Identität nicht kennen.«[15] Und daher wird »in jedem kritischen Augenblick seiner Geschichte ... Rom sich ängstlich befragen, weil es glaubt, einen Fluch auf sich zu spüren. In seiner Geburtsstunde hatte es mit den Göttern so wenig Frieden wie mit den Menschen. Diese religiöse Beklommenheit wird auf seinem Schicksal lasten.«[16] »Die nur mittelmäßige mythologische Phantasie der Römer und ihre Gleichgültigkeit gegenüber der Metaphysik werden ... durch ihr leidenschaftliches Interesse für das Konkrete, Besondere und Unmittelbare ausgeglichen. ... Erst später entdecken die Römer – und zwar ebenso unter dem Einfluß der griechischen Philosophie wie unter dem der orientalischen Heilskulte – die religiöse Bedeutung der Person. ... Dieser Vorgang zeigt einen der charakteristischen Züge des römischen religiösen Genius, nämlich seine ametaphysische Tendenz.«[17]

Das ist in der Welt zwar nicht einmalig, aber doch sehr selten. Wichtig für uns: *Die Römer waren und sind die Sieger!* Doch mußte die Geschichte unglaubliche Kapriolen schlagen, bis das schließlich auch zusammenkam, was eigentlich nicht zusammengehört. Ich will nicht vorgreifen, bleiben wir noch bei den Römern: Der Nichtzugang zu einem durchgehenden, das Leben erkennenden, schöpfenden Grundordnungsprinzip zeigt sich in vielem, so auch darin, wie die Römer Orakel benutzten und vor allem auslegten. Es lief darauf hinaus, daß sie sich schlicht und einfach das Recht vorbehalten haben, die Vorzeichen der Orakel einfach zurückzuweisen.[18] Liefen die Vorzeichen bestimmten Plänen zuwider, so wurden sie einfach ignoriert oder durch magische Riten umgepolt. Wenn wir im Laufe dieses Buches erkennen, um was es sich bei jenem mysteriösen XZ handelt und wie komplex die

Bastarde?

Zusammenhänge sich gestalten ob der Ganzheit von YXZ, dann wird man erkennen, wie gegensätzlich dazu und absolut unvereinbar damit diese Praktiken sind. In der Tat läßt sich an dieser Form des Umgangs mit dem Orakel ganz besonders gut erkennen, *daß dem Weltbild der Römer ein pragmatisch-magisches Grundkonzept zugrunde lag.* Konservativster Normatismus, eine auffällige Angst vor jeder sich andeutenden Veränderung, vor dem Fremden, dem Neuen, demonstrieren die Verhaftung an *äußeren* Strukturen. Das Greifbare soll als fester Rahmen Halt bieten gegen die *innere Unsicherheit,* das Gefühl der Minderwertigkeit. Nicht die römische und nicht die Weltgeschichte ist meiner Meinung nach zu verstehen, wenn man diesen bedeutsamen Urkontext nicht als Plattform für alle Betrachtungen zugrunde legt. Das gesamte Dasein der Römer, all ihre Äußerungen, ihre Kultur und ihr Kunstschaffen wird erst begreiflich, wenn man diese Plattform kennt. Interessante Zwischenbemerkung: Die Römer waren mit wenigen Ausnahmen dafür berüchtigt, wie schlecht und brutal sie mit ihren Pferden umgingen. In der Geschichte der klassischen Reiterei spielen sie, trotz ihrer gigantischen Ausdehnung und historischen Bedeutung, fast keine Rolle. Das gleiche gilt für die Pferdezucht.

Kommen wir zum Volk der Israeliten. Mit der Zerstörung Jerusalems im Jahre 586 vor Christus durch die Babylonier ging eine Erschütterung durch die Gläubigen, die sich im Grunde nie mehr sollte kitten lassen. Das jüdische Volk konnte der Zertrümmerung des Heiligsten nur machtlos zusehen. Wie war so etwas möglich? Eine Erklärung konnte für viele nur darin gefunden werden, daß der Schutz Gottes von nun an nicht mehr bestehe. Der Gott der Israeliten mußte sein Volk nun endgültig verlassen haben. Splittergruppen bildeten sich heraus, Zweifler an der Macht, an der Allmacht ihres Allerhöchsten. »Die Katastrophe hatte entscheidende Folgen für die Geschichte Israels und die Entwicklung des Jahwismus. Der Untergang der religiösen und politischen Hauptstadt bedeutete die Auflösung des Staates und das Ende der davidischen Monarchie. Der Tempel wurde niedergebrannt und zerstört, womit auch das Ende der Opfer gekommen war. ... Aber die Zerstörung des Tempels mahnte zugleich an die Auflösung der Nation. ... Zahlreich waren jene, die in Jerusalem oder im Exil an der Macht Jahwes zweifelten und die Götter der Sieger übernahmen. Manche waren sogar versucht, an der Existenz Jahwes zu zweifeln.«[19]

Die Erschütterung, die Fassungslosigkeit war komplett! Nicht die »Eingeweihten« zweifelten, die Hüter der Quellen, sondern die anderen, die, die es zu bewahren und zu führen galt. Der Grund lag auf der Hand: Gott, so schien es, schützte nicht sein eigenes Reich, nicht sein eigenes Haus, das heiligste aller Heiligtümer. Wo war die Allmacht Gottes? Was fingen sie an mit der wachsenden Bedrängung des Bösen? Die »Alten« mochten reden und bedeuten, daß der Wandel, das Außen das eine sei, daß aber das Innere sich nie verändere. Wie es in einem Kommentar zum Buch der Wandlungen heißt: »Der große Mann trägt ruhig die Folgen der Stockung. Er mischt sich nicht in die Scharen der Gemeinen. Dort ist sein Platz nicht. Dadurch schafft er, indem er persönlich zu leiden hat, seinen Grundsätzen Erfolg.«[20]

Das Unheil brach herein, es begann der Prozeß der Dekadenz. Die Kommunikation brach ab. Die Diffusionsgrenzen verstopften. Der Fluß von XZ nach Ypsilon war mehr und mehr behindert. Langsam und zuerst weniger ins Auge fallend, zeigten sich doch gewaltige Risse der Teilung im Inneren. Die Folge: Das Hauptgeheimnis von XZ, wie sich das Gute und das Böse in einem Wesen vereinigen lasse, machte Halt an der Diffusionsgrenze. Dualistische Gedankenmuster, die Suche nach dem personifizierten Bösen sind immer die erste Folge.

Jahrzehnte, Jahrhunderte vergehen. Die Impulse der Geschichte bereiten aber schon hier vor, was schließlich zum »Feuer des Westens« entflammen soll. Jene Völkerschaft, die Kinder der vom Wolf Gesäugten, die unter diesem seltsamen Gefühl der Minderwertigkeit litten, die sich kaum der Mythik und noch weniger der Mystik hingeben konnten und zuallererst einen strengen Pragmatismus lebten, die das »Tun«, das Handeln im Sinne von »handeln, dealen« zur Kunst hochstilisierten, sie überfluteten das Feld der Geschichte, dehnten sich aus, *wurden grenzenlos!*

Das von den Makkabäern gegründete Hasmonäerreich kam 63 v. Chr. unter römischen Einfluß. Kurz nach Christi Geburt schließlich gelangte Judäa unter römische Verwaltung. Im Jahre 66 kam es zum offenen Krieg gegen Rom, und im Jahre 70 gelang es Titus, Jerusalem zu erobern. Wieder wurde bekanntlich der Tempel zerstört, die letzten Reste staatlicher Eigenständigkeit vollends ausgelöscht. Die Juden und die Römer – jetzt standen sich Unterdrückender und Unterdrückter direkt gegenüber. Viele Jahrhunderte des Zweifelns waren vorausgegangen. Das Alte hatte sich mehr und mehr zersetzt. Der Glaubensmittelpunkt war zerstört. Das allmähliche Schwinden reicher, inhaltsvoller, bewahrter Mythologie und Mystik traf auf ein Umfeld, das stark und mächtig war, *ohne jemals eigene mythische Grundwahrheiten im Sinne der Quellen besessen zu haben!* Kollaboration mit dem Neuen war natürlich an der Tagesordnung. Die Zweifler aber trafen *nicht* auf ein großes, neues Ganzes, sondern auf ein vor allem *materielles, pragmatisches Überlebenskonzept*. Götter wurden ausgetauscht, je nachdem für wie *nützlich* man sie befand. Eine Form von Magie und Utilitarismus herrschte. Die wahren Hüter der Quellen wurden unter diesem Einfluß immer weiter zurückgedrängt.

Aus dem jüdischen Kontext heraus bildeten sich Sekten, die so reich an der Zahl waren wie unterschiedlich in ihren Ansichten. Nur eines hatten sie gemeinsam: Die von uns weiter vorn beschriebene Struktur machten sie zu ihrem Hauptinhalt. Gut und Böse wurde, in welcher Form auch immer, *getrennt*, wurde *unterschiedlichen Kräften* zugeordnet. Der Dualismus erblühte. Konservative Kräfte traten genauso auf wie die vielen Beschwörer des Fortschritts. Ob ihrer Bekanntheit seien auch die Essener hier genannt als ein Bestandteil dieser Strömungen, dieses Auseinanderdriftens. Die Essener, was im Syrischen »die Reinen« bedeutet, lebten ehelos. Im Mittelpunkt ihrer religiösen Vorstellungen stand die Polarität von Licht und Finsternis. Wenn sie auch am mosaischen Glauben ihrer Väter im Prinzip festhielten, so ist doch die Trennung der Gewalten deutlich in diesem innerjüdischen Dualismus. Das Bewußtsein der absoluten Vereinigung des Guten und Bösen in einem Weltenschöpfer, wie es eben bei den wichtigen Naturreligionen wie dem Urjudentum der Fall ist, dieses Wissen war in seiner Urform bereits nicht mehr vorhanden. Auch die unterschiedlichsten Reinheits- und Speisevorschriften, die von den traditionellen Bräuchen abwichen, erinnern schon stark an jene asketischen Ausrichtungen der (zuvorderst christlichen) Gnostiker späterer Zeiten. Wie wir sehen werden, dient hier die asketische Lebensführung hauptsächlich dazu, gegen die Welt mit ihrem negativ Demiurgischen anzukämpfen und eine Reinheit zu erlangen, mit der ein Anspruch auf den »wahren Gott« geltend gemacht werden kann.

Eine Urform gemeinschaftlichen Lebens, die des jüdischen Volkes, das auf Urquellen fußte, wurde durch äußere und innere Konflikte derart zerrüttet, daß die »Diffusionsgrenze« unter ihnen begraben wurde. Die innerjüdischen Auseinandersetzungen zeigen nun exakt die Qualitäten, die wir zuvor abstrakt hergeleitet haben. Dadurch, daß die innere Wahrheit der Quellen schon zu einem sehr frühen Zeitpunkt nicht mehr das Gros der Gläubigen berührte (was gerade bei der Thora außerordentlich leicht geschehen kann, zeigt sie sich doch in ihrer äußeren Form von zuweilen drastischer Harschheit und Unverständlichkeit), bildeten sich schnell eine Vielzahl von Splittergruppen. Sie alle waren mehr oder weniger bedeutend oder unbedeutend, wie schon gesagt, sie alle aber hatten eine Erklärung im Sinne des Dualismus parat. Eine solche innerjüdische »Reformationsbewegung«, und daran zweifelt heute kaum ein Religionswissenschaftler, war auch die Christenbewegung. In der Ablehnung des Alten jedoch waren sie nicht so radikal, daß sie es zur Gänze einfach streichen mochten. So bauten sie auf den Worten der Thora ihre neue Botschaft auf, das Neue Testament.

Die Worte der Bibel stießen, immer unverstandener auch in den eigenen, jüdischen Kreisen, auf eine immer stärker werdende, äußere Repression, ja auf Vernichtung und Untergang. Den äußeren, bedrohenden Kreis füllten schon lange die Römer aus, jenes Volk, das die Information XZ im Grunde nie in reiner Form besaß. Sie fraßen sich durch die Welt ohne »Sinn und Verstand«. All die Provinzen und unterworfenen Gebiete waren kaum zu versorgen. Ausgebeutet und ausgepreßt ließen sie die

Fremden und auch das eigene Volk am Boden liegen. Sie bildeten jenen äußeren, angrenzenden Kranz, der eigentlich als Feuerwehr eingreift in Zeiten der Dekadenz. Denn das auf innerer Wahrheit fußende Neue kann ja das Dekadente »heilen«, das XZ, die Ganzheit wieder in Ordnung bringen, die Diffusionsgrenze wieder freilegen. Das aber taten die Römer *nicht.* Sie taten es nicht, *weil sie es schlicht und einfach nicht konnten!* Jetzt war das Grollen und Tosen schon gut hörbar, das dem Auseinanderreißen der Menschheit vorausdröhnte.

Von der Frauenbewegung sagten wir, daß ernstzunehmende Chronisten ihr bescheinigten, im Grunde genommen das genaue Gegenteil dessen erreicht zu haben, was sie eigentlich erreichen wollte. Und unser Kommentar dazu war die Bemerkung, daß eben praktisch jede Revolution zum Schluß in ihr Gegenteil verfällt. Jesus war Jude und bestand darauf, daß auch nicht ein Jota von den Worten der Alten unbeachtet bliebe. Er war ein Streiter *für das Alte,* für den Weg *zurück* zur inneren, jüdischen Wahrheit der Thora. Doch das Gegenteil trat ein: Man studiert die Worte, nicht nur die des Alten, sondern auch die des Neuen Testaments, ohne sich intensiv um den *inneren* geistigen Gehalt zu bemühen. Die wahre Bewegungsrichtung, in die er deutete, nämlich hin zur *inneren* Wahrheit, wurde ganz und gar verkannt. So kam man immer weiter ab vom wahren Gehalt der Quellen. Das alles wäre gar nicht so schlimm gewesen, geschah das doch mit vielen anderen Gruppen auch. Nur: Jene römische Rambomacht, das Volk ametaphysischer Diaspora, verband sich mit diesem jetzt schon recht klar durchdefinierten Religionssystem, das sich eindeutig schon *weit* entfernt von der »Diffusionsgrenze« befand, mit einer »religiösen Institution« also, die sich in den 400 Jahren zuvor, beginnend mit den Separationstendenzen einer durchgerüttelten Urreligion, von allem hatte befreien können, was auch nur entfernt an wahren Urmythos erinnern könnte. Die Wehrhaftigkeit war dadurch so angewachsen, daß auch nicht das kleinste X oder Z hineingelangen konnte. Dieser Doppelhammer rein weltlicher Borniertheit erdrückte nun mit Erfolg im nächsten Zuge eine der filigransten und tiefsten Kulturen: die Welt der Kelten. Nur noch die bekannten französischen Comicfiguren kämpfen bis heute den lang verlorenen Krieg.

Teile Schottlands, Teile Irlands, Teile anderer nordischer Inseln mögen sich das eine oder andere bewahrt haben, doch machen wir uns nichts vor, im Sog dieser Macht und im Sog der zweiten, der gnostischen, ist wohl auch fast jeder Überrest mit zuletzt nur Diesseitigem infiltriert. Von unseren Vorfahren, den Kelten, den dritten Protagonisten in diesem »Bunde«, wissen wir, wie gesagt, nicht viel. Uns bleibt vor allem die Gewißheit, daß sie ein ganz besonderes, ja ungewöhnlich tiefes Verhältnis zu den Pferden hatten – eigentlich war ihre ganze Kultur von diesem Symbol, diesem Mythos durchzogen –, und ein zweites wissen wir: Kaum anderswo auf der Welt hatten Frauen eine so hohe soziale Stellung, waren die Frauen so durch und durch beschützt wie in dem Reich der Kelten. Sie genossen eine Bindungs- und Trennungsfreiheit, hatten selbstverständlich eigenen Grundbesitz und Besitz an Vieh und Waren. *Der Schutz der Frau, der Schutz der Welt, der Schutz der Erde galt den Kelten als das höchste Gut.* Sie haben uns keine schriftlichen Dokumente hinterlassen, aber ausgehend von nur diesen einfachen und zur Gänze bewiesenen Grundlagen keltischen Seins, schlicht und unprätentiös, das Verhältnis zu »*Frau und*

Pferd« läßt sie uns eindeutig unserer rechten Skizzenseite zuordnen!

Menschen, Bäume, Pflanzen, Tiere, alles das ist auf der ganzen Welt gleich. Zu einer solchen Platitüde greife ich, um deutlich zu machen, daß auf der anderen Seite des Erdballes genau das gleiche erkannt wurde mit genau den gleichen Symbolen wie in dem Reich unseres Urmongolen. Alles ist gleich, alles ist eins. Zeit und Raum existiert für die Wahrheit nicht!

Das Christentum konnte leicht und unblutig römische Staatsreligion werden, traf doch im Prinzip Gleiches auf Gleiches. Es war darum eben ein politischer, ein durchaus pragmatischer Handel. Das Einpflanzen des römischen Christentums in das Reich der Kelten und danach in die Welt aber hieß, den Völkern ihr Wichtigstes, ihre Seele blutig zu entreißen. Das Christentum verursachte den Römern zum Schluß, nach all den blutigen Verfolgungen und »Arenenspielen« keinerlei Angst vor Veränderung, war doch seine Erhebung zur Staatsreligion nur mit geringen kosmetischen Operationen verbunden. Zwei Y vereinten sich zu einem gigantischen Bollwerk, um auszuziehen, die XZs der Welt zu fressen.

Schon viele Jahrhunderte vor dem Konzil in Nicea im Jahre 325 n. Chr., in dem eben Christus als wahrer Gott anerkannt wurde, kämpften die Römer gegen die Kelten. In den Anfangszeiten aber zeigten sich die Besatzer von einer vergleichsweise uninteressierten Toleranz ob der kultischen Rituale und Bekenntnisse der Besiegten. Mit der neuen Allianz aber sollte sich das schnell ändern. Und zum zweiten Mal geschah das Unfaßbare: Eine intakte, ganzheitliche Kultur mit ihrem gesamten rituellen Umfeld geriet in die Fänge von Mächten, die eben im Sinne der Quellen *keine* Erneuerung bringen konnten. Sie brachten eine institutionalisierte Religion, einen riesigen, molochartigen, für sie selbst, wie wir noch genauer sehen werden, bis heute komplett unverständlichen Torso. Sie brachten Staatsystem und Teilung, nationale Grenzen und eine ungebremste Vernichtungsmaschinerie, die darum so grausam wirken konnte, weil sie die Allmacht und die Allwissenheit in den Händen zu halten glaubte – der gänzlich grenzenlose Wahnsinn, die totale Spaltung von Himmel und Erde, die komplette Unfähigkeit, auf wirkliche Fragen wirkliche Antworten zu finden, fand seinen Anfang.

Alles was Sinn schaffen und vermitteln konnte, war ausradiert oder als Hülle inhaltsleer und unverstanden einbalsamiert worden. Europa begann zu brennen, und alle Hölzer, alle Fackeln und alles Feuer war in den Händen der »Gemeinen«, die, Ironie des Schicksals, in den Kleidern der Berufenen einhergingen. Und alles, was nur igendwie anders roch, wurde am allerliebsten gefressen.

Die Welt stand vor einem Novum und vor ihrer totalen Zerstörung. Dem gigantischen Krebsgeschwür, jenem Wachsenden, dem die Information der Relativierung komplett abhanden gekommen war, standen von nun an alle Türen sperrangelweit offen. Die große Frage nach Gut und Böse, sie fand schon lange keine Antwort mehr. Womöglich noch einige Jahre in wenigen kleinen Enklaven, in denen sich noch keltisches Wissen, druidische Lehre halten konnte. Nie gekannte Begriffe überschwemmten die Länder: Düstere Visionen von Teufeln, Dämonen, strafenden Göttern, von Höllen und von Qualen waren die mächtigen Waffen der Gewalttätigen. Ohne Richtung, ohne Spur, ohne die Weisung der Alten, ohne irgendwelche Hüter der Quellen verloren sie sich im Dunkeln der Sinnlosigkeit. Hierarchie und schrecklichstes Patriarchentum, Ausbeutung und tiefste Unwissenheit um schon die einfachsten Dinge der Wahrheit vergriffen sich nun an jenen, die die Grenzen zum ganz anderen markieren: Gehst du zum Pferd (Weibe), vergiß die Peitsche nicht. Auf eben dem Boden, auf dem Frauen den denkbar größten Schutz, die denkbar größte mythische Verehrung erfahren hatten, geschah und geschieht das Unfaßbare: Das Weib wurde zum »Tier« gestempelt, die Gefahr war nicht mehr aus der Welt zu bannen. Und mit jedem Tag entfernte man sich weiter von der Wahrheit, gezogen von der Faszination des Fortschritts. Denn nur noch im Äußeren konnte das Heil liegen. Nur die absolute Beherrschung dieser Gewalten durch den Menschen vermochte »Befriedigung« zu verschaffen. Nichts anderes war in Sicht, das regulieren, besänftigen, trösten, lindern konnte.

Was denn vermochte, was denn vermag ein einzelner mit seinen wunden Augen, mit seiner verbrannten Haut zu tun? Mit dem Strom des Wahnes wurde doch ein jeder fortgerissen! Natürlich suchten alle einen Gott, aber den einen, den des Mongolen, den der Indianer, den der Aborigines, den der Inka haben sie ja vom Thron gestoßen, genauso wie den der Juden. Natürlich heißen sie überall anders und natürlich weiß der Apache, daß er den gleichen Gott meint wie der Komanche, auch wenn er ihn anders nennt. Und wie sagte so schön Laotse vor immerhin 2500 (!) Jahren: »Die Worte haben einen Urheber, die Werke haben einen Gebieter. Nur weil dieser nicht verstanden wird, deshalb werde ich nicht verstanden.«[21]

Dieser Urheber, dieser Gebieter, dieser Gott war durchgestrichen. Und so suchten sie jenen fernen anderen, irgendwo. Und der Spekulationen war kein Ende. Bis heute! So bleibt uns zum Schluß dieses Kapitels noch, diese Pfade zu erkunden, die verworrenen Wege der Suche nach all dem Anderen, nach dem Gnostischen, nach dem »Übergott«. Denn da, wo die Kirche nicht hineinragt, da tut es fast mit Notwendigkeit die Gnosis.

EIN WALD OHNE WILD

Das Schicksal hat mich für diesen Nachmittag, an dem ich diese Zeilen schreibe, in jene kleine Wohnung versetzt, die ganz in der Nähe eines Sees mir normalerweise dazu dient, Besucher oder Gäste unabhängig von meiner Finca unterzubringen. Trotz aller Idylle: Sie liegt am Rande einer 15000 Einwohner zählenden Stadt. Es ist Sonntagnachmittag. Unter mir kreischen Stimmen aus einem Horrorfernsehspektakel. Ein auspuffloses Mofa fegt zwischen den Weinstöcken einher, direkt vor dem Balkonfenster, ein ebenso gewaltiges Geräusch wie eine überdimensionale Staubwolke hinterlassend. Immerhin, es sind ja noch grüne Weinstöcke, durch die dieses Mofa knattert und nicht Hochhausschluchten. Irgendwo von rechts kommt das monotone Fiepen eines Geldspielautomaten, und alles wird überzogen von jenem wabernden Geräuschteppich, den eben einige tausend Menschen so erzeugen.

Trotz allem gelingt es mir, diese Zeilen zu schreiben, und nur dann sehe ich mich gezwungen, die Arbeit gänzlich einzustellen, wenn jenes silberne Rohr – links vor dem Balkon – minutenlang ein sägenähnliches Knattern von sich gibt. Wobei weder meine Phantasie noch mein technisches Verständnis dazu ausreichen, mir vorstellen zu können, was für eine sinnvolle Begründung am anderen Ende des Rohres für so viel Lärm sorgen mag.

Ich fand nur ein paar Flaschen Bier im Kühlschrank und kein Trinkwasser – eine wunderbare Begründung, um bei der Hitze, die zu alledem in den niedrigen, hellhörigen Neubauräumen schläft, sich an das erstere zu halten. Ich

selbst bin, obschon es meine eigene ist, zum ersten Mal
für einige Stunden in dieser Wohnung, und in mir klingen
noch die Stimmen einiger Gäste nach, wie idyllisch und
schön es sei, in dieser Gästewohnung Urlaub zu machen.
Mit diesen Zeilen trinke ich mein Glas leer, räume meinen
Krempel zusammen und entfleuche auf die andere
Seite des Berges. Dahin, wo mein altes Steinhaus ist und
Weite und Ruhe und Würde. Ja, sagen manche meiner
Gäste, da, wo sie zu Hause wären, da sei es ja so laut, und
man hätte auch nicht diese Aussicht auf die Berge und
den Wein vor dem Balkon. Und auf meine Frage, wer
denn um alles in der Welt sie zwingen würde, zu leben,
wie sie eben lebten, lachen sie nur. Und mir fällt dabei
auf, daß ich in solchen Situationen nie mitlachen kann.

Wird ein Mensch in den Anfängen seiner Begegnungen
der ersten Spur einer Wahrheit gewahr, dann wird er
konsequenterweise die Tiefe dieser Empfindung auf alle
Bereiche seines Wahrnehmens und seines Ausdrückens
ausdehnen wollen. Fortan wird ihn seine Intuition, sein
Gespür, vor allem halb oder geteilt Erscheinenden
zurückweichen lassen. Und irgend etwas in ihm drängt
ihn dann mit Macht dazu, Zusammenhänge herzustellen
und Querverbindungen, einfach damit das eine das andere
weiter nähre und befruchte. Das Zerteilte, Einseitige ist
ihm ein Greuel. Denn: Die in Splitter zerfallenen Sektoren
dieser Welt bekämpfen sich. Nicht nur Religionen
untereinander, politische Parteien, philosophische Richtungen,
unterschiedliche esoterische Wege, moral-theologische
Vorstellungen, Weltwirtschaftssysteme, Fundamentalisten
gegen Reformer, »Realos« gegen »Linke«. Das
aber, was sich jenseits der Diffusionsgrenze zu befinden
scheint, ist offensichtlich von einer so durchdringenden
Eindeutigkeit, letztendlich von einer solchen Klarheit,

daß für jene Hüter der Quellen nie die Gefahr bestand, sich untereinander zu fraktionieren, in Splittergruppen zu zerfallen oder unterschiedliche Ansichten zu entwickeln. Sie gaben ihre Lehre weiter, die sich womöglich, einer etwas veränderten Zeit gemäß, in wechselnden Blütenfarben zeigte. Das Hauptkriterium ihrer Wahrheit aber war ja gerade die Eindeutigkeit, das Erkennen der Vielheit als Frucht der einen, tiefsten Wurzel. Auseinandersetzung, Unklarheit, ja Streit ob dieser Grundlagen hatte an der Stelle seinen Anfang, an der eben eine Diffusionsgrenze zu verstopfen begann. Und beginnt da nicht ein ungewöhnlich seltsamer Prozeß? Man stelle sich folgendes vor: Der *eine* Stamm des Baumes wird abgesägt. Übrig bleibt die immer weitere Verzweigung der Äste. *Was aber, wenn jeder einzelne Ast der tiefen Überzeugung ist, er sei der Stamm, die Wurzel von allem?* Nur weil es immens viele Äste sind, muß darum letztendlich auch nur *ein einziger* tatsächlich der Stamm sein? (Siehe Zeichnung 11)

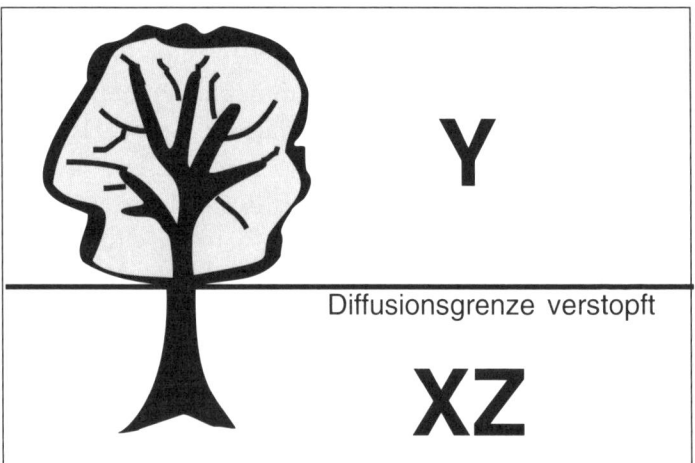

Zeichnung 11

Ein Wald ohne Wild

Diese seltsame Vielheit, die sich ja gerade heute in unserer modernen Welt in ausgeprägtester Form zeigt, ist die nicht geradezu symptomatisch für den Verlust des *Einen*, des Stammes? Schauen wir nicht oft sogar mit Verachtung auf jene Urgemeinschaften herab, ob ihrer seltsam einfachen, ja »eingleisig« scheinenden Strukturen? Was aber wäre, wenn sich heute auch die weitesten und größten Differenzen entblößten als letztlich nichts weiter denn als unterschiedliche Herangehensweisen, um mit dem verbliebenen Ypsilon irgendwie zurechtzukommen? Die Äste eines Baumes ragen weit auseinander, stehen sich diametral an ihren jeweiligen Peripherie-Punkten gegenüber. Sie sind einander vollkommen gegensätzlich, aber dennoch ist keiner von ihnen der Stamm, obschon es *alle* behaupten!

Da sich die einzelnen Äste ja jetzt nicht mehr in dem einen Stamm als etwas Gemeinsames erleben, sind sie sich fremd. So entstehen furchtbare, eben auch aggressive Auseinandersetzungen. Das Wesen des Kriegers wird verdrängt. Die Masse der Soldaten entsteht. Ich weiß, daß diese Betrachtung im Grunde über jede vorstellbare Grenze hinausgeht. Sich auszumalen, daß auch die unterschiedlichsten, verfeindetsten, gänzlich gegensätzlich in Erscheinung tretenden Bewegungen und Äußerungen der modernen Welt praktisch zur Gänze nichts weiter sind als die unterschiedlichsten Verfahren, mit dem »nur Erscheinenden«, mit dem »Ypsilon« umzugehen, scheint zu bedeuten, den Boden für das Dasein in dieser Welt wegzubrechen. Subsumiert man jedoch die immer weiter auseinanderdriftende Vielheit dieser Welt, dann kommt man nicht darum herum, ihren Ursprung doch immer wieder in diesen Bereichen zu erkennen: Dem institutionalisiert religiösen, dem atheistisch-geisteswissenschaftlichen, dem kausal-naturwissenschaftlichen und/oder dem gnostischen Denken. *Und all diese Strömungen bewegen sich ausnahmslos diesseits der Diffusionsgrenze.* Und sie alle versuchen letztendlich, das Leben so zu beschreiben, als seien sie eben selbst der Stamm, die Eins.

Wenn ich hier diese vier Hauptwurzeln der modernen, der »westlichen« Welt, dem Stamm, also der Eins, dem Ursprung jenseits der Diffusionsgrenze gegenüberstelle, dann weiß ich um die Einsamkeit dieser meiner Auffassung. Ich möchte noch einmal betonen, daß es überhaupt nicht meine Absicht ist, in diesem Buch für etwas zu streiten oder den Versuch anzutreten, Recht zu bekommen. So will ich auch diese Aussage zwar durch nachvollziehbare Gedankengänge und Zitate untermauern, den Raum aber, den ich dem Ganzen gebe, stark einschränken. Glaubt die Leserin oder der Leser später, auch im Rückblick nach dem Lesen des Hauptteils, darin etwas zu erkennen, das, so unglaublich es auch erscheinen mag, dennoch etwas geradezu tragisch Nachvollziehbares besitzt, dann wird sie oder er leicht durch eigenes Forschen größere Klarheit und Sicherheit gewinnen können. Aber ich werde und muß in der Konsequenz dieses Buches jetzt am Schluß dieses ersten Kapitels darstellen, daß in Wahrheit selbst der konservativste Stammtisch-Peitschenschwinger und der lauteste (leise gewordene) Spätachtundsechziger mehr miteinander gemeinsam haben, als sie trennt. Genauso wie der weltenflüchtige Esoteriker mit dem smartesten Yuppie. *Denn sie bewegen sich ausschließlich, bis auf ganz, ganz wenige Ausnahmen, diesseits der Diffusionsgrenze!* Sie handeln wie zwei Menschen, die in den Himmel schauen und auf die Sonne zeigen. Der eine behauptet vehement, das sei der Mond und der andere, genauso apodiktisch, das sei der Mars. Dann kommt ein dritter, die Fäuste geballt, bereit, seine Meinung mit Gewalt durchzusetzen, um zu behaupten, das sei doch einwandfrei eine Luftspiegelung, die sich aus gänzlich anderen Sphären speise.

Erinnern wir uns noch einmal an jenen so lieb erscheinenden Pintohengst. Es waren etwa 200 Menschen zugegen. Hätte ich nun danach gefragt, wie man sich diesem Wesen nähern sollte, dann wären sicherlich einige Dutzend Möglichkeiten aufgetaucht, einige mehr oder weniger ähnlicher Art – andere sehr weit voneinander entfernt. *Doch alle diese Möglichkeiten des Handelns wären von der Voraussetzung ausgegangen, dieses sei ein friedfertiges Pferd, darum hätte es keinen Sinn ergeben, mich auch nur mit einer einzigen vorgetragenen Stellungnahme tiefer auseinanderzusetzen, war doch eben die Grundlage gänzlich verdreht!* Nun, gehen wir einmal davon aus, es wären nicht 200 sondern 2000 Menschen zugegen gewesen und keiner von ihnen hätte das XZ dieses Pferdes erkannt. Die Herangehensweise, die Lösungsvorschläge hätten sich zwar verzehnfacht, doch was wäre die Folge?

In der immer verzweigteren Diskussion um das Richtige wäre doch der Blick stetig weiter verengt worden darauf, daß doch *alle* eine falsche Grundlage hatten. Ich will sagen: *Je weniger falsche Meinungen diskutiert werden, um so eher könnten die Beteiligten noch erkennen, daß das eine wie das andere auf einer gleich falschen Grundlage ruht.* Sind aber erst 2000 Möglichkeiten zur Auswahl, dann wird kein Mensch mehr auf die Idee kommen, daß zuletzt auch nicht eine einzige davon stimmen könnte! Je weiter hinein man in die Verästelung, in die Vielheit gerät, also an die Peripherie, an die immer schneller fortschreitende Zersplitterung, um so weiter entfernt man sich ja auch von dem eigentlichen Stamm, der unterhalb der Diffusionsgrenze ja schon lange nicht mehr zu erkennen ist. Und selbst die kleinsten Äste glauben nun, Ursprung zu sein, Wurzel und Stamm. Und die Konflikte wachsen mit der Vielzahl der scheinbaren Möglichkeiten.

Heute leben wir in einer Welt, in der fast alles möglich ist. Doch was denn anderes als immer mehr Unsicherheit schafft diese immer weiter fortschreitende Zersplitterung, die immer weiter fortschreitende Beliebigkeit? Ist die immer größer werdende Freiheit nicht womöglich nur eine immer größere Auswahl an Absurditäten? Doch was ist mit wirklicher Freiheit, mit Kreativität, mit Selbstbestimmung, mit Ruhe, Frieden und Zeit fürs Dasein? Wird das nicht immer vehementer vermißt? *Was ist, wenn eine Metastase zur anderen sagt: Ich habe ein größeres Lebensrecht?* (Siehe Zeichnung 12)

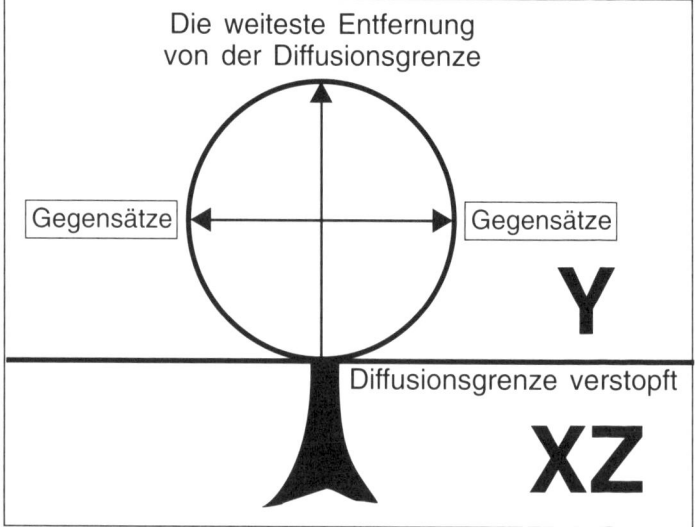

Zeichnung 12

Das unendlich große, weite Feld, diese Welt also, wird in einem grotesken Gemetzel vollkommen zerfurcht und zerstört. Die Menschheit schlägt sich seit 2000 Jahren die Schädel ein – wie ein Rudel von Jägern, die in einem Wald jagen, in dem es längst kein Wild mehr gibt. Und jeder will zuerst zum Schuß kommen. Und damit sie auch ganz bestimmt treffen, holzen sie erst einmal alle Bäume ab, erschießen im Vorbeimarsch alle, die im Wege stehen, natürlich auch sich untereinander, suhlen sich in eben den Worten, die ihnen die Privilegien einzuräumen scheinen, und raunen gelegentlich: »Liebe deinen Nächsten wie dich selbst!«

Etwas anderes, Wichtiges können wir in der letzten Grafik erkennen. Daß es nämlich in der geografischen Zuordnung räumliche Differenzen gibt. Auch wenn sich fast alle, und ich darf es nicht anders sagen, *diesseits der Diffusionsgrenze aufhalten, dann sind doch einige näher dran als andere.* Wobei es nicht selten vorkommt, daß die, die es von sich selbst nicht vermuten würden, recht dicht dran sind, und andere, die sich »heilig« wähnen, gerade am weitesten davon entfernt.

Als Ausgangspunkt für die weiteren Betrachtungen komme ich zurück zu der Grundfrage, die unter dem Begriff Theodizee zusammengefaßt ist: *Wie ist Gottes Wirken zu begreifen ob der allgegenwärtigen Misere dieser Welt?* Wie gesagt, wird das Vereinen von Gut und Böse in dem einen Schöpfergott nicht mehr als tiefer Erkenntnisvorgang im Menschen nachvollzogen, dann ergeben sich nahezu »zwangsläufig« zwei mögliche Schlußfolgerungen: Die eine ist die gänzliche Ablehnung einer schöpfenden Macht. Dieser Schritt der Säkularisierung ist erst sehr spät und fast ausschließlich in Europa vollzogen worden. Die andere »Lösung« besteht in der Aufspaltung der eigentlichen Einheit Gottes in zwei gegensätzlich wirkende Mächte, eben in die gute und die böse.

Werfen wir jetzt einen kurzen Blick auf die nur als wahnhaft zu betitelnden, geistigen Verstiegenheiten, zu denen man griff, um »gezwungenermaßen« eine Verbindung zu schaffen zwischen den einzelnen Göttern und Schöpfermächten. Der »Gute Gott« sollte ja der Mächtige bleiben! Doch warum hatte er es dann zugelassen, daß diese »ach so schlechte Welt« überhaupt erschaffen wurde? Spätestens hier dann steigen wir ein in das Chaos gnostischer Himmelsvorstellungen, das von den abstrusesten Wesenheiten nur so wimmelt. Denn all die von den Gnostikern beschworenen Dämonen, Zwischen- und Überwesen mußten vor allem der einen Erklärung dienen: Warum denn der große, andere Gott den Demiurgen diese (Un-)Welt hatte schaffen lassen, ohne mitleidvoll einzugreifen. Diese gnostische Essenz oder Spuren von ihr findet sich in großen Teilen der Schriftdokumente der Welt. Eine der offensichtlichsten Klammern, eine von ungezählten, will ich beispielhaft anreißen: *Die nahtlose Verbindung der gesamten Steinerschen Philosophie mit den Urideen der Gnostiker.* Wie viele Menschen folgen bis heute allen Ernstes den Gedankengängen dieses Spätgnostikers, ohne zuallermeist auch nur die geringste Ahnung davon zu haben, wo denn die Thesen dieses Mannes tatsächlich ihre Wurzeln haben. Kaum ein esoterischer Zweig heute, der sich nicht auf die sogenannte Theosophie der Madame Blavatsky beruft oder bezieht. Das Wort Anthroposophie in vielen Steinerschen Schriften wurde oftmals erst später an jenen Stellen eingefügt, an denen zuvor das Wort Theosophie zu lesen war. Madame Blavatsky gründete im Jahre 1875 die Theosophische Gesellschaft, bekanntermaßen ein Schmelztiegel gnostischer »Gottesweisheiten«. Kaum ein gnostischer Zweig der Welt, dem hier nicht begeistert ein Forum dargeboten wurde. Gott und die »Wesenheiten« wurden in geradezu naiv-kindlicher Manier zusammen- und durcheinandergewürfelt, solange es nur recht geheim und okkult zuging. Indisches, Tibetisches, Buddhistisches wurde munter, wie vieles andere, unter »Hiesiges« gemengt, Weisheiten der Katharer (extrem frauenfeindlich!), der Bogomilen, der Kopten oder jenes Urgnostikers Marcion bildeten ihr Devachan, ihr »Götterland«, in dem sich all die Zwischenwesen tummelten, die unterhalb der gnostischen Gottheit standen, des »Gegenspielers« zum jüdischen Demiurgen.

»Weniger sympathetisch, mehr zusammengelesen im literarischen Sinn sieht freilich der Unsinn über Weltentwicklung aus und übers Geschäft der Götter in ihr. Da gibt es nicht bloß religiöse Wesenheiten, so daß einem die Haut schaudert, wenn man eine Blume blühen sieht oder gar ein Gewitter losgeht; so voll ist alles von Elementargeistern. Vor allem ist das ganze Planetarium zu einer religiösen Anstalt verwandelt, zu einer Lehranstalt, worin Götter bilden und erziehen, den jeweiligen Zeiten vorsitzen und den Himmelskörpern...«[1], schreibt Bloch über die Steinersche Anknüpfung an den Urgnostizismus.

Und Micha Brumlik dazu:

»Doch die unübersehbare, immer wieder verwirrende, uns heute kaum noch verständliche Kosmologie der antiken Gnostiker, ihre präzise, oft genug langweilige Ableitung von Äonen und Archonten, Siebenheiten und Zwölfheiten, Dämonen und Göttern, sie scheint endgültig verloren, im zwanzigsten Jahrhundert jedenfalls ungebrochen und unverwandelt nicht mehr wiederholbar. Daß dem nicht ganz so ist, beweist die sich seit bald hundert

Jahren unter Gebildeten aller Nationen einer erstaunlichen Beliebtheit erfreuende Anthroposophie...«[2]

Wenn ich an dieser Stelle Steiner so explizit erwähne, dann weil mir sein Erbe als die sichtbarste Spur für die aktuelle Lebendigkeit gnostischen Gedankengutes erscheint, das sich nämlich sonst allenthalben gern verkleidet und versteckt. Ob der immensen Literaturflut anthroposophisch/theosophisch tangierter Esoterikautoren heute scheint es mir gerechtfertigt zu sagen, daß ihr Einfluß auf diesem Feld kaum Grenzen kennt. Man stößt darauf, zumindest in Spuren, nahezu überall. Auch die scheinbare Harmlosigkeit vorbeirauschender Engel und Wesenheiten darf nicht darüber hinwegtäuschen, daß der Versuch Tausender und Abertausender von zunächst ernsthaft Suchenden nach möglichen Alternativen im besten Falle angewidert scheitert.

Zurück zu den Vorstellungswelten der Urgnostiker. Benjamin Walker schreibt dazu: »Ein fließender Übergang vom Judaismus zum Gnostizismus findet sich bei einigen der nonkonformistischen Sekten, die unmittelbar vor und nach der Zeit Christi in Blüte standen. Hierbei sind vor allem die Essener ... zu nennen. ... Sie verehrten Jahwe und hielten die rituellen Gesetze der Thora ein, betrieben aber auch einen Sonnenkult und pflegten eine Art dualistischer, aus dem Zoroastrismus übernommener Religion auf der Grundlage des unaufhörlichen Widerstreits zwischen Gut und Böse, Licht und Finsternis. ... Im Gegensatz zu den aktiven und nationalistischen Essenern standen die kontemplativen und universalistischen Therapeuten, die am Mareotis-See südlich von Alexandria lebten. Philon zufolge bestand die Gemeinschaft aus Männern und Frauen, die in getrennten Zellen lebten, wo sie meditierten und die Schriften lasen, die allegorisch gedeutet wurden.«[3]

Daß die sogenannten Therapeuten, wie wir hörten, in getrennten Zellen lebten, hatte nur einen Grund. Noch einmal Benjamin Walker: »Man betrachtete Frauen mit Furcht, Abneigung, Mißtrauen und Argwohn, und geschlechtlicher Umgang mit ihnen galt als tierisch. Halb Mensch, halb Tier waren Frauen natürliche Betrügerinnen, falsch, eigensinnig und eitel. Während des monatlichen Ausflusses ihrer ›kraftlosen weiblichen Frucht‹ war ihre Berührung schädlich, ihr Atem unrein, ihr Körper unheilig. In dem bei Nag Hammadi aufgefundenen ›Buch des Athleten Thomas‹ findet sich die Warnung: ›Wehe euch, die ihr Intimität mit Frauen und befleckten Verkehr mit ihnen sucht.‹ ... Frauen sind gefährlich, so die gängige Auffassung, wegen ihrer Schönheit, die im Mann die rasende Qual tierischer Leidenschaft erzeugt. ... Sie ist die Verkörperung der Versuchung, die die Männer in ihr Verderben stürzt. Der Weg zur Hölle wird über die Vagina beschritten, denn der Schoß ist der Höllenschlund.

Frauen sind ihrem Wesen nach unrein, ein Fallstrick der Natur, ein Werkzeug des Teufels, das Satan einsetzt, um die Seelen der Männer zu besitzen. Am besten hält man sich von ihnen fern; wo ihre Gesellschaft unvermeidlich ist, sollte man sie in Unterdrückung halten. Der Teufel hat den Frauen so viel Macht gegeben, daß es recht und billig ist, daß die Männer ihnen wenig geben, damit das Gleichgewicht wieder hergestellt wird.«[4]

Mein Bemühen ist es, deutlich herauszustreichen, daß die Ursachen, die zu dem Entstehen des Feuers unserer Welt führten, ungebrochen bis heute weiter wirken! Und mein Bemühen ist es, deutlich werden zu lassen, daß diese Grundursachen heute an Stellen wirken, die zum Teil vollkommen entgegengesetzt scheinen. Die Theosophie, die Anthroposophie, viele Bereiche der Esoterik, viele

Bereiche der Geisteswissenschaften und der Psychologie – auch ganz besonders aufgeklärt erscheinende Bewegungen – wurzeln in Wahrheit in dunklen Sümpfen, die Aussagen wie die eben zitierten hervorgebracht haben. *Denn die a priori Unterdrückung der einen Hälfte der Menschheit ist nicht etwas, was einfach so und irgendwie von heute auf morgen entsteht, ebenso nicht wie die Bereitschaft einer ganzen Nation, einen anders rassischen Volksteil vollständig auszulöschen! Es gleicht dem Zusammentragen eines riesigen Berges, Sandkorn für Sandkorn.* All dieses abgeirrte Denken, auf dem unsere Gesellschaft letztlich basiert, gipfelt dann unter anderem in der Idee:

»Die einzige Hoffnung für Frauen besteht darin, daß sie zu Männern werden. Andernfalls sind sie unfähig zur Erlösung. Im ›Thomasevangelium‹ fordert Petrus: ›Maria (Magdalena) möge sich aus unserer Mitte entfernen, weil Frauen des Lebens nicht würdig sind.‹ Jesus antwortet ihm: ›Siehe, ich werde sie geleiten, und ich werde sie zu einem Mann machen, damit auch sie ein lebender Geist und euch Männern ähnlich werde. Denn jede Frau, die sich zum Manne macht, wird in das Himmelreich eingehen.‹«[5]

Wenn auch Jesus nach Meinung vieler und auch nach meiner nicht das war, was die Kirche oder die Gnostiker aus ihm machten: Falls er das letzte überhaupt gesagt hat, dann meinte er es sicherlich im *Sinne der Quellen,* und dann sind, wie wir sehen werden, die letzten Worte gänzlich anders zu verstehen.

Doch wie modern ist heute der Androgynismus, die Lehre von der Angleichung von Mann und Frau? Gehen Sie in den nächsten Esoterik-Buchladen, und Sie werden gehäuft über Theorien stürzen, die die Androgynie als das Ziel der Schöpfung propagieren.

Die Tragik im Dasein ungezählter Frauen findet in diesen, letztendlich aberwitzig zu nennenden Ursprüngen ihren Ausgangspunkt. Folgen wir noch einige Augenblicke diesen Gedankengängen, die, obschon sie sich vielfach im Wahnhaften verlieren, die Geschichte und die Geschicke vieler Menschen darum nicht minder bis heute prägen.

Die Frau, so heißt es, kreiere, gebäre den Menschen, sei darum unmittelbares Handwerkszeug des Demiurgen, des »finsteren« Schöpfergottes. Durch sie, durch die Frau, wird demzufolge der Kreislauf der in der Welt gefangenen Seelen aufrechterhalten! *Jetzt heißt es nicht nur, die Frau diene dem Manne, jetzt heißt es, die Frau diene unmittelbar und ganz direkt dem Satan!*

»Marcion äußert sich in drastischen Worten über die Schmach des Menschen, der in ekliger Materie geschaffen ist, empfangen im Schmutz der Geschlechtlichkeit, unter den unreinen, gräßlichen und grotesken Krämpfen der Wehen in einem Leib geboren, der ein ›Sack Kot‹ ist, bis ihn der Tod in Aas verwandelt, einen namenlosen Leichnam, einen wurmzerfressenen Kadaver.«[6]

Oder: »Die Nichtswürdigkeit des weiblichen Körpers zu betonen war der asketischen Religion der Katharer eigen, hatte aber eine Grundlage in ähnlichen Einschätzungen der katholischen Kirche.«[7]

Oder auch dieses: »Wenn die Vagina der Weg zur Hölle war, dann deshalb, weil sie zum Mutterschoß führte, in den Abgrund, in dem das Licht neuer Seelen gefangen ist. Onanie, Homosexualität, Sodomie, Sex mit Minderjährigen waren immer noch besser als Verkehr mit Frauen, weil diese Formen von Sexualität nicht zur Gefangensetzung weiterer Seelen führten.«[8]

Der Dokumentation dieses Themas sei damit Genüge

getan! Ebenso wie meinem Wunsch, deutlich zum Ausdruck zu bringen, daß, wenn wir heutigen Menschen nicht sehr sorgfältig in diese Zerklüftungen unserer Geschichte hineinschauen, wir sehr schnell Gefahr laufen, mit kloakenartigen Bodensätzen in Berührung zu kommen, die sich einer sehr fragwürdigen Parfümierung in diesen Jahrhunderten unterzogen haben.

Das wohl zersetzendste Merkmal dieser Vorstellungswelt ist, wie schon gesagt, die hierarchische, wertende Schichtung innerhalb des Menschengeschlechtes. Der Grundgedanke ist ja dieser einfache: Die Schöpfung ist schlecht, also auch der Mensch. Nur in *einigen wenigen* leuchtet ein göttlicher Funke. Das sind die »Übermenschen«, die Perfekten, die Sektengründer, eben die ganz Besonderen. Der Gedanke der Hierarchie, der Wertung und damit der (legitimierten) Unterdrückung infizierte immer ganz schnell größere und größte Teile des gesamten gesellschaftlichen Organismus. Die grotesken gnostischen Denkstrukturen sind diese:

»Den Valentinianern zufolge geht der fleischliche Mensch ›natürlicherweise zugrunde‹ und hat keine Hoffnung auf Erlösung. Weil er blind ist für die Welt der geistigen Wirklichkeiten und keinen Glauben hat, bringen ihm auch seine guten Werke keinen Verdienst. Beim Tod wird das Licht (Seele), das er unbeachtet und im Verborgenen ließ (Mt. 25,3), von ihm genommen, und sein Ätherleib verfällt dem Demiurgen. Er wird von einem drachenähnlichen Archonten verschlungen und nach einer Verdauungspause in eine der unteren Höllen entleert, wo er mit anderen verdammten Seelen Qualen leiden muß. Von Zeit zu Zeit wird er als böser Geist ausgesandt, um die Menschheit heimzusuchen.

Beim psychischen Menschen stehen Körper und Geist

in einem labilen Gleichgewicht, und er bestimmt selbst sein Schicksal. Wenn er sein Ziel nicht erreicht, wird er in eine der milderen Höllen geschickt und erhält dann eventuell durch Reinkarnation eine zweite Chance.«[9] Und weiter heißt es: »Der dritte Menschentyp, der Noetiker, ist ›von Natur aus gerettet‹. Basilides bezeichnet ihn als den ›Auserwählten‹ und ›Vollkommenen‹. Als bereits Erlöster gehört er der privilegierten Elite an. Er unterliegt nicht mehr dem Einfluß der Heimarmene, des Schicksals, und er steht jenseits der gesellschaftlichen und moralischen Gesetze. Nach dem Tod steigt er nur deshalb in die Hölle ab, um von dem verbliebenen Rest seines physischen Zustands gereinigt zu werden, bevor er seine Pilgerreise nach oben fortsetzt. Diese Reise vollzieht sich in mehreren Stufen, die sowohl der erfolgreiche Psychiker als auch der Noetiker bewältigen müssen. Auf jeder Stufe muß die Seele wider die feindlichen Archonten streiten, die die Pforten zur nächsthöheren Sphäre bewachen. Sie versuchen ihn zurückzuhalten, weil sie den Lichtfunken, den er trägt, nicht aus ihrem Machtbereich entlassen wollen. ... Er muß die richtigen Zeichen ausführen, die ihm gestellten Fragen beantworten und die richtigen Formeln aussprechen können. Der wahre Gnostiker hat sich mit diesen Dingen zu seinen Lebzeiten in rituellen Übungen vertraut gemacht. Sein Schutzengel steht ihm dabei nötigenfalls stets zur Seite. Wenn diese Hindernisse überwunden sind, muß der Mensch gegen den Archonten Sabaoth streiten und zum Zeichen seines Triumphs über ihn auf dessen Kopf herumtrampeln.«[10]

Selbst das Durchstreifen der einzelnen Himmel, schon lange vom physischen Körper befreit, gerät zum Leistungs- und Prüfungsmarathon. Eine hellsichtige Vorschau auf unsere leistungsorientierte Zeit, emporgehoben in die Welt der Götter? Nach den Aspekten der krassesten Frauenfeindlichkeit, der Leistung und Hierarchie, sowie faschistoider Klassen- und Kastenstrukturen kommen wir zu einem weiteren, durchaus modernen Aspekt. Es ist die Frage der Askese. Auch sie findet eigentlich erst in diesem Denken Nährboden und Brutstätte.

»Die gnostische Praxis der Askese wurde aus einer Vielzahl von Gründen geübt. ... Askese stählt den Willen. Entsagung, Leid und Schmerz schwächen das Fleisch und stärken den Geist und müssen aus diesem Grund angestrebt und ertragen werden. Einige entschlossen sich zu einem Leben in Entbehrung, um übernatürliche Kräfte zu wecken. Man wußte seit langem, daß Schlafentzug, Nachtwachen und Fasten, Durst und Hunger, Hitze und Kälte, Geißelung und Selbstkasteiung, durch die der Körper bis zur Erschöpfung und zum Zusammenbruch heroischen Strapazen unterworfen wird, Zustände großer seelischer Klarheit und spiritueller Exaltation auslösen können.«[11]

»Es war allgemeine Auffassung, daß es möglich ist, den Körper mit unglaublich geringen Nahrungsmengen zu erhalten, und daß man das hartnäckige Bedürfnis, zu essen und zu trinken, dem die Natur alle lebendigen Geschöpfe unterworfen hat, unbedingt zurückdrängen müsse. Man glaubte, daß vegetarische Speisen den Lebensfunken enthielten und daß dieser Funke erhalten bliebe, wenn man diese Speisen roh verzehre, und daß man in dieser Weise im Körper einen Vorrat an Lebenskraft aufbauen könne.«[12]

Es mag viele andere Gründe geben, auch heute asketisch oder vegetarisch oder fastend zu leben. Fest steht aber, daß nichts von alledem in Urgemeinschaften jemals praktiziert wurde, jedenfalls nicht außerhalb von eventuellen Not-, Krankheits- oder Rekonvaleszenzzeiten. Die Frage, warum sich eine einzelne Frau z. B. für die Auseinandersetzung mit einem Pferd entscheidet, ist oder scheint individueller Natur. Die Hinwendung zu dieser individuellen Begründung aber bedarf einer globalen Sanktionierung, bedarf des globalen, zeitgeistlichen und gesellschaftlichen Einverständnisses. Die Gründe heute für Askese, Vegetarismus und für Fastenkonzepte jeder Art sind primär individueller Natur. *Diese aber werden erst möglich durch eine zeitgeistliche, gesamtgesellschaftliche Bereitschaft dazu.* Und die letztere findet ihren Ursprung in urgnostischen, zum Schluß weltverneinenden Motiven – mögen sie auch heute in der individuellen Entscheidung eines einzelnen in keinerlei Weise mehr durchschimmern. Nur kann man sich einen Indianer, einen Aborigine oder einen Eskimo als Vegetarier denken? Dieser Gedanke wäre in *seiner* Vorstellungswelt *niemals* zu greifen gewesen!

Kommen wir zu einem weiteren, sehr modernen Aspekt, dem Libertinismus:

»Der Gnostiker zeigte seine Verachtung für die Gebote des Demiurgen, indem er eine Art Gegendasein führte, wofür es zwei Möglichkeiten gab: Verweigerung in der Askese, durch die er die Genüsse der Welt ausschlug, oder die bewußte Ausschweifung, der absichtliche Mißbrauch der Möglichkeiten der Welt.«[13]

»Im Gegensatz zur Verpflichtung des Asketen, sich desjenigen zu enthalten, was der Demiurg an Vergnügungen anzubieten hat, glaubte der Libertinist, daß man das Gesetz (nomos) des Demiurgen zur Kenntnis nehmen und dann durch bewußte Überschreitung oder Pervertierung untergraben müsse. Diese Gesetzesfeindlichkeit war gemeinsames Merkmal verschiedener gnostischer Sekten, die für das eintraten, was man Amoralismus, Immoralismus oder moralischen Nihilismus genannt hat. Sie verehrten diejenigen biblischen Gestalten, die von der herkömmlichen Moral verurteilt wurden, wie zum Beispiel Kain und Judas.«[14]

»Insgesamt gesehen waren die Gnostiker in einem unaufhörlichen ›Pendeln zwischen Extremen‹ (enantiodromia) begriffen, zwischen den Exzessen des Kastraten und den Exzessen des Wüstlings.«[15]

Ein weiterer interessanter Punkt verweist in meinen Augen punktgenau in das Dasein unserer »modernen Tage«. Denn gilt dem Berufenen vor allem sein eigenes, inneres Wesen als veränderungs- und läuterungswürdig, so gilt dieses nicht so für die Sekten der Gnostiker. Ihnen gemäß »...sind es immer die *anderen*, die erlösungsbedürftig sind, niemals die Wissenden selbst. Damit ist mehr gesagt, als daß die Gnostiker lediglich intolerant seien – dies teilen sie ja mit den meisten orthodoxen Religionen!«[16]

Sektierertum, pseudoelitäre Abgrenzung und pharisäerhafte Hybris trennen sie von jenen Gemeinschaften, die über eine noch durchlässige Diffusionsgrenze verfügen. Die Aufzählung dieser bemerkenswerten Parallelen zum »modernen Menschen« ließe sich noch lang fortsetzen. Nur noch zwei weitere, prägnante Aspekte will ich nennen: zum einen die Forderung der Gnostiker, bis heute in geheimen Gesellschaften und esoterischen Zirkeln ihr »Wissen« strengstens geheimzuhalten. Dies ist die denkbar schärfste Form der Exklusivität. Auch jene »Zirkel« der Druiden waren in sich abgeschlossen. Aber nicht, um etwas »hermetisch« nach außen hin abzuriegeln, sondern um den Reifenden im Innern ein allmähliches Eindringen in die Urquellen zu ermöglichen. Dieser Erfahrungsschatz konnte nur dann seine Daseinsberechtigung vollenden, indem er im täglichen Dasein *mit allen anderen (mit)geteilt wurde.*

»Die Mysterien wurden unter größter Geheimhaltung vollzogen; der Kandidat mußte einen feierlichen Eid ... ablegen, daß er niemals etwas von demjenigen preisgeben würde, was er sah oder was ihm mitgeteilt wurde.«[17]

»Der gnostische Lehrer Theodotus sagt, daß alle Mitglieder der geistigen Kirche gerettet sind und einem ›auserwählten Geschlecht‹ angehören. Ihre Erlösung war ihm zufolge ausschließlich, und sie war gewiß.«[18]

Und das andere ist jener Punkt, an dem sich dieser kleine Kreis wieder zu schließen vermag. Begonnen haben wir unsere Aufzählung mit der Betrachtung der Zersplitterung der »modernen Welt«, auch auf geistiger Ebene. Denn dem Nicht-Verwurzelten bleibt am Schluß nur die Spekulation:

»Dies führte in vielen Fällen zu ausgefallenen Spekulationen in religiösen und gesellschaftlichen Dingen und zu einem Wildwuchs an Sekten.«[19]

All diese Zitate beziehen sich auf ein Wirken vor vielen Hunderten, ja sogar Tausenden von Jahren. Klingen sie nur in meinen Ohren erschreckend modern? Es kann kein Zweifel daran bestehen, daß sich das Phänomen der Gnosis in den unterschiedlichsten Formen auch in unsere Gegenwart hineinverwoben hat und daß sie oft unbenannt und unerkannt den geistig-ideologischen Teppich liefert, auf dem sich sehr vieles der »modernen Welt« abspielt.

»Die Identifikation der Juden mit dem Bösen, des Bösen mit dem Tode und des Todes mit einer minderwertigen Rasse, sie blühte nicht nur am Rande, unter obskuren Sekten, sondern war das tiefste Glaubensbekenntnis

Hitlers selbst, das gewiß nicht geradlinig und nur von sich aus, von dem aber jedoch eine nachzeichenbare Spur in die Todeslager führte. ... Die in den Juden verkörperte Einheit von verderblicher Weltlichkeit (›Gold‹) und tödlicher Gefahr (›Marxismus‹), wie sie in ›Mein Kampf‹ immer wieder beschworen wird, eine Gefahr, die nur durch restlose Ausrottung bekämpft werden kann, geht keineswegs – wie immer wieder vermutet – auf die kleinbürgerlichen Ängste ungebundener Mittelschichten vor dem Bolschewismus zurück, sondern auf verkorkste Reste gnostischen Gedankenguts, das sich in den metaphysischen Spekulationen der völkischen Fraktionen nicht nur der Münchener Bohème der zwanziger Jahre wiederfindet.«[20]

»Die Verbindung von gnostischem Spiritualismus und sozialdarwinistischem Rassismus, die Idee einer leiblich-fleischlichen Inkarnation des Bösen in den Geleisen einer auf den erbarmungslosen Kampf ums Überleben gestimmten Geschichtsphilosophie, konnte in den Juden nur den biologischen Ausdruck des Übels schlechthin, aber keine menschlichen Individuen mehr sehen. Ihre Zuordnung zum Reich des Teufels hatte schon im Jahre 1923 jene Entindividuierung vorweggenommen, die schließlich in den Nummern auf den Unterarmen jüdischer KZ-Häftlinge ihre äußerste Konsequenz fand.«[21]

Mein Anliegen ist es, möglichst plastisch aufzuzeigen, daß sich wie beim Libertinismus und Asketismus die weitesten Extreme oft darin gleichen, daß sie die entgegengesetzten Abzweigungen ein und derselben Baumkrone bilden, die ihre Anbindung an den Stamm und die Wurzel des ursprünglichen Lebens verloren hat. Mögen die politischen Aufspaltungen auch noch so gegensätzlich sein: Ist das Leid, das sie hervorbringen, die Totalität und das

Finstere ihres Wirkens denn zum Schluß wirklich voneinander zu unterscheiden? Und bei allem glaubt doch jeder an das, was er tut, an das Gute seiner ursprünglichen Vorstellungen, der eine wie der andere. In Hitlers »Mein Kampf« heißt es: »Indem ich mich des Juden erwehre, kämpfe ich für das Werk des Herrn.« Ein Satz wie dieser, markiert der nicht so etwas wie den äußersten Punkt einer Jahrtausende währenden Entwicklung, an deren Anfang das Wesentliche des menschlichen Daseins, das Innere aller Erscheinungen, nicht mehr durchdringen konnte?

Wenn ich hier auf alles das in dieser Deutlichkeit eingehe, dann um zweifelsfrei darzulegen, daß *alles, was im Hauptteil dieses Buches folgt, weder dem einen noch dem entgegengesetzten, noch dem »dazwischen« zuzuordnen ist.* Es geht mir um den Versuch eines Klimmzuges, der alles andere als leicht ist: Nämlich die Totalität nahezu aller Erscheinungen der *modernen Welt* zu durchschauen, um sie im Grunde als unterschiedlich starke und gänzlich unterschiedlich in Erscheinung tretende Symptome *ein und derselben Ursache zu erkennen!*

So will sich dieses Buch nicht einer Seite andingen, um gegen eine andere zu kämpfen, vielmehr will es jene Grenze überwinden, die uns nicht nur den Blick auf das Wesentliche verstellt, ja, deren Existenz wir oft nicht einmal mehr ahnen, wie sehr sich auch alle auf Gott, auf die Welt und auf die Texte der Quellen berufen.

Diejenigen, die am anderen Ende des Spektrums standen und stehen, beriefen und berufen sich nicht mehr auf Gott, sondern bauen konsequent auf eine Gesellschaft, die dann von dem neuen, nachrevolutionären Menschen bevölkert sein wird. Durch Doktrinen, durch politische Bildung, durch Evolution, durch Gleichschaltung und

Erziehung oder schließlich durch gentechnische Manipulationen soll die Schöpfung, soll der Mensch selbst ausgewechselt, verändert, *verbessert* werden. Hier hat die Gnosis die Vorstellungen der Akteure vollends durchwandert und zu einer ihrer letzten Kreationen pervertiert. Die Vielzahl all der gesellschaftlich-sozialen Perversitäten und ihr facettenreiches Spiel dazwischen wurde in den Jahrhunderten so bombastisch und bunt aufgeblasen, daß es kaum mehr denkbar erscheint, in alledem nicht doch etwas Wahres zu finden. Ja, es erscheint beinahe nur noch infam, impertinent und ignorant, stellt man sich dem global ablehnend gegenüber. *Frau und Pferd aber wird an jedem Punkt dieses zum Bersten gespannten Ballons untejocht und, wie wir sehen werden, ihre symbolische Corona erst recht!* Die Liste jener bedeutsamen Denker und Gesellschaftsformer, die z. B. von Micha Brumlik in die Nähe gnostischen Denkens gerückt werden, ist lang. Angeführt von C. G. Jung und Richard Wagner, finden wir hier Adorno, Rudolf Bultmann, Carl Schmitt, Martin Heidegger, Schopenhauer und Fichte:

»Ich möchte die These belegen, daß im Werk der Linksintellektuellen Theodor W. Adorno und Ernst Bloch hier, im Denken des Liberalen Rudolf Bultmann und in der Grundhaltung der Rechtsintellektuellen C. G. Jung, Carl Schmitt und Martin Heidegger nicht nur verstreute gnostische Motive, sondern systematische Denkfiguren im Geiste der Gnosis enthalten sind. ... Ob links, ob rechts – ob voller Sehnsucht und Hoffnung, wie bei Max Horkheimer oder Ernst Bloch, ob voll gläubigen Vertrauens wie bei Karl Barth oder hämischer Verachtung bei Carl Schmitt: der unweltliche Gott der Gnosis prägte alle wesentlichen intellektuellen Stellungnahmen zur Frage politischer Veränderung.«[22]

Ich selbst bin, wie ja ganz besonders auch dieses Buch zeigt, gewiß kein Negativist aus Leidenschaft. Jedoch: Jener bis heute nicht gekittete Bruch der Weltgeschichte setzte zwangsläufig ein Denken und Handeln frei, das sich eben nicht nur in esoterischen und NewAge-Platitüden immer wieder neu erbricht, sondern vielmehr in diffiziler Form alle gesellschaftlich relevanten Organe formte und immer weiter formt!

Der Einfluß der Religionsinstitutionen ist gleichermaßen schwerwiegend oder sogar gewichtiger, ist aber auch leichter einzuschätzen und zu durchschauen. Es gehört nicht viel dazu, sich über die Institution Kirche zu empören, über ihre immensen realen und weltanschaulichen Verstrickungen. Und es ist nicht einmal verwunderlich oder überraschend, daß eine solche Institution ohne größere innere oder äußere Probleme, ohne größere »Aufräumarbeiten«, ihre gewaltige Mitschuld am Holocaust einfach abgestreift hat wie einen schäbig gewordenen Mantel, um unbekümmert weiter ethische und spirituelle Normen zu setzen und zu kontrollieren. In ihrer Abwendung von den Urquellen finden die institutionalisierten Religionen vielfach ihren argumentativen Halt (latent oder offensichtlich) in den Ideologien der Gnosis. Es ist eine Tatsache, daß sie wohl alle ohne die Gnosis nicht existent wären. Da ihre Zwiespältigkeit heute für niemanden mehr ein Geheimnis ist, will ich mich nicht damit aufhalten, vordergründige und sattsam bekannte Beispiele anzuführen, deren Benennung dann doch nichts ändert. Auf zwei darüber hinausgehende Aspekte will ich aber dennoch eingehen. Sie zu durchleuchten erscheint mir sehr hilfreich für das grundlegende Verstehen dessen, was folgt. Es ist wichtig, den Übergang von einer Urquelle zur Institution noch etwas konkreter zu analysieren, und zum anderen, den äußeren Umgang, also den legitimierenden Umgang mit den Quellworten, näher zu betrachten, bevor wir dann im nächsten Kapitel die Reise antreten wollen zu den wirklichen Inhalten und Bedeutungen.

Der Hauptreibungspunkt der Menschen ist wohl ihre Angst. Wenn wir gleich das Geheimnis der Quellen betrachten, dann werden wir erkennen, daß die wirkliche Überwindung der Angst so etwas wie einen Dreh- und Angelpunkt aller Urrätsel der Welt darstellt. Nicht überwundene Angst im Inneren sucht sich oftmals durch Machtstrukturen im Außen, wie durch Grenzen, durch Sicherheiten, welcher Art auch immer, einen Ausgleich zu schaffen. Die Angst wird dadurch natürlich nicht überwunden, aber sie erscheint jetzt beherrschbar. Betrachtet man solche Lebensformen, dann erkennt man in Wahrheit sehr schnell, daß letztlich beides zum »Nicht-Leben« beiträgt, die innere, nicht bewältigte Angst ebenso wie der jetzt zum Käfig zusammengeschweißte »Sicherheitsapparat«. Religiöse Institutionen bedienen sich vielfach, mißt man sie an ihrem Verhalten, der Angst als Mittel zur Manipulation. *Ihr grundsätzliches Agieren spiegelt darum den in Wahrheit nicht spirituellen Gehalt. Daraus folgt, daß eine religiöse Institution allein durch ihre Existenz selbst bekundet und bezeugt, daß sie von den Quellen abgetrennt ist.* Eine Urgemeinschaft, ein Indianerstamm, eine keltische Sippe, ein Verband von Aborigines, sie alle *sind* Ausdruck ihres spirituellen, religiösen Daseins, das durch jede Form der Abspaltung sich selbst zugleich zum Erlöschen bringen würde. *Institutionalisierte Religionen sind also die ersten, markantesten Manifestationen von der Unpassierbarkeit der Diffusionsgrenze!*

Das schon zitierte Tao-te-king Laotses z. B. weist auf ein Sein hin, das in sich selbst erfüllt und ausgefüllt ist. Das Tun im Nichttun, das Handeln im erkennenden, erfahrenden Sein, im Nichthandeln also. Selbst in seinem Entstehungsland entwickelte sich nach dem Ableben des niederschreibenden Laotse eine Religion, der sogenannte Taoismus. Er stellt die Prinzipien Laotses nicht selten exakt auf den Kopf. Nicht nur, daß sich jetzt zum genau umrissenen göttlichen Tao eine Vielzahl von (Schutz-) Göttern hinzugesellt – historisch immer ein markantes Zeichen von unbewältigter Angst –, *vielmehr ist jetzt Erlösung so etwas wie ein durch Leistung bzw. Gegenleistung zu erwerbendes, eintauschbares Gut.* Ungezählte Praktiken »taoistischer Lehren« nutzen jetzt diesen Begriff, der Gesundheit bringen, Leben verlängern, stärken und zum Schluß natürlich irgendwie erlösen *soll*! Askese, Alchemie, Körper- und Atemtechniken setzen jetzt eben auch hier auf Gnostisch-Methodisches, auf zur Ware Gemachtes, das zu befreien und zu erleuchten vermag. Die Möglichkeit der Entscheidungsfreiheit für das eine oder andere liegt im Wesen einer jeden Urquelle begründet! Sie *muß*, so sie Urquelle ist, eben dem Menschen die freie Wahl lassen, sich dem Angebot ihrer Wahrheiten hinzugeben oder sie, was leichtfällt, zu pervertieren. Ihr Wesen ruht auf der Grundlage des am weitesten gefaßten Freiheitsbegriffes. Die Urquellen bleiben als *Angebot* immer in der Welt. Der Mensch hat die Wahl!

Das Fatale an der »anderen, an der organisierten, an der vordergründig leichter zu treffenden Wahl« ist: *Sie ist immer auch werbend und expansiv!* Diese »andere Wahl« sucht immer Mitglieder. Wahrheit hingegen sucht immer nur sich selbst. Aussagen wie die folgenden aus einer Urvorlage (Tao-te-king) werden zwar auch hier als Worte der Quellen herangezogen und benutzt, aber was geschieht mit ihnen diesseits einer verstopften Diffusionsgrenze?

In einer werbenden Imagebroschüre z. B. über Kraft und Gesundheit, die sich aus taoistischen Praktiken entwickeln lassen, würde der folgende Originaltext wohl kaum abgedruckt:

»Die gewöhnlichen Menschen sind sehr erleuchtet: Ich allein bin wie verfinstert.

Die gewöhnlichen Menschen sind sehr geläutert: Ich allein bin ganz trübe. ... Die Menschen sind alle brauchbar. Ich allein bin schwerfällig und ungeschickt.«[23]

Nein, verkaufen läßt sich so etwas nicht, und schon gar nicht institutionalisieren, es läßt sich nur ergründen, wie alle wahren Urrätsel dieser Welt. Und um das zu tun, muß zuerst einmal der Becher umgekippt werden, damit der ganze Unrat herausfällt. Dann kann man den Becher reinigen und dann erst wird man frisches Quellwasser zum Trinken schöpfen können. Das letztere ist zweifelsohne das Schönere. Aber auf diesen Seiten müssen wir zuvor noch etwas putzen. Auch der folgende Satz ließe sich wohl nur schwer einer erleuchtungsuchenden Jüngerschar von zukünftigen »Perfekten« verkaufen:

»Der recht Vollkommne ist wie unzulänglich ...«[24]

Religionsapparate und entsprechende Bewegungen (wieder Masse!) beschäftigen sich mit Worten, der spirituelle, durch und durch lebendige, seiende Mensch aber mit ihren wahren Inhalten!

Vor mir liegt eine offizielle Bibel, herausgegeben im Jahre 1991. Ich erwähne diese Ausgabe hier, weil sie von Theologieprofessoren der katholischen Kirche in Form von Fußnoten kommentiert wurde. Über das Paradies heißt es da z. B.: »Die genauere Lage jenes Gartens, von der Überlieferung nach einem persischen Worte ›Paradies‹ genannt, ist unbestimmt, da uns nur zwei der erwähnten Flüsse bekannt sind.«[25]

Sie ziehen also allen Ernstes aus und suchen einen Fleck Erde, genannt Paradies! Wenn das alles nicht so tragisch wäre und wenn man nicht im Gegensatz zum Paradies irgendwelche Zauberinnen z. B. »gefunden«, gefoltert und getötet hätte, ja womöglich könnte man dann darüber lachen. Lachen kann man auch ganz sicher nicht über das Folgende, das eben, und ich wiederhole mich da, in einer kommentierten Bibelausgabe aus dem Jahre 1991(!) zu finden ist. Wahrhaftig können wir über die Genesis lesen: »Das in diesem Schöpfungsbericht vorausgesetzte Weltbild ist allen alten Völkern gemeinsam, aber bezüglich der religiösen Erkenntnisse steht der biblische Schöpfungsbericht turmhoch über den Sagen und Mythen der heidnischen Völker.«[26]

Darf eine Institution am Ende der offiziellen Inquisition heute noch so etwas von sich geben? Darf eine Institution heute noch Bücher wie diese, Kommentare wie diese veröffentlichen, ohne auf den massenhaften Protest der Öffentlichkeit zu stoßen? Eben genau die Institution, die noch im Jahre 1961(!) das gesamte Werk Jean-Paul Sartres und einige Hauptwerke Simone de Beauvoirs in einem Ketzerindex zensierte!?

Diesen im Grunde kaum zu durchdringenden gigantischen Komplex will ich nur noch durch einige wenige Zitate skizzieren, z. B. durch einen Auszug aus einer Schrift des II. Vatikanischen Konzils über die göttliche Offenbarung. Die Bibel, also auch die Worte der Thora, nennt dieses Konzil die »Quelle jeglicher Heilswahrheit«. Und weiter: »Die heilige Überlieferung und die Heilige

Schrift bilden den einen, der Kirche überlassenen Schatz des Wortes Gottes.«[27]

Bis heute kenne ich keine Stellungnahme des jüdischen Volkes, die besagt, daß es die Thora der christlichen Kirche überlassen hätte! Und konsequent heißt es dann in jener vatikanischen Schrift weiter: »Denn all das, was die Art der Schrifterklärung betrifft, untersteht letztlich dem Urteil der Kirche, deren gottgegebener Auftrag und Dienst es ist, das Wort Gottes zu bewahren und auszulegen.«[28]

Im Klartext: Man nimmt erst einmal einem Volk etwas weg. Bescheinigt ihm, daß Gott es verlassen habe, daß es schlicht und einfach nicht mehr Gottes Volk sei. Nachdem man weggenommen hat, erklärt man kurzerhand einen Exklusivanspruch ob des Quellenmaterials und natürlich ob seiner »Auslegung«. Das Ganze wird dann »turmhoch« über alles andere in der Welt Existierende gestellt, um dann eben, mit den größten Keulen schwingend, das Zusammengestohlene und Gekittete zu besiegeln mit der vermessenen Behauptung, in der exklusiven und streitbaren Verwaltung *einen gottgegebenen Auftrag auszuführen*. Der Kreis ist geschlossen, die Wehrhaftigkeit institutionalisiert und etabliert, der Weg zurück, durch die »Diffusionsgrenze« hindurch, ist mit allen Scheiterhaufen der Welt versperrt. Welche unglaublich grotesken Formen das Nichtverstehen der Quellenworte annehmen kann, wenn sie für die Bestätigung eigener Vorurteile und zur Legitimation der eigenen beschränkten Vorstellungswelt mißbraucht und mißdeutet werden, sollen hier drei Beispiele belegen aus jener kommentierten Bibel des Jahres 1991.

Beim Aufbruch des Volkes Israel ist Moses kaum mehr in der Lage, das aufbegehrende Volk zu beruhigen. Immer wieder sind sie unzufrieden, murren und klagen ob der Last der Wanderschaft und ob des Hungers. Hier nun entwickelt sich ein Wechselspiel aus »Hilfe und Zorn Gottes«. Schließlich geschah das Folgende: »Da erhob sich ein Wind, vom HERRN gesandt und ließ Wachteln kommen vom Meer und ließ sie auf das Lager fallen, eine Tagesreise weit rings um das Lager, zwei Ellen hoch auf der Erde.« 4 Moses 11,31

Eindeutig ist im Bibeltext von einem Wind des HERRN die Rede, den er gesandt hatte ob der Wachteln als Nahrung für das Volk. Hier nun der Kommentar: »Das Wachtelwunder ist nicht unbedingt als eigentlich theologisches Wunder aufzufassen, da Wachtelzüge im Frühjahr und Spätsommer regelmäßig diese Gegend überfliegen. Die ermüdeten Tiere lassen sich nieder und können leicht gefangen werden.«[29]

Nicht nur, daß man dem »Alten« da gar keine Wunder mehr zutraut: Drei renommierte Professoren wollen einem Leser des 20. Jahrhunderts weismachen, daß Wachteln »ermüdet vom Himmel fallen«, so daß sie sich leicht fangen lassen! Läßt sich die Ohnmacht gegenüber den Worten der Quelle noch peinlicher darstellen?

In 4 Moses 22 wird Bileam geschickt, um Israel zu verfluchen. In der Nacht erscheint ihm Gott, der ihm bestimmt, ausschließlich das zu tun, was er ihm sage. Bileam reitet auf seinem Esel, da geschieht dies: »Und als die Eselin den Engel des HERRN sah, fiel sie in die Knie unter Bileam. Da entbrannte der Zorn Bileams, und er schlug die Eselin mit dem Stecken. Da tat der HERR der Eselin den Mund auf, und sie sprach zu Bileam: Was hab ich dir getan, daß du mich nun dreimal geschlagen hast?

Bileam sprach zur Eselin: Weil du Mutwillen mit mir

treibst! Ach daß ich jetzt ein Schwert in der Hand hätte, ich wollte dich töten!

Die Eselin sprach zu Bileam: Bin ich nicht deine Eselin, auf der du geritten bist von jeher bis auf diesen Tag? War es je meine Art, es so mit dir zu treiben? Er sprach: Nein.«

Hier der Kommentar ohne Kommentar: »Ohne Zweifel versteht der biblische Erzähler die menschliche Stimme des Esels wörtlich. Andererseits ist es merkwürdig, daß Bileam über die außergewöhnliche Erscheinung nicht das geringste Erstaunen zeigt.«[30]

Auch das Folgende will ich Ihnen nicht vorenthalten. An der Stelle Richter 3,5 heißt es: »Die Israeliten wohnten also inmitten der Kanaaniter, Hethiter, Amoriter, Perissiter, Hiwwiter und Jebusiter. Sie nahmen sich deren Töchter zu Frauen, gaben ihre Töchter an deren Söhne und verehrten ihre Götter.«

Und was soll man nun zu diesem Kommentar sagen: »Religiöse und nationale Mischehen führten von jeher zu Glaubensabfällen und anderen beklagenswerten Erscheinungen.«[31]

Weiße Herrenmenschen gehören eben noch immer (1991!) zu weißen Herrenmenschen(!), oder? Kann man noch deutlicher belegen, was ich meine, wenn ich von den Worten der Quellen spreche, die nur noch ihrer äußeren Form gemäß gelesen werden? Was es mit diesen Worten einer Quelle in Wahrheit auf sich hat, das wird der Leser am Ende dieses Buches selbst leicht ergründen können.

Im Vorwort jener Bibelausgabe ist zu lesen: »Was wir heute als ›Altes Testament‹ bezeichnen, war für Jesus und die Apostel *die ›Schrift‹ schlechthin*. ... Gott selbst redet zu uns Menschen in diesem *heiligen und verehrungswürdigen Buch*.«[32]

Das ist ein bedeutender Satz. Jesus wird jedoch in allem Folgenden wieder schnell und ganz weit davon entfernt. Denn weiter heißt es dann: »In demselben Zusammenhang redet Paulus vom Lesen des ›Alten Bundes‹. Dieser ist mit vielen ›*Unzulänglichkeiten*‹ behaftet.«[33]

Und weiter: »Mit der Ankunft des Gottmenschen Jesus Christus wurde der Alte Bund durch eine *vollkommene, neue Heilsordnung* abgelöst.«[34] Leicht könnte man kopfschüttelnd auch an diesen sophistischen Klimmzügen vorbeigehen, läge in ihnen nicht auch in erheblichem Maße seit 2000 Jahren das Schicksal dieser Welt begründet:

»Indem die ›Deutschen Christen‹ aus Jesus einen Arier und aus Paulus einen ›Kulturbolschewisten‹ gemacht hatten, indem sie den Führer und Reichskanzler endlich zu dem erklärten, was das Johannesevangelium den ›Parakleten‹ nannte, hatten sie das Band zwischen Hebräischer Bibel und dem Neuen Testament so gründlich zerschnitten, daß auch vom Christentum nichts mehr übrig blieb. Während das Christentum aber den Nationalsozialismus überlebte, hatte das jüdische Volk, also jene, die, ob sie es wollten oder nicht, dem Glauben der ›veralteten‹ Hebräischen Bibel zugerechnet wurden, einen Blutzoll von etwa sechs Millionen Menschen zu beklagen – als Opfer eines Verbrechens, das als präzise industriell vollzogener Massenmord im Herzen Europas nach wie vor seinesgleichen nicht findet.«[35]

In der wahnwitzigen Konsequenz der Geschichte bediente sich eine der mächtigsten Organisationen dieses Kulturkreises, die Kirche, der von ihr absolut mißverstandenen Worte einer Quelle, maßte sich zugleich an, nur sie könne diese Worte repräsentieren und deuten, verwarf sie aber zugleich wiederum als das »Alte«, das »Verbrauchte«, um dennoch, mal offen, mal etwas verdeckter, einer Art »Naturgesetz« folgend, gegen jenes Volk zu kämpfen, das diese Worte bewahrte, gegen die Juden. Sie kämpfte weiter gegen jene anderen, die zwar den Messias der Kirche anerkannten, ihn aber ob der noch schärferen Negierung der Quelle gleich einem anderen »Gottvater« zuordneten. Weiter kämpfte die Kirche gegen das, was in der Quelle »Heiden« genannt wird. Da sie die Quelle nicht verstand – und bis heute nicht versteht –, wußte und weiß sie nicht, daß ein Heide in der Hebräischen Bibel einfach derjenige ist, »*der plant*« (zu der Erklärung dieser Aussage komme ich noch). Die hebräische Bibel verweist also unter dem Begriff Heide auf ein Handeln und Sein, das die Kirche selbst in der Verbindung mit den ausschließlich verängstigten Normisten, den Römern, par excellence repräsentiert. Für sie, die Kirche, jedoch waren die »Heiden« die, die sich nicht ihren Dogmen unterwarfen. Die Naturvölker, die nicht im »westlichen« Sinne Planenden, *also die wahren Nichtheiden,* wurden bekämpft, ausgerottet, und damit auch die Hüter der Quellen. Auch andere religiöse Institutionen forderten in der Konsequenz jenes Mechanismus, den wir beschrieben haben, die Anerkennung ihrer Exklusivität, die Bestätigung ihrer alleinigen Heilswahrheit. Also kämpft natürlich die Kirche auch gegen diese. Sie hat es schließlich geschafft, gegen *alles zu kämpfen, was nicht absolut und devot das ihre ist!*

Wir sind den Weg zurückgegangen. Ich habe versucht deutlich zu machen, daß alle Formen und Subformen des Dualismus und des Atheismus an der Stelle beginnen, an der die wichtigste Klammer menschlichen Erfassens zerbricht: das Erfahren einer Einheit, vor allem der von Gut und Böse. Das Böse wird jetzt etwas, das in der Welt losgelöst und als eigene Macht zu existieren scheint. Dieses

Getrennte wieder zu bannen, ja einzufangen, bedarf nun der abstrusesten Konstruktionen, die in ihrer Gesamtheit das Leben und vor allem wohl das Nicht-Leben heute prägen. Grenzen werden behauptet und verteidigt, wo in Wahrheit keine sind. Mächte werden vermutet und bekämpft, die noch weniger existieren als die Windmühlen des Don Quichote. All diese Spekulationen enden zum Schluß in Peinlichkeit, im Wahn, im Untergang. Nur daß den Weg dorthin die Unterdrückten pflastern, die Verfolgten, bis dann zum Schluß niemand mehr so genau weiß, wer ist denn eigentlich nun das eine und wer das andere. Diesen Punkt der Entwicklung haben wir wohl inzwischen erreicht. Wahrlich Grund genug, um zur Normalität zurückzukehren. Nur, was ist das? Soviel steht fest: Solange es Menschen auf dieser Erde gibt, so lange auch bleibt der Zugang zu den Quellen, zu den »Zeugnissen der Normalität« erhalten.

Wir konnten das Chaos, die originäre und die realhistorische Herkunft des Chaos beschreiben und in dem tatsächlichen Ablauf der Geschichte festlegen. Wir konnten erkennen, wo und an welcher Stelle wir das andere, das Verstehen und Erkennen, verloren haben und nun suchen müssen, und wir konnten ob all dieser Erkenntnisse darlegen, wie vielfältig die Wege sind, die sich in Wahrheit als Scheinwege entlarven. Einem imaginären Trichter gleich haben wir uns auf einen ziemlich engen Durchgang fixieren können, um jetzt den konsequent folgenden Schritt anzugehen: zu durchbrechen, uns mitten hinein zu begeben in das Kraftfeld der Urquellen! Was uns dort erwartet, hat mit all den Stationen unseres bisherigen Weges, wenn überhaupt, dann nur mittelbar etwas zu tun. Vergessen aber dürfen wir ihn nicht.

Der Holocaust markiert in meinem Geburtsland den

traurigen Höhepunkt, den traurigen Vollzug jenes Denkens, das mit einem Knacks begann an einer Stelle, die 2500 Jahre zurückliegt. Bis zum Zerreißen spannte sich das Band zwischen den Extremen. Welch simpel scheinender Mechanismus, welch unfaßliche Folgen!

Ich will nicht das Pferd vergessen, das gepeinigt jetzt unter dem Licht der Scheinwerfer seine(n), sich mächtig in Pose setzende(n) Herrenreiter(in) zu tragen hat – unter dem Beifall der Zuschauer – die Qualen nie vergessend, die es zu erleiden hatte, vor allem dann, wenn keine Scheinwerfer leuchteten.

Ich will nicht die Frau in Saudi-Arabien vergessen, die mit Benzin übergossen und verbrannt wird, weil ihre Mitgift verbraucht, sie eben nichts mehr wert ist.

Ich will nicht die Jugoslawin vergessen, der in diesem Krieg zu allem Leid auch noch die Zähne ausgeschlagen werden, damit sie ihre Vergewaltiger nicht mehr beißen kann.

Ich will nicht vergessen – so satt will ich nicht werden.

Das ganze Elend dieses Denkens erscheint zusammengebacken zu einem vollends ungenießbaren Konzentrat in der Aussage Sigmund Freuds: »Die Absicht, daß der Mensch ›glücklich‹ sei, ist im Platz der ›Schöpfung‹ nicht enthalten.«

Im Kraftfeld der Urquellen: Ist es dort zu finden? Dieser längst vergessene Platz, jener unsichtbare Tanz der Schöpfung – jener Ort, an dem das sein darf, was sonst nirgendwo mehr zu sein scheint – Glück?

Kapitel 2
Das Durchbrechen – auf den Spuren der Pferde

»Glaube nicht, ohne zu überlegen.«
  DAS BUCH DER WANDLUNGEN

DIPLOMATIE DES URSPRUNGS

Vor mir liegt ein schönes Buch über das Leben und Sein der Aborigines, der Ureinwohner Australiens. Es handelt von den Quellen, Mythen und Sagen dieser faszinierenden Menschen. Der Autor kommt immer wieder sehr sensibel auf die Ursprünge dieser Naturmenschen zu sprechen. Ich erwähne das hier, um zusammenfassend auf eine, wie ich denke, sehr wichtige und aufregende Begegnung hinzuweisen. Was denn ist »spannender« als das Erforschen und das »Sich-Einfühlen« in die Quellen und Erkenntniswelten natürlich lebender Menschen, Gruppen und Völker?

Doch auch der Autor dieses Buches über die Ureinwohner Australiens setzt, wie es nahezu ausschließlich bis heute geschieht, die Geburt des Westens mit dem Aufkommen des Judentums in eins*. Das bedeutet aber, daß die großartigen Erkenntnisse über Leben, Sein und Hintergründe der Naturvölker praktisch *immer an der Grenze zum Westen haltmachen*. So auch die Erkenntnisse jenes Autors. Und das ist tragisch. Denn an eben genau dieser Stelle öffnen oder schließen sich die Tore zu grundsätzlich

---

* Es ist z.B. zu lesen in der Folge der »Wörtlichnahme« der Thora: »Die Geschichte des jüdischen Volkes, wie sie im Alten Testament erzählt wird, ist eine Geschichte von Konflikten mit seinen einheimischen, von der Wildbeute lebenden Vorfahren und von der Eroberung kleiner bäuerlicher Zentren mit seßhafter Bevölkerung, mit der es sich schließlich vermischte. Die Struktur des Judentums spiegelt diese tiefgreifenden Veränderungen wider. ... Der Aufstieg einer einzigen Gottheit kennzeichnet einen wichtigen und folgenschweren Umschwung in der Religionsgeschichte. ... Machtherrschaft und die Vernichtung Unschuldiger kennzeichneten auch das hebräische Eindringen in das Gelobte Land. ... Die christliche Ära ist in Wirklichkeit ein weiteres Anwachsen oder Ausbreiten des Judentums. ... Die Christianisierung des alten Europa mit seinen zahlreichen Nischen jungsteinzeitlicher Erdmutter-Religionen rief nach denselben gewalttätigen Praktiken wie die hebräische Kolonialisierung Kanaans.«[1]

Diplomatie des Ursprungs

anderen Erlebnisqualitäten, die bis zu den Wurzeln des Lebens reichen können. Sind für die Mehrzahl der »modernen Menschen« diese Tore in der Tat unabänderlich verschlossen? Nein, ich bin davon überzeugt, daß das nicht so ist! Meine Erfahrung mit den Quellen und meine Naturerfahrung mit den Pferden lassen diesen Punkt ganz bestimmt in einem positiven Licht erscheinen: Die Begegnung mit wirklicher Urerfahrung, also mit dem Gefühl echter Anbindung, ist durchaus viel eher möglich, als es bisher der Fall zu sein schien. Vieles kann wieder zusammenfinden, was bisher wie durch eine unüberwindbare Kluft auf ewig getrennt schien. Worin liegt der kleine, gewaltige, alles entscheidende Unterschied begründet? Ganz einfach: Die in der Zeichnung 13 dargestellte Reihenfolge ist die weithin und allgemein akzeptierte:

Zeichnung 13

Keine Frage: Der zuvor dargestellte Mechanismus von der Spaltung des Y vom XZ läßt, wie wir erkennen konnten, nahezu automatisch und »zwangsläufig« die obige

Reihenfolge entstehen, an deren Anfangspunkt für das Chaos des »Westens« immer und absolut das Judentum steht. Das Äußere der Worte der Thora aber, des Alten Testaments, prägte unsere Kultur, prägte die Kultur des »Westens«, da sie ja, hineinragend in das Neue Testament, mit diesem zusammen die Grundlage der so ziemlich alles dominierenden Kirche bildete. *Wäre die Reihenfolge, wie sie in Zeichnung 13 dargestellt ist, wirklich korrekt, würde das definitiv bedeuten, daß das einzige, was uns noch bliebe als kulturprägende Grundlage, nämlich die Worte des Alten Testaments, auch auf der abzulehnenden Seite stünde!* Damit dann wäre der Bruch total, denn zwischen Naturwelt und »Westen« wäre nur noch das blanke Nichts. Wir hier im Westen könnten praktisch einpacken. Aus, Ende, Sense. Der Zug zurück wäre unweigerlich ohne uns abgefahren. Und genau so stellt es sich ja für die allermeisten dar! Wir dürfen und müssen aber die Grenze zwischen »Naturwelt« und »Westen« nicht vor, sondern *nach* dem Judentum ziehen! Soviel wurde im ersten Kapitel dieses Buches deutlich! *Damit aber verschwindet der unüberwindliche Graben!* Damit haben wir eine *völlig neue Ausgangsposition!* Denn wenn es sich in Wahrheit so verhält, und davon gehe ich zweifelsfrei aus, dann bedeutet das, *daß die Worte, die unsere Kultur prägten, außerhalb der Institutionen absoluten Bestand haben und sich zum Schluß, ihrem Inhalt (XZ) wieder zugeführt, als Rettungsanker, als Verbindung zur Naturwelt herausstellen!* Wenn wir erkennen und anerkennen, daß das »Übel« *nach* dem Urjudentum durch das Trennen von äußerem Wort (Y) und innerem Gehalt (XZ) einsetzte, dann sind wir in der Lage, *alle anderen auf dieser Erde aufzufindenden Quellen nicht mehr als etwas »Exotisches« wahrzunehmen. Sondern vielmehr als parallel angesiedelt zu dem, was unsere eigene Kultur prägte,*

Diplomatie des Ursprungs

nämlich die unverstandenen Worte des Alten Testamentes. Dann wären diese Worte für den Einzelnen:
1. Brücke zum Verstehen all der Irrtümer seiner eigenen Kultur (»Auf den Scheiterhaufen mit den Hexen«?!),
2. Möglichkeit, sich auf teilweise vertrauten Pfaden der Diffusionsgrenze tastend zu nähern, ja sie sogar zu durchbrechen, (denn die meisten dieser Worte kennt nahezu jeder),
3. sich nicht gänzlich mit leeren Händen den Quellen anderer Völker zu nähern, um jetzt durch einen *Austausch von Inhalten* zu immer tieferen Erkenntnissen zu gelangen.

Wenn die wichtigste uns bekannte Quelle bis zu ihrem lebensspendenden Ursprung zurückverfolgt und ihr Sinn wirklich erfaßt wird und wenn das Gewonnene dann mit den Urquellen anderer Kulturen zu einem Großen, Ganzen verbunden wird, dann nenne ich das die *»Diplomatie des Ursprungs«*. Das sind zwei klar voneinander getrennte und hintereinander gestellte Schritte. Aus dem Nichtverstehen der Worte einer Urquelle war unmittelbar die Unterdrückung erwachsen. Mit ihnen müssen wir darum zuvorderst und im ersten Schritt wieder lernen umzugehen!

So schließen sich die ersten Kreise: Frauen und Pferde wurden und werden unterdrückt, weil das Äußere der Worte weder zur Erkenntnis, noch zur Relativierung des Verhaltens der Mehrheit führte. Es führte zu Trennung und zu Unterdrückung, zum »Feuer des Westens«. Aber: Wir haben zumindest das äußere Gerüst einer Quelle! Und mit dieser Möglichkeit, die Diffusionsgrenze wieder zu passieren, des XZ Stück für Stück wieder »habhaft« zu werden, auch auf dem Weg über die Pferde, *haben wir eine großartige Chance zur Begegnung mit den Urwahrhei-*

ten der ganzen Welt. Auf dieser Brücke ist ein Zugang zu den Quellen der Völker möglich und umgekehrt!* Das ist mein Weg. Diesen Weg bin ich gegangen, das heißt, ich habe mich darum bemüht und ich bemühe mich weiterhin. Das Sichtbare meiner Arbeit mit den Pferden ist eine Frucht dieses Vorgehens. Dieses prinzipielle Denken ist der Boden, auf dem ich agiere, und der Boden für alles, was nun folgt. Finden wir jetzt die ersten Antworten und Lösungen zu den Urrätseln der Welt, die Geheimnisse jenseits der uns so merkwürdig erscheinenden, unbekannten Grenze. Finden wir die Spuren der Pferde, denn befreit von dem Druck der Menschen führen sie uns direkt in die »autre monde«, in die »andere Welt«.

---

* Mit diesen vergleichenden Kenntnissen dann ist es auch leichter möglich, rein Magisches, Utilitaristisches, also im Grunde Ametaphysisches und Gnostisches in den Kulturen der Urvölker von den wirklichen Urquellen zu differenzieren. Denn wie gesagt: Das Verstopfen der Diffusionsgrenze ist ein Prozeß, der so alt ist wie die Menschheit selbst. Und nur weil etwas exotisch und bunt ist, darum ist es noch lange nicht der wahre Kern einer Kultur.

WIE EINE GIGANTISCHE, UNSICHTBARE BLASE?

Den Mann neben mir kannte ich nicht gut, eigentlich nur aus einigen Gesprächen. Wir saßen auf dem Boden gekauert, in einem ziemlich großen Saal. Er war Amerikaner, Indianer, und die Menschen hier hielten ihn für einen Medizinmann. Bewegten sich viele von denen, die ihn aufsuchten, in seinen Vorträgen oder zu privaten Gesprächen wie auf Zehenspitzen, so stapfte dieser, gewichtig wie er war, laut polternd durch die Räume. Auch als er nach drei Hamburgern verlangte mit viel Pommes frites, wurde der leise Wandel um ihn herum nur durch einen kurzen Hauch des Entsetzens unterbrochen. Ich schloß mich der Bestellung an, reduzierte jedoch die Menge auf das mir Verträgliche: zwei Hamburger mit viel Pommes. Ich war hier nur zu Besuch, und die Gesprächsrunde, die sich in einer Pause zusammengefunden hatte, löste sich langsam auf. Schließlich blieben wir beide allein zurück. Wie gesagt, ich kannte den Mann nicht und ich hatte auch nicht das Bedürfnis, das zu ändern. So saßen wir schweigsam nebeneinander. Da betrat ein vergeistigt dreinschauender, asketisch hagerer Kursteilnehmer den Saal. Mit scheuen Blicken forschte er vorsichtig in dem riesigen Gesicht des Mannes vor ihm, ob denn wohl eine Annäherung recht wäre. »Come on boy, what's your problem?« grunzte dieser und griff im selben Augenblick mit seiner riesigen, linken Pranke fest nach meinem Arm, wie um mich zurückzuhalten, obwohl ich noch keine Anstalten gemacht hatte, aufzustehen. Aber gedacht hatte ich gerade daran. Zu mir gewandt, sagte er: »Don't worry, keep cool, there is no secret.« Jetzt begann mich der Mann schon zu interessieren. Kurz kamen mir meine Hamburger wieder in den Sinn, aber dann wurde ich doch hineingezogen in die verwirrenden Visionen und Erleuchtungen, von denen der »Asket« dem Dicken an meiner Seite berichtete. Der verzog keine Miene. Nur ein gelegentliches Schnaufen des schätzungsweise Hundertfünfzigkilomannes übertönte bisweilen die Stimme des anderen. Der kam dann, nachdem ich schon fast nicht mehr daran geglaubt hatte, zum Ende. Für einen Augenblick hielt ich das Schnaufen meines Nachbarn für ein Schnarchen, doch ein Blick in sein ernstes, aber sehr waches Gesicht widerlegte meinen Verdacht. Für einige Sekunden wurde es ganz still im Raum. Es war die Ruhe vor dem Sturm. Im nächsten Augenblick folgte ein kaum zu beschreibender Ausbruch unbändiger Lustigkeit. Wie von einer orkanartigen Naturgewalt getroffen, taumelte der Lange einen halben Schritt zurück. Er tat mir leid, und der Dicke wurde mir jetzt vollends sympathisch. Es dauerte eine Weile, bis die Eruption der Heiterkeit vorüber war. Dann hob er wie zur Entschuldigung seine Pranken und fuchtelte vor dem Gesicht des Entsetzten herum wie ein Oktopus mit seinen riesigen Tentakeln: »Sorry, but it was one of the craziest stories I have ever heard.« Er rückte sich wieder zurecht, wischte mit einer Art Taschenhandtuch mehrmals durch das hochrote Gesicht und fand sich dann wieder in die Würde des Medizinmannes. Ernst sagte er jetzt: »Daß ihr immer alles verwechseln müßt – bleibt doch cool und auf dem Boden. Wenn wir Indianer von Visionen sprechen, von Nächten, die wir einsam auf einem Berg verbringen, um uns in das Geheimnis der Zeit hineinfallen zu lassen, in den Sog des augenblicklichen Seins, dann ist das doch kein Erleben, verzeih, wie das eines besoffenen Huhns. Es sind Gedanken, es ist ein stilles Wissen, es ist ein Erfahren ohne Worte, aber es ist nicht Wahn. Es ist der Weg in die wirkliche Realität, nicht in die Irrealität. Paß auf, was du tust. Paß auf, welche Wege du betrittst.« Dann wälzte er sich davon. Vielleicht war er ja doch ein richtiger Medizinmann.

Wenn wir im Folgenden sehr konkret davon sprechen, daß man mehr als nur etwas Äußeres, nämlich mehr und mehr etwas »Ganzes« (YXZ) als Lebens- und Handlungsgrundlage in Betracht ziehen kann, dann meine ich es eben in genau dem Sinne dieser kleinen Geschichte. Und wenn wir jetzt beginnen, danach zu forschen, dann suchen wir *nicht* nach Halluzinationen, nach Wahnvorstellungen, nach Notausgängen und Fluchtwegen, sondern nach einem stillen, wortlosen, friedlich gelassenen Gewahrwerden. Nach einem Befinden, das einfach in sich ist. Das sich an tiefes Urvertrauen heftet und handelt, ohne zu handeln. Das ist, ohne zu wollen. Das tut, ohne nach dem Vorteil zu fragen, und das voller Freude lebt, ohne auch nur *einen* äußeren Grund dafür benennen zu können.

Gehen wir's an. Und zwar genauso vorsichtig wie alles Bisherige. Beginnen wir mit einem Spiel, das uns sehr viele Einsichten zu vermitteln vermag. Die Mythen, die Quellen, das Große wollen und können wir noch nicht gleich zitieren. Bereiten wir uns zuerst in einer Art »Quellenspiel«, in einem »Baukasten der Mythen für Anfänger« vor. In diesem »Baukasten« finden wir verschiedene Klötze, mit denen wir unsere eigenen Mythen »zusammenstecken« können. Versatzstücke, die zusammen ein »komisches« Bild ergeben. Da finden wir z. B. Meere und Wolken, Menschenansammlungen, unterschiedliche Gewänder, kleine Beutel mit Blut, verschiedene Tiere, unterschiedlich brennbares Material für dunklen bis hellen Rauch und noch viele andere Kleinigkeiten zum Ausschmücken, z. B. Messer, Dolche und Schwerter.

Im Spiel sind die Kinder oft dichter an der Wahrheit des Lebens als in jenen Phasen des Daseins, die sie dann später als den »Ernst des Lebens« bezeichnen. (Welch furchtbarer Gedanke!) Nähern wir uns also den Urrätseln der Welt mit unserer unberührten, naiv-spielenden Seite. Bevor wir aber das Spiel beginnen und diesen »Baukasten« öffnen und uns eine erste kleine mythologische Sage zusammenstecken, will ich auf einen bekannten, aber nicht minder seltsamen und bemerkenswerten Umstand hinweisen, um eine weitere, wichtige Erkenntnis zu fixieren. Was tun Kinder mit Märchen, in denen die Tiere und die Protagonisten nur so gefressen, verbrannt, gemästet, geschlachtet und sonstwie malträtiert werden, und warum wirken diese Erzählungen auf die Kinderherzen erwiesenermaßen so ganz anders als real verfilmte Szenen ähnlichen Inhaltes? Die Märchen sind schließlich um nichts weniger grausam als die Urquellen. Und doch scheut sich kein Mensch davor, sie den Kindern vorzulesen. Ja, ganz im Gegenteil: Es werden Eltern wieder mit Recht dazu angehalten, die Fernsehstunde durch eine Märchenstunde zu ersetzen. Die Kinder fiebern, zittern, hoffen und bangen, flüchten sich in ihre Welten, haben aber offensichtlich eines nicht, nämlich irgendwelche Probleme mit der dort dargestellten Grausamkeit. Die Bilder der Märchen wirken ganz offensichtlich auf einer anderen Ebene als ein Film. Pauschal läßt sich sagen: Das Filmgeschehen wird vom Kinde wie vom Erwachsenen trotz aller rationalen Bemühungen *immer* als absolute Realität wahrgenommen. In einem Gruselfilm kann ich mir tausendmal sagen, daß da doch in Wahrheit ein ganzes Team hinter der Kamera steht und der Heldin doch nichts passieren kann: Das filmische Erleben ergreift mich immer wie ein reales. Auch als intelligenter Mensch, über jeden Kitsch »erhaben«, werde ich mir die Tränen zuweilen nur schwer verkneifen können, wenn Lassie in einer objektiv völlig dümmlichen Szene um sein Leben ringt. Es werden Sensoren angesprochen, die *immer* reagieren, wie bewußt ich mir auch die Künstlichkeit dieses Mediums vor Augen führe.

Wir fragten anfangs einmal, ob die Urquellen schuld seien an der »Misere« dieser Welt. Das Märchen jedenfalls mit seinen ähnlich grausamen Bildern ist es sicher nicht, *sondern erst das Umsetzen in scheinbare Realität!* Die Quellen aber, und das haben wir als Merkmal vieler Religionen und Kulturkonstrukte herausgearbeitet, werden in die »Nur-Realität« transformiert, indem sie ausschließlich mit wahrhaft Erscheinendem gleichgesetzt, sie also der metaphysischen Ebene (XZ) beraubt werden. Das Paradies »muß« dann folgerichtig ein Fleck auf der Erde sein, und die Hexen »müssen« leibhaftig gesucht und schließlich verbrannt werden. *Offensichtlich passiert in dem Prozeß des Umsetzens etwas ganz Gewaltiges.* Die Märchen sind grausam, die Quellen sind grausam und in unserem »Baukasten für Hobby-Mythologen« finden sich auch ein »Beutel mit Blut« sowie »Schwerter« und anderes »Mordwerkzeug«. Was also ist zu tun? Finden und benennen wir die Ebene, auf der Schilderungen dieser Art in der kindlichen Seele etwas gänzlich anderes bewirken, als man vermuten möchte. Finden wir die Ebene, die auf die Geheimnisse des XZ anspricht.

Die Ähnlichkeit von Märchen, Sagen und den Dokumenten, die ich Urquellen nenne, ist in vielerlei Hinsicht frappierend. Auch wendet sich das alles bekanntermaßen an »Kinder«: an solche, die es sind, und solche, die es wieder sind! Darum: Spielen wir. Freuen wir uns wie die Kinder, wenn wir jetzt unseren Baukasten öffnen. Natürlich mußte ich das für Sie tun. Und so habe ich aus den Versatzstücken eine Geschichte zusammengesteckt, die eines hoffentlich nicht hat: Ähnlichkeit mit einer vorhandenen Überlieferung. Diese Geschichte können Sie nirgendwo nachlesen, erfinde (erträume) ich sie doch jetzt in diesem Augenblick für Sie:

Ein Mann fuhr über eine weite Strecke auf dem Meer, um zu einem kleinen Dorf zu gelangen. Ohne Untergewand, nur mit einem braunen Mantel bekleidet, war er viele Wochen unterwegs. Er folgte einem Nebel, der sich in seiner unmittelbaren Nähe formte und ihm den Weg wies. Halb verdurstet strandete er. Er wurde von einigen Fischern aufgelesen und gepflegt. Der Gestrandete jedoch war nicht froh darüber, sondern beschimpfte die Menschen, daß sie ihn nicht lieber hatten sterben lassen.

Die Bewohner des Dorfes verließen morgens das Haus und kamen am Abend nach einem langen, harten Tag zurück. Tagein, tagaus. Nur jener Mann in dem braunen Gewand blieb stets daheim. Zusammen mit den Hunden. Die bellten und kläfften, und sosehr sich der Mann auch bemühte, mit keinem der Hunde konnte er sich recht anfreunden. Und so geschah es eines Tages, daß er sein Messer nahm und einen Hund nach dem anderen tötete. Nicht einen ließ er am Leben. Die Kadaver legte er alle zusammen auf einen großen Haufen und zündete ihn an. Weißer Rauch entstieg den Flammen, in einem seltsam milden Geruch. Mit dem Blut aber bestrich er die Wände der Häuser. Die Menschen trauerten um ihre Hunde, bis auf einen. Der Morgennebel gab schließlich ein zweites Zeichen und der Mann im brauen Mantel nahm den einzigen, der nicht trauerte, mit in sein kleines Boot und fuhr davon. Und in jener Nacht erhob sich das Meer und begrub den Ort mit allen Trauernden. Nicht einer konnte sich retten. Die zwei aber in ihrem Boot zogen von Dorf zu Dorf um alle Hunde, die sie finden konnten, zu töten. Und die, die nicht trauerten um ihren Hund, die nahmen sie mit. Und nach dem Massaker, in jeder darauffolgenden Nacht, begruben die Fluten die Trauernden ausnahmslos.

Eine furchtbare Geschichte? Ja, wie bei vielen Märchen auf den ersten Blick schon. Aber unser kleiner Baukasten für den Hobby-Mythologen hat ja auch ein Anleitungsbuch für Erwachsene dazugelegt bekommen. Zunächst einmal können wir feststellen, daß diese Geschichte an Grausamkeit und Unverständlichkeit vielen alten Mythologien kaum nachsteht. Tote, Blut und Feuersbrunst! In unserer Geschichte sind viele Aspekte, die in so mancher wirklich überlieferten Sage und mythischen Erzählung vorkommen. Das geheimnisvolle Meer, der fremde Mann, das Fahren im Boot, das Ertrinken der Menschen in den Fluten, das Verbrennen toter Kadaver, das Verschmieren des Blutes, die Zeichen durch eine Wolke oder durch eine ähnliche Erscheinung. Was wohl recht neu ist – ich jedenfalls kenne das so nicht – ist das Töten der Hunde. Mit diesem »Hundeaspekt« möchte ich erklärend und beschreibend beginnen. Er soll uns einen ersten Einstieg in große Geheimnisse erschließen.

Noch eine persönliche Bemerkung dazu: In dieser Zeit, in den Wochen des Entstehens dieses Buches sind acht Hundewelpen um mich herum. So und so, im äußerlich Pflegenden, aber auch ob der prinzipiellen Wesenhaftigkeit des Hundes mußte ich mich, besser, durfte ich mich in diesen Wochen besonders mit diesen Tieren auseinandersetzen. Inspiriert durch diese kleinen Wesen wurden die Protagonisten dieser Geschichte eben Hunde. Und obwohl ich sie alle acht umsorge und behüte wie meinen Augapfel, erfinde ich jetzt eine solch furchtbare Geschichte? Sie werden bald sehen, warum. Jedenfalls: Dreh- und Angelpunkt unserer Erzählung sind die Hunde. Warum werden sie allesamt getötet, und warum überleben diejenigen, die ihnen nicht klagend und weinend nachhingen? Die Mitleidlosen, die Kalten, die Hartherzigen, so scheint es, werden gerettet. Das scheint aber nur so. In Wahrheit verhält es sich nämlich ganz anders. Wenn es uns gelingt, in diesen Worten vom »Töten der Hunde« einen Zugang zum (unausgesprochenen) tiefen Sinn zu finden, dann sollte uns das, in Ansätzen zumindest, auch gelingen mit den Worten der Quellen: So daß wir schließlich einen Zugang finden zum tiefen Sinn ihrer grausamen Worte, eben auch und vor allem über »Frau und Pferd« als ihre Hauptprotagonisten.

Beginnen wir mit einer Urfrage: Ist ein Wesen, hier ein Hund, einfach ein »Hund« für uns Menschen, weil dieses Geschöpf die Eigenschaften eines Hundes entwickelt hat – oder ist der Hund ein Hund, weil sich eine Konzeption, ein Urbild (ein »Traum« würden die Aborigines sagen) in ihm ausgedrückt und realisiert hat? Das ist die fundamentale Frage, die vor dem Verständnis aller Urquellen steht. Und auch die modernste Physik, unterstützt durch gigantische Maschinerie und Technologie, sieht sich heute mehr denn je vor exakt dieser Frage. Die Urquellen jedenfalls gehen allesamt vom zweiten Teil unserer Frage aus: Alles Geschaffene entspringt einer Urkonzeption. In all diesen Überlieferungen findet sich so etwas wie ein Schöpfungsmythos.

Bleiben wir beim »Thema Hund«. Ich will einmal

Stück für Stück das eher »unsichtbare Umfeld« des Hundes abklopfen. Gibt es so etwas überhaupt? Nun, da fällt mir sogleich eine geläufige Redewendung ein: »Ich bin auf den Hund gekommen« heißt es, was bekanntermaßen soviel meint wie: »Mit meiner Bonität ist es nicht gerade bestens bestellt – ich bin pleite!« Seltsam ist, daß ausgerechnet der Hund dafür herhalten muß. Nicht der Spatz, der Regenwurm oder die Maus – obwohl die hier ja vielleicht viel besser passen würden! Nein – ausgerechnet der Hund. Was kann der dafür, daß ich pleite bin? Nun, zunächst gibt es dafür eine erste, interessante, aber noch immer vordergründige Erklärung: Auf den Böden vieler Geldkisten und Schatztruhen waren in früheren Epochen Hunde gemalt. Ging das Geld zur Neige, zeigte sich dem dann zumeist weniger glücklichen Betrachter eben das Hundebildnis, und schon begann die Klage: »Ich bin auf den Hund gekommen.« Das beschreibt zwar den Umstand, es bleibt aber die Frage, warum war da kein Wurm, keine Maus, kein Geier aufgemalt, sondern eben immer ein Hund? Der Hund hat etwas mit Geld zu tun, mit Besitz. Und ist es nicht auch der Hund, der das Haus bewacht, den Besitz sichert? Ist es nicht der Hund, der die Schafe hütet? Hält der Hund als realer Wachhund nicht auch das »Geld« zusammen? Geht der Jäger nicht mit dem Hund auf die Jagd, um »Beute« zu bekommen, nämlich das Wild? Ist das Geldverdienen nicht auch eine »Jagd«? Ist darum das Bild auf dem Boden der Schatztruhe nicht durchaus plausibel? In China glaubt man: »Läuft dir ein Hund zu, dann bedeutet das, daß du materiellen Segen erfährst.« Ein Zufall? Das eine passiert in China, das andere geschieht hier bei uns, ebenso wie auf der ganzen Welt. Beginnt sich nicht das Bild des realen Hundes in seltsam abstrakter Form auszudehnen? Gibt es also doch so etwas wie ein »unsichtbares Umfeld des Hundes«? Wie wir noch sehen werden, führt uns die Beantwortung dieser Frage ein gutes Stück weiter. Folgen wir dieser Fährte also noch etwas. Kennen wir nicht den dunklen, schwarzen Friedhofshund? Den heulenden, den bellenden, den sagenumwobenen? Er ist da, um die *Geister zu verbellen*. Und in chinesischen Sagen gilt der Hund als der Begleiter des Gottes Ehr-lang. Beide zusammen reinigen die Welt, man horche auf, *von bösen Dämonen*. Wieder eine Parallele aus ganz unterschiedlichen Kulturen, wieder Zufall? Weiter: Nichts kann so leicht dressiert werden wie der Hund, und nichts ist sprichwörtlich so treu. Ein guter Hund, heißt es, folge aufs Wort. Bei einer Katze könnte man da lange warten. Der Hund ist eigentlich nur zu denken in der Begleitung des Menschen. Ein herrenloser, streunender Hund ist etwas Beklagenswertes. Weiter: Der Hund beißt, er ist gefährlich. Nur unter Kontrolle ist er dem Menschen dienlich. Durchschritten wir die Kulturen und Sagen dieser Welt, so könnten wir damit lange fortfahren. Die »geistige Grundstruktur Hund« würde sich dadurch immer weiter verfestigen.

Faßt man schließlich die gesamte »Hundeproblematik« zusammen, dann steht man vor der Erkenntnis: Der Hund gehört auf der ganzen Welt zu dem *»Schöpfungsprinzip Materie«!* Er behütet den materiellen Besitz. Der Mensch kann ihn be-greifen, und er kann den Menschen besser be-greifen als andere Tiere. Er hilft dem Menschen bei der Jagd nach Besitz. Seine feine Nase unterstützt den Menschen bei der Wahrung von Gesetzen, die letztlich den Besitzstand schützen sollen. Er verjagt das, was *nicht* materiell ist, nämlich die Wesen und Geister, die aus »anderen Welten« kommen (darum eben ganz folgerichtig auch die Katze!). Wenn es so etwas wie ein schöpfendes Urprinzip gäbe, und das schließlich behaupten alle Urquellen, könnte es dann sein, daß der Hund hier auf der Erde als Hund erscheint, *weil auf der konzeptionellen, geistigen Schöpfungsseite (Traumebene) ein komplexes Urkonzept für ihn besteht?* Sozusagen eine geistige Urbauform, die all die Beziehungen, vom Hüten und Jagen, vom Verfolgen und Parieren, ja bis hin zur Geldkiste als Ganzheit schon in sich trägt? Die Antwort liegt auf der Hand: Die Idee zum Erjagen, Behüten, und Verteidigen der materiellen Güter, der Bezug zum »Geld« und zur Materie stammt sicherlich nicht vom biologischen Vierbeiner Hund an sich. Vielmehr sieht es so aus, als sei die gesamte »Hundeproblematik« das Resultat eines konzeptionellen, geistigen Schöpfungsplanes, der alles das beinhaltet und hier das Wesen Hund mit all seinen Eigenschaften erscheinen läßt. Bildlich dargestellt sieht das etwa so aus: (Siehe Zeichnung 14)

Diesseits der Grenze von Zeit und Raum erscheinen die Wesen, erscheint alles Sichtbare. Die »Verhaltensstrukturen« des Hundes wären dann aber nicht etwas, was diese Spezies *innerhalb ihrer realen Entwicklung kreiert. Diese Verhaltensstrukturen wären dann sichtbare Möglichkeiten eines konzeptionellen Schöpfungsprinzips, das dies alles einschließt.* Der Hund würde dann geboren, weil das Schöpfungsprinzip davon ausgeht, daß die Welt (der Mensch) nicht ohne Hund sein soll! Die Welt bräuchte etwas, so das Schöpfungsprinzip, was der »Idee«, dem »Traum« vom Hund entspricht. In der Welt lebte dann sowohl die »Idee«, der »Traum«, als auch seine Verwirklichung: der reale Hund und alles, was in unserer irdischen Welt zum Thema Hund vorkommt. Der Traum kann sich materialisieren, muß aber nicht. Die Idee, das »Schöpfungsprinzip Hund« kann auch da existieren, wo gar kein realer Hund erscheint.

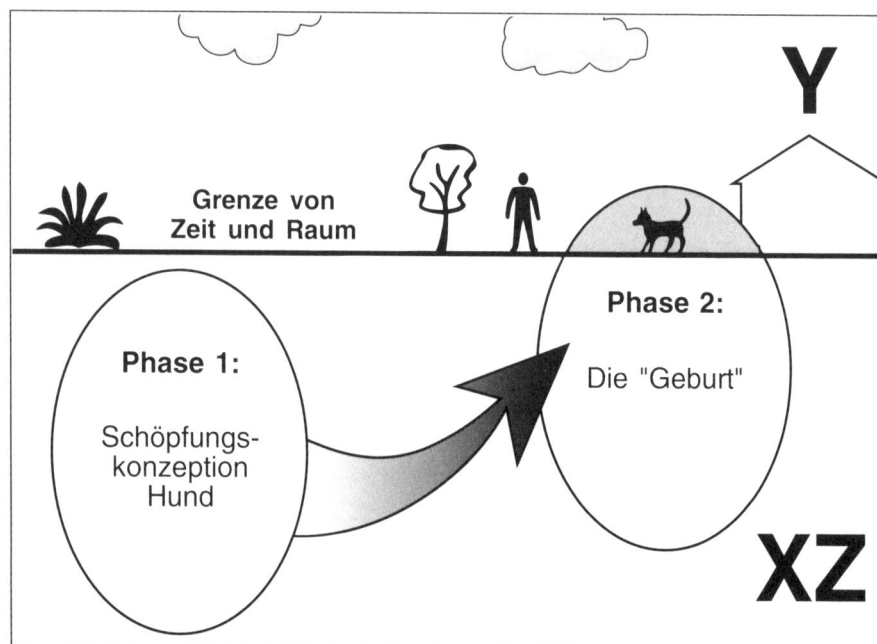

Zeichnung 14

Die moderne Naturwissenschaft nähert sich mehr und mehr diesen Uraussagen an. Was ist denn die Wahrheit der Naturwissenschaft heute? Darwin ist lange out. Die Frage der Evolution ist zwar nicht geklärt – aber daß sie sich nicht im Sinne Darwins als Produkt des Zufalls und der Auslese im Sinne des Stärkeren entwickelt hat, davon gehen inzwischen alle ernstzunehmenden Wissenschaftler aus. Durch die Gentechnik kommt man ganz langsam zu dem Schluß, daß für bestimmte, hochkomplizierte Informationskomplexe immer gleiche Gene zuständig sind. Man ahnt, daß schon in der ersten Daseinsform von Leben überhaupt die Information für *alles* Leben enthalten ist. *Auch die für den Menschen!* Ist das darauf zurückzuführen, daß eben ein geistiges Urschöpfungsprinzip *vor der Materialisierung existiert* und somit die Ganzheit, alle Möglichkeiten der Erscheinungen, die zugleich unendlich sind, in dem ersten, »unentwickelten Lebenskeim« schon enthalten ist? Das Relative, das Wandelbare gewinnt immer mehr an Bedeutung – man spricht da, wo das Wort Materie einst vorherrschte, jetzt von Nebel, Wolken, diffusen Erscheinungen, Wahrscheinlichkeiten und Prozessen –, und man mag es nicht glauben, aber unter den Naturwissenschaftlern herrscht erwiesenermaßen eine viel größere Religiosität als unter den Geisteswissenschaftlern. Die Säkularisierung – das Verlassen religiöser (besser metaphysischer) Bahnen – geschieht eben, wie wir schon sagten, vor allem in und durch die Geisteswissenschaft und verbreitet sich von dort aus: das Ergebnis der Aufklärung.

Menschen, ja ganze Kulturen, die durch diese Prozesse gedrückt wurden wie eben auch die, die wir zuvor geschildert haben (das »Krebsgeschwür des Westens«), *müssen* naturgemäß auf das »nur Erscheinende«, auf Y, auf das Äußere des Pferdes, auf das Äußere des Wortes fixiert bleiben! Um nicht gleich mit zu Berge stehenden Haaren vor etwas verdächtig anderem zurückzuschrecken, bleiben wir hier erst einmal in der Form der fragenden Annahme, der Hypothese: Wenn es eine Schöpfungskonzeption »Hund« gäbe, wäre sie unsichtbar, aber dennoch existent! Und zwar, folgen wir annehmend weiter, in drei Phasen: (Siehe Zeichnung 15)

Daß dann Geburt und Tod eine ganz andere Bedeutung bekommen, lassen wir zuerst einmal ganz außer acht. Entscheidend an dieser Stelle: Wie eine in sich unveränderte »Blase« durchdringt etwas die Oberfläche, wird sichtbar und taucht wieder unter. Wie ich finde, ist das ein sehr schönes Bild.

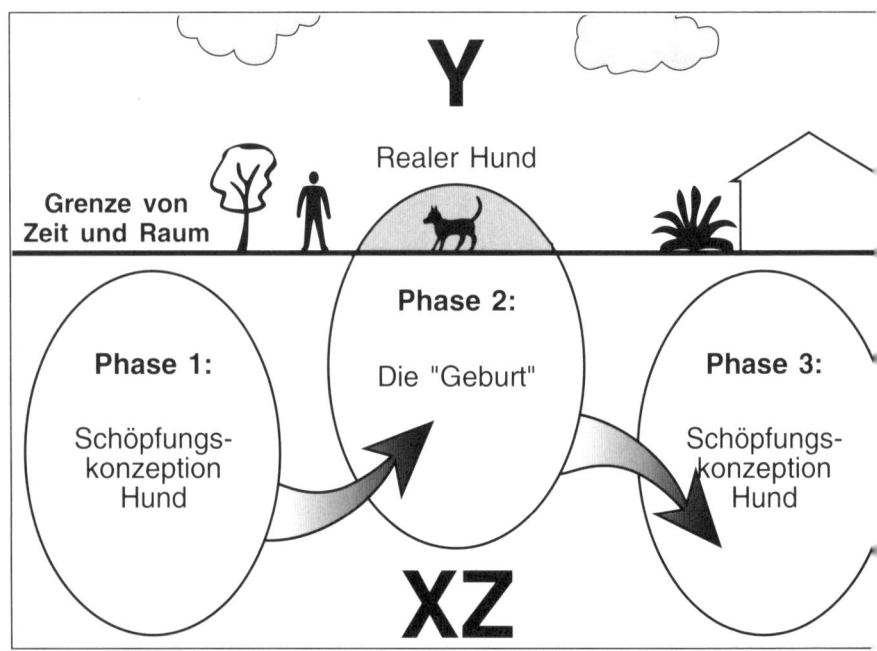

Zeichnung 15

Der Begriff Hund hat eine viel größere Bedeutung bekommen als das eigentliche, real erscheinende Wesen! Bevor wir uns weiter mit diesem »Pudelskern« befassen, will ich hier erst einmal den Vorschlag machen, etwas ganz anderes an uns vorbeiziehen zu lassen. Dieses »Vorbeiziehen« möchte ich wirklich wörtlich verstanden wissen. Machen Sie es sich ganz bequem und lassen Sie die folgenden Zeilen einfach an sich vorbeischweben. Ich will in ihnen ganz schlicht Dinge aneinanderfügen, ähnlich wie zuvor bei der Betrachtung des Wesens Hund, jedoch nur wenige Erklärungen dazu abgeben. Am Schluß dann wird deutlich werden, was für einen Sinn oder möglicherweise Nichtsinn dieser kleine Ausflug hatte.

In den uns bekannten europäischen Sprachen beginnt jedes Alphabet mit dem A, dann kommt das B, dann das C, und so weiter. Klar, was für eine Frage! Ja in der Tat, für mich ist das eine Frage, eine fundamentale sogar! Denn: Warum ist das so? Hat es da einmal eine Kommission von Urmenschen gegeben, die sich mit Aktenkoffern und Laptops an einen Steintisch gesetzt und eine Reihenfolge der Buchstaben festgelegt hat? Wo kommt das Abc her? Warum fängt es nicht mit dem B oder mit dem Z an? Das tut es aber nirgendwo. Immer herrscht diese Reihenfolge! Von einer solchen Zusammenkunft ist mir nichts bekannt, auch nicht davon, daß sich, wie bei solchen Gelegenheiten ja immer, Abtrünnige finden und eine eigene Regel aufstellen. Die Engländer z. B., dieses sympathische Volk von Individualisten – die fahren links. Warum sollten sie nicht das Alphabet mit Z beginnen lassen? Das alles ist aber nicht der Fall. Natürlich findet sich eine Ziffern- und Sprachentwicklung. Und es ist kein Geheimnis, daß die Wissenschaftler heute allgemein davon ausgehen, daß sich die meisten alphabetischen Schriften aus der phönizischen Schrift ableiten. Aber warum fing diese mit A an und warum übernahmen das alle anderen Völker auch? Es waren schließlich vollkommen voneinander unabhängige Völkergruppen. Und die Sprachen selbst zeigen ja erhebliche Unterschiede!

Der Buchstabe A aber führt das Alphabet an. Einfach so? Oder gibt es so etwas wie eine Schöpfungskonzeption sogar für den Buchstaben A und für alle folgenden auch? Interessant jedenfalls ist, daß in allen Mythologien der Stier den Platz eins einnimmt. Zu Zeiten, als es noch *keine* Buchstaben gab, dreißig-, fünfzig- oder hunderttausend Jahre vor der vergleichsweise jungen Schriftentwicklung, da zeichneten Höhlenmenschen den Stier in die

Mitte der Unterschlüpfe. Mit dem Stier begannen die Malereien in den Höhlen, die Darstellungen auf den Gefäßen, die mythischen Rituale. »Wie Leroi-Gourhan feststellt, läßt sich die besondere Rolle des Wisents in der paläolithischen Kunst daran ablesen, daß das Tier stets im Hauptbild im Zentrum einer Höhle auftaucht.«[1]

Der erste Buchstabe im Hebräischen, das A, dort Alef genannt, ist *nichts weiter als der Kopf des Stieres!* In der Tat sieht es auch in abstrakter Form so aus:

Dieses »A«, diese »Eins« nimmt exakt den Platz ein, wie die *»Eins«* in den Höhlen – beides verkörpert den Stier! Viele, viele Jahrtausende liegen dazwischen. Beim Stierkampf kämpft der Mann auf dem Pferd gegen dieses Tier. Der Stier steht dabei symbolisch für das Weibliche. Wie anders als durch das Bild eines Stierkopfes läßt sich die Weiblichkeit besser darstellen: Findet sich nicht der Kopf des Stieres abstrakt in der Form der weiblichen Geschlechtsorgane wieder?

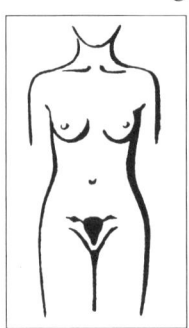

»In den Wandmalereien von Çatal Hüyük tritt die Symbolverbindung von Stier und Uterus deutlich zutage, vor allem in bislang unveröffentlichten Darstellungen von weiblichen Gestalten, in die Stierköpfe und -hörner geschickt eingebettet sind. ... Auf anthropomorphen Gefäßen befindet sich der Stierkopf genau dort, wo er seiner Symbolik nach hingehört – im Bereich des Unterleibs, wie bei einem Marmorgefäß von den Kykladeninseln.«[2]

Im Hebräischen bezeichnen die Buchstaben auch Zahlenverhältnisse. Der Buchstabe Alef (= A = Haupt des Rindes) formt sich aus 10/6/10, also zusammen 26. Der (unsagbare) Name Gottes in der Thora bildet die Zahlenreihenfolge 10/5/6/5, also auch zusammen 26. Die Reihenfolge von Geschlechtern ergibt ebenfalls genau 26!

Die Frau wird überall und zu allen Zeiten auf der Welt mit dem Mond in Zusammenhang gebracht. Bei vielen stimmt der Zeitpunkt der Menstruation mit der Mondphase überein, in vielen Sprachen heißt die Menstruationsphase der Frau auch »Mondzeit«. Die Frau wird durch den Stier symbolisiert. Der Stier ist das zentrale Zeichen in den Höhlen. Der Stier ist der Anfangsbuchstabe in allen unseren Alphabeten. Was anderes als eine Mondsichel trägt der Stier auf dem Kopf?

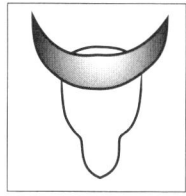

»Der Stier repräsentiert im Alten Europa keinen Gott, sondern er ist vor allem ein Symbol des Werdens, was auch seine Assoziation mit Lebenswasser, Mond, Ei und

Pflanze, also mit Symbolen der Erneuerung und des Werdens, erklärt.«3

Der Stier gilt in vielen Kulturen als das Symbol für Potenz, Entwicklung und Fruchtbarkeit. Der Stier ist Wachstum, Bewegung, Geburt, Sexualität. »Seine zentrale Stellung ergibt sich vermutlich aus der engen Verbindung zur Göttin, die sich möglicherweise damit erklären läßt, daß die Schwangerschaft einer Frau und die Trächtigkeit einer Wisentkuh übereinstimmend neun Monate dauert. ... Der Stier, der mit dem Uterus und den lebensspendenden Wassern identifiziert wurde, war das wichtigste Opfertier im Schöpfungskult.«4

»Der Bogen des Stiergehörns steht seit undenklichen Zeiten für die Sichel des Mondes, die rhythmisch wächst und abnimmt. Wer das Mondtier tötet, erlangt deshalb Macht über Geburt und Tod. Diese Symbolik steckt hinter dem Stierkampf.«5

Und unsere Kinder gehen in die Schule und lernen: A ist der erste Buchstabe im Alphabet: A aber ist Stier, ist Frau, ist Weiblichkeit, ist Sexualität, ist Wachstum, ist Entwicklung, ist Mond, ist Fruchtbarkeit, ist Gebären und Sterben, ist viel, viel mehr. Es ist das Geheimnis des Lebens überhaupt! Macht so das »A« als Anfangsbuchstabe nicht Sinn? Lernen das unsere Kinder? *Dieses A an erster Stelle war schon längst da, als noch niemand schreiben konnte! Ja, als noch niemand überhaupt im »Traum« daran dachte!* Das technische »A« ist ein winziges Ypsilon-Molekül einer gewaltigen mythologischen Schöpfungskonzeption! Und was ist mit den anderen Buchstaben? Auch die haben eine gleichbleibende Reihenfolge. Was ist das B, was das C? Was denn wissen wir? Was denn sehen wir? Was denn ahnen wir? Sprachen wir nicht davon, daß Worte ungeahnte Inhalte haben können? Hier fragten wir nach nur einem einzigen, kleinen Buchstaben – und allein darüber ein ganzes Buch zu schreiben stellt kein großes Problem dar! Und das ist keine »Erleuchtung aus dem Instantpaket«, das ist demütigstes Betrachten der Wunder aller Erscheinungen. Das bedeutet, sich der eigenen Winzigkeit bewußt werden, um das Große Stück für Stück zu erkennen, zu erahnen, zu erfühlen!

Der erste Buchstabe des hebräischen Alphabets Alef formt sich aus zwei Zehnern, die durch eine Sechs zusammengehalten werden – 10/6/10. Die Zehn gilt als die allesumfassende Zahl schlechthin, Pythagoras erbaute auf ihr sein gesamtes Weltbild, und da sie aus der Summe der ersten vier Zahlen entsteht (1+2+3+4 = 10) enthält sie eines der tiefsten mythologischen Geheimnisse. Die Sechs wiederum gilt als die vollkommene Zahl, ist sie doch sowohl die Summe als auch das Produkt ihrer Teile: 1+2+3 = 6 und 1 x 2 x 3 = 6. Wie schon zu Beginn dieses Ausfluges gesagt: Lassen Sie das alles einfach an sich vorbeirauschen, z. B. die Tatsache, daß die Sumerer ein Ziffernsystem sehr lange vor uns und mit großem Erfolg benutzten, das nur die zwei Zahlen kannte, die 10 und die 6! Hexagramm, Sexualität, Hexe, diese Worte beruhen auf der Zahl Sechs. Die Zahl Sechs im Hebräischen ist der Haken, bedeutet Verbindung. Am sechsten Tag der Schöpfungsgeschichte ist der Mensch erschaffen worden, am Freitag. (Warum essen wir ausgerechnet am Freitag Fisch?) Das Pferd im Hebräischen trägt die Buchstaben 60-6-60! Das Pferd gilt in vielen Mythologien als der Verbinder (Haken) von Himmel und Erde. Es ist der Verbinder!

Der erste Buchstabe ist Stier. Stier ist die Weiblichkeit schlechthin. Der erste Buchstabe ist die Frau. Der Stier ist wild, will bezwungen werden durch den Menschen. Muß das Weibliche bezwungen werden? Was muß dann bezwungen werden? Der Stier gilt in allen Kulturen als das Symbol für Potenz, Fruchtbarkeit, Entwicklung. Ein Zeichen im Buch der Wandlungen ist »die große Entwicklung«. Dort wird das Bild eines Stieres dargestellt. Die Entwicklung findet statt, wenn man der Wildheit des Stieres Einhalt gebietet. Erst wenn man die Hörner des Stieres entschärft, dann kann Entwicklung stattfinden, heißt es. Das Buch der Wandlungen hat sich geformt weit weg von den anderen Orten, die hier zitiert wurden. Nur dieses eine Mal kommt in dem ganzen Buch der Wandlungen der Begriff Stier als zeichenprägendes Element vor. Im Buch der Wandlungen gibt es 64 Zeichen. Dieses Zeichen vom Stier trägt die Nummer 26!

Nichts davon habe ich deshalb aufgeschrieben, damit Sie auch nur ein wenig davon behalten sollten, so Sie es nicht schon vorher kannten. Dieser kleine Streifzug soll helfen, unsere moderne Arroganz ad absurdum zu führen, die in dem Erscheinenden nur das von uns »Kontrollierbare«, Erkennbare, ja »Verkaufbare« gelten lassen will. Das eben Geschilderte, wie auch das von dem Hund, kann unendlich lange fortgesetzt werden, *und die Verbindungen sind immer unglaublicher, phantastischer!* Stier, Frau, Eins, 26 Geschlechter, Gottes Name zählt 26, Stierzeichen im I-Ging ist Nr. 26 – alles Zufall? Nein! Es ist ein Zipfel des gigantischen ewigen Wunders, das der Menschengeist niemals ganz durchdringen wird. Wie in einem lebendigen »Nebel« ist in der Schöpfungskonzeption alles vorhanden und steht in sinnvoller Beziehung miteinander. Und in den Urquellen und in der Diplomatie des Ursprungs liegt es für jeden bereit: das Geheimnis des Lebens. Man muß sich nur auf den Weg machen! Wir müssen weit zurück, um wenigstens einige der Grundgeheimnisse enträtseln und erfühlen zu können, auch jenes von Frau und Pferd. Doch ganz so bedeutungslos steht dieses Paar ja nun nicht mehr im Raum.

Kann denn jemand ein Lied wägen oder das Lachen eines Kindes in eine Tüte packen? Wir müssen das Schweigen der Materie durchdringen, um die Melodie des wirklichen Lebens zu hören, das Singen der Druiden. Ist der »mythische Mensch« tot, die mythische Zeit, das mythische Sein? Ganz sicher nicht! Die Mehrheit der Menschen hier ist tot, abgeschnitten von den Wurzeln des Lebendigen, ganz dem Rausch der Äußerlichkeiten verfallen und einer alle Grenzen übersteigenden Arroganz. Wer denn gibt sich einem Lauschen hin, welches dem Tun vorausgeht? Wer denn vernimmt und erfühlt die feine Melodie, die das Dasein hier schafft? Dieses Hören, dieses Singen, dieses Sein will neu gelernt werden. Und nur der Ursprung, nur die Wurzeln, nur die Quellen kennen den Weg. Und sie sind in der Welt, um ihn uns zu zeigen, jedem der danach fragt, jedem!

Unser kleiner Ausflug ins ja noch Bekannte, noch immer Greifbare führte uns zu so manchen Rätseln und zugleich zu einem bedeutenden Hinweis ob der Frage von Frau und Pferd, denn in der Erscheinung der Buchstaben *ist es zuerst die »Frau«, die genannt wird, nicht, wie in der Schöpfungsgeschichte, der Mann!* Dort erscheint zuerst Adam, dann Eva, hier aber erscheint zuerst die Frau! Allein in dieser Tatsache ist das Geheimnis der ganzen Welt begründet, wie wir noch sehen werden. Wie arrogant und klein sind wir Menschen! Zumindest wir, die wir uns »modern« nennen!

Zurück zu unserer »Hundegeschichte«. Hier die erweiterte Skizze: (Siehe Zeichnung 16)

Der »Buckel« in der Mitte der Skizze sei der reale

Zeichnung 16

Hund. Er erscheint oberhalb der Realitätsgrenze. Dort auch erscheint, an anderem Ort natürlich und vom realen Hund entfernt, die Geldkiste, und in unserer Skizze rechts neben dem »Buckel« erscheint der Hund auf dem Friedhof, der dämonenvertreibende Mythos. Die Punkte links und rechts berühren zwar nicht den erscheinenden Hund, aber die Herleitungen haben wir zuvor eindeutig mit dem Hund in Verbindung gebracht. Wie wäre nun folgender gedanklicher Ansatz: (Siehe Zeichnung 17)

Wenn die Idee »Hund« in Wirklichkeit als Schöpfungskonzeption schon viel tiefer unterhalb der »Realitätsgrenze« beginnen würde, unterhalb dessen also, was mit unseren Augen zu sehen ist, und wenn wir die Linien einfach verlängern, dann treffen sie an diesen Stellen den »Hund« als Ganzheit! Genau so, wie wir hinter dem »A« den Stier, die Weiblichkeit, den Mond etc. gefunden haben. Was ist, wenn auch die Schöpfungsidee Hund (Hüter der Materie, Verteidiger des Äußerlichen etc.) viel größer dimensioniert ist als der aus ihr erscheinende reale Hund? Das hieße: *Das Phänomen Hund ist im Unsichtba-*

Wie eine gigantische, unsichtbare Blase? 213

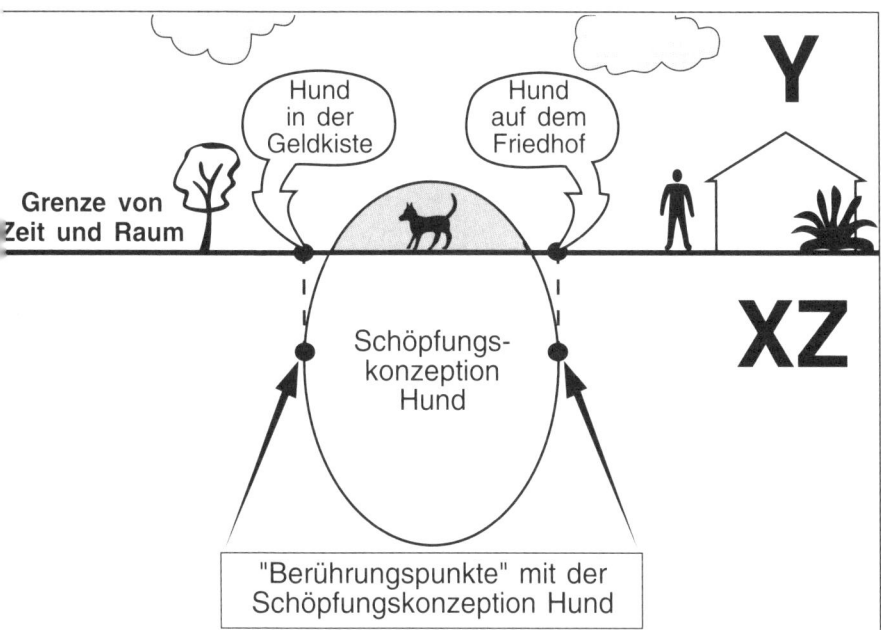

Zeichnung 17

ren unvergleichlich vielfältiger, als seine reale Erscheinung vermuten läßt!

Oberhalb der Realitätsgrenze finden wir wieder das Y. Darunter das XZ. Die »Hüter der Quellen« hatten es ja, wir erinnern uns, zuwege gebracht, diese Diffusionsgrenze zu »durchwandern«. Für sie also blieb die »Realitätsgrenze« nicht einfach am Y stehen. Sie konnten die Diffusionsgrenze verschieben, ja ganz auflösen. Wenn das ganze »Thema Hund« aber Y und XZ zusammen ist *und die Quellen vom Ganzen berichten, dann berichten sie mit ganz »normalen Worten« auch über das, was wir nicht als Realität erkennen. Für die Quellen ist doch die ganze »Blase« der Hund, ist die ganze »Blase« real!* Für die Hüter der Ganzheit und die

Quellen existiert die Grenze, die Diffusionsgrenze nicht. Wenn sie »Hund« sagen, kann damit ein tatsächlich vorhandener Vierbeiner gemeint sein, aber vielleicht auch ein Hund der Zukunft, oder ein niemals erscheinender, oder eben z. B. die materielle Einstellung des Menschen überhaupt. In der »Blase« ist das alles enthalten und noch viel, viel mehr – wovon die Urquellen erzählen, das sieht übertragen auf unsere Skizze so aus: (Siehe Zeichnung 18)

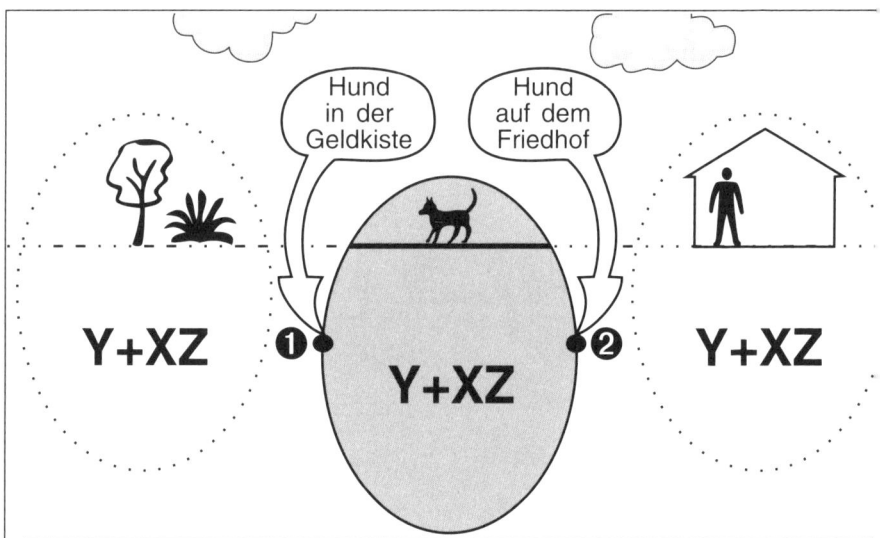

Zeichnung 18

Nun also zu unserer Geschichte: Dort heißt es, die Hunde werden allesamt getötet. Was geschieht in Wahrheit? Die Wächter des Materiellen werden getötet. *In*

Wahrheit wird das Verhaftetsein an der Materie getötet, der Irrtum, es gäbe nur das Sichtbare, Beweisbare, und sonst nichts. Das Vertreiben aller Wahrheiten aus anderen Welten, das wird getötet! Jener mythische Mensch, aus der Ferne kommend, »zwingt« die Menschen des Dorfes, ihr Verhaftetsein an der Nur-Realität aufzugeben. Das tötet er. Er tötet das »hündische« Klammern am Materiellen im Menschen. Für die Mythen existiert die Grenze von Zeit und Raum nicht. Die Mythen sprechen von Hunden, wo wir noch gar keine Hunde sehen! Und sie sprechen vom Töten, wo wir ebenfalls nichts dergleichen wahrnehmen. Die Mythen sprechen aus der Wahrheit, die wir nicht erkennen, weil wir nur bis zur Grenze sehen können, zur Grenze von Zeit und Raum. Das Kind, das dem Märchen lauscht, fühlt, daß nicht sieben reale Geißlein gefressen werden. Der spätere Film läßt hingegen existierende Tiere leibhaftig und blutig verenden, nur jetzt ist es zur schrecklichen Ypsilonrealität pervertiert.

Die Quellen zeigen ja immer nur das Ganze, für sie existiert die Trennung nicht. Auch Blut ist dann etwas anderes, nämlich das Innere aller Wesen, das, worin sie sich gleichen. Das Innere aller Wesen in der Schöpfungskonzeption aber ist die Seele. Darum soll der Mensch kein Blut zu sich nehmen, darum wird das Blut der Schlachttiere in den Urquellen auf dem Altar geopfert, dargebracht, weil es in der Ganzheit eben die Seele ist. Die Seele gehört der schöpfenden Macht, ihr wird sie zurückgegeben. Darum wird dem Schlachten, dem Töten in allen Urkulturen eine so große Bedeutung zugemessen, und darum ist dort auch das Ausbluten der Tiere so bedeutsam. Wir haben das alles verlernt. Uns hat man es ausgetrieben, allem in der Welt, wie wir sie sehen, intuitiv und erkennend eine Bedeutung zuzumessen. Wir müssen erst wieder lernen, dem Leben zu lauschen wie die Kinder einem Märchen.

Das Kind und das »Wieder-Kind« läßt auch unsere Geschichte da wirken, wo es eben die Grenze nicht gibt. Das Kind und das »Wieder-Kind« würden niemals ob der »Vorbilder« der Erzählung einen Hund töten oder auf die Idee kommen, unsere vierbeinigen, bellenden Freunde hätten unmittelbar etwas mit dieser »Gesamtverhaltensstruktur« zu tun. Das dem Märchen lauschende Kind kennt jene Grenze nicht, ebenso wie auch der Hüter der Ganzheit sie nicht kennt. Erst die, die in der »Nur-Realität« leben, nur in der einen Seite, die verüben das Desaster, erst die, die auch den Worten der Quellen das »Nur-Reale« zuordnen. Jetzt werden wirklich Hunde getötet, Frauen, Hexen und »Heiden«. Jetzt wird sicher deutlich, warum ich in der Vorbereitung so sehr darauf bestanden habe, daß das Ypsilon so bleibt, wie es ist. Der Hund in meiner Sage ist eben *kein Symbol, ist keine Allegorie! Das macht das tiefe Verstehen so schwer. Der Hund ist der Hund. Der Mann tötete wirklich Hunde, nämlich ganz bestimmte Erscheinungsformen der Schöpfungsidee »Hund«:* Das starke, aggressive Verhaftetsein am Normativen, am Nur-Realen, am Materiellen, am Naturgesetzlichen. Auch das ist »Hund«. Die »Mutter« der Römer war der Sage nach eine Wölfin. Die realen Römer überfielen »wölfisch« die Welt und zwangen sie unerbittlich in ihr »Wolfsrudel-System« der totalitären Hierarchie mit eben all ihren rigiden sozialen (Frauen verachtenden, Pferde benutzenden) Strukturen. Wenn wir dem durch dieses einfache Beispiel angedeuteten Verstehen der Welt alle Grenzen der Vorstellung nehmen – *wirklich alle* –, dann gelangen wir z. B. zu den wahren Bedeutungen der Worte des Alten Testaments. Dann gelangen wir zu den Bedeutungen der Urquellen.

Die Ureinwohner Australiens nennen das und vieles mehr »Traumwelt«. Für sie ist unterhalb der sichtbaren Welt ein brodelndes Meer mit allem, was noch kommen kann. Jeder Gedanke könnte eine Realität werden, alles ist schon da. Nur das wenigste erreicht davon die Grenze, die wir dann als Geburt erfahren, als »Wirklichkeit-Werden«.

»Der Ablauf der Traumzeit-Schöpfung gleicht der einfachen Tätigkeit des Brotbackens. Als erstes besteht in einem energiegeladenen Bewußtseinszustand nur ein innerer Wunsch, ein Hunger, ein Bedürfnis nach einem köstlichen Bissen. Der Wunsch kommt vor dem Brot, genau wie der Feuerstein-Traum im Gestein anwesend ist, bevor der Feuerstein zur Welt kommt. Im bewußten Tun werden dann in der materiellen Welt die Zutaten gesammelt, die denjenigen im Traum entsprechen. Beim Vermischen und Verarbeiten der Zutaten wird der Traum vom Brot gegenständlich. Wird das Brot gegessen, wird der Traum verschlungen; er wird wieder verinnerlicht und unsichtbar. Der Traum vom Brot ist gleichsam zu einer Erinnerung verdaut worden.«[6]

»Die Aborigines sagen denn auch, daß in der Traumzeit-Schöpfung die Welt ins Leben ›gesungen‹ wurde... Mit ihren täglichen rituellen Tänzen und Liedern feiern die Aborigines die Bewegung vom Subjektiven zum Gegenständlichen, durch die die Welt geschaffen wurde. Diese Auffassung bestimmt jeden Aspekt des täglichen Lebens. Auch heute noch bleibt ein Aborigine in der Nacht vor der Jagd wach und beobachtet seine schlafenden Hunde. Wenn ein Hund im Traum zuckt und knurrt, zeigt das dem Wachenden an, daß dieses Tier davon träumt, wie es die Beute faßt, und deshalb wird er diesen Hund am nächsten Morgen als Jagdgefährten wählen. Bei einigen Aboriginal-Stämmen geht eine Frau oder ein

Mann nach dem Erwachen als erstes allein in den Busch oder an die Küste und schafft nach den Träumen der vergangenen Nacht ein Lied. Die Tiere und Vögel, so glauben die Aborigines, hören den gesungenen Traum und erkennen, daß die singende Person mit der inneren Welt in Verbindung steht. Das Träumen wird auf jedes Detail der Schöpfung ausgedehnt.«[7]

Das alles aber ist nur durch die Quellen zu »verstehen«, zu begreifen, sonst verhaftet der Mensch in der »Nur-Realität« oder im Symbol oder in der Allegorie oder in der Spekulation. Das Erleben der australischen Ureinwohner kann und konnte ich persönlich nicht unmittelbar als ersten Schritt nachvollziehen, ebenso wie das Verstehen des Buches der Wandlungen oder des Tao-te-king. Für die Aborigines ist der Ort einer Handlung extrem bedeutsam. Eine ganz bestimmte Handlung kann sich so eben nur an diesem einen Ort ereignen. Bei uns hat sich das unsrige ereignet. Und mir, als real existierendem Wesen hier, bleibt nur, das erst einmal als gegebene Realität zu akzeptieren. So wird das Vorgefundene zu dem meinen. Hier existieren bestimmte Worte, Phrasen, Zeichen und Geschichten. Dem darf ich mich nicht entziehen. Ich glaube nicht an eine bloße Flucht zu Urquellen meiner Wahl, ich glaube an die Interaktion, an den bewußten Austausch. Und für den bedarf es eines Bewußtseins der Orte und der Zusammenhänge hier. Und wer will, findet überall einen Einstieg, beispielsweise in dem Buchstaben A. Der existiert nicht bei den Ur-Indianern und bei den Ur-Aborigines! *Jetzt schon und jetzt kann ich ihnen sagen, warum der erste Buchstabe ihrer neuen Sprache mit A beginnt – und der Austausch hat einen Anfang. Die Diplomatie des Ursprungs beginnt!*

So sind alle Erscheinungen auf der ganzen Welt, an

jedem Ort, hier wie dort, Zeichen, die wie eine »kleine Notiz« von einem zehn- oder hundertbändigen Werk ihre Nase aus dem Boden stecken, als der wirklich allerkleinste Teil. Aber es braucht eine sichere Führung, damit mehr und mehr der Blick und das Fühlen geöffnet werden, um schließlich sagen zu können: Ich erkenne, ich fühle, ich bin! Nun erst beginnen alle wirklichen Fragen, denn nun wird hoffentlich deutlich, daß die wenigen realen Worte ein Universum an *anderer* Realität hinter sich bergen. Ein Faß ohne Boden. Ich sagte es schon: Was alles lernen wir in den Schulen, und was alles könnten wir lernen?

Unsere zusammengesteckte Sage hat noch viele solcher Wahrheiten parat. Die Menschen sterben in den Fluten – das werde ich im nächsten Abschnitt an dem Beispiel einer wirklichen Überlieferung erläutern. Der Mann trug kein Untergewand. Das Gewand war von brauner Farbe. Er wollte lieber sterben, als daß ihm diese Menschen helfen sollten. Er schmierte das Blut an die weißen Wände. Einiges von dem wird uns noch begegnen in den kommenden Erklärungen, vieles aber bleibt unerwähnt, drängt es mich doch, zu unseren Hauptwahrheiten vorzudringen. Die eigentliche, ungeheuer reiche, wirkliche Welt öffnet ihre Pforten, und sie laden jeden ein, einzutreten! Erst das Erkennen um dieses läßt den Menschen neu geboren werden. Mit dem ersten Erkennen dieser Diffusionsgrenze, mit dem ersten Wahrnehmen dieser anderen, aber existenten Wahrheit zeigt sich die Welt wirklich. Hier ist eine Dimension, in der wir tagtäglich leben, ohne es gewahr zu sein. Aber sie ist, und wir sind in ihr. Und erst hier können wir wirklich Antworten finden. Alles andere ist nur tragische Spielerei von Menschen, die zwar alt werden, aber niemals reif.

Warum ist König David der siebte König, und warum

ließ er immer wieder Gnade vor Recht ergehen und verschonte den ihn mit seinem Neid verfolgenden König Saul, den König der Sechs? Warum sollte nicht er das Gotteshaus bauen, sondern erst sein Sohn, der König der Acht? Warum war der König der Weisheit, König Salomo, der achte König, und warum sagen wir »Achtung« und »Hab acht«? Und warum ist die liegende Acht dann das Zeichen für Unendlich, und warum besaß nur dieser König, König Salomo, viertausend Pferde und tausend Frauen? *Warum also war er der König der Pferde und der Frauen?* Der, der das Gotteshaus erbaute, nachdem sein Vater es »erträumt« und das »Material gesammelt« hatte? Die Ströme fließen ins Meer!

Das Verhalten des Mongolen unterschied sich extrem von dem des »Gemeinen«. Der Grund war, daß der eine nur das Offensichtliche (Y) wahrnahm, der andere aber das Ganze (YXZ). Daraus folgerten wir, daß das Verborgene (XZ) eine bedeutsamere Information enthält als nur das Y allein. Nun können wir noch mehr sagen: Daß nämlich der Blick hinein in XZ so etwas ist wie der Blick hinein in die Schöpfungskonzeption. Ein Blick hinein in das, was sein kann, was sein soll, was in Wahrheit schöpfend dahinter schwingt! Könnte es eine größere Kraftquelle für ein Erkennen und ein Handeln geben? Eine größere Sicherheit und Freude, zu verstehen? Würde ein Pferdemensch nicht nur diese kleine Spitze, den »Vierbeiner Pferd«, sehen, sondern zumindest auch einen Teil der Schöpfungskonzeption dieses Wesens, würde er dann nicht sofort erkennen, wohin das Pferd durch äußere Gewalt von der eigentlichen »Blase« darunter verschoben wurde? Und an welche verborgene Zerrissenheit er sich ankoppelt, indem er Gewalt ausübt? Der Körper eines bewußten Naturmenschen »weiß«, und er tut, und im

Tun beobachtet er und staunt und fühlt und begreift etwas vom Ganzen. Bewegteste Ruhe, aktivstes Nichts, das Größte hat im Kleinsten Platz.

Unser Mythos berichtet also von zweierlei: Von der Ganzheit des Hundes, von seiner ursprünglichen Schöpfungskonzeption (der ganzen »Blase«) und zugleich von daraus ableitbaren Erkenntnissen. Hier haben wir wieder die zwei Ebenen, die uns in den Kapiteln zuvor schon begegnet sind: Die erste Ebene ist die, sich dafür zu öffnen, daß hier nun wirklich nicht die erscheinenden Hunde gemeint sind, die leiden. Die Sage fordert uns schärfstens auf, mit unserem ganzen fühlenden Erkennen, mit unserem ganzen Sein in das Innere, in die Wahrheit, in die Schöpfungskonzeption einzudringen. Sie will, daß wir die Abstrusität der äußeren Worte schnell verlassen, um im fragenden Erleben zu dieser anderen Welt Zugang zu suchen. Dann kann es gelingen, in der Fülle der Überlieferungen immer weiter diese seltsame Sprache zu erfahren, zu leben, zu erleben. Und jeder reale Hund ist dann im Zuge dieses Erkennens viel mehr, schwingt doch das Ganze immer mit. Er muß, wie wir noch sehen werden, die Katze jagen. Wir sind in den allerersten, winzigsten Anfängen. Aber schon jetzt mag deutlich werden, wie sich plötzlich Realität in ganz anderen Zusammenhängen offenbart. Das Schöpfungsprinzip Hund erschöpft sich nicht mit dem Schaffen des realen Hundes. Und ich erkenne z. B. auch die unterschiedlichsten Aspekte vom »Hundsein« in mir, und ich kann mich fragen, was davon ist zu dulden und was davon ist zu töten. Und schon jetzt treffen wir auf ein anderes, gewaltiges Merkmal der Quellen, die unverstanden ins Chaos führen: Habe ich schädliche Ausformungen der Schöpfungsidee Hund in mir entwickelt, dann muß ich dies in der Folge radikal ablegen, *ich muß es töten!* Darum sprechen die Quellen so viel vom Töten, und so oft heißt es, »daß nicht einer am Leben blieb«. Denn lasse ich auch nur etwas Winziges von dem Unerwünschten in mir am Leben, dann ist das der gefährliche Nährboden für neues Übel. »Sei mit dir radikal«, »töte in dir radikal das, was du mit den Quellen, durch die Quellen als das nicht Förderliche in dir erkannt hast.« Das ist oft sehr schmerzlich, jedoch: Eine andere, riesige, helfende Welt öffnet sich. Und wir erkennen, daß in dem »Nur-Benutzen« der Quellen, in dem Pervertieren der Worte zugleich der Untergang dieser Welt mit eingegraben ist.

Der Mann in der Sage *läßt nicht einen Hund am Leben.* Das hündische Klammern am Materiellen soll im Menschen *ganz und gar ausgerottet werden.* Und natürlich überleben die, die diesem hündischen Aspekt nicht nachtrauern. Diejenigen, die weinen, weil sie nur die eine Seite sehen, weil sie ihr Verhaftetsein an der »Nur-Realität«, am Ypsilon, in Frage gestellt sehen, die sich zurücksehnen zu den alten Verhaltensweisen, zu jenen gleichgültigen Zeiten, als man noch mit den Wölfen heulte, die werden zum Schluß vom Wasser getötet. Die anderen erkennen, und im Erkennen des Großen, hier ausgedrückt durch das Erkennen der Gefahr, die in der Anwesenheit der Hunde zum Ausdruck kommt, liegt wiederum nur der Wunsch, auch alle anderen mögen erkennen, mögen das Große erleben, und so schließen sich die, die nicht trauern, dem Mann im braunen Gewand an. So lösen sich zumindest die ersten Bilder unseres »Märchens« auf. Und wir erfreuen uns mit den realen Hunden dieser Welt, die wir jetzt womöglich schon ein klein wenig mit anderen Augen betrachten. Wieder etwas mehr wie ein Wunder, das den Durchbruch in die Realität vollzog: lebendige Zeugen phantastisch geschaffener Wirklichkeit.

VON DER ANGST UND DEN FÜNF STEINEN

Das alles macht auch angst. Und bevor wir weiterziehen auf unserem Weg zu den Urrätseln, will ich das Phänomen Angst von einer ersten, etwas entfernteren Warte aus beleuchten. Man kann nicht langsam und vorsichtig genug mit alledem umgehen, und darum verweise ich immer wieder auf die Grundlagen, auf die Quellen. Und der Sinn dieses Buches hat sich da erfüllt, wo eine erste Erkenntnis möglich wird, die um das Vorhandensein der Wege, vor dem alles umspannenden Hintergrund unseres Themas »Frau und Pferd«. Dieses hat sich ausgedehnt, hat Raum und Zeit eingeschlossen und vieles in sich aufgesogen. Nun geht es darum, alles zu verbinden, zu bündeln, zu einem solchen Strang zu vereinen, daß man sich an ihm festhalten kann, und zwar gerade dann, wenn die Stürme wehen, wenn alles durcheinanderzupurzeln scheint, wenn es nichts mehr zu sehen gibt als ein dunkles Loch. Nur ein solches Seil macht Sinn, gibt Kraft, läßt hoffen; ein Seil, von dem ich weiß, daß es niemals reißt, wenn ich es nur festhalte. Und wenn das Chaos tobt, alles brodelt und spritzt und durcheinanderschreit und keiner mehr weiß, wohin, dann rüttelt es auch an diesem Seil, es schwingt und zieht und zerrt und will nur eines, raus aus dem Chaos. Und dann heißt es: Ja nicht loslassen! Deutlich zeigt sich uns das Ganze, aber davon allein beruhigt sich das Pferd nicht, und nicht das Leben! Nach dem Erkennen kommt das Handeln. Das aber fordert die Konfrontation mit dem Drachen. Erst dahinter wartet die Prinzessin auf den Prinzen. Aber traue ich dem Seil? Ist mein Urvertrauen groß genug? Nein, die Erkenntnis ist noch längst nicht alles, sie ist erst der Anfang – richtig: Der Anfang von der Überwindung der Angst!

Die Urquellen, sie alle rund um den Erdball, sind der Weg zum Urvertrauen. Ist das der Grund, warum die Urquellen nicht gleich mit dem Ganzen heraussprudeln, sondern so viel verbergen? Muß ich mich durch die größte Angst, durch die größte Skepsis erst hindurchbeißen, um zum Vertrauen zu gelangen? Vor einigen Jahren, ich war etwa 35 Jahre alt, erschien bei einem deutschen Fernsehsender ein Bericht über meine Arbeit. Die Bilder zeigten mich in der Konfrontation mit einem Bretonen (einem Pferd von etwa 1000 Kilogramm Lebendgewicht) auf dem Gelände des Spanischen Militärgestüts in Barcelona. Die bratpfannengroßen Hufe zielten immer wieder auf meinen Kopf und krachten dann mit einer solchen Wucht auf den harten, staubigen Platz, daß es keiner blühenden Phantasie bedurfte, um sich auszumalen, was geschehen würde, wenn einer dieser Hufe sein Ziel treffen würde. Etliche Angehörige meiner Familie sahen mich in diesem Bericht seit zwei Jahrzehnten zum ersten Mal wieder. Sie konnten vor allem nicht glauben, daß jener schmächtige, immer ängstliche, immer schutzsuchende Knabe von einst sich heute solchen Gefahren stellt. »Falsch gedacht!« sagte ich, als ich sie dann – wieder um Jahre später – besuchte. »Das Ängstliche und Schutzsuchende ganz allein erlaubt es mir, mich dem zu stellen.«

Der kleine David, der kleinste aller Brüder, der schwächlichste, stellt sich dem Goliath, jenem Riesen, dem auch mit der größten Muskelkraft nicht beizukommen ist. Nur die Angst sagt einem, daß es alleine nicht zu schaffen ist. Daraus kann dann der Mut erwachsen, das Offensichtliche zu durchbrechen und zu vertrauen. Der

»Starke«, der Dumme, der verläßt sich ausschließlich auf sich selber und wird gebrochen, früher oder später. Der Kleine, der Fröhliche, der Lebendige, der das Leben Liebende, der Singende, der Tanzende, der versteckt sich vor dem Löwen und er schaut, und versteckt sich erneut und schaut, bis er sich nicht mehr verstecken kann. Er weiß um seine Schwäche, um seine große Angst, aber auch um das Leben, um die wunderbare Schönheit. Und er weiß um das Leid, um die Gefahren. Und weil er immer geschaut hat und gehört, hört er dann auch plötzlich den Schrei der anderen, das Klagen in der Welt. Und weil er immer gelacht und gesungen und seine Kindlichkeit bewahrt hat, darum dringen diese Klagen jetzt tief in sein Herz. Er kann nicht weglaufen, nicht fliehen, er muß sich dem stellen. Das Harte, das Feste, das Grobe, das kann sich auch dann noch leicht abwenden, aber das Weiche, das Dünnhäutige? Und so steht er zitternd hinter dem Baum oder hinter den Schafen, und dann kommt der Ruf: »Du David, dich Mensch rufe ich – du hast dir etwas bewahrt. Das, was in dir König ist, das rufe ich – ich rufe das Kleine, das Ängstliche, das Schüchterne. Denn nur das kann sich überwinden. Denn nur das weiß, wie schwach alles Äußere ist, wie schwach die Ypsilons der Welt sind. Such dir die Steine, die fünf (die Hand), denn nur mit ihnen kannst du durchdringen, kannst du siegen. Nicht mit dem Schwert, nicht mit Armeen, nicht mit der Macht des Außen, mit fünf kleinen Steinen. Und mit dem ersten schon siegst du!«

All diese Geschichten wenden sich an die Ängstlichen, an die Schwachen, an die Kleinen, an die, die nicht wissen, die immer fragen, die sich verstecken und die doch ahnen, daß sie sich nicht immer verstecken können. Die den Ruf hören, mitten im Kampfgetümmel der Welt, und die wissen, daß sie doch nicht weglaufen können, nicht weglaufen wollen, und die wissen, daß sie diese verfluchte Angst überwinden müssen. Die wissen, daß einfach kein Weg daran vorbeiführt.

»Ich kann das nicht, ich habe zuviel Angst«, sagt da einer? Nein, man kann gar nicht genug Angst haben, sagen die Quellen, denn diese Angst ist ja nur die eine Seite der Medaille, und ist die riesig, dann ist es auch die andere! Je größer die Angst, um so gigantischer das Überwinden. Nur die Angst läßt ja überwinden. Die Großen, die Schlauen, die haben wir hinter uns gelassen, die, die alles wissen. Hier öffnet sich ein Reich für die anderen, die ahnen, daß nur das Vertrauen auf etwas ganz anderes, etwas viel Größeres in alledem noch Halt bieten kann.

So ihr nicht werdet wie die Kinder. Wir wollen nicht kindlich bleiben, im Gegenteil ganz erwachsen werden, um dann zu der Einfachheit des Kindes zurückzufinden. David ist der König, nicht weil er Außerordentliches geleistet hat oder weil er schlau ist oder weil er Erfolg hatte. Er ist der König, weil er vertraut. Er verlangt keinen doppelten Boden, keine Netze, die ihn halten. Er sucht die Fünf. Diese Zahl bedeutet auf der ganzen Welt, in allen Mythologien die Verbindung von Y mit XZ. Y ist die Vier und XZ ist die Eins. Zusammen eben ergeben sie die Hand. Das hebräische Wort für Gott fängt mit »Hand« an. Darum haben die Himmelsstürmer von Babel keinen Daumen, sie haben nur vier Finger, keine ganze Hand, sie haben nur das Ypsilon. Und das schafft eben das totale Chaos, die alles beherrschende Verwirrung.

David sucht fünf Steine, sucht das Ganze, sucht YXZ. Aber mit einem Stein trifft er. Mit der Eins. Mit dem Geheimnis, mit dem, was wir XZ genannt haben. David erschlägt das, was eigentlich durch niemanden zu erschlagen ist, einzig mit der Eins, mit dem Geheimnis der Quellen, mit XZ. Das Unmögliche gelingt nur durch dieses Geheimnis. Und hast du es in der Hand, dann bist du nackt. Dann hast du nichts, keine Schwerter, keine Armee, keine Versicherung, keine Altersversorgung. Nichts. Nur du bist da und vor dir ist der Goliath. Und du kannst dich nur auf eines stützen, auf diese Eins, auf diesen einen Stein, auf das Geheimnis von XZ. Aber dieser kleine Stein, soll der treffen? Ich zittere ja am ganzen Körper, ich will weg, nur weg, die Angst überwältigt mich. Was, wenn der Huf trifft? Aber du weißt, wie oft du weggelaufen bist. Immer und immer wieder. Irgendwann hörst du auf zu zittern, irgendwann ist es durchbrochen, irgendwann bleibst du stehen vor diesem Schatten, der dir die Luft nimmt zum Atmen, der dich erdrückt. Alles hast du versucht. Er, David der Kleine bleibt stehen und er tut das einzige, was ihm bleibt: Er vertraut. Er lacht ihn an, den Riesen, denn er vertraut darauf, daß das, was er in den Händen hält, viel gewaltiger ist als alles Erscheinende auf der Welt. Aber das natürlich braucht er – denn hat er das nicht, diesen einen Stein, dann nützt das mutigste Stehenbleiben nichts. Und er brüllt und er lacht und er lebt und er freut sich und er spürt die gewaltige Kraft, die sich in ihm zeigt, ihm offenbart, die Kraft des Vertrauens. Ja, es kann, es soll, es wird gelingen, und er schleudert ihn, er wirft alles, was er hat, das Unscheinbarste auf der Welt, das, worüber alle hinwegtreten, was sie alle achtlos liegenlassen, das schleudert er, der kleine David, der kleine Schafhirte, dem Schatten entgegen, und der Riese fällt, er ist nicht mehr. Das Geheimnis hat gesiegt, und mit dieser Erfahrung ist es vollbracht. Es hat gesiegt. Das Vertrauen ins Leben.

Frau und Pferd sind die tragenden Metaphern der

Quellen. Die Quellen bergen das gewaltige Geheimnis, den »Stein des David«. Das Geheimnis lehrt uns, unser Leben zu leben und ein Leben mit dem Geheimnis schützt »Frau und Pferd«, Welt und Leben – der Kreis schließt sich. Dringen wir ein in diesen Kreis. Suchen wir den Stein des David, werden wir Teil dieses gigantischen Daseins, um dann Anfangs- und Endpunkt, »Frau und Pferd« miteinander zu verbinden, ihr tiefes Geheimnis zu enträtseln. Denn dann erst beginnt der wirkliche Weg.

BUCHSTABE, MYTHOS, WORT

Wir fragten, ob die Überlieferungen der Urquellen, Sagen und Mythen dann womöglich zugänglicher werden, wenn man allem Erscheinenden so etwas wie eine Schöpfungskonzeption zugrunde legt. Geht man jedenfalls einmal davon aus (wir stellten uns eine »Blase« vor), dann machen ganz bestimmte Verknüpfungen tatsächlich Sinn. An einer einfachen, selbstgebastelten Sage und an dem ersten Buchstaben des Alphabets konnten wir das recht deutlich darstellen. Wagen wir nun den nächsten Schritt. Was geschieht, wenn wir jetzt nach einer solchen »unsichtbaren Basis« forschen ob des Paares Frau und Pferd? Gelangen wir dann zu wirklichen Antworten? Das tun wir ganz sicher. Dabei geht es uns ja nicht nur um diese unsichtbare Basis, sondern vor allem um die vielen Verknüpfungen in Zeit und Raum, mit denen das Unsichtbare in unseren Alltag hineingreift. Und uns geht es ja auch um das Verhältnis von Wort zu Mythos, vom Mythos zur Realität und von Realität zu Traumwelt etc., etc.

Als die Menschen noch Zugang zu den unsichtbaren Lebenswurzeln aller Dinge hatten, sahen sie nicht nur das Offensichtliche, das Äußere. Sie lebten und erlebten »Innen« und »Außen« zugleich! Sie sahen (und sehen auch heute, wenn es sie noch gibt) in allem, im Hund, in der Katze, im Adler, in seinen Federn, in der Schlange und der ganzen Schöpfung zugleich das Ganze, die Zusammenhänge. Wenn dies auch uns möglich wäre – kann man sich vorstellen, wie reich die Welt dann wäre und was jeder Augenblick offenbaren könnte an Reichtum, an Wahrheit, an Weisheit und Lebendigsein? Können wir uns vorstellen, wie wir dann lebten, in welchen Dimensionen, mit welchem Feuer und mit welcher Intensität?

In Wahrheit ist überhaupt kein Leben, ja nicht eine einzige Handlung denkbar, ohne daß weitreichende Zusammenhänge unsichtbar mitwirken. Auch wenn die Diffusionsgrenze zwischen Äußerlichem und Verborgenem komplett verkrustet ist und undurchdringbar erscheint, so führt das natürlich nicht zur Abspaltung, sondern nur zum Nichtverstehen. Dennoch bleiben die geheimen Kräfteströme ja wirksam, und das macht uns moderne, »aufgeklärte« Wesen zum Spielball der schicksalhaften, nicht mehr wahrgenommenen Verknüpfungen und ihrer Kräfte. So planen wir und planen wir und glauben doch, »des Schicksals sinnlos' Walten« sei am Werk. In Wahrheit ist aber alles sinnvoll, passend und schön. Wir können nun diese Zusammenhänge einfach weiter verleugnen oder aber die Restspuren menschlichen Erkennens zusammenklauben und den Rückweg antreten. So undurchdringlich er auch erscheint, bleibt er doch so lange passierbar, solange es menschliches Leben gibt! Das XZ ist womöglich ins vollkommen Unkenntliche abgesunken, aber seine Existenz leuchtet schon aus den einfachsten Betrachtungen heraus. Die Zeit ist in Wahrheit zeitlos, das Dasein ohne veränderlichen Raum. Wir hier leben offensichtlich in einem Kerker namens Illusion, wir, die wir das Erscheinende partout von dem Wesen, von XZ, von dem unbekannten Ganzen zu lösen trachten. Als eines der größten Wunder erscheint mir die Tatsache, daß das Leben in den Formen, wie wir es kennen, dennoch möglich bleibt und daß das Erfahren des anderen, glaubt man den Urquellen und den Menschen der natürlichen Ordnungen, schon mit der Bewegung der Umkehr erfahren wird. Und mein weniges Dazutun mag es sein, deutlicher darauf zu verweisen, daß man sich am besten und am schnellsten genau dort umdrehen kann, wo man gerade steht. Es ist ja alles da, wir müssen es nur wieder neu zusammenfügen.

Ich bin mir im klaren darüber, daß all dies jetzt großes Unbehagen bei Ihnen auslösen kann. Doch um wirklich die Grenzen überschreiten zu können, müssen wir ganz genau hinsehen und dürfen vor dem Unbehaglichen nicht zurückweichen. Mit Hilfe von »Frau und Pferd« wollen wir jetzt zu den Urrätseln der Welt vordringen, und ohne daß wir bislang auch nur eine einzige geheime Tür wirklich geöffnet haben, vibrieren sie, wie ich finde, schon spürbar unter der Oberfläche. Das Geheimnis ist im Offenbaren, im Sichtbaren. Man muß nur genau hinschauen. Und lüften wir so manches der Geheimnisse von »Frau und Pferd«, so viel wird schon jetzt deutlich, dann zeigt sich etliches dieser Welt und dieser Zeit in einem anderen Licht. Wahrhaftig steigen wir ein in die Welt der Visionen und der Träume und müssen womöglich erkennen, daß es etwas ganz anderes ist, als viele vermuten. Es ist unmittelbar mit uns! Und zwar immer!

Gestern saß ich mit einer Gruppe von Kursteilnehmern in dem kleinen Reitzelt vor meinem Haus. Wir versuchten der Frage nachzuspüren, wie denn wohl ein Pferd uns Menschen wahrnehmen mag. Die unterschiedlichsten Übungen führten die Teilnehmer ein in die Art und Weise dieses Sehens. Am Nachmittag dann berichteten sie vor der Gruppe ihre Eindrücke, die ebenso phantastisch wie interessant waren. Karin aus der Schweiz hörte aufmerksam den Berichten zu, aber ich bemerkte auch etwas

Fragendes, ja Trauriges in ihrem Blick. Sie erzählte: »Als ich überlegte, wie denn wohl ein Pferd mich wahrnehmen würde, kam mir eine weite, wunderschöne Landschaft in den Sinn. Mitten hindurch lief eine Autobahn. Nach einer Weile erschien in dieser Landschaft ein Pferd. Doch kaum daß es mich wahrgenommen hatte, galoppierte es auch schon davon.« Karin war darüber sehr erstaunt, verwirrt, ja sogar bedrückt. Vieles macht uns traurig, unsicher oder mutlos, wenn wir es nur von außen wahrnehmen, nur nach seiner äußerlichen Erscheinungsform beurteilen. Im vordergründigen Wortsinne ist eine Autobahn wohl häßlich, besonders dann, wenn sie auch noch eine schöne Landschaft verschandelt. Aber sie ist doch auch ein moderner Archetypus für Bewegung! Etwas bewegt sich oder soll sich bewegen, soll der Starre entfliehen, will in die Weite deuten. Der Weg für diese kommende Bewegung ist bereitet. Die Bewegung, die Veränderung kann vollzogen werden. Innen oder Außen. Das Pferd ist auch, wie wir noch sehen werden, *das* Symbol für den Umgang mit Geist und Materie! Flieht das Pferd in Karins Bild, so kann das auch heißen, daß eine Bewegung angelegt ist in der Tiefe des Bewußtseins, die von dem Vordergründigen, dem »Häßlichen« der äußeren Umstände wegführen kann. Karin erkannte jetzt, daß dieses Bild in der Tat viel mit ihrer augenblicklichen Situation zu tun hatte. Eine andere »Blase«, ein anderer Traum wurde für einen Augenblick in ihren Gedanken Realität. Und er verband auf seine Weise so manches, was bis dahin in ihrem Bewußtsein getrennt war. So ist jeder Traum immer auch ein Teil des Ganzen. Kommen wir jetzt zu den Erscheinungen, mit denen das »Ganze« in kristallinster Form durchbricht. Kommen wir jetzt zu den großen Träumen der Menschheit.

Wir sind gemeinsam ein gutes Stück des Weges gegangen: Die wirklichen Urquellen warten. Kommt mit der Schöpfungskonzeption der Traum und mit beiden das Wort? Sind Traum und Wort dasselbe? »Am Anfang war das Wort«, sagen die einen, am »Anfang war der Traum«, die anderen. Ist da wirklich ein Unterschied?

DIE BEFREIUNG

Wenn ein Wort, ein Buchstabe, jede Erscheinung tatsächlich mehr ist als seine äußerliche Ausdrucksform, dann sollte das Wort einer Urquelle doch gleich zweierlei vermuten lassen: Tiefe, und in dieser Tiefe wirkliche Erkenntnis. Danach wollen wir jetzt fragen: Was ist das grundsätzliche Prinzip von XZ hinter den Worten einer Urquelle, und was für erste Erkenntnisse lassen sich daraus ableiten? Was denn erzählen uns die Urquellen in Wahrheit von dem Wesen Pferd und in Wahrheit von »der Frau«? Und mit alledem dann können wir gut gerüstet in das letzte Kapitel dieses Buches hineinschreiten und mutig nach den Konsequenzen Ausschau halten und die Früchte dieses behutsamen Forschens einsammeln: gut abgestützte Antworten auf all unsere Fragen! Nun aber kommen wir zum ersten, echten Durchdringen der Diffusionsgrenze hinein in die Tiefe einer Urquelle.

Immer wieder auch in diesem Buch ist von Verletzlichkeit die Rede, von Angst. Menschsein heißt, sich mit vielen Formen der Angst zu konfrontieren. Angst ist leider sehr häufig der bedeutsamste Impulsgeber für unser Handeln: Angst vor dem Versagen, vor dem, was andere denken oder nicht denken, Angst vor der Zukunft, Angst aufzufallen, Angst, nicht aufzufallen, Angst vor der Höhe, vor der Niedrigkeit, Angst vor der Liebe, Angst, nicht geliebt zu werden. Die gewöhnliche Reaktion auf Angst ist das Streben nach mehr Macht. Wenn wir einer Sache mächtig sind, macht sie uns keine Angst mehr – so die

Die Befreiung

einfache, oft auch nur unbewußte Annahme. Immer wieder müssen wir uns mit den Phänomenen der Angst und der Macht auseinandersetzen. Wie jener David gegenüber dem Goliath. Ungezählte Romane, Sagen, Märchen und Filmerzählungen behandeln dieses Grundthema. Interessant, daß auch die uns vom Wortlaut her wohl bekannteste Urquelle auf einer solchen Handlung basiert. Da wird ein kleiner Knabe in einem Kästchen auf einem Fluß ausgesetzt, nicht weil die Eltern ihn nicht lieben, sondern weil sie Angst haben, daß der Herrscher ihn umbringen läßt. Und ausgerechnet die Tochter dieses Herrschers findet ihn und zieht ihn auf. Als Mann schließlich erhält er den göttlichen Auftrag, das Volk Israel nach 430 Jahren der Knechtschaft aus der Gefangenschaft zu befreien. So beginnt die lange Wanderung Israels durch die Wüste hin zum gelobten Land unter der Führung des Moses.

In den letzten Jahren ist das Alte Testament, nach allem, was wir schon darüber sagten, zum Schluß auch noch darum in Verruf geraten, weil man schließlich erkannte, daß die dort genannten geschichtlichen Daten alles andere als genau sind. Daß eine Urquelle kein Geschichtsbuch sein kann und sein darf, so viel ist inzwischen in jedem Falle deutlich geworden. Wenn nicht bloßes geschichtliches Geschehen gemeint ist – was denn will z. B. dieser Bericht vom Mose und der Beginn der Wanderung zum Ausdruck bringen? Verfolgen wir die Handlung Schritt für Schritt, aber diesmal auf »unsere« Weise.

Das 2. Buch Mose, der sogenannte Exodus, beginnt mit der Geburt des Mose. Die fällt in eine Zeit, in der Pharao anordnete, daß alle Knaben des israelitischen Volkes zu töten seien, ausnahmslos. Ist das realistisch? Geschult ob unseres Spieles mit dem mythologischen Baukasten, ahnen wir jetzt schon, daß mit diesem »Töten der Knaben« etwas ganz anderes zum Ausdruck kommen soll als ein barbarischer Despotenakt. Interessant aber, daß die Mädchen ausdrücklich am Leben bleiben sollen! *Das Männliche soll sterben, das Weibliche soll leben!* Halten wir das erst einmal fest!

Zweimal ist im Alten Testament von Pferden in großer Anzahl die Rede. Pharao jagt den Israeliten nach mit 600 Pferdegespannen. Immer wieder wird das erwähnt, es scheint also eine große Bedeutung zu haben. Überhaupt betont die Bibel eindrücklich die Nähe der Ägypter zu den Pferden. In einem Kernstück des Alten Testaments, im Deuteronomium oder 5. Buch Mose, geht es um das Königsgesetz. Mose warnt die Könige Israels ausdrücklich davor, es den Ägyptern gleichzutun *und sich den Pferden zuzuwenden!* Der Auszug der Israeliten aus der Gefangenschaft Ägyptens, so wird betont, erfolgt zu Fuß! Die zweite Erwähnung von Pferden in großer Zahl finden wir bei König Salomo, dem weisen Herrscher. Er hält in der Tat ganze 4000! Und die Reitenden werden hier ausdrücklich und explizit als Ritter bezeichnet!

Die Rolle der Ägypter im Alten Testament ist die der Jäger, der Jäger des Materiellen, die im Äußeren verhaftet bleiben. Die Gejagten sind die Gottesfürchtigen, die Bewohner der Zelte, die nomadisierenden Israeliten. Können wir da nicht wieder zu einer ersten, einfachen Gegenüberstellung kommen, die sich merkwürdig deckt mit schon Bekanntem? Jedoch kommt ein neuer Aspekt hinzu: Das Weibliche wollen die Ägypter leben lassen, das Männliche töten. Obwohl das Männliche eine hierarchisch unterdrückende, herrschende Position einnimmt, wollen sie das »Männliche« (die Knaben) ausdrücklich töten. Jetzt nehmen wir das erst einmal so zu Kenntnis.

Die Befreiung 237

Der Gemeine	Der Berufene
Der Pharao und Ägypten als biblische Erscheinung	**Moses und Israel als biblische Erscheinung**
• Jäger zu Pferde • Das "**Weibliche**" wird zwar unterdrückt, soll aber als "benutzte und mißbrauchte Größe" leben	• Salomo, der Weise, hält 4´000 Pferde • Dieses Volk wird gejagt Das "**Männliche**" soll getötet werden
Das **Weibliche** soll leben Darum jetzt:	Das **Männliche** wird gejagt Darum jetzt:
Weibliche Seite	**Männliche Seite**
• Aggressiv, unweise • Nicht gottesfürchtig	• Weise • Gottesfürchtig

Zeichnung 19

Wir werden aber schon bald sehen, daß sich dahinter etwas ganz anderes, etwas viel Tieferes verbirgt als ein einfacher Widerspruch. (Siehe Zeichnung 19)

Das Weibliche ist also auch hier wieder auf der »unguten«, auf der »unweisen« Seite. (Das Resultat ist immer gleich.) Mit den Israeliten wird das Göttliche, das Weise, *das Männliche* gejagt. Wir haben auch hier also wieder unsere altbekannte, seltsame Ordnung, die uns offensichtlich überall begegnet. Wieder wird das Dunkle, das

Aggressive dem Weiblichen zugeordnet und die Weisheit, der »Geist«, das »Helle« dem Männlichen.

Wie in den Begriffen Reiter und Ritter finden wir das Pferd auch hier auf beiden Seiten. Es begegnet uns mit dem Jagdreiten, als Kriegsgerät, als *benutztes Objekt* auf der *linken(!)* Seite ebenso wie es andererseits ganz offensichtlich in direkter Verbindung mit der (salomonischen) Weisheit, eben der Ritterlichkeit steht.

Ich erwähnte es schon, aber weil es eine so wichtige Spur ist, will ich an dieser Stelle noch einmal explizit auf sie verweisen: Auch in diesem Geschehen ist es wie bei den Naturvölkern anderer Kulturkreise. *Die Verbindung von Weisheit und Pferd (Ritterlichkeit) findet sich offensichtlich immer auf der männlichen Seite!* Das Pferd als benutztes und unterdrücktes »Objekt«, als Nutztier, dagegen auf der weiblichen, materiellen (hier linken) Seite!

Liebe Leserin: Ich muß Sie noch einmal um Geduld bitten! Bitte haben Sie Vertrauen, daß sich das alles sehr zum Positiven wenden wird! Das alles macht großen und größten Sinn! Und um den zu finden – und wir sind ja schon dicht dran –, müssen wir uns Schritt für Schritt weiter vortasten, auch wenn das Gelände gelegentlich noch immer unwegsam erscheint. Nur die allerwichtigsten Punkte des Auszugs Israels wollen wir noch kurz betrachten, um daraus die für unseren Weg bedeutsamen Erkenntnisse ableiten zu können.

Mose und das ganze israelitische Volk leiden unter dem Druck der Gefangenschaft. Sie alle haben große Angst, aber sie überleben die Flucht. Das ist alles sehr menschlich, nur die Art und Weise, wie sie überleben, ist nicht natürlich, die ist sogar sehr wundersam. Mose und sein Volk sind Unterdrückte. Sie sind Knechte in einem frem-

Die Befreiung

den Reich. Dieses vorliegende Buch handelt auch von Unterdrückten. Wir werden in diesem Abschnitt noch keine unmittelbare Lösung finden, die sich ganz und gar auf unser Thema bezieht, aber wir werden erste Antworten finden, die uns schließlich dazu verhelfen. Vor allem lernen wir, was die Urquelle zuerst einmal meint!

Mose verweigert sich, er wehrt sich, er will dieses fremde Land verlassen, und da man ihn nicht läßt, flieht er schlußendlich auf Geheiß seines Gottes. Er handelt. In der allergrößten Not, dem Verderbnis nahe, spaltet sich schließlich das Meer vor ihm. Das Volk ist gerettet, die Verfolger gehen in den Fluten unter mitsamt Wagen und Pferden. Man hat versucht, diese Stelle zu finden, an der das geschehen sein soll. Vergeblich. Auch daraus schließt man, wie schon gesagt, daß das Alte Testament ein »Lügenbuch« sei.

Kommen wir zu den wichtigsten »Eckdaten«. Die Pferde werden nicht geritten! Ausdrücklich wird betont, daß sie vor den Wagen gespannt werden. Was aber ist der Wagen? Der Wagen rollt, denn er hat Räder. Was aber ist das Rad? Es ist der Beginn der Technik, es ist die erste Urerscheinung der Technik, erste Urerscheinung eines ganz bestimmten menschlichen Tuns. *Das Rad ist menschliche Entwicklung, menschliche Technik, ist Überrollen.* Ja, das Rad ist in fast allen Überlieferungen eine Urerscheinung für die Vorstellung, daß man die *Welt durch die Macht menschlicher Entwicklung beherrschen kann. Diejenigen mit Rad und Pferd verfolgten jene, die ausdrücklich ohne Rad und Pferd leben sollten!* Die Israeliten wurden unterdrückt und verfolgt durch Menschen, die einseitig nur die unterdrückende, konstruierende, logische, beweisbare Ypsilonmacht gelten ließen. (Eine der Vorstellungswelten des »Gemeinen«.) Und: *Die Pferde werden benutzt,* um dieses »einseitige, menschliche Handeln« zu ziehen, »in Gang zu bringen«!

Es sind exakt 600 Pferde. Wir sprachen schon mehrfach über die Zahl 6. Und darüber, daß das hebräische Wort Pferd die Zahlenfolge 60-6-60 trägt. Diese 600 Pferde aber jagen 600000 Israeliten! Ist eine solche Zahlenfolge Zufall, unbedeutsames Beiwerk? Kann das sein? Auch die erwähnten Bibel-»Kommentatoren« sind der Meinung, daß diese Zahl unmöglich der Realität entsprechen kann. Allein aus logistischen Gründen wäre eine solche Wanderung absolut undenkbar, so ihr Standpunkt. Offensichtlich aber hat das Ganze sowohl mit dem realen Pferd viel zu tun als auch mit der *Schöpfungskonzeption, mit der Idee Pferd*, mit seinem XZ. Gilt die Häufung der Zahl 6 und ihrer Potenzierung weniger der Darstellung einer Quantität als vielmehr der Beschreibung einer Qualität, der Beschreibung einer Schöpfungsidee? Interessant auch ist die Tatsache, daß bei der späteren Zählung des flüchtenden Volkes exakt 603550 Israeliten genannt werden. Mit dieser Zahl können unsere Kommentatoren dann schon gar nichts mehr anfangen. Was es mit dieser so exakten Zahl auf sich hat, dazu kommen wir im nächsten Abschnitt. *Auch dazu, daß allein in dieser Zahl im Grunde schon das gewaltige Geheimnis um den Menschen in dieser Welt verborgen liegt!* Es schreit uns in eigentlich allem entgegen. Lernen wir wieder, es zu greifen und zu halten. Beim Auszug also wird die Zahl 600000 genannt, bei der späteren Zählung dann sind es 603550. Wir halten auch fest, daß das eine logische und logistische Umöglichkeit darstellt. Interessant auch, daß der große, gewaltige Pharao, der das Volk der Israeliten bis zum 430sten Jahr der Gefangenschaft unterdrücken konnte, dann seine Verfolgung mit vergleichsweise lächerlichen 600 Pferde-

Die Befreiung 241

gespannen aufnahm! *Und wir halten fest, daß die ganze Geschichte durch und durch eine »Pferdegeschichte« ist!*
 Der nächste wichtige Aspekt ist zweifelsohne das Meer. Bemerkenswert ist das Folgende: Deutlich berichtet die Erzählung von *zwei* Wegen, die eigentlich beide nicht gangbar sind. Der eine Weg führt durch feindliche Völker hindurch, der andere durch das Meer. Während der Flucht weist Gott seinem Volk die Richtung, indem er als Wolken- oder Feuersäule vor ihnen herzieht. Nun geht dieses wundersame Signal über das Meer, und nicht quer durch die Länder der streitbaren anderen Völker. David, der Kleine, wird später mit einer Handvoll Männern ganze gegnerische Völker niederschlagen. Sollte Gottes Macht das hier nicht auch vermögen? Allein die Tatsache also, daß es *zwei* Möglichkeiten gab, verleiht der Bedeutung der Wanderung durch das Meer noch viel mehr Gewicht! Die Israeliten *mußten* durch das Meer. Wir werden gleich sehen, warum.
 Bedeutsam in dieser Erzählung ist auch, daß nahezu alles in großen und größten Mengen auftritt. Da ist nicht ein See oder etwas Wasser, sondern unglaublich viel Wasser. Da sind Massen von Israeliten, viele Pferde, und zuvor waren es gigantische Mengen von Steinen, die die Gefangenen in Ägypten herzustellen hatten, und der Druck der Bedränger hatte sich ins Unerträgliche gesteigert. Alles in dieser Geschichte scheint übertrieben, ja geradezu bewußt unglaubhaft! Strukturieren wir diese Grundelemente wieder in einem Bild: (Siehe Zeichnung 20)
 Das Pferd kommt ja auf beiden Seiten vor, also steht es zu Recht in der Mitte. Auch mit dem Meer kommen beide Seiten in Berührung. Der einen gewährt es Schutz, der anderen bringt es Untergang und Vernichtung. (Ist das nicht auch das Verhältnis von Pferd zu Bettelmann oder

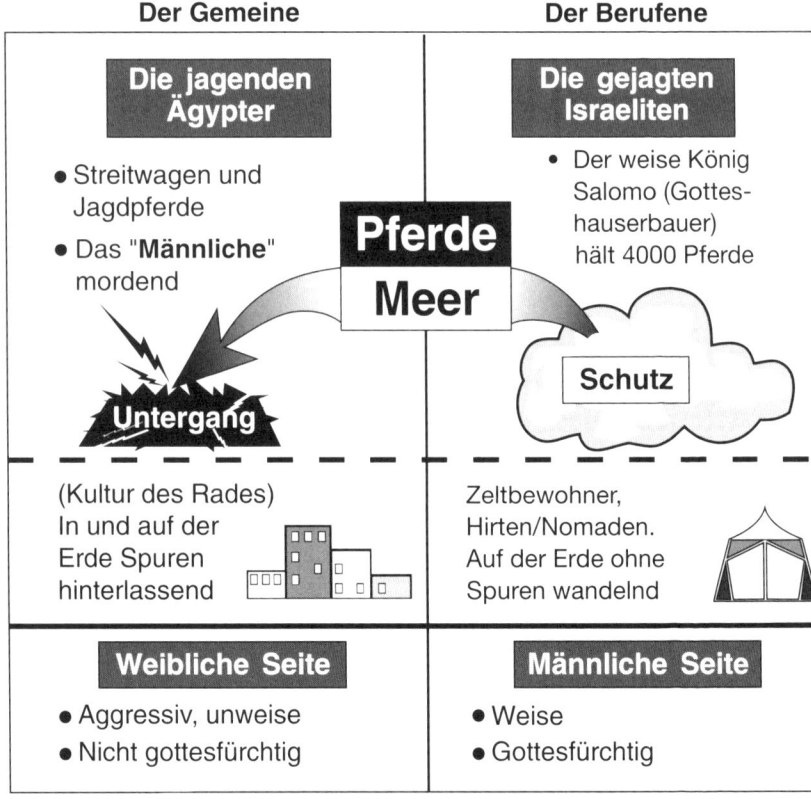

Zeichnung 20

Ritter?) Die Israeliten mußten im Frondienst Steine brennen für die Städte der Ägypter. Sie dienten der Kultur des Rades. Sie selbst waren aber Bewohner der Zelte. Hirten, die frei und ohne die Erde zu zerfurchen, also ohne Spuren zu hinterlassen, als Nomaden lebten. Weist diese Struktur nicht eine unglaubliche Ähnlichkeit auf mit all den anderen, die wir zuvor gefunden haben? Wird nicht auch hier das Geistige, Weise, das Freiheitsliebende gejagt, das, was sich auf der Erde frei bewegt? Gehetzt von jenem, das Städte baut, Festungen, Sicherheit und Statik sucht? Mußten die Israeliten ihr Nomadendasein nicht sogar ständig verleugnen? Was hier aber noch deutlicher wird: *Das Weibliche jagt das Männliche! Das Weibliche ist hier das Jagende, Aggressive. Und ganz eindeutig wird eine ganz bestimmte Einstellung dem »Weiblichen schlechthin« zugeordnet: Das unweise, vordergründige Benutzen für die eigenen Ziele!* Unsere Aussagen spitzen sich zu. Das Weibliche und das Benutzen des Pferdes drücken hier ein und dasselbe aus: Das Jagen, das Vernichtenwollen des Geistig-Männlichen! *Das Pferd verändert sich nicht, aber der Umgang mit ihm!* Es gibt demzufolge also einen *»weiblichen«* und einen *»männlichen«* Umgang mit dem Pferd. Der »männliche« Umgang führt zur Freiheit, Weisheit, Unabhängigkeit, Ritterlichkeit, der »weibliche« zum Gegenteil!

In einigen der vorigen Skizzen fügten wir zu dem Wort Pferd das Wort Leben! *Gibt es einen »weiblichen« und einen »männlichen« Umgang mit dem Leben, und zu welchen Folgen führt dies? Und warum sage ich, scheinbar ganz im Gegensatz zu dieser Geschichte, daß mein Umgang mit den Pferden, Gott sei Dank ein »weiblicher« ist?*

Stecken in dem Begriff »weiblich«, ebenso wie in dem Begriff »Pferd«, womöglich zwei vollkommen gegensätzliche Dinge? Um das aufzuklären, müssen wir zunächst diese Geschichte weiter entschlüsseln. Bleiben wir einen Augenblick bei dem Pferd, das den Wagen zieht. Das Pferd zieht die »menschliche Idee von Entwicklung«, die »menschliche Entwicklungskraft« mit seinen »Pferdestärken« voran. Wird es aber nicht dadurch auch behindert, das zu tun, was es eigentlich lieber tun möchte? Will das Pferd eigentlich ganz woanders hin? An der Stelle jedenfalls, wo die Ägypter das jetzt trockene Meer betreten, da drehen sich die Räder plötzlich nicht mehr, wie es heißt. *Eine*

Welt (Diffusionsgrenze?) wird betreten, in der das Rad der menschlichen Entwicklung stecken bleibt. Und mit ihm die an das Rad gebundenen Pferde. Ist der Jäger zusammen mit dem Hund nicht immer wieder auch derjenige, der jagt, obwohl er satt ist? Jagte er nicht – über den tatsächlichen Bedarf hinaus – das Übermaß? Zum Beispiel ganz im Gegensatz zum (Ur-)Indianer? Ist das Rad nicht Symbol für Nutzen, für Beherrschen, für Übermaß, auch für das Krebsgeschwür des Westens, für das egoistische Durchsetzen der eigenen Ziele um jeden Preis? Zieht das Pferd das menschliche Wollen, das Verlangen? Oder: *Wird das (auch »geistige«) Pferd durch das menschliche Wollen behindert? Und bleibt es mit ihm zusammen auf der Strecke?* Schlug nicht zum Schluß der Bettelmann das Pferd und das Pferd den Bettelmann? Und wählte nicht der Mongole für das Führen seines Pferdes gänzlich andere Maßstäbe? Hier jedenfalls kommen alle um: Die Menschen und ihre Räder und die Pferde! Und zwar im Meer. Offensichtlich gibt es so etwas wie eine Zeit »vor« und eine Zeit »nach dem Meer«. Nicht nur, daß es sich auftut zur Rettung, im darauffolgenden Akt tötet es dann ja die Unterdrücker.

Erst der Durchzug durch das Meer besiegelt die Befreiung auf der einen und den Untergang auf der anderen Seite. Was also bedeutet dieser Durchzug durch das Meer? Ist es nicht auch die Befreiung von jenen Dingen, die wir heute als die »Zwänge« unseres modernen Daseins erleben? Steht nicht hier wie dort das relativierte, »naturverbundene« Leben gegen dasjenige der Städte, der Steine und der Räder? Eine Urwahrheit wird Gültigkeit haben zu allen Zeiten, in denen Menschen leben. Sucht nicht ein jeder nach Befreiung? Wie gelingt sie? Wodurch wird die Befreiung des einen (in mir) und der Untergang des anderen (in mir) bewirkt? Wie »modern« ist diese Geschichte? Und wie sehr trifft sie auf unsere Zeit zu? Welcher Mensch wünscht sich nicht, dem »Druck« des Alltags zu entkommen? »Ich wünsche mir ein Leben, wie es die Pferde leben«, sagte eine Frau an jenem Nachmittag in meinem Haus.

»Ich wünsche mir ein Leben, das wahrhaftig ist«, sagte eine andere.

»Ich wünsche mir ein Leben, in dem ich eine wirkliche Aufgabe finde, mich nicht immer dem täglichen Druck der Routine aussetzen muß«, wieder eine andere.

Hier ist gleich die erste Antwort an den wirklich Suchenden: Du entkommst dem »Druck« (des Rades) nicht durch das »Normale«. Diesem Rad und seinem Druck kannst du nicht so einfach entfliehen mit den Mitteln dessen, was du für das Normale hältst. Da gilt es, einen Durchbruch ganz besonderer Art zu vollbringen. Dringen wir wieder ganz langsam vor. Das Meer, das große, gewaltige, teilt sich: Das Unmögliche wird möglich. Wenn du »entkommen« willst, dann hast du keine andere Wahl, als das »Unmögliche« aufzusuchen. Was auch immer dieses »Unmögliche« zu sein scheint, ohne die Konfrontation mit genau diesem geht es offensichtlich nicht. Kein »normaler« Weg führt durch die Diffusionsgrenze, nicht einmal der Kampf! Im Gegenteil. Hier wird, wie wir gehört haben, der Kampf sogar bewußt umgangen: Der alternative Weg durch das Gebiet der feindseligen Stämme wird nicht gewählt. Und das, was geschieht, geschieht eigentlich ohne dein Zutun. Du mußt ihn nur hineinsetzen, deinen Fuß, in das Meer. Die Überlieferung erzählt, daß der vorangehende Hohepriester so weit ins Meer waten mußte, *bis das Wasser ihm über den Scheitel gestiegen war, erst dann teilte es sich!* Es *führt nur ein Weg aus der Unterdrückung heraus, und das ist der durch das ganz Unmögliche!* Versuche es nicht woanders, versuche es nicht in den Sachzwängen, in den faulen Kompromissen, in den kleinen Lügen, in der Resignation. Mach dich auf, pack dein inneres Bündel, nimm dein inneres Volk, folge vertrauensvoll der »Wolkensäule« (was bedeutet die?) und gehe dem ganz Unmöglichen entgegen. Und wenn du dann glaubst, es geht nicht weiter, dann öffnet sich vielleicht ein Tor, so wie sich die Fluten der Meere teilen. Da, wo niemand glaubt gehen zu können, da kannst du gehen. Da, wo niemand glaubt leben zu können, da kannst du leben. Da wo niemand glaubt Macht zu haben, da übernimmt etwas anderes für dich die Macht. Und erst da, wo du bewahrt bist, da bricht das andere hinter dir zusammen, wird zerstört, das Negative, das die Pferde symbolisieren, die vor die Wagen gespannten! Du aber kannst es nicht bekämpfen! Du kannst es nicht vernichten, du kannst es nicht einmal abschütteln. Erst der Schritt ins Unmögliche, der Schritt in den unvermeidlich scheinenden Tod bringt dir in Wahrheit erst das wirkliche Leben, die wahre Befreiung!

Was hat es weiter mit dem Meer auf sich? Das gewaltige Hindernis hätte ja auch eine Schlucht sein können, ein steiler Berg, eine Horde wilder Tiere, nein: Hier ist ganz sicher nicht ohne Grund das viele, viele Wasser genannt. Ich hatte eingangs von der Angst gesprochen und von der Notwendigkeit, sich diesem Thema ohne Wenn und Aber zu stellen. Hat die Erzählung vom Durchzug durch das Meer einen direkten Bezug dazu? Wir haben das Y als etwas erkannt, das sich als »sichtbare Hülle« vor oder um den eigentlich bedeutungsvollen Kern plaziert. Diesem haben wir die Buchstaben XZ zugeordnet. Das trennende Etwas nannten wir »die Grenze von Zeit und Raum«, »die

Grenze des Gebärens« und die »Diffusionsgrenze«. Diese Grenze stellten wir als eine gerade Linie dar, also in dieser Form: (Siehe Zeichnung 21)

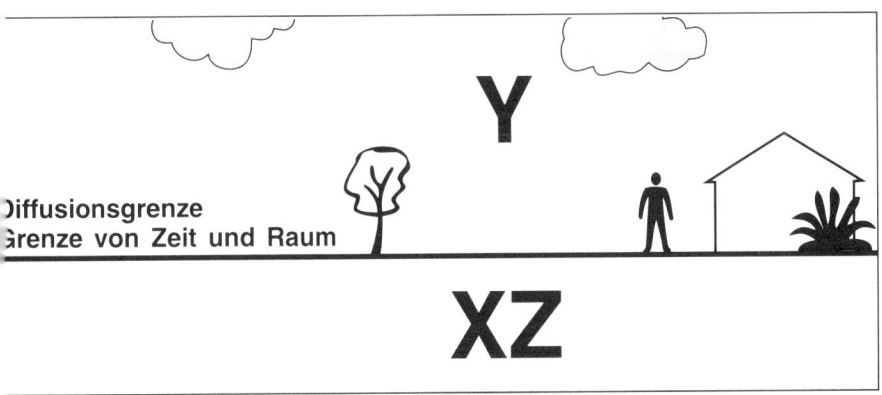

Zeichnung 21

Nun ist es aber kein Geheimnis, daß es die Gerade in der Natur eigentlich nicht gibt. Auch die Grenze des Universums ist eine gekrümmte, und schösse man eine Rakete schnurgerade ins All, sie würde doch unfreiwillig einen Kreisbogen beschreiben und irgendwann auf der anderen Seite der Erde wieder ankommen. Somit kann auch unsere Grenze von Zeit und Raum, die Grenze des Erscheinens, keine Gerade sein. Korrekt also müßte man sie so darstellen: (Siehe Zeichnung 22)

Das aber bedeutet, daß sich auch diese Linie irgendwo wieder trifft, also auch insgesamt einen riesigen Kreisbogen beschreibt: (Siehe Zeichnung 23)

Jetzt haben wir den Mittelpunkt dieser Scheibe, den Mittelpunkt von XZ, tatsächlich auch bildlich als »*Einheit*«, als »*Eins*«, als »*Ursprung*« dargestellt. Der Weg von der »Vielheit« durch die Diffusiongrenze hindurch zum

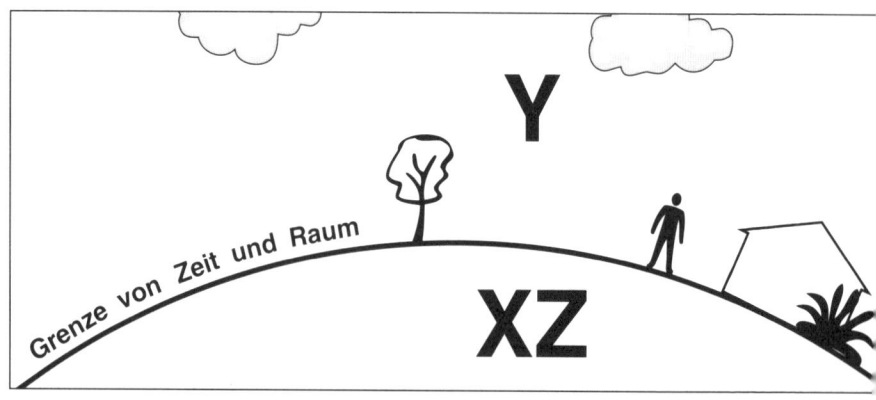

Zeichnung 22

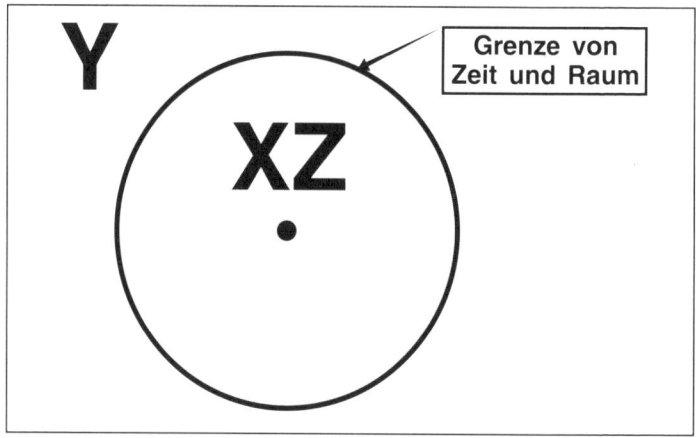

Zeichnung 23

Wahren, zum Kern der Erscheinungen, zum Kern der Worte, zum Kern der Begriffe Hund, Wagen, Pferde, Frau oder des Buchstabens A führt jetzt auch grafisch ganz eindeutig nachvollziehbar zu einem »Ursprung«, zu so etwas wie Einheit. *Das immer tiefere Durchdringen von XZ führt immer dichter an das »Einssein«.* Strebt die Bewe-

Die Befreiung

gung in Richtung Y zur immer größeren Zersplitterung, Teilung, zum Getrenntsein, so führt die entgegengesetzte Bewegung zur Konzentration, zur Bindung, zur Zusammenführung, zum Ganz-, zum »Heil«-Werden, zum Heilen. Dieser Aspekt kann uns jetzt sehr helfen, der Erzählung von der Teilung des Meeres in ihrem Kern, in ihrem Wesen zu lauschen.

Was geschieht?

1. Gewaltige Wassermassen teilen sich – das Fließende erstarrt.
2. Wo das Fließen stillsteht, öffnen sich mit einem Mal neue Räume. Der Grund der Meere ist jetzt begehbar. Befreiung wird möglich, der Weg aus Gefangenschaft und »Druck« ist frei und passierbar.
3. Dringt man in diesen Raum ein mit einer Energie, die »Pferd und Wagen« bedeutet, so zeigt sich die vernichtende, ja tötende Gewalt dieses Fließenden.

Das ist doch alles unglaublich spannend. Kommen wir zurück zu unserer letzten Grafik. Die Sehnsucht nach »Einheit«, nach so etwas wie »Verbindung mit dem Ursprung«, ist in jedem Menschen präsent. Oftmals ist dieser Wunsch einfach verblaßt oder einer tragischen Hoffnungslosigkeit gewichen. Doch ganz tief innen schwingt bei jedem, auch bei dem »abgebrühtesten Materialisten«, die Sehnsucht nach der Ruhe der Einheit, nach dem großen »Verstehen und Erfülltsein«. Und nun wage ich den Sprung, eines der gigantischsten Geheimnisse erfüllten menschlichen Daseins mit den Mitteln, die wir entwickeln konnten, darzustellen. Kommen wir zurück zu unserer kleinen Skizze: (Siehe Zeichnung 24)

Da haben wir innen die Einheit, die wir durch unsere Geburt verlassen haben. Denn die Grenze, an der Zeit und Raum beginnt, ist ja auch die *Geburtsgrenze*. Also

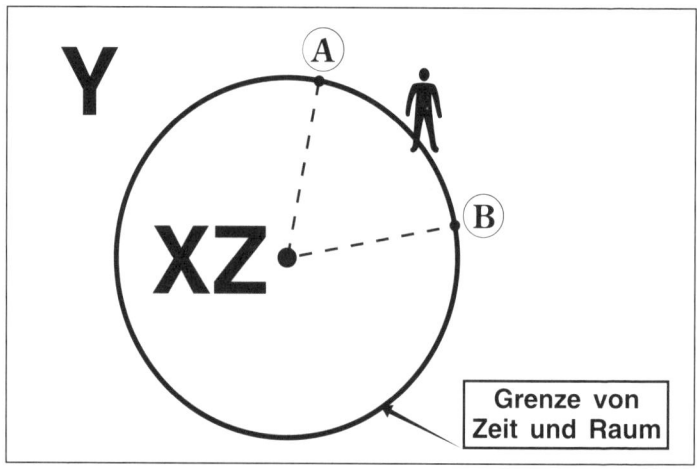

Zeichnung 24

habe ich auf diese »Geburtsgrenze« einen Menschen gemalt. Geistig vermag er womöglich – und davon handelt ja dieses Buch – die Diffusionsgrenze zu durchdringen (wir erinnern uns an das »Erkennen« der Hüter der Quellen), körperlich aber nicht. (Auch die Zuhilfenahme irgendwelcher magischer Praktiken hilft nichts; sie stellen lediglich gewaltsame Übergriffe dar, sind kein echtes Durchdringen. Magie ist ja auch so etwas wie »Pferd und Wagen« auf nicht-materieller Ebene – ein ganz wichtiges, vielfach mißverstandenes Thema!)

Außerdem finden wir auf der Skizze jetzt noch die Punkte A und B. Und mit denen hat es etwas Besonderes auf sich. Wie gesagt: Alle Urquellen gehen davon aus, daß alles, was sich hinter der Grenze der Geburt, der Erscheinungen zeigt, im Kern als Schöpfungskonzeption schon vorhanden ist. Man könnte also sagen, daß unsere Kreislinie so etwas wie eine Projektionsfläche darstellt für etwas, was *im Kern ganz dicht beieinander ist*. Das Tao-te-king verdichtet diesen Punkt so weit, daß es vom »Nichts« spricht, in dem bereits alles vorhanden ist. Wie durch Projektion, also durch Ausstrahlung von *Kern-Inhalten* auf die Außenhaut, entsteht eine neue Dimension, nämlich *räumliche* und *zeitliche* Ausdehnung (in unserer Skizze von A bis B). Der Kern unterscheidet sich also von der »Lebensfläche«, von dem Raum außerhalb der Geburtsgrenze, durch das *Nichtvorhandensein von Raum und Zeit.* Von A bis B existiert *hier* eine Entfernung, eine *räumliche* Ausdehnung und ein *zeitlicher* Ablauf. Im Kern aber ist der Abstand von A bis B gleich *Null!* Darum sprechen die Aborigines nicht von Raum und Zeit, sondern von Bewußtheit. Wir alle sehnen uns nach der Einheit, also nach einem Dasein *ohne Raum und Zeit.* In der Tat kommen daher die unterschiedlichsten Formen der »Todessehnsucht«.

Wie aber können wir Einheit *im Leben* erfahren, das Gefühl des Einsseins, mitten in der Sphäre von Ypsilon? *Den Raum können wir nicht verlassen, wohl aber die Zeit!* Kommen wir gestreßten Westler an einem Hirten vorbei, wie er uns hier in meiner Nachbarschaft am Fuße der Pyrenäen immer begegnet, dann sagen wir: »Hier stehen die Uhren still, hier ist es wie im Paradies.« Warum haben wir das Gefühl, daß die Zeit stillsteht, daß das Fließende stillsteht? Weil unsere Gedanken nicht schon beim nächsten Tag sind, bei der nächsten Herausforderung, der nächsten Planung. Statt dessen sind sie hier, in diesem Augenblick, den wir, so wir das noch können, genießen. *Wahres Leben ist das wunderbare Geschenk, den Raum in seiner unermeßlichen Pracht zu erfahren, ohne die Einheit der Zeit, des gelebten Augenblickes, jemals zu verlassen. Es ist das zeitlose Dasein im Bewußtsein des Raumes. Die Zeit ist hier der Fluß, um von A nach B zu kommen. Die Zeit ist* hier ein *Fließen. Fließen ist hier Wasser! Zeit in der Erscheinung ist Wasser!* Das ist die Erzählung von der Spaltung des Meeres. Jesus geht über das Wasser, er ertrinkt nicht wie die Ägypter, die Anbeter der Steine und des Rades »in der Zeit«. Die »Kraft der menschlichen Entwicklung« ertrinkt zum Schluß immer in der Zeit. (Ich habe keine Zeit, ich habe kein Leben.) Mose heißt in der Übersetzung »der aus dem Wasser Gezogene«. Jedes Wort in der Urquelle aber bezeichnet nicht äußere Hülle, sondern das Ganze, bis hin zur Einheit.

»Der aus dem Wasser Gezogene« heißt also »der, der die Zeit überwindet«. Der kann das Volk führen. Zu dem spricht Gott. *Er erlebt den Raum ohne die zweite Komponente, die Zeit.* Er ist ohne Gestern und Morgen, er ist! Ihm spaltet sich das Meer. Zu seiner Rechten und Linken hört das auf zu fließen, was in der Einheit ja nicht fließen kann. Denn im Kern gibt es die Ausdehnung von A nach B ja nicht, gibt es nicht das Fließen von A nach B. Selbst die Wissenschaft weiß von der Relativität der Zeit. Wenn es aber für Mose nur das Erleben im Hier und Jetzt gibt, also kein Morgen, wovor sollte er dann noch Angst haben? Er durchdringt die Diffusionsgrenze von Zeit und Raum, verbleibt im Raum (Lebensraum auf unserer Seite der Diffusionsgrenze), um das Zeitlose, die Ewigkeit, die Einheit, die vollkommene Angstlosigkeit zu (er)leben. *Er ist zu einem Teil doch schon in jener Einheit, in die er mit seinem Tod ganz eingehen wird. Er steht mit einem Bein in der Fülle dieser Welt und mit dem anderen in der zeitlosen Einheit.*

Das Rad jedoch dreht sich, die Entwicklung rollt vorwärts. Wehe, wenn wir unter *diese* Räder kommen! Dann ertrinken wir in der Ratlosigkeit, in der Hetze und dem »Jagen nach der Zeit!«, und gehen unter in dem Druck

Die Befreiung

der Angst, der Angst vor der Zeit, vor der Ungewißheit der Zukunft und den Folgen der Vergangenheit. Und das alles steht unter dem Bild der Pferde! Auch sie ertrinken im Meer! Für Mose gibt es nur das Hier und Jetzt. Er läßt sich von einem Augenblick zum nächsten leiten. Er folgt den Weisungen seines Gottes, und mögen sie ihn auch in die größte Gefahr führen. Er ist doch mit einem Bein, mit einem Teil seines Erlebens in der Einheit, er spürt doch, daß alles, was hier getrennt ist, dort in Wahrheit zusammengehört. Was also bliebe ihm, dem Moses, noch zu planen? Reicht nicht jeder Plan immer in die Zukunft?

Diese Erzählung der Urquelle sagt dem Menschen, daß nur das *wahrhaft Mächtige* ihm die Befreiung bringt, nämlich die Besinnung auf die Schöpfungskräfte, auf die Wurzeln allen Lebens, unser vielzitiertes XZ. Die Befreiung von der Angst, vom Druck, jenes Netz, das wir um uns herum knüpfen, das ist *nicht* mit den Mitteln unserer üblichen Vorstellungen von Zeit und Raum zu durchtrennen! »Noch drei Jahre diese Knechtschaft, noch etwas Geduld, dann kommt die Rente, dann bin ich frei.« Jener letzte Fetzen Papier fällt zu Boden! Die einzige, wirkliche Befreiung des Menschen, *der einzige Weg, ist der durch das Meer, ist die Befreiung von der Zeit.* Diese Mose-Geschichte steht am Anfang der Thora. *Wie* das zu bewerkstelligen ist, das Durchschreiten des Meeres, das Überwinden der Zeit, das Durchdringen der Diffusionsgrenze und vieles andere auch, das findet sich in dem gewaltigen Rest. Und in den anderen Urquellen der Welt. In jedem Wort, in jeder Zeile, in jedem Buchstaben. In diesem Buch ist nicht der Raum, darauf in seiner unermeßlichen Fülle einzugehen. Auf uns warten noch die Antworten um die wichtigsten Protagonisten der Urquellen, Frau und Pferd. Und könnte es diesem Buch gelingen, von der wahren

Bedeutung dieser Urrätsel eine Ahnung zu vermitteln, auch und nicht zuletzt in Verbindung mit dem Pferd, dann hat sich ja sein Sinn erfüllt.

Noch einmal komme ich auf unsere letzte Grafik zurück. Wenn der große Außenkreis mit all seiner Vielheit doch nichts weiter ist als die Projektion des einen Punktes, dann spielt es keine Rolle, von welcher Seite jemand sich da hineintastet. *Immer ist das Ganze da, immer ist das Erleben das gleiche. Auch ein Wort ist doch nichts weiter als eine räumliche Ausdehnung.* (Siehe Zeichnung 25)

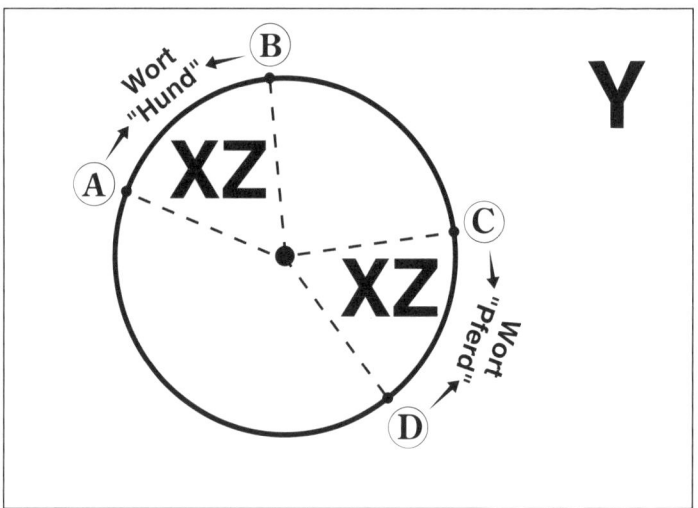

Zeichnung 25

Gelangt ein Mensch über ein Wort, aus der Einheit stammend, also durch ein Wort aus der Urquelle, zum »Begreifen«, Erfühlen, Erkennen des Kernes, so ist er der Ganzheit gewahr, wo auch immer das Wort im Erscheinenden steht (A nach B oder C nach D etc.). *Eine*

Urquelle ist die unmittelbarste Verbindung vom »Mittelpunkt« zur Peripherie – also zum Dasein! Jede Urquelle ist für uns ein sicherer Wegweiser in den Kern der Schöpfungsidee, und von dort wieder zurück zur Peripherie des Kreises in unseren Alltag, in unser Leben mit all seinen Erscheinungsformen. *Eine Urquelle ist der direkteste »Bericht« von der Einheit.* Und das äußere Wort einer Urquelle ist nur der »Projektionshauch«, die letzte äußere, sichtbare Kontur eines gewaltigen, unendlichen Schöpfungstraumes.

Diese Erzählung also sagt viel, ja sagt wohl alles über die menschliche Angst. Identifikation und Verletzlichkeit waren die zwei Stichworte, die zwei Hauptcharakteristika für das Erleben einer Frau eben auch in der heutigen Zeit. Ist Identifikation in der Zeit, »unter Wasser« überhaupt möglich? *Ist nicht die von Männern verwaltete, patriarchalische Welt eine Welt unter Wasser? Eine Welt des Untergehens im Zerteilen und Planen, des Kämpfens mit dem Räderwerk des menschlichen Beherrschenwollens, des Erfolges, der Macht und der Sucht nach Rausch, nach dem Materiellen in all seinen auch vielfach verkleideten Erscheinungsformen?* Werden Frauen nicht auch unterdrückt, weil sie sich so schwer tun, da mitzuspielen? Und greift die Frau nicht immer mehr nach dieser fragwürdigen Welt des Rades und – natürlich – nach der Welt des benutzten Pferdes? In der Tat: Frau und Pferd, eine Erscheinung unserer Zeit!

Natürlich wollen wir nicht so einfach das »reale Pferd« mit diesen Bibelpferden auf eine Stufe stellen. Zu den realen Pferden kommen wir noch. Und doch, sprechen all diese Bilder nicht eine erschreckend deutliche Sprache? Diese Erzählung jedenfalls mahnt zu einem Weg, der ganz genau in die andere Richtung führt! Nicht die, die ohne Rad sind, sollen nach dem Rad streben, damit schließlich alle untergehen, *sondern die, die mit dem Rad sind, sollen sich denen ohne Rad anschließen, die das Meer durchqueren!*

Angst ist nur in der Zeit möglich. Mißtrauen, Panik, Identifikationslosigkeit, immer weiter entfernt sich das Dasein von der Einheit. Angst und Zeit bedingen sich gegenseitig. Der Heide der Bibel ist darum der planende, der nicht vertrauende, der in der Zeit lebende, »wurzellose« Mensch. Er erlebt mit wenigen Unterbrechungen, die er dann vielleicht als glückliche Lebensmomente bezeichnet, eine mehr oder weniger bewußte Dauerspannung. Er erlebt sich in den unterschiedlichsten, praktisch *immer auf die Zukunft bezogenen oder aus den Erfahrungen der Vergangenheit begründeten Ängsten.* »Ich könnte krank werden, sterben, Frau oder Mann und Familie verlieren, sozial absteigen, eine Prüfung nicht bestehen, einen oder viele Freunde verlieren, persönliche oder berufliche Ziele nicht erreichen, einsam werden oder noch einsamer und Ungezähltes mehr.« Vielfach klammert sich unsere Angst noch nicht einmal an konkrete Möglichkeiten, sie ist einfach, sie vereint vieles oder alles das in sich und umschlingt den Menschen schließlich wie die schwarzen Fangarme eines riesigen Seeungeheuers, um ihn in einem, zum Schluß verzweifelt grauen, monotonen Leben gefangen zu halten, ja um ihn langsam und quälend auszusaugen. Die Welt des Nur-Ypsilon. Ein Teufelskreis.

Nähert sich ein Mensch einem Pferd (dem Leben), so nimmt dieses seine bewußte oder unbewußte Angst wahr, diesen im tiefen Inneren nie von ihm weichenden »Druck«, und verbindet mit diesem Menschen jetzt natürlich eine aktuelle Bedrohung. Es gewöhnt sich vielleicht daran, doch eine wirkliche Bindung *kann* einfach nicht zustande kommen, *denn die latente Angst des Men-*

schen bleibt bis zuletzt eine akute Gefahr in der Wahrnehmung des Pferdes! Kann eine Bindung zwischen Mensch und Pferd also erst dann eintreten, wenn die Angst überwunden wird? Folgt ein Pferd ohne Zwang wirklich nur dem angstfreien Menschen, demjenigen, der zumindest für Augenblicke das Phänomen der Zeit überwunden hat? Ist das eines der Geheimnisse und Erkenntnisse des Mongolen?

Niemand kann jemals mit Bestimmtheit sagen, ob gewisse Befürchtungen wirklich eines Tages eintreffen werden. Doch wenn dann tatsächlich das Schlimme eintreten sollte, kann der Betroffene handeln, etwas tun oder etwas lassen, wie es eben dem Augenblick und dem Ereignis gemäß ist. Die erdrückende »Möglichkeitsform« jedoch, das Erleben der Angst vor einer unbestimmten Zukunft (Zeit) bewirkt eher das Gegenteil. Sie lähmt, erstickt, macht handlungsunfähig. Ja, sie wird sogar jene Augenblicke besetzen, die eigentlich vollkommen frei sein könnten von jeder aktuellen oder irgendwie denkbaren Bedrohung. Auf diese Weise lassen wir zu, daß unsere Angst wirklich erlebbares Glück, wirkliche Erfüllung schon im Keim erstickt. Da lernen sich vielleicht zwei Menschen kennen, um ein Liebespaar zu werden, und nahezu gleichzeitig kommen auch die »Ängste« vor dem, was werden könnte (im Laufe der Zeit). Die Angst vor neuerlichem Verlust, neuerlicher Einsamkeit, vor Verletzungen keimt auf, Eifersucht. Zweifel und bedrückender Unglaube erfüllt die Situation und »vergiftet« die Gegenwart. Alles das liegt aber doch nur als *Möglichkeit* in der »Zeit«, und doch wird es das Erleben *jetzt* bedrücken, wird die *Erfüllung jetzt verhindert!*

Menschsein in dieser Form heißt also, die »Zeit« als *Möglichkeitsform* mehr oder weniger bedrückend und lähmend zu erleben. Die Welt des Ypsilons ist die Welt der Zeit. Dieses »Menschsein« heißt also, den verbleibenden Lebensrest ob seiner unendlich vielen, bedrückenden und angstmachenden *Eventualitäten zu fürchten*. Und daraus nun ergibt sich eine andere, speziell »menschliche« Konsequenz: *Man plant*. Man vertraut sich der entwickelnden, in die Zukunft weisenden »Macht des Rades« an. Um die Ungewißheit der Zukunft auf ein erdenkliches Minimum zu reduzieren, werden die einzelnen zu erwartenden Lebensschritte mehr oder weniger sorgfältig *geplant* und man »versichert« sich ihrer in der nur denkbar statischsten Form. Es tritt eine Form der Angst in das momentane Erleben, die nichts weiter zuläßt, als sich mit den *Möglichkeiten* mehr oder weniger furchtsam auseinanderzusetzen, die *eventuell* das zukünftige Dasein aus den Gleisen zu werfen vermögen. Da sich die Angst oftmals auf nichts wirklich Konkretes bezieht, kann auch kein wirklich konkretes Handeln erfolgen – im Gegenteil, die Kraft und die Erfüllung des augenblicklichen Erlebens wird gedrückt, ängstliche Depressivität, Neurosen, Verzagtheit und viele Auswüchse dieser Welt sind die Folge. Aktiv kann der Mensch dem nur entgegentreten, so scheint es, indem er vorausdenkt, vorausplant, oft geradezu hektisch sich dieser Zukunftskonstruktionen mit allen ihm zur Verfügung stehenden Mitteln versichert. Diese Form der Angst ist dem Menschen zugehörig wie eine zweite Haut. Sie ist eigentlich nicht von ihm wegzudenken. Und doch führt der Weg der Befreiung nur durch diese zweite Haut hindurch. Sie abzustreifen ist die erste Stufe auf dem Weg, und ihr zu widerstehen ist die Prüfung auf jeder weiteren Stufe. Am Anfang des großen Zuges durch die Wüste jedenfalls steht dieser Durchzug durch das Meer!

Die Befreiung

Eine gar nicht so witzige Tatsache am Rande: Findet sich diese Form der menschlichen Angst auch auf der ganzen Welt, so kennen die Psychologen und Therapeuten sie doch unter einem speziellen Namen. Überall heißt sie: »The German Angst«!

Dieses Planen des Menschen ist ein Konglomerat von Eigen- und Fremdbestimmungen, es ist von Kultur, Zeit und Gesellschaft geprägt. So einfach oder vielschichtig und so unterschiedlich es auch aussehen mag, läuft es doch immer auf eines hinaus: Die Pläne zielen nahezu ausschließlich auf die *Erhaltung eines intakten äußeren Bildes ab, auf die Sicherstellung äußerer Bedürfnisse, die Wahrung eines Lebensweges im Äußeren.*

Der Kreis schließt sich. Wieder sind wir beim Ego angelangt. Wir erinnern uns an die ersten Gegenüberstellungen. Auf der linken Seite fand sich das Ich als Maßstab für praktisch alles Handeln, während auf der rechten Seite eine immer stärkere Relativierung der eigenen Person zu wirklicher Bindung führte. Diese Erzählung sagt uns, worauf es bei dem Übergang von links nach rechts zuallererst ankommt: auf eine neue Beziehung zu dem Phänomen Zeit, denn nur die führt schließlich zur Überwindung der Angst.

Der Blick des planenden Menschen ist natürlich auf das gerichtet, was am *Ende* der Planung liegt, oder auf eines der davorliegenden »Zwischenziele«. Entsteht jetzt nicht beinahe zwangsläufig eine ganz seltsame »Lebensmechanik«? Denn wird nicht jedes dieser Ziele dann sogleich »vergessen«, sobald dieses erreicht ist? »Wenn ich erst meine Schulausbildung habe, meinen ersten Job, meine eigene Firma, mein Haus...« Legen wir die ersehnte Erfüllung, das Glück, die Ruhe des Lebens nicht immer weit weg von uns, immer in die Zukunft, immer in die kommende Zeit? Und wenn wir es erreicht zu haben glauben, zerrinnt das »Glück« dann nicht wie Wasser in unseren Händen, so daß wir uns gleich dem nächsten »Glücks-Hologramm« zuwenden müssen, wieder weit außerhalb von uns in der Zukunft? Wo aber wird sich wahres Glück, Einheit, Erfüllung, Ruhe, Kraft, Präsenz und Identifikation finden lassen: in einer fiktiven Zukunft oder im konkreten Hier und im Jetzt? Ist diese Form des Planens und Sicherns nicht auch wie das »Jagen des Satten«, der immer mehr frißt von dem, was in Wahrheit nie zu (er)füllen vermag?

Viele weitere Fragen türmen sich berghoch auf: Wird eine andere, eine neue Angst nicht erst durch den Plan selbst geboren, nämlich die Angst, er könnte scheitern? Steckt nicht eine gewaltige, potentielle Angst gerade und besonders in jenem Vorgang, mit der man der Angst eigentlich Herr werden wollte? *Das Rad dreht sich und zerquetscht seine Jünger.*

Die Angst kommt aus der Vergangenheit und zielt ins Morgen. Wie ein Steinwurf überbrückt sie das Jetzt, spart es aus, das Leben des Augenblickes. Nahezu alles, was diesem planenden »Rad«-Lenker begegnet, wird auf seine »Nützlichkeit« und »Vorteilhaftigkeit« hin untersucht, bewußt oder unbewußt. Der Mensch fragt: »Was habe ich davon? Kann mir *dieses* oder *jenes* helfen, meine Pläne zu verwirklichen?« Am Ende dieses Meeres jedenfalls steht der andere, der nicht benutzende, zeitlose, nicht korrupte, absichtslose Mensch. (Und seine immer wiederkehrenden Prüfungen. Denn die erfolgreiche, »einmalige Wanderung durch das Meer« ist beileibe kein Status quo!) Sein Handeln gründet auf gänzlich anderen Wurzeln, es wird aus dem Mittelpunkt gespeist, aus der Schöpfungskonzeption. Die Macht des Rades, des Zwanges in der Zeit, der Knechtschaft des Planens und Verplanens, der Knechtschaft der Angst endet mit dem Gang durch das Meer. Genau das wird vom Menschen verlangt und nicht ein Jota weniger. Erst damit knüpft sich das erste Stück Seil wirklich, das den Eimer schließlich die Wasseroberfläche durchdringen läßt. Die Urquelle aber sagt nicht nur, daß dies der Weg zur Befreiung ist, sie sagt auch, daß dieser Weg wirklich begehbar ist. Sie verweist auf ein mögliches Leben in der Einheit, ein erfülltes Leben in Raum und Zeit, so als gäbe es keine Zeit! So als stünden die Uhren still. So als erstarrten alle Wasser. Die Zeit wie das Rad als realer Faktor sind nicht zu leugnen, aber ihr bedrängender Einfluß kann abgestreift werden wie eine alte Haut. Der planende Mensch will schaffen, was eigentlich schon längst existiert.

Hier noch ein kurzer Einblick in das »nicht in der Zeit verhaftete« Dasein der Aborigines. *Denn wirkliches Menschsein wird überall von den gleichen Geheimnissen getragen:*

»Wenn wir (Westler) Nahrung im Laden kaufen oder im Garten holen, bewegen sich unsere Gedanken stets vorwärts in der Zeit, die Nahrung wird also in der Zeit, nicht im Raum verzehrt. Keine der Haltungen, die wir der Natur gegenüber einnehmen – weder das heißbegehrte Besitzen von Boden noch die poetische Inspiration, die für viele von Natur und Wildnis ausgeht, und auch nicht die wachsende Sorge vieler um unsere bedrohte Umwelt –, kann die Tiefe der Spiritualität ersetzen, die aus der unmittelbaren Übertragung eines Geistpotentials vom irdischen Ort zum stofflichen Körper entsteht. ... Die Aborigines vermögen eine kaum greifbare Grenze zwischen Lagerplatz und Wildnis auf dieselbe Art und Weise zu überschreiten, wie sie sich zwischen dem Bewußten und dem Unbewußten hin und her bewegen – zwischen der stofflichen Welt und dem ewigen Traum. Sie vollbringen dieses Hin und Her mit der Leichtigkeit und der Fröhlichkeit einer Wanderung durch eine wilde Landschaft, die vor Leben und Bedeutung brodelt, oder eines Tanzes im Feuerschein voller Schatten, der belebt wird von mythischen Geschichten. ... Der große Unterschied ist, daß sich die Aborigines dabei durch den *Raum* bewegen und wir uns durch die *Zeit*. Für sie sind *Gegenwart* und *Ewigkeit* als *Raum* stofflich gemacht worden. Eine Person lebt im gegenwärtigen Augenblick, indem sie fest im Raum verankert ist und sich darauf konzentriert.«[1]

Bemerkenswert ist, daß das Meer in jener Erzählung eine ganz bedeutende Rolle spielt und daß darüber das Pferd in unseren Skizzen vollkommen zu Recht angeordnet wurde. Verkörpert also auch das Pferd einen Zeitbegriff?

Kaum ein Wesen wird so *zeitintensiv und planmäßig* ausgebildet und dressiert wie ein Pferd! Wobei auch das heute natürlich *immer schneller zu erfolgen hat*. Verkörpert das Pferd die Entwicklung, also die Zeit auf der einen und die Zeitlosigkeit auf der anderen Seite wie kein anderes erscheinendes Wesen? Unterscheiden sich das »Männliche« und das »Weibliche« in den Urquellen auch durch eben ganz genau dieselben Parameter? Und was ist dann das Weibliche? Die Ägypter jedenfalls töteten das Männliche, und von den Israeliten, dem Gottesvolk, wird verlangt, das »Weibliche« zu beherrschen! Und was hat es mit der seltsamen (Pferde-)Zahl der Israeliten auf sich, die als ein Volk von »etwas mehr als« 600000 Menschen die Knechtschaft verließen, die »Zeit überwanden« und ihren Weg dann fortsetzten mit insgesamt exakt 603550 Menschen?

DAS PFERD IN DER URQUELLE

Nach diesem ersten, vorsichtigen Darlegen dieser tiefen Zusammenhänge bedarf es wohl keiner vielen Worte mehr, daß hinter alldem eine Welt zu finden ist, die von einem Menschen niemals auch nur annähernd vollständig erfaßt werden kann. Aber was für ein faszinierender Weg! Wir erinnern uns an jenen Pintohengst, von dem ich zuvor berichtete. An ihm versuchte ich zu verdeutlichen, daß das Wesen aller Erscheinungen, eben auch das eines Pferdes, vor allem in den für die Augen nicht sichtbaren Ebenen aufzuspüren ist. Und inzwischen wurde sicherlich auch deutlich, warum ich so sehr davor warne, sich mit irgendeinem festgelegten Plan, ja überhaupt einer Idee einem Pferd zu nähern. Tatsächlich ist es mir mit all dem bis jetzt Diskutierten möglich, zumindest den Rhythmus einer ersten, positiven Begegnung mit einem Pferd so darzustellen, wie sie sich prinzipiell in Wahrheit abspielt. Dies sind in der Übersicht die bedeutsamsten Punkte: Das Planen. Die Zeit. Das Wahrnehmen aus der Tiefe (Fühlen). Die Angst. Die Bestimmtheit der Handlung.

Diese fünf Komponenten bestimmen im Grunde jede Begegnung mit einem Pferd. Und es ist leicht, sich vorzustellen, daß sie mit großem Gewinn, gemessen an dem Grad innerer Erfülltheit, auch auf unser gesamtes Leben übertragen werden können. Was spielt sich also prinzipiell in einer positiven Begegnung ab? Jener Pintohengst z. B. wird hereingeführt. Wenn das Erleben nicht in die Zukunft gerichtet ist (durch Pläne, Ängste, Kontrolle, Konzentration etc.) hat der Geist dann nicht leicht die

Möglichkeit, seine Energien zu sammeln und sie so in eine ruhige Gegenwärtigkeit, in breiteste Wachsamkeit des Augenblickes umzuformen? Dazu bedarf es keiner Technik, keiner Methode, keines okkulten Gebräues. Es ist der Fingerschnips, das Vertrauen des David, die vier Steine in der Tasche und der eine, kleine in der Hand. In der folgenden Grafik habe ich versucht, diese Bewußtseinsform der anderen, planenden gegenüber zu stellen. (Siehe Zeichnung 26)

Statt krampfhafter Konzentration auch und besonders auf zukünftige Eventualitäten (A) ist eine Wachsamkeit vorstellbar, die in einer einzigen, angstfreien, sich immer

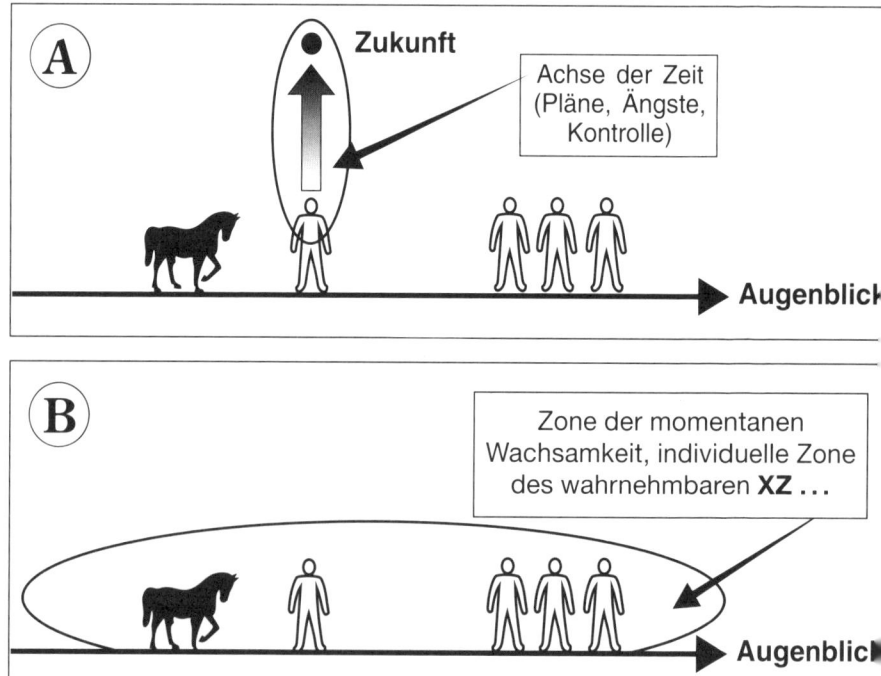

Zeichnung 26

erneuernden Wahrnehmung den gesamten Raum mit all den Wesen darin umschließt (B). Darum lege ich so großen Wert auf die Unterscheidung von Konzentration (Lernen in der Schule z. B.) und Wachsamkeit (Überleben in der Natur). Das gesamte Umfeld offenbart sich dem so (Er)lebenden, Wahrnehmenden, dem Wachsamen, in seinen tieferen, wesentlichen Strukturen. Und natürlich werden auch die in Wahrheit wesenhaften, von außen verdeckten Eigenschaften des Pintohengstes vom fühlenden, wachsamen Begreifen erfaßt. Das sind zwar keine Worte, Zahlen und meßbaren Größen, dennoch ist es ein eindeutiges Gewahrwerden. Und: Läßt man das eine, kommt fast von selbst das andere! Darum ist es eher ein Verlernen als ein Lernen. Aber den Schritt in das »Meer« zu tun, zu vertrauen, das ist der so große, der so winzige Sprung. Die Naturvölker haben oder hatten hierfür eine Fülle von Initiationsritualen. Darauf kommen wir gleich noch zu sprechen. Das *Erkennen* äußert sich also als ein mehr oder weniger umfassendes Begreifen, z. B. des inneren Wesens eines Pferdes.

Auch jener Pintohengst zeigt dem Wachsamen die *wahren* Strukturen seines Wesens, mögen diese auch der äußeren Erscheinung vollkommen widersprechen. Diese wahren, inneren Strukturen zeugen in diesem Falle von Erfahrungen und Leid, die das Pferd in der Konsequenz zu einem gefährlichen, aggressiven Tier werden ließen. Seine Attacke kann also schwere Verletzungen hervorrufen. Um die aber zu vermeiden, könnte ich ja noch schnell einen Plan ausdenken, eine Strategie, eine Vorgehensweise. Was würde geschehen? (Siehe Zeichnung 27)

Vor lauter ängstlich eingeschränktem Planen (in die Zukunft) verlöre ich den Bezug zum Gegenwärtigen, also ganz sicher auch zu dem Pferd. Das Erspüren des Augen-

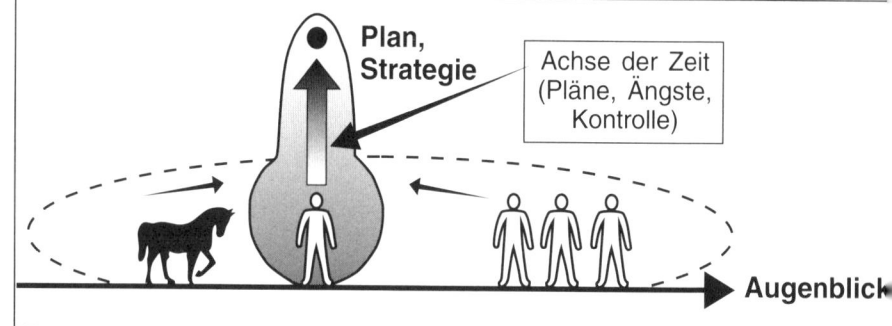

Zeichnung 27

blickes (Y + XZ) und der Wesen, des wahrnehmbaren Raumes würde sich schlagartig auf die Achse der Zeit verschieben. Das Handeln unterläge jetzt kleinen, planenden Parametern und würde im günstigsten Falle einfach zu *keiner* Veränderung führen, im ungünstigsten Falle jedoch zu Verletzungen, ja auch zur erheblichen Gefährdung meiner Gesundheit. Und natürlich zu einer Vielzahl von Mißverständnissen zwischen dem Pferd und mir und in der Folge zur Bedrängnis, zur Unterdrückung, zur Anwendung von Gewalt.

Überlasse ich mich jedoch ohne Unterbrechung der breiten Wachsamkeit des Augenblickes, frage nicht nach groß und klein, nach Gewinn oder Verlust, dann kann sich mit kaum zu beschreibender Leichtigkeit fügen, was sich fügen soll. In einem Kommentar zum Buch der Wandlungen heißt es dazu:

»Wenn demgemäß die Bewegung dem Gesetz des Himmels folgt, dann ist der Mensch unschuldig und ohne Falsch. Das ist das Echte, Natürliche, das durch keine Überlegungen und Hintergedanken getrübt ist. Wo man die Absicht merkt, da ist die Wahrheit und Unschuld der

Natur verloren. ... Der Mensch hat vom Himmel die ursprünglich gute Natur erhalten, daß sie ihn bei allen Bewegungen leite. Durch Hingabe an dieses Göttliche in ihm erlangt der Mensch eine lautere Unschuld, die ohne Hintergedanken an Lohn und Vorteil einfach das Rechte tut mit instinktiver Sicherheit. Diese instinktive Sicherheit bewirkt erhabenes Gelingen und ist fördernd durch Beharrlichkeit. Es ist aber nicht alles Instinktive Natur in diesem höheren Sinn des Wortes, sondern nur das Rechte, das mit dem Willen des Himmels übereinstimmt. Ohne dieses Rechte wirkt eine unüberlegte instinktive Handlungsweise nur Unglück.«[1]

Gerade die letzten Zeilen dieses Ausschnittes aus dem Kommentar zum Buch der Wandlungen sind sehr bedeutsam. Denn auch eine instinktive Handlungsweise kann ebenso wie eine geplante Unglück bewirken. *Das ist ein ganz entscheidender Punkt!* In diesem Zusammenhang spreche ich darum nicht nur von Intuition, sondern von »relativierter Intuition«. Denn: Nicht Leichtsinn, nicht Mut, nicht Kraft, nicht Waghalsigkeit, nicht Dummheit, Verantwortungslosigkeit oder »naiver Instinkt« geben mir die Chance, einem gefährlichen Tier auf engstem Raum zu begegnen, *sondern das Erspüren einer gleichschwingenden Dynamik.* Auch wenn sich das eine rasend schnell bewegt, bewegt sich das andere ebenso schnell mit, dann begegnen sie sich im scheinbaren Stillstand, ohne Hast, ganz selbstverständlich. (Siehe Zeichnung 28)

Die daraus folgende Handlung ist, und da wiederhole ich mich sicherheitshalber noch einmal, weder von naivem Instinkt (was auch schlicht und einfach Dummheit sein kann) noch von einem das mögliche Geschehen einengenden Plan geleitet, von Erwägungen, von Strategie, sondern vielmehr vom *möglichst klaren Erkennen*. Das

Zeichnung 28

eine wie das andere, das unmittelbare Beantworten eines »naiven Instinktes« wie das Planen zu lassen und gegen *Erkennen* einzutauschen, das kann ein Mensch *nicht* allein vollbringen. Er kann seine Welt nicht neu erfinden, nicht einmal ergründen. Dazu braucht es das Fundament einer Urquelle. *Die beiden Spiralen jedenfalls, in der Begegnung Mensch – Pferd, schwingen jetzt gleich. Eine Begegnung soll sein, darf sein, kann sein, wird.* Der Ablauf der Begegnung ist nun nichts weiter als das Erspüren dieses Augenblickes zum nächsten, zum nächsten und zum nächsten... (Siehe Zeichnung 29)

Jede einsetzende Angst würde sofort die »Wolke der Wachsamkeit« auf die Achse der Zeit verschieben. Denn Angst ist ja Zeit!

Das Handeln ist jetzt das Miterleben aller aufeinanderfolgenden Augenblicke, ist das Sein im Gegenwärtigen. Da es in jedem Augenblick die gesamte mögliche Erfahrensbreite miteinbezieht, ist das Erleben und das Geschehen so vollständig wie nur möglich. *Der Raum, die Wesen sind in ihrer ganzen Fülle präsent, ohne »Fata Morgana«, ohne das Wahnbild einer über das Jetzt hinausgehenden*

Das Pferd in der Urquelle 269

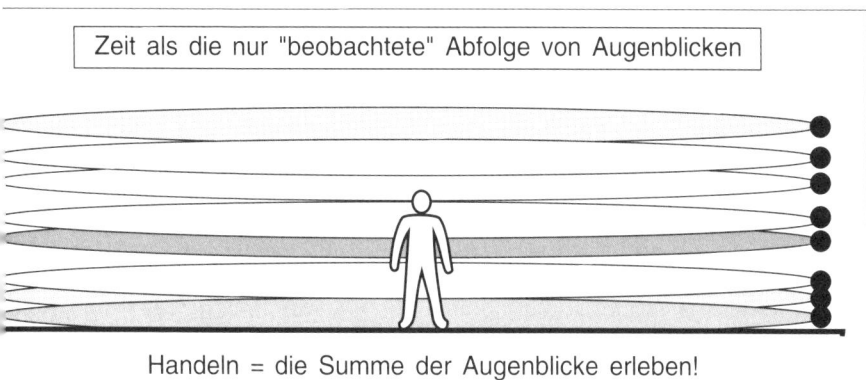

ichnung 29

Zeitvorstellung. Wie auch immer sich ab hier das Zusammensein mit dem Pferd gestaltet – auch ein Rückschlag, eine »Niederlage« trifft jetzt einen Menschen, der auf der breiten Basis des augenblicklich gegenwärtigen Erlebens sicher und fest steht. Was denn ist gut, was denn ist schlecht? Habe ich kleiner Mensch denn auch nur den Hauch einer Ahnung?

Diese Urform, die Zeit zu überwinden, *schweift niemals ab in »höhere Gefilde«,* sondern ist und bleibt *immer* und unbedingt im Dasein, im Leben. Genau darum geht es ja: *Jeden Augenblick im räumlichen Erleben in der Überwindung der Zeit, in seiner ganzen Gültigkeit und Größe zu erkennen!* Der Zeit und dem Leben kann man auch entfliehen. Viele östliche und gnostische Praktiken geben hierzu komplizierte Anweisungen. Von diesen Praktiken aber findet sich in den Urquellen nicht ein Wort! Die Urquellen wissen nichts von Askese, nichts von Rausch, nichts von lebensfliehenden Ritualen, sondern nur von einem Dasein in der Welt, das alles im Raum Erscheinende dem »Einen« zuzuführen vermag. Leider sind die Worte begrenzt, und sie sehen sich oft sehr ähnlich, so wie die Menschen, die auf Pferden sitzen.

Mit Pferden sein, wie ich es sehe, heißt also, »zeitlos« zu sein, ohne Absicht und Vorsatz mit aller Entschlossenheit zu handeln ohne eigenes Tun, also zu »handeln ohne zu handeln«. Alles andere bedeutet, das Pferd vor deinen Plan, vor dein Rad zu spannen. Und dann wird das Pferd, auch das reale, zur großen Gefahr, denn es stürmt ins (jetzt ungeteilte) Meer, dorthin nämlich will es. Und es nimmt dich und dein Rad mit in den Untergang. Wenn der Bettelmann (der Planende, der ängstlich um sich und sein Ego Besorgte) das Pferd besteigt, dann verlangt er, bewußt oder unbewußt, *daß das Pferd ihn zur Erfüllung seines Planes trägt. Das Pferd aber ist zeitlos. Darum muß es gegen den egozentrischen, planenden Willen des Gemeinen kämpfen und zum Schluß siegen, wie beklagenswert auch immer sich die äußere Niederlage, das Unterdrücktsein des Pferdes unseren Augen zeigt.* So wird der Kampf im Zusammensein zur Normalität, so wird die Normalität zum Kampf. *Und so ist aller Anfang nur der Anfang vom Ende.* Und wenn wir uns jetzt nur einige kleine Details aus der Urquelle anschauen, dann mag dem einen oder anderen ein Schauer über den Rücken laufen, wie sehr sich Realität mit Mythos, Wort mit Schöpfungskonzeption und die uralten Quellen mit dem Dasein hier und jetzt decken. Damit wir uns jedoch nicht in diesen zum Schluß unglaublich spannenden Details verlieren, will ich das Folgende zum Thema Pferd auf diesen Seiten nur stichwortartig aneinanderreihen und die interessierte Leserin und den interessierten Leser bitten, diese Punkte leicht selbst weiterzuverfolgen. Denn ist das erste Eis einmal gebrochen, findet man sicher die Fortsetzung seines eigenen Weges. Starten wir also wieder zu einem kleinen

»Vorbeimarsch«. Auch diesmal formen viele einzelne Details wieder das Ganze. Darum richte sich das Interesse der Leserin, des Lesers bitte nicht zuerst auf die Details, sondern zuvorderst wieder auf das Ganze, auf das Große.

Das Pferd ist Ausdruck der Zahl 6. Am sechsten Tag, am Freitag, wurde der Mensch erschaffen. Das Pferd hat also demzufolge viel mit dem Menschen zu tun. Die Israeliten sind 600000, wenn sie losziehen, und es sind auch 600 Pferde und Wagen. Die Zahl 6 also ist offensichtlich ganz entscheidend erstens für die Zeit *vor* dem Auszug durch das Meer und zweitens für die Bedeutung des Pferdes in der Urquelle. Beim Durchzug dann sterben die 600 Pferde, und nach dem Durchgang sind es 603550 Israeliten. Sie haben also die reine 6 verlassen, und zwar in einer, wie wir sehen werden, ganz konkreten Form, die bereits in der Zahl 603550 ausgedrückt ist. Sie haben die »Schöpfungskonzeption Pferd« zurückgelassen.

Die Zahl 6 wurde verlassen, ebenso wie das Reich und das Wirken der unterdrückenden und pressenden Ägypter. Das alles sagt uns also: *Der Mensch wird geboren im Zeichen der 6 (Freitag), um diesen Zustand ganz offensichtlich zu verlassen, dann, wenn es ihm ernst ist mit seiner eigenen Befreiung!* Und das Symbol, das Zeichen für dieses »Verlassen« ist das Pferd! Wird das Pferd behindert durch »menschliches Planen«, durch das Rad, gelingt der Durchgang nicht, reicht das Seil nicht zum Wasserspiegel und der Untergang, ein Leben ohne wahre Erfüllung, das bloße Erwarten des Todes, das Ertrinken in der Zeit ist vorbestimmt. Die Indianer sagen, ein Mensch werde »in einer Himmelsrichtung geboren«, um all die anderen im Laufe seines Lebens kennenzulernen, um »heil«, »ganz« zu werden. Gehen wir Schritt für Schritt weiter:

Wir erkannten schon in etwa, was hinter dem Buchstaben A steht, was denn steckt hinter der so seltsamen Zahl 6*, die ja ganz eindeutig in der biblischen Urquelle mit dem gleichgesetzt wird, was der Mensch unbedingt zu verlassen hat, will er sich befreien? Wir wollen eine andere Urquelle aufsuchen, das Buch der Wandlungen mit seinen 64 Wandlungsphasen, und dieses zu Rate ziehen. Darin gibt es positive und negative Verheißungen. Suchen wir also einfach die auf, die unmittelbar mit der Zahl 6 zu tun haben. Das wären die Zeichen Nr. 6, Nr. 60 und 6x6 = 36. Die Multiplikation einer Zahl bedeutet in den Quellen immer ihre allerletzte Erfüllung. Darum ist das Zeichen Nr. 36 das interessanteste. Aber schon die anderen Zeichen geben erste deutliche Hinweise, die uns weiterhelfen können. Das Zeichen Nr. 6 ist »Der Streit«! Und da heißt es: »Du bist wahrhaftig und wirst gehemmt.« Der Streit ist Symbol der Zweiheit, Symbol der zwei Parteien. Es prallen Wahrhaftigkeit und Hinterlist aufeinander. Und weiter heißt es: »Himmel und Erde gehen einander entgegengesetzt«[2], ist doch dieses Zeichen zusammengesetzt aus Wasser und Himmel. *Damit wird also die Beziehungslosigkeit von Geschöpf und Schöpfendem ganz deutlich dargestellt. Das, was verlassen wird, verlassen werden soll, ist also das Getrenntsein vom Ursprung. Getrenntsein vom Ursprung bedeutet Druck und Unterdrücktwerden. Der Mensch trennt sich vom Ursprung, der Unterdrücker erscheint dann ganz von selbst!*

Was sagt das Zeichen Nr. 60? (Natürlich wird der Leser, der sich nicht sehr intensiv mit alledem auseinandergesetzt hat, hier nicht jedes Detail verfolgen können.

---

* Noch einmal will ich betonen, daß all die Ausführungen um die erkennbaren Zahlenwerte der Urquellen nichts mit kabbalistischen Zahleninterpretationen und Spekulationen zu tun haben. Die aufgeführten Zahlenwerte hier sind nirgendwo abgeleitet oder berechnet, es sind ja reale Zahlenerscheinungen der Quellen!

Dies ist aber später einmal leicht nachzuholen. Entscheidend hier an dieser Stelle ist, wie schon gesagt, nur das prinzipielle Aufnehmen der gesamten Struktur und das erstaunte Wahrnehmen der Tatsache, wie sehr die Urquellen der Welt in ihrem inneren Kern miteinander übereinstimmen.) Das Zeichen Nr. 60 trägt den Namen »Die Beschränkung«. Interessant: Es setzt sich aus »Wasser« und »See« zusammen! Und dazu heißt es: »Es sind im Bilde die Wasser unten und die Wasser oben, zwischen denen die Feste des Himmels als Schranke ist.« Erinnert dieses Bild nicht sehr stark an »das vom Himmel geteilte Meer«? Beschränkt werden auch hier »die Wasser«. Das Wasser wird in seine Schranken verwiesen. Gelingt das, dann »... wird die Unmittelbarkeit des himmlischen Musters eins mit der menschlichen Natur.«[3] *Vor* den unbeschränkten, also unbezwungenen Wassern (dem Leben in der Zeit) liegt der Streit, *liegt die Trennung von Himmel und Erde.* Hier wie dort steht dafür die Zahl 6. Hier wie dort sollen die Wasser (die Angst, das Dasein in der Zeit) bezwungen werden. Gelingt das, dann verbindet sich die Unmittelbarkeit des himmlischen Musters mit der menschlichen Natur. *Dieser Mensch existiert dann unmittelbar im Hier und Jetzt!* Der erste, der wichtigste Ansatz zur Befreiung ist geglückt! Das Zeichen »Die Befreiung«, also das, was dann ganz am Ende der Wanderung zu finden ist, trägt die Zahl 40 im Buch der Wandlungen. Sagten wir nicht, daß König Salomo 4000 Pferde besäße? Konnte er die Pferde, ihr Symbol, den höchsten Ausdruck menschlichen Strebens, durch seine Weisheit endgültig befreien?

Kann in der Rückschau bei alledem auch noch der größte Skeptiker von »Zufällen« sprechen? Oder eröffnet sich hier mehr und mehr eine phantastische Möglichkeit für uns Menschen? Weiter wollen wir stichwortartig fortfahren. Was denn sagt das Zeichen Nr. 36? Dieses heißt »Die Verfinsterung des Lichtes«. Es ist das dunkelste Zeichen im Buch der Wandlungen, der Tiefpunkt, benennt es doch eine Zeit, in der ein finsterer Mann an der Spitze alle Weisen bedrängt. Ist das nicht genau die Situation jener biblischen Erzählung? Das alles also soll verlassen werden, um die himmlische mit der menschlichen Natur zu vereinen!

Das Pferd kommt in den insgesamt 64 x 6 = 3624 Einzelpositionen des Buches der Wandlungen nur dreimal(!) explizit vor. Einmal davon bestimmt es das ganze Zeichen. Und inzwischen wird es Sie nicht mehr überraschen, wenn ich Ihnen sage, daß es genau dieses Zeichen (36) ist, heißt es doch: »Er wirkt Hilfe mit der Macht eines Pferdes.«[4] Das Zeichen beschreibt eine extreme, dunkle Ausgangssituation und sagt sogleich, daß Hilfe mit der Macht eines Pferdes möglich ist. Inzwischen wissen wir, daß nicht unbedingt das reale Tier gemeint sein muß, daß also in jedem Falle, wie bei den Hunden, die Schöpfungskonzeption als Ganzes angesprochen ist. Nach alledem können wir sagen: *Die Schöpfungskonzeption Pferd ist so etwas wie die Basis, in der zweierlei angelegt ist. Überall auf der Welt ist das Pferd das Symbol für die Möglichkeit des Durchbrechens der Mauer, der Diffusionsgrenze, der Grenze von Zeit und Raum, oder wie auch immer man diese Scheidegrenze nennen will. Und es ist gleichzeitig Symbol für das Gelingen wie für das Scheitern. Denn wir finden es an dem einen wie an dem anderen Ort. Wir finden es unter dem Bettler wie unter dem Ritter.* Diese Definition, das Erkennen der Bedeutung des Pferdes in der Urquelle, ermöglicht es uns später, die wahre und so inhaltsreiche Aussage von »Frau und Pferd« in den Quellen wie in der Welt der Erscheinungen zu finden und zu durchdringen.

Zurück zu der anderen Urquelle, der Thora. Dort finden wir weitere wichtige Informationen, die wir uns noch in aller Kürze anschauen wollen. (Bitte wieder ganz entspannt »vorbeirauschen« lassen – das alles wird sich im Laufe des Buches immer weiter klären.) Die Zahl 603550 ist in Wahrheit eine sehr tiefsinnige Form der Zahlenfolge 6, 7, 8. Die Israeliten haben ihre Wanderung begonnen. Sie haben die Zahl 600000 zur beginnenden 7 hier verlassen (603550). Die Zahl 3½ oder 35 (hier 3500) kommt immer wieder in der Urquelle vor und meint 7 x ½, ist also eigentlich die Zahl 7. Wir leben in der Welt der sieben Tage, in der Welt der Sieben. Hier gilt es, den Weg in die Befreiung zu gehen. Nur hier in dieser Welt kann er begangen werden! Versäume nicht deine Chance! Das wunderschöne Zeichen 35 im Buch der Wandlungen ist darum folgerichtig auch »Der Fortschritt«, und konsequent heißt es dort als Belohnung für die Art des Handelns, die unter dem Zeichen der aufgehenden Sonne dargestellt wird: »Der starke Fürst wird geehrt durch Pferde in großer Menge.«[5] Und tatsächlich kommen in der anderen Urquelle, in der Bibel, eine so große Zahl Pferde (4000) nur bei dem größten aller Fürsten (Königen) vor, bei Salomo. Er ist der achte König. Er hat also die Welt des nur Realen (die Welt der Sieben) verlassen. Er hat Y mit XZ verbunden und lebt in der Welt des nicht mehr nur Realen, der nicht mehr nur 7 Tage. Er lebt in der Welt der beginnenden Acht. Er hat die Zeit vollends überwunden und lebt in der Unendlichkeit (∞).

Dieses Verlassen der Sieben ist auch schon in der so merkwürdig präzisen Zahl von den fliehenden Israeliten enthalten. Die war ja:

600000 = 6
3500   = 7
50   = 7 x 7 = *49* + *1* = die beginnende 8. (Die Nur-Realität wurde verlassen, die Diffusionsgrenze überschritten.)

Die ganze Acht ist hier auf dieser Welt nicht zu erreichen, aber die höchste Erfüllung der Sieben, die 7 x 7 = 49, die kann überwunden werden. So kommt die Zahl 50 in der Bibel immer dann vor, wenn die Verbindung von Himmel und Erde erreicht wurde, das Y mit dem XZ, das Sichtbare mit dem Unsichtbaren. Das Zeichen Nr. 49 im Buch der Wandlungen ist darum auch das der »Revolution«, der absoluten Umwandlung, der Umwälzung. Alles wird jetzt anders, nichts bleibt, wie es war. Die Wahrnehmung wie das Leben nimmt eine gänzlich andere Qualität an. Aber es gibt keine Abkürzung. Die 7 x 7 müssen erfüllt sein, dann erst kommt die 50. Weltenflucht und Rausch und Wahn führen zu gar nichts. Und das Zeichen Nr. 50 im Buch der Wandlungen ist darum folgerichtig das Zeichen, in dem durch einen Verbrennungs- und Schmelzvorgang das Höchste, das Reine zum Vorschein kommt. Unten ist das Holz und oben ist das Feuer. Das Zeichen benennt den Tiegel, in dem durch einen ununterbrochenen Schmelzvorgang das Reine vom Unreinen sich schließlich löst. Da baut sich auch in dieser Quelle, in der »50«, das Gotteshaus auf Erden. In einem Kommentar zu diesem Zeichen des I-Ging heißt es: »Alles Sichtbare muß sich steigern und fortsetzen ins Unsichtbare hinein. Dadurch bekommt es die rechte Weihe und rechte Klarheit und wurzelt in den Weltzusammenhängen fest. Das höchste Irdische muß dem Göttlichen geopfert werden. ... Das Holz ist das Schicksal des Feuers; solange es unten vorhanden ist, brennt das Feuer oben. So ist es mit dem menschlichen Leben. Auch im Menschen ist ein Schicksal, das seinem Leben die Kraft verleiht. Und wenn es gelingt, dem Leben und Schicksal den richtigen Platz anzuweisen, dann festigt man das Schicksal, indem so das Leben unmittelbar im Einklang mit dem Schicksal ist.«[6]

Die Zahl 603550 ist schon das ganze Geheimnis! Es ist die Erzählung von der Geburt des Menschen am sechsten Tag in die Welt des Sichtbaren, die Welt der Sieben. Es ist die Erzählung von der Überwindung des Wassers, von der Vereinigung des Himmlischen mit der menschlichen Natur, von dem Durchbrechen der Grenze, der Verbindung dieser sichtbaren, realen Welt mit der Schöpfungskonzeption, mit der Ganzheit des Seins. Die Urquellen, von denen wir hier nur einen ersten, winzigen Ausschnitt betrachten konnten, weisen den Weg, beschreiben seine Richtung und sagen *alles*, wirklich *alles* über die Beschaffenheit der Wege, über das Leben, über Geburt, über das Sterben. Was noch mehr kann man verlangen?

Jedes Detail verweist auf das Große, auf das Tiefe. Natürlich mußte der *sechste* König, Saul, den *siebten* König, David, jagen. So wie die Ägypter die Israeliten, so wie der »westliche Jäger« die Indianer, so wie der Hund die Katze. Natürlich ist der siebte König der »geliebte«, trotz all seiner großen Fehltritte! *Wir* hier in dieser Zeit sind die »Geliebten«, trotz all unserer großen Fehltritte! Wenn wir nur an den Sohn glauben, an die Frucht unseres Lebens. Diese »Frucht«, unser »Sohn«, baut das Gotteshaus hier auf dieser Welt, schlägt die Verbindung von Y zu XZ. Und dieser Sohn, diese Frucht ist die Weisheit, ist das Überwinden der Zeit, ist die große Befreiung von den Ängsten und den Zwängen der Welt der Sechs, *der Welt des Rades!*

Die Pferde bezeichnen bei all dem Anfang und Ende

eines Weges. Sie tragen den Körper und die Seele des Menschen. Auf der Wanderung gibt es keine Pferde. Die Pferde sind erst, wie es im Zeichen Nr. 35 heißt, die Belohnung. König David besaß *keine* Pferde, im Gegenteil, ihm sind sie verboten. Erst der, der im Besitz der Weisheit ist oder behutsam dort hingeführt wird, der darf Pferde um sich haben, ist er doch von dem Glauben an die Macht der Entwicklung vollends befreit. Er plant nicht. Er *ist,* wie das Pferd *ist,* und so sind sie von Anbeginn an eins und harren auf das, was ganz von selbst geschieht!

Daß der siebte König, also König David, der König dieser Welt, ein regelrechter »Kriegskönig« ist und daß das Zeichen Nr. 7 des Buches der Wandlung mit »Das Heer« betitelt ist, daß alle Zeichen des Buches der Wandlungen auf der Basis der 6 aufgebaut sind und daß es insgesamt 8 x 8 (!) = 64 Zeichen gibt und, und, und, auf alles das und Ungeahntes mehr wollen und können wir hier natürlich nicht weiter eingehen. Im Sinne meiner »Diplomatie des Ursprungs« jedoch will ich noch einmal ganz klar auf die nun wirklich nicht zu leugnenden Parallelen hinweisen! Und ich will das zum Anlaß nehmen, auf den wahren und tiefen Gehalt jener Worte zu verweisen, die als äußere Hülle bis heute in unerträglicher Weise auch von Menschen mit bestem Willen aus den dargelegten Gründen vollkommen verkannt werden!

In der Zahl 603550 jedenfalls, in diesem winzigen, so unbedeutend erscheinenden Detail ist Geburt, Ausgangspunkt, Weg, Form der Überwindung und die Erreichung des Zieles schon enthalten. Was für ein Universum steckt dann in der Ganzheit des Alten Testamentes, in all den Urquellen der Welt? Ich weiß es wirklich nicht, ich habe nur eine schwache, erste Ahnung. So wie von den Pferden. Das Pferd aber, das vermochte das soeben Dargelegte hoffentlich aufzuzeigen, vertritt im Realen wie im Mythischen »beides«, das Sichtbare wie das Unsichtbare. Es enthält auch ethologisch betrachtet jene Verhaltensweisen zwischen Rudeltier und Einzelwesen, zwischen Hund und Katze, Schlange und Adler, *es ist in der Mythologie darum so bedeutungsvoll, weil es eben auch in der Realität diese beiden Seiten lebt!* Darum vermag es in der einen oder anderen Form zu reagieren – in den Himmel zu tragen und in die Hölle zu stoßen – weiße Flügel zu schwingen oder dem »Teufel ein Bein« zu sein.

DIE FRAU IN DER URQUELLE

Das alles droht den einen oder anderen auch zu erschlagen, ich weiß. Aber das soll und muß es nicht. Der Reichtum und die Vielfalt des zu Entdeckenden unterliegt ja keinem Zwang. Ganz im Gegenteil: Den wollen wir ja verlassen. Der Reichtum und die Vielfalt ist *Möglichkeit und Angebot, ist Fülle und Pracht, Schönheit und Erfülltheit!* Und jeder vermag sich dem zu nähern, genau so, wie es ihm eben entspricht. Darum ja beginne ich mit all meinen Beispielen immer bei dem einfachsten, bei dem »banalsten«. Daraus dann entwickelt sich das Große und das ganz Große und das Allergrößte. Zum Schluß aber ist es ja »nur« der Hund, »nur« das Pferd, »nur« ein Vogel, »nur« der Sonnenschein auf meiner Haut. Zum Schluß ist es das einfachste, demütigste, erfüllteste Erleben! Es ist die Welt der Vernunft, die sich mit der des Fühlens, der Emotionen, der Phantasie, der des individuellen Ausdrucks, der Träume und der Sehnsucht nach der vitalen, tiefen, freudigen Ruhe des Einsseins verbindet. Weder den Traum noch die Erscheinungswelt halten wir für eine Illusion, sagen die Aborigines, erst gemeinsam machen sie die Wirklichkeit aus:

»Für die Aborigines ist das Unbewußte bewußt und allgegenwärtig, es durchdringt alle Stufen des Seins, genau wie der Raum unsichtbar alles füllt von den Galaxien bis ins Innere eines Atoms. Das Bewußtsein ist ebenso wie die Dinge dieser Welt; es erscheint und verschwindet, wechselt ab zwischen Wachsein und Schlaf, zwischen Leben und Tod. Die sichtbare Wirklichkeit einer Erschei-

Die Frau in der Urquelle 281

nungsform und ihr unsichtbares Potential sind gleichzeitig existent, genau wie die bewußte Wahrnehmung und der Strom des Unbewußten gleichzeitig existieren. So scheinen das Potential des Samens und die Wirklichkeit der Pflanze zwar aufeinanderzufolgen, wie der Tag auf die Nacht folgt. Nach der Denkweise des Erträumens der Welt existieren aber Tag und Nacht gleichzeitig, als die einander gegenüberliegenden Seiten einer sich drehenden Kugel. Die Aborigines sehen die unauflösliche Beziehung zwischen der Wirklichkeit und dem Potential, dem Bewußten und dem Unbewußten, wie die helle und die dunkle Seite des Mondes – beide sind immer gegenwärtig.«[1]

Vor diesem Hintergrund nun wollen wir, nicht ohne Grund am Schluß des Kapitels »Das Durchbrechen«, jetzt die Frage beantworten, welche Rolle denn nun die »Frau« in den Urquellen spielt. Die Unterdrücker legitimieren sich durch all die Aussagen über »die Frau« in den Quellen. Und es bleibt mir nichts anderes, als wieder mit einer Überraschung aufzuwarten. Denn »die Frau« in den Urquellen gibt es eigentlich überhaupt nicht. Die Frau als erscheinendes Wesen ist dort fast nicht existent! Und wieder glaube ich, um Vertrauen bitten zu müssen, hatte sich das Bisherige doch auch immer und, wie ich hoffe, nachvollziehbar aufgelöst. Auch diese frappierende Feststellung will ich nun erklären.

Knüpfen wir wieder an bei dem schon Bekannten. Unter dem Zeichen der 6 wurde etwas verlassen. Etwas, was soviel wie Teilung bedeutete, wie das Getrenntsein von Himmel und Erde. Die absolute Finsternis, das Despotische und die Macht des Rades, die Macht der vom Menschen angebeteten, seelenlosen Materie, und das Bedrückende dieses Daseins wurde zurückgelassen. Das

Ziel war die Verbindung, war das Zusammenfinden der menschlichen Natur mit der des Himmels (Y + XZ). Weisheit, Geist und Seele galt es zu finden anstelle der entseelten Macht von nur menschlich verwalteter Materie. Die Unterdrückenden wollen das Männliche töten, und die Anweisungen Gottes an sein Volk heben immer wieder hervor, daß das Weibliche dem Männlichen dienen solle. Selbstverständlich sind hier doch nicht männliche oder weibliche »Menschen« gemeint. Oder an anderen Stellen auch die männlichen oder weiblichen Tiere, die es zu schlachten gelte. Wie nur können sich derart abstruse Gedanken so lange halten?

Natürlich ist *alles* Weibliche in der Bibel einfach *alles* Erscheinende, alles Sichtbare und mit den Sinnen Wahrnehmbare! Die Materie, das Maternale, das Empfangende und Tragende ist das Weibliche, ist die Frau! Und diese »Frau« eben, das Erscheinende, sei nicht Selbstzweck. Das Erscheinende diene vielmehr dem Erkennenden, Befruchtenden, dem Geistigen, dem hier als männlich bezeichneten. Die Schöpfungskonzeption, die Gesamtheit aller XZ, das aus der Einheit Entspringende, befruchtet doch das, was diesseits der Grenze von Zeit und Raum durch das Weibliche geboren und sichtbar wird. *Das Männliche ist das Befruchtende, das Weibliche ist das Empfangende und Gebärende, das dem Leben einen Körper gibt.* Wenn es das weibliche Prinzip nicht gäbe, wäre die gesamte, so prächtige, so reichhaltige Schöpfung schlicht und einfach unsichtbar. Dann gäbe es nur den Duft, nicht die Rose. Nur den Gedanken, nicht die Tat. Nur den Geist, nicht den Leib.

Natürlich will das eine in der Bibel vorkommende Volk, dort Ägypten genannt, alle Knaben töten. Denn dieses biblische Ägypten will nur das Sichtbare allein, nur die Materie, ohne den geistigen »Unterbau«. Die Steinebrenner, die Erbauer der Festungen, jene eben, die ausschließlich an die Macht menschlichen Tuns und menschlichen Fortschritts glauben, fürchten sich vor dem Unsichtbaren, vor dem Zutagetreten dessen, was jenseits der Grenze von Zeit und Raum in Wahrheit schöpfend wirkt. Ägypten will in dieser biblischen Erzählung die XZ's der Welt, also die Ursprünge, das Befruchtende, die Basis von Y, also alle »Knaben«, alles »Männliche« töten, glaubt es doch, durch die Macht des Rades selbst die Materie, das Y vermehren und beherrschen zu können. Im Gegensatz dazu wird dem Gottesvolk geboten, das Weibliche, das Erscheinende, von dem Männlichen, dem Schöpfenden, führen und leiten zu lassen. »Die Frau diene dem Manne« heißt doch zuerst einmal nicht mehr und nicht weniger als: Das Erscheinende, die Materie diene dem Ursprung, der Schöpfungskonzeption, der Einheit! Das Y soll seinen Ursprung erkennen. Es soll wahrnehmen und zugestehen, auch ob seiner eigenen Erfülltheit, daß es von einer gewaltigen »Blase«, von einem großen XZ geformt, gehalten, getragen, eben (männlich) befruchtet wird. Es wird gespeist aus dem Unsichtbaren! (Siehe Zeichnung 30)

Natürlich macht es auch für die Ägypter keinen Sinn, reale Knaben zu töten. Aber überall wo das Geistige sich zeigt, ist von diesem seltsamen Handeln die Rede. Übernimmt das Neue Testament nicht auch diese Urbildform, wenn es von dem Despoten Herodes sagt, er wolle alle Knaben töten lassen? Und natürlich macht es um Himmels willen doch keinen Sinn, von einer Hälfte der Menschheit zu verlangen, sie solle der anderen Hälfte stets zu Diensten sein. Daß aber alles Erscheinende zum Schluß nur den Sinn hat, *dem geistigen Schöpfungsprinzip,*

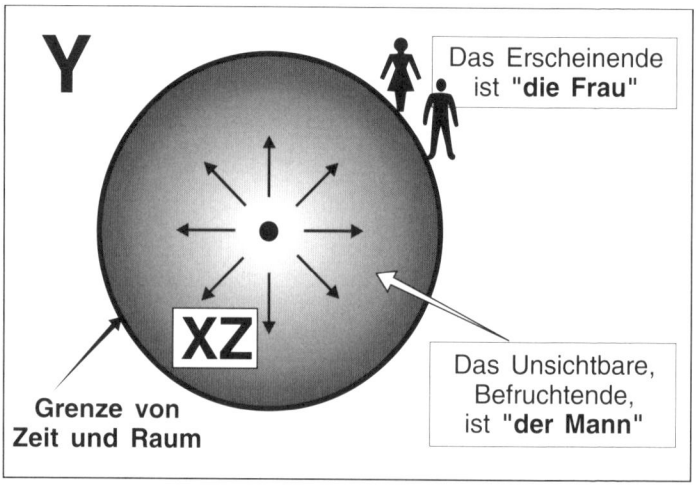

Zeichnung 30

dem Seelischen dienend einen Raum des Daseins zu schaffen, das macht auch nach all dem Gesagten wohl viel Sinn. Die Worte wollen eben nicht gemäß ihrer äußeren Struktur, sondern ob ihres ganzen Inhaltes wahrgenommen werden. Man stelle sich nur vor: Seit Jahrtausenden ist unsere Welt und das ihr zugrunde liegende Herrschaftssystem auf diesem doch banalen Irrtum aufgebaut! Man stelle sich nur vor!

Weiter heißt es: »Die Frau sei niemals ohne Mann.« Natürlich: Das Y (das Weibliche, die Materie), sei nie ohne XZ *(den männlichen, den seelisch-geistigen Urquell)!* Das Erscheinende ist nur ein Teil, ein kleiner Teil. Hältst du ihn für das Ganze, dann trennst du das »Männliche« ab, das in Wahrheit Befruchtende, dann schneidest du dich selbst von den Wurzeln des Lebens ab, wirst zur leeren Hülle, ohne innere, tiefe Vitalität und Erneuerungskraft. Dann verbleibst du in der Welt der 6, der Trennung, der Hierarchie, des Getrenntseins von Himmel und

Erde. Dann bleibt dir nur, dich an das Rad zu klammern und »Mehrwert«, wie die Ökonomen sagen, zu schaffen. Du hältst dich jetzt auch für den Urheber von Ypsilon. Die Materie, das Geld, der Reichtum und das Ich werden vermehrt.

Einer der größten Irrtümer der modernen Welt findet seine erste, zum Schluß nahezu banale Auflösung. Die Urquellen sind ja eben nicht bloße historische Zeugnisse, sondern gewaltige, gesamt-geistige Schöpfungen und Kompositionen, die uns in höchst lebendiger Weise mit dem Kern verbinden. In ihrer märchenhaften »Schöpfungs-Kernsprache« bezeichnen die Worte »Mann« und »Frau« eben doch viel mehr als zwei Menschenwesen unterschiedlichen Geschlechts. Sie sprechen von der Ganzheit aller Schöpfungskonzeptionen, die sich bruchstückhaft auf der Projektionsfläche, der Grenze von Zeit und Raum, als Erscheinungen abbilden. (Siehe Zeichnung 31)

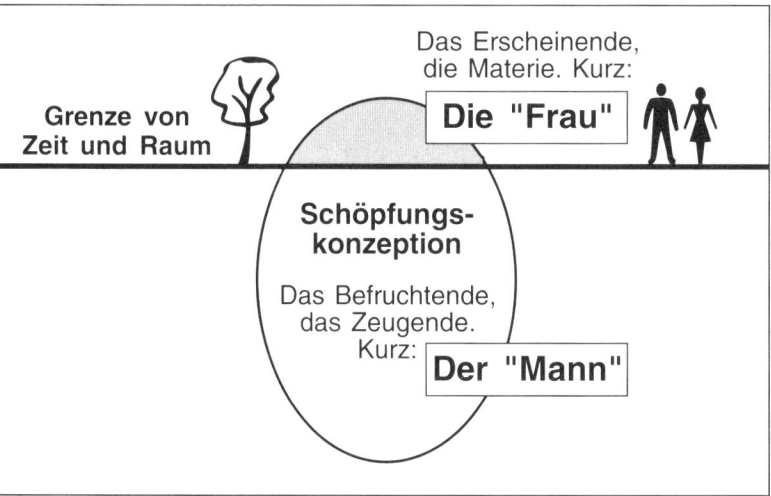

Zeichnung 31

Immer wieder ist in der Bibel von Paaren die Rede, die sich in gewisser Weise »seltsam« gebärden. Da sind Adam und Eva, da sind Kain und Abel, da sind Jakob und Esau. Legen wir diese bis hierher gefundene, gänzlich andere Deutung zugrunde und gehen wir dann nicht allein von existierenden, einzelnen Menschen aus, dann bekommt plötzlich vieles einen Sinn.

Jakob z. B. heftet sich bei der Geburt an die Ferse von Esau, und der ist wie ein Tier behaart. Scheint das real? Wohl kaum! Was aber mag das geistige Umfeld, die Schöpfungskonzeption dieser Geschichte sein? Das Zeichen der Behaarung steht für das Animalische, das Nur-Materielle. Und Esau benimmt sich eben auch so. Er will von seinem Zwillingsbruder, der die »Seele« verkörpert, nichts wissen. Aber die Seele (das XZ) heftet sich uns an die Fersen, wir können sie nicht abschütteln. Und dieses Materielle, dieses Animalische, Behaarte im Menschen will den ersten Platz einnehmen. Esau ist darum natürlich auch hier der Jäger. Und Jakob ist der Hirte. Immer wieder finden sich die gleichen Zusammenhänge und Verbindungen.

Esau soll den Segen des Vaters bekommen. Seine Mutter Rebekka aber sorgt dafür, daß Jakob an dessen Stelle tritt und – als Esau verkleidet – vom blinden, alternden Vater den Segen erhält. Ein Betrug? Nein. Rebekka, die Frau(!), sorgt dafür, daß die reine Materie, die rauhe Wirklichkeit, nicht Übergewicht bekommt. Sie verhindert, daß das »Weibliche« endgültig auf dem »Männlichen« reitet. Denn sonst hätte das »Behaarte«, das Animalische, das in diesem Sinne »Weibliche« im Menschen endgültig gesiegt. Und dann »dient nicht die Frau dem Mann, sondern der Mann der Frau«. Der blinde Vater erkennt zwar halbwegs den Betrug, aber er segnet dennoch den Jakob in der Verkleidung des Esau – in der Gestalt des Sichtbaren können wir Menschen, wir »Blinden« das Geistige, in etwa wenigstens, wahrnehmen, es erfühlen, erahnen, erspüren und es zum Schluß »segnen«.

Gott schuf Adam, den ersten Menschen, nach seinem Bilde. Gott ist Einheit und nicht getrennt, und so ist Adam eins und nicht getrennt. Adam heißt soviel wie: »Ich gleiche«. Und mit alledem, was wir erarbeitet haben, zeigt sich uns nun eine vollkommen veränderte Schöpfungsgeschichte, ein vollkommen veränderter Adam und vor allem und zuvorderst eine *vollkommen veränderte Eva!* Adam ist noch ungeteilt, ist eins, Adam also ist die Schöpfungskonzeption vom Menschen. (Siehe Zeichnung 32)

Wir erinnern uns: Nach dem sogenannten Sündenfall macht Gott den beiden ein Kleid aus Fell, bevor er sie aus

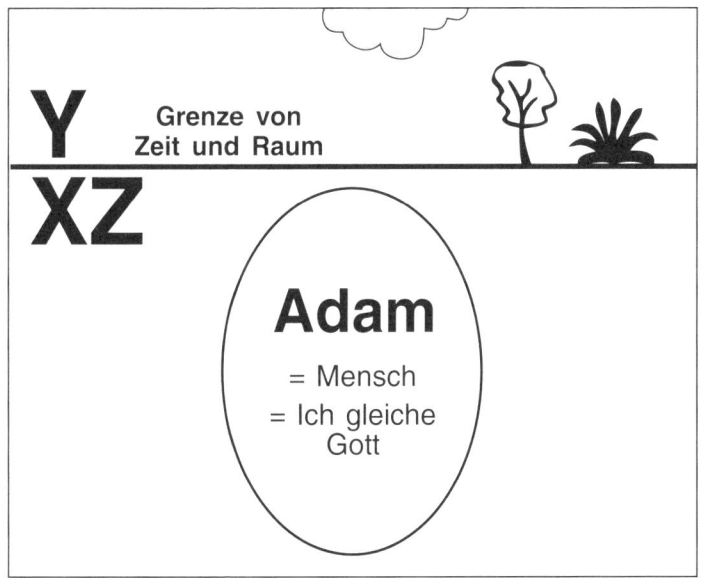

Zeichnung 32

dem Paradies weist. Die Frage stellt sich aber doch wohl: »Können die sich nicht gefälligst so einen Fellmantel selber zusammennähen?« Erst hintergehen sie ihren Schöpfer, und dann schneidert der ihnen auch noch mühevoll ein Felljäckchen? Nein, ganz sicher nicht. Solche Banalitäten wären es nicht wert, über Jahrtausende hindurch mitgetragen zu werden. In Wahrheit gibt Gott Adam und Eva nämlich, beachtet man das hebräische Original, kein »Felljäckchen«, sondern die menschliche Haut! Die richtige »Bekleidung« für ein Leben diesseits der Grenze von Zeit und Raum. *Erst jetzt werden sie geboren!* Die Trennung als erscheinende, männliche und weibliche Menschen, die Geburt in das Dasein der Polarität von Gut und Böse, in die Welt der »Zweiheit« ist der Auszug aus dem Paradies. Verfolgen wir diese jetzt wirklich interessante Geschichte weiter von Anfang an.

Adam »existiert« also erst einmal als für unsere Augen unsichtbare »Blase«, als Schöpfungskonzeption jenseits der Grenze von Zeit und Raum. Adam ist die Schöpfungskonzeption »Mensch«. Er hat kein Gegenüber, keine Gehilfin! Was für ein merkwürdiges Wort für einen Menschen, der ja eigentlich überhaupt nichts zu tun hat. Braucht der denn so etwas wie einen Gehilfen? Nein. *Aber die Schöpfungskonzeption braucht die Teilung! Sie* braucht den Gehilfen, braucht das Erscheinen in dieser Welt, damit Leben möglich wird, damit seelisches Dasein sich in Zeit und Raum ausdrücken kann! Nun also kommt die Sache mit der Rippe. Wie glauben jene? Da wurde erst das »Bessere« erschaffen, das »Glorreiche«, der Mann; und aus einem Versatzstück von ihm wurde die Gehilfin, die Gespielin noch mal so ganz nebenbei produziert. Natürlich etwas kleiner und fehlerhaft, als Frau eben, etwas schwächer, etwas dümmer und blond! Kann

Die Frau in der Urquelle

man sich etwas Törichteres vorstellen? *Aber diese Vorstellungen beherrschen bis heute unsere Welt! In Wahrheit aber heißt das hebräische Wort für »Rippe« auch »Seite, Anbau«!* (Siehe Zeichnung 33)

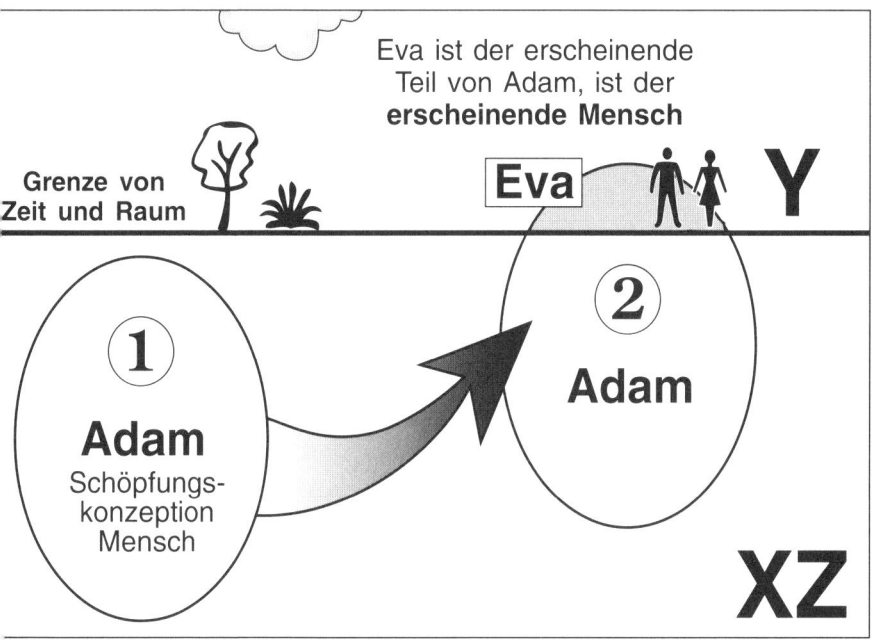

Zeichnung 33

Eine Seite, ein Teil der Schöpfungskonzeption wird sichtbare Materie. An das geistige Menschen-Konzept wird die irdische Erscheinung »angebaut«. Der ganze Mensch erscheint! Jetzt kann sich die Seele im irdischen Dasein äußern. Jetzt hat der »Mann« (die Schöpfungskonzeption) einen »Gehilfen« (einen materiell erscheinenden Teil). *Eva ist nicht einfach eine Frau. Eva ist der irdische, körperlich erscheinende Mensch. Eva ist Männer und Frauen!*

Adam ist die Schöpfungskonzeption des Menschen, ist das Unsichtbare in Mann *und* Frau.

Nun geht es weiter. Gott sagt zu dem erscheinenden Menschen: Plane nicht, lenke nicht, beurteile nicht, messe und wäge nicht im zeitlichen Sinne. Bedenke, daß du immer nur einen Teil siehst, nie das Ganze. Bedenke auch, daß du nicht Gott, daß du nicht der Urheber bist! Du weißt nicht, was ist gut und was ist böse. Denn du kennst ja nicht die verborgene Seite der Dinge. Sei und lebe. Vertrau mir.

Das Ypsilon, sagten wir, kann nur sein wollen wie Gott. Das Ypsilon nur kann das XZ, das Männliche, verleugnen. Also nimmt Eva, das »in der Welt Erscheinende«, das »Weibliche«, den Apfel, jene Frucht vom Baum der Erkenntnis, jene Frucht, die göttlich machen soll. Das Erscheinende der »Ganzheit aller Menschen« nimmt die Frucht, und doch nicht etwa eine »einzelne Dame«, nicht die »Frau an sich«, weil die eben a priori das Böse in sich trüge! Wer kann denn so etwas wirklich annehmen? *Das Erscheinende, der Mensch, schwingt sich auf, Urheber zu sein.* Der menschliche Fortschritt, so glauben jene, mache die Welt, die Technik und die Wissenschaft. Wozu noch brauchen sie das Verborgene, das Geheime, das wahrhaft Schöpfende! Der Zufall doch, die Evolution, erschuf die Welt, damit man sie besetzen, nehmen, in Besitz nehmen, sie benutzen und ihren Ertrag vermehren kann. Doch ist der sichtbare Teil des Ganzen »vergiftet«, so ist das Ganze auch »vergiftet«. Auch Adam, das Unsichtbare, Geistige, bekommt schließlich von dem Apfel zu spüren. Darum ist unser Denken und Handeln hier so entscheidend, sind die Konsequenzen doch nicht losgelöst von ihrem Ursprung.

Erinnern wir uns an die Zahl 26. Das ist die Summe

Die Frau in der Urquelle

des Gottesnamens, die Summe aller biblischen Geschlechter, die Summe des ersten hebräischen Buchstabens Alef. Die Kenntnis darum kann uns jetzt sehr weiterhelfen. Immer ist alles auch im Kleinsten vorhanden. Alles Erscheinende ist ja nichts weiter als eine Projektion aus der Einheit, aus dem Kern. Die Ziffer 6 entspricht dem hebräischen Buchstaben bzw. Wort »waw«, und das heißt »und«. Es stellt einen Verbindungshaken dar. Der Wert 26 wurde durch zwei Zehner und die Ziffer 6 als Verbindung gebildet. Das können wir jetzt so darstellen: (Siehe Zeichnung 34)

Die Zehn oben ist mit der Zehn unten durch jenen Haken verbunden. *Und dieser Haken äußert sich in dieser Welt eben zeichenhaft als Pferd!* Das Pferd verbindet Himmel und Erde, heißt es im Buch der Wandlungen. Die

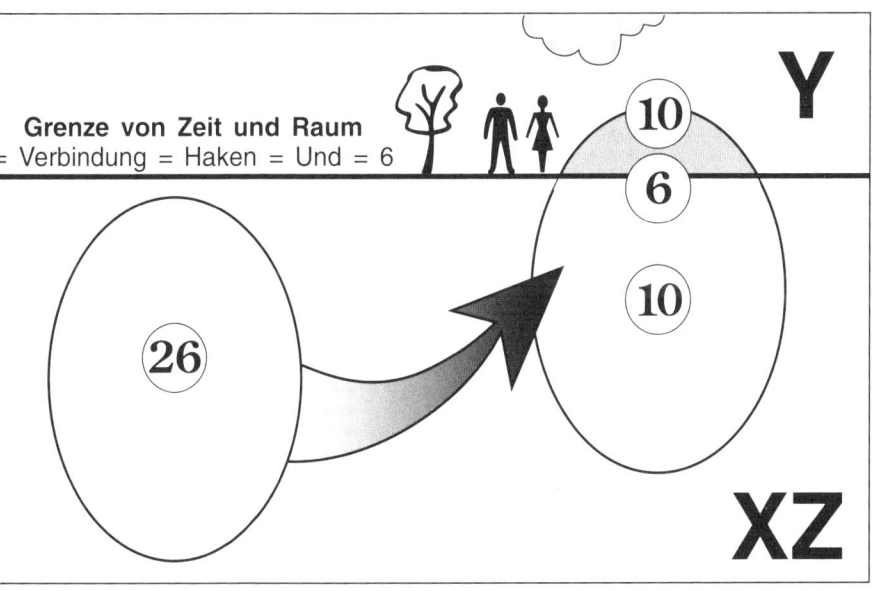

Zeichnung 34

untere Zehn ist das Befruchtende, also konsequenterweise das Männliche, ist das Unsichtbare, ist XZ. Die obere Zehn ist das Erscheinende, das sich hier Zeigende. Das sich hier Zeigende, der Mensch, wird im Zeichen der 6 geboren, am Freitag, dem sechsten Tag der Woche. Mit der Geburt des Menschen aber wird das, was ursprünglich Einheit war, in sich getrennt. Die Geburt ist der Weg aus dem Einssein in die Welt der Zweiheit.

Im unsagbaren Namen des biblischen Gottes ist die »äußere« Zehn noch einmal in zwei mal Fünf gespalten. Man könnte es so darstellen: (Siehe Zeichnung 35)

Der Wert der 26 bleibt erhalten. *Mit dem Auszug aus dem Paradies gehen Adam und Eva jetzt als getrennte, als real erscheinende, mit Haut versehene Menschen, als Mann*

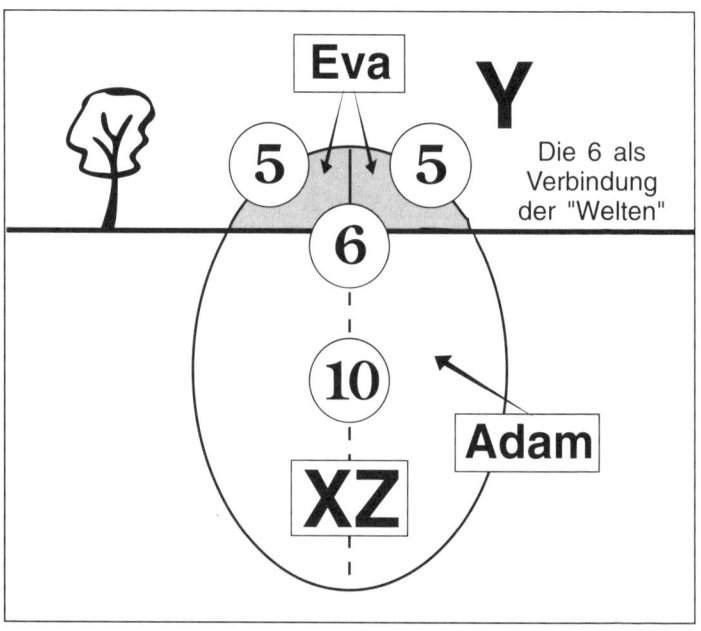

Zeichnung 35

und Frau ins Leben. (Die zwei mal Fünf, die geteilte Zehn). In der Schöpfungskonzeption ist diese Teilung des Erscheinenden als Bedingung schon vorhanden. Die Welt des Erscheinenden ist die Welt des Geteilten. *Eva ist der Mensch! Eva ist Mann und Frau! Eva ist die Urerscheinung Mensch überhaupt!* Die Teilung der »erscheinenden« Zehn in 5 und 5 ist ein reales Muster der Teilung des Menschen in zwei Geschlechter, in Mann und Frau. (Siehe Zeichnung 36)

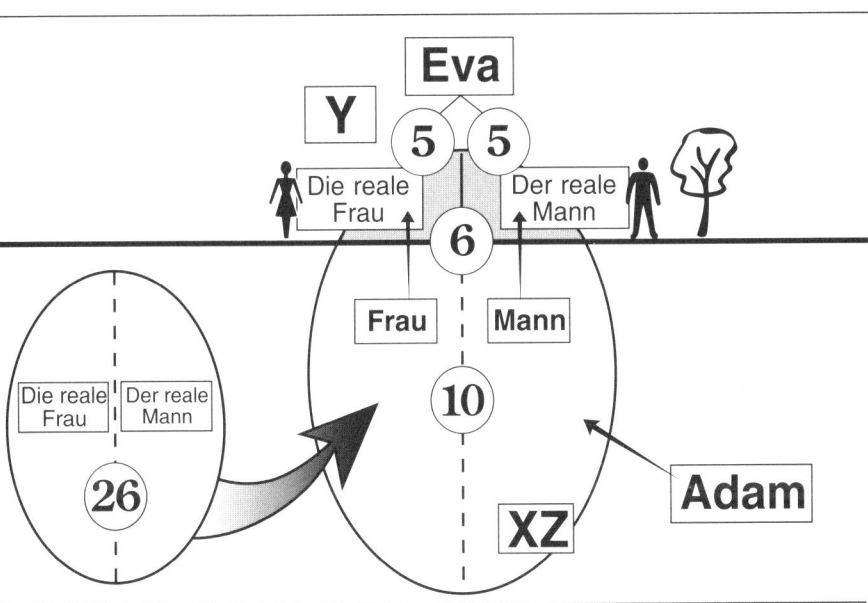

Die Teilung in reale Frau und realer Mann ist in der Schöpfungskonzeption bereits vorgesehen. Durchdringt diese "Blase" die Grenze von Zeit und Raum, vollzieht sich diese Trennung in männlich und weiblich, in Mann und Frau. **Der reale Mann, die reale Frau erscheint.**

Was hier im Erscheinenden getrennt ist, das ist im Wesen miteinander vereint. So sind Mann und Frau als ganzheitlicher Mensch erschaffen im Bilde Gottes. Im Bewußtsein dieser Einheit ist wirkliches Wachsen, ist wirkliches Sein möglich. Erst wenn der Stier, wie es im 26. Zeichen des Buches der Wandlungen heißt, wenn die Materie gezähmt ist, erst wenn die Wasser begrenzt werden, *wenn die Diffusionsgrenze überwunden wird,* dann kann das Ganze wieder zueinanderfinden. Dann bleibt die Teilung hier in Himmel und Erde, in Tag und Nacht, in Frau und Mann, in 5 und 5 zwar erhalten – doch der Weg kann sich öffnen und den Blick auf das Verborgene freigeben. Dann zeigt sich das, was hier getrennt aussieht, als in Wahrheit verbunden. Dann erfährt der Mensch den ganzen Sinn der Schöpfung. Dann lebt er nicht allein in der Teilung. Ihm offenbart sich das Ganze, und das ist mehr als die Summe seiner Teile.

Der Geist muß die Materie befruchten, nicht umgekehrt. Und hier zeigt sie sich uns in bestechender Klarheit, die symbolische Mittlerstellung des Pferdes (Symbol der Zahl 6, der Diffusionsgrenze). Darum ist es Sonnen- *und* Teufelssymbol zugleich, verkörpert es Licht *und* Dunkelheit, trägt es den Reiter *und* den Ritter. Denn es ist wie die Diffusionsgrenze: Es kann verbinden oder trennen, je nachdem, wie man mit ihm umgeht. Das Rad jedenfalls wird von ihm in den Untergang gezogen. *Es kann nur dort frei mit dem Menschen sein, wo die Zeit in ihrer vernichtenden Macht nicht existiert!* Darum eben auch die Bedeutung des Pferdes über alle Grenzen hinaus und durch alle Zeiten hindurch in der Mythologie der Welt. Das Pferd ist Schlange oder Adler, Verführer oder jenes Wesen, das in die höchsten Höhen emportragen und den Menschen mit der verborgenen Ganzheit zu ver-

Die Frau in der Urquelle

binden vermag. Das Pferd durchbricht die Grenze, läßt man es nur gewähren! So also verbinden die Urquellen »Frau und Pferd« und »Mann und Pferd«. Sie begegnen sich, jedoch von unterschiedlichen Seiten! (Siehe Zeichnung 37)

Darum sind Frauen und Pferde die bedeutsamsten Begriffe der Urquellen, ist doch die »Frau« diese Welt überhaupt! Das ganze Reich des Erscheinenden. Diese Welt als Mutter Erde. Sie ist der Ausdruck für Mensch, für Mann wie Frau. Und durch das, was das Pferd hier im Erscheinenden ausdrückt, ist die Verbindung möglich zur Ganzheit der Schöpfung. Darum also muß die Frau »nach dem Manne verlangen«, wie Gott zu Eva sagt, kurz vor dem »Hinauswurf«, kurz vor der Geburt in diese Welt. *Die Materie verlangt nach der Seele. Der Mensch verlangt nach der Erfüllung. Doch er bleibt durstend und schmachtend, so er nicht den Weg zurück antritt, solange er,*

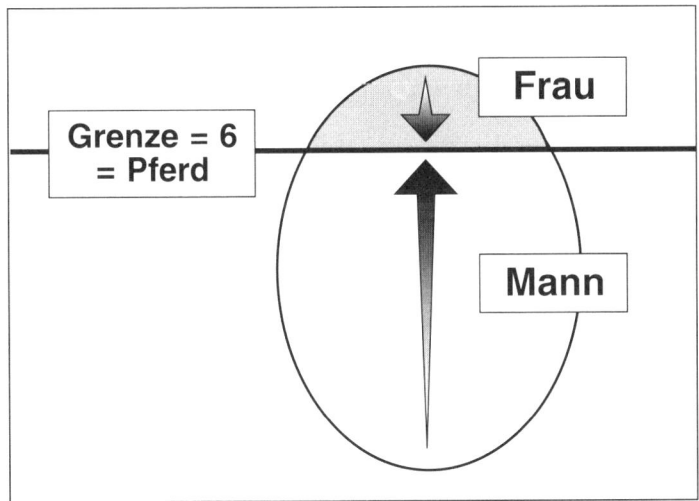

Zeichnung 37

der Mensch (der immer weiblich ist), nicht dem »Manne«, der Seele, dem wahrhaft Befruchtenden dient! Solange er das Glück in der Materie sucht, im Greifbaren, Sichtbaren, so lange soll ihm die Materie, die Erde, Dornen und Disteln geben!

Wird das so nicht eine wunderbare Geschichte? Das wirklich Unglaubliche aber ist, daß das Wahrnehmen des nur Äußeren der Worte ihren wahren Inhalt in sein absolutes Gegenteil verkehrt! Die Ägypter lieben das »Weibliche«, lieben die mit dem »Rad« verbundene Macht. *Dieses »Weibliche« also äußert sich in der heutigen Welt als absolut patriarchalische, männliche, despotische Macht!* Ich wünsche mir, daß ich bis hierher das alles habe so weit verständlich auffächern können, daß diese gänzlich absurde Umkehrung in ihrem ganzen Ausmaß deutlich wird: *Die im Sinne der Urquellen »weiblich« handelnden Materialisten rechtfertigen aus eben diesen Urquellen ihre frauenfeindliche Unterdrücker-Mentalität, nicht zuletzt auch mit dem Ziel, ihr eigenes despotisches, also »weibliches« Gebaren zu konservieren!*

Das Ägypten der Bibel ist die Welt des »Weiblichen«, die Welt des »Wassers«. Moses wird in einem Kästchen *auf dem Wasser* ausgesetzt. Er wird von Frauen aufgefunden. Die Erde, die Materie, das Wasser (die Zeit), das Weibliche, die Frau, die Stadtkultur, das Eingraben der Steine in die Erde (Fundamente), der Wagen, also das Rad, der Pharao, derjenige also, der sich Zedern gleich, wie es heißt, als Gottkönig über alles erhebt, vor allem über die wahren Ursprünge der Welt, alles das sind Parameter der Bibel, die sich um die nur menschliche Entwicklungskraft, um die einseitige Macht des Menschen ranken.

Und in der Welt des Ypsilons geschieht gleich beides:

1. Die Bedeutungen ob der großen, ordnenden Urquellenstrukturen werden komplett auf den Kopf gestellt, indem nur das Äußere der Worte Beachtung findet. Die reale Frau wird jetzt tatsächlich unterdrückt.
2. Aus dieser ordnenden Grundlage wird eine bewertende Hierarchie!

Die Urquellen selber aber kennen nur Ordnung, jedoch keine Bewertungsskala. Auch im Dasein eines Menschen herrscht womöglich im Übermaß das eine, das Äußere, das jetzt »Weibliche« vor, also die Werte aus der Ypsilonwelt. *Das aber ist eine zuerst ordnende Feststellung,* befindet sich doch der Mensch immer auf einem Weg. Und die Urquelle ist Angebot und Wegweiser, um die Richtung dieses Weges nötigenfalls auch scharf zu korrigieren. In unseren Diagrammen führt dieser Weg immer von links nach rechts. Er führt immer von der Übermacht des »Weiblichen«, der Trennung, zum »Männlichen« und der Ganzheit.

Die Pilger symbolisieren dieses Begehen des Weges. Die Israeliten stehen auf ihrer Wanderung nicht still. Auf diesem Weg gibt es keinen Status quo, kein Besser oder Schlechter, wo man sich einrichten und bleiben könnte. Es gibt nur Sein oder Nichtsein. Nur die Richtung ist entscheidend, und um die für sich ganz persönlich finden zu können, dazu braucht man eben einen Kompaß. Und den finden wir in den Träumen, den großen Träumen, die diese Welt erschufen und erschaffen und die in den Urquellen festgehalten sind. Hier gibt es nur Ordnung, nicht aber Wertung. Diese wunderbaren geistigen Ordnungsprinzipien, in denen alles seinen Platz hat, werden in der Wirklichkeit zur Realität. Wir erleben sie, nachdem sie hineingeboren wurden in die Welt der Erscheinungen, die Welt aus Fleisch und Blut. Wichtig ist mir an dieser Stelle, vor allem deutlich zu machen, *daß darum natürlich ein realer Hund und eine lebende Schlange nicht um einen Deut besser oder schlechter sind als Katzen oder Adler!* Das Prinzip des Hundes ist seine Wesenheit, sein geistiges Erscheinungsbild, wie es innerhalb der Schöpfungsordnung »ist«. Demgemäß nehmen seine Eigenschaften, Qualitäten und Gesetzmäßigkeiten in dieser Welt ihre natürliche Gestalt an.

Er wird, er *muß* die Katze jagen.

Er wird, er *muß* das Wild aufstöbern.

Er wird, er *muß* den Fremden mißtrauisch betrachten, fernhalten, ja sogar beißen.

Die ordnenden Prinzipien werden hier gelebte Realitäten. Daß der Hund die Katze jagt, die Katze den Vogel, der Vogel den Wurm, das mag den einen oder anderen stören, er kann es auch moralisierend werten, und schon kommen beurteilende Instanzen ins Spiel. Wer oder was ist besser? Natürlich auch und vor allem in der Welt des Menschen. Er nimmt vom Baum der Erkenntnis von gut und böse und glaubt, die Welt mit einem Netz von Bewertungen und damit zwangsläufig von Urteilen und Verurteilungen überziehen zu können. Und das geschieht dann auf allen Ebenen. Er selber, Teil dieses geistigen Konzeptes, maßt es sich an, Richter zu sein, sein Ego zum Maßstab aller Dinge zu erhöhen. »Nun glauben sie, sie seien Gott!«

Der Adler ist Symbol *und* Realität. Das Aufschwingen in höchste Höhen, seine majestätische Ausstrahlung, seine Größe, seine gesammelte Kraft, seine erhabene Ruhe, alles das macht ihn zu jenem mythischen Wesen, dem alle Kulturen eine besondere Stellung zumaßen. Seine Bildkraft liegt in seiner Unabhängigkeit, seiner Freiheit, seiner Mächtigkeit, seiner Ausdauer und der Fähigkeit, dieser

Erdenschwere wie kein anderes Geschöpf zu trotzen. Das ist eine zuerst geistige »Urqualität«, die dieses Wesen aber ganz genauso hier in dieser Welt lebt. *Er ist es auch!* Und wenn wir ihn leibhaftig betrachten, dann schwingen auch in vielen von uns diese Qualitäten in Form von oft unbenennbaren Emotionen mit. Er »erinnert« uns an etwas, an eine Kraft, die auch und ganz besonders im Menschen wirkt.

Die Schlange, jenes erste Tier, das in der Bibel genannt wird, steht symbolhaft für die äußere Macht der Materie, für das Häuten, für die Veränderung im Außen, ohne das Innere zu beeinflussen. Sie verkörpert die Verführungskraft, die »List«, die Verlockung, eben auch das Gift, die Lüge, die Doppelzüngigkeit. Und in dieser Welt *ist* sie tatsächlich doppelzüngig! *In dieser Welt kriecht sie tatsächlich auf dem Boden, ist sie giftig!* Ist sie darum schlechter als der Adler, der Hund oder die Katze? Selbstverständlich nicht, vielmehr wird jede Qualität, die in der ewigen Gesamtheit mit allen anderen Qualitäten das Unvorstellbare dieser Schöpfung ausmacht, hier in der Welt als eine Entsprechung dieser Ordnung leibhaftig sein und eben diesen geistigen Prinzipien gemäß existieren!

Tragen wir nicht Adler, Schlange, Hund, Pferd, Maus und Katze, Mann und Frau in uns, alles zusammen und in einem? Alles das lebt doch als ein Teil auch in uns, in einem jeden. Die Welt ist ein buntes, prachtvolles Kaleidoskop all dessen – dem demütigen Menschen zum Geschenk gemacht, um die Prinzipien des Seins immer vor Augen zu haben und so mit ihnen verbunden zu sein. Das Geistige (Männliche) bleibt verborgen und wird doch zugleich in allem um uns zur Realität. In jedem Wesen, in jeder Erscheinung. Der Traum wird Wirklichkeit und verweist damit immer und jederzeit auf die Quellen, auf die Ursprünge, auf die Wurzeln allen Seins.

Davon wollen viele nichts mehr wissen. Sie haben sich bewußt oder unbewußt in den Mittelpunkt der Welt gestellt. Von jenem Apfel essen sie als »Eva« sekündlich und glauben, Gott zu sein, und schneiden die Realität von den Wurzeln ab. Jetzt wird der Stier wahrhaftig in einem Gemetzel getötet, die Schlange zertreten und gehaßt, die Katze vertrieben, weil sie die Vögel jagt, der Hund getreten, das Pferd geschlagen und natürlich auch die Frau.

Aus dem Ganzen, aus der großen Ordnung, die diese Welt hat entstehen lassen, wird ein Torso, wird Knechtschaft, Verurteilung, Sklaverei, wird Weltenflucht und Chaos. Konnten wir die Geschichte des »Feuers des Westens« im Ansatz umreißen? Was aber fangen wir nun damit an? Womöglich ist die wichtigste erste Erkenntnis aus alledem die vom tatsächlichen Vorhandensein der (Diffusions)-Grenze. Und womöglich gelang es mir darzustellen, daß jene am meisten unterdrückten Wesen dieser Grenze oft am nächsten stehen, ja, das Pferd ist ja sogar diese Grenze! Denn das, was sich an der Grenze bewegt, bringt auch immer die »bedrohliche« Mahnung in die Ypsilon-Welt: »Paß auf, du siehst nur einen Teil, und du glaubst, das sei schon das Ganze. Du befindest dich in einem gefährlichen Irrtum, und das Grau deiner Tage, deine innere Leere, deine Einsamkeit zeugen davon, tief in dir.« Versprach ich nicht aufzuzeigen, daß die Unterdrückten den Unterdrückern in den meisten Fällen überlegen sind?

Der Künstler ist an der Grenze, der Schauspieler, der Fragende, der Träumer, das Kind, der Alte, die Frau, der Kranke. Es ist »leicht«, sie anzufeinden, abzuschieben, für unwichtig zu erklären, zu verfolgen, zu unterdrücken, zu foltern und zu töten. Diese Welt, die Welt des Rades, die Welt der »herrschenden Weiblichkeit«, hat eben eine andere – ihre – »Ordnung«, und was da nicht hineinpaßt, das muß im Zweifelsfalle und zu guter Letzt aus dem Blickfeld verschwinden.

Das alles scheint besonders heute so übermächtig. Aber ist das so – ist es heute übermächtiger als damals, zu biblischen Zeiten z. B.? War Despotentum nicht zu allen Zeiten übermächtig? Oder scheint nur der Weg übermächtig, übermäßig, der Weg der wahren Befreiung, der das Unmögliche verlangt: Blindes Vertrauen in einen möglichen Sinn des Daseins! Die Urquellen jedenfalls behaupten von sich, zeitlos zu sein, und ich glaube ihnen das.

Wie schon zu Anfang gesagt: Alle Revolutionen, das zeigt die Geschichte, verkehren sich in ihr Gegenteil! Mutige Befreier, die das wertende Prinzip zur Grundlage haben, werden über kurz oder lang selber zu Unterdrückern.

In diesen Tagen, in denen ich dieses Buch schreibe, kommt der Film »Amistad« von Steven Spielberg in die Kinos. Es geht darin um einen Schwarzen, der auf einem Sklavenschiff eine Revolte anzettelt und durchsteht. Das Dramatische dieses Tatsachenberichtes ist, daß dieser Mann schließlich in einem spektakulären Prozeß von der amerikanischen Justiz freigesprochen wird. Damit endet der Film. Damit endete aber natürlich nicht die Realität um diesen jetzt freien Mann. Der kehrte in Wahrheit nämlich zurück in seine Heimat, nach Afrika. Und dort wurde er ein *freier* Geschäftsmann, ein *freier* Händler: Er handelte fortan mit Sklaven!

Nein, der Realität entkommen wir nicht im Außen.

Der Realität können wir überhaupt nicht und sollen wir auch nicht entkommen. Wir können die Befreiung nur in uns finden. Ein jeder an der Stelle, die ihm am nächsten ist, in und mit sich selbst, Frau wie Mann. Alles andere ist und bleibt Schein und führt nur zu immer weiteren, erdrückenderen Verstrickungen. Und darum handelt das letzte Kapitel natürlich auch von dem konkreten Mann, von der konkreten Frau, von dem konkreten Menschen und von dem konkreten Pferd. Unsere Reise führt uns zurück ins ganz konkrete Leben. Wie sehen die Konsequenzen aus von all dem Dargestellten im Hier und Jetzt, und was denn tut die konkrete Frau in der konkreten Welt mit dem konkreten Pferd? Und was für Lehren können wir alle daraus ziehen? Aber wenn wir jetzt das Konkrete betrachten, dann wissen wir um das Andere. Nicht im einzelnen, nicht im Detail, aber doch immerhin kennen wir es jetzt gut genug, so daß wir uns die Wirklichkeit anschauen können, wie sie wirklich ist!

Kapitel 3
Die Konsequenzen

»... ich trug euch auf Adlerflügeln und brachte euch zu mir.«

ALTES TESTAMENT

DER WEG DES MANNES

Eva also ist zuvorderst »der erscheinende Mensch«, ist Mann und Frau. Eva ist das Ypsilon, ist eben der *diesseitige* Teil des Menschen. Adam, »der, der Gott gleicht«, ist der *jenseitige* Teil des Menschen, ist alles, was in ihm, Mann wie Frau, verborgen ist, also Schöpfungskonzeption und Ursprung. Und *das in diesem Sinne Weibliche*, Eva, ruhe eben auch in seinem ganzen Bewußten auf diesem anderen, verborgenen Teil und bilde so mit dem Jenseitigen das Ganze (Y + XZ). *In diesem Sinne sei die »Frau«, also der Mensch, niemals ohne Mann,* also niemals ohne das Bewußtsein um das Andere, um das Verborgene, um den schöpfenden Ursprung. *Und in diesem Sinne eben »diene die Frau dem Manne«.*

»Unter Schmerzen sollst du gebären«, schleudert der Gott der Bibel dieser »ersten Frau« nach, beinahe wie im Zorn, beinahe, wie es scheint, haßerfüllt. Was für ein Schöpfer sollte das sein, der in der Tat mit seiner realen Kreatur so verfährt? Gemeint aber ist doch in diesem Zusammenhang etwas ganz anderes, und es fällt nach all dem Dargelegten immer leichter, zumindest die ersten wesentlichen Spuren der Quellworte aufzuspüren. Gemeint ist: »Wenn du *erscheinender Mensch,* wenn du Eva dich für den Ursprung hältst, für das Befruchtende, wenn du also glaubst, Gott zu sein, Gut und Böse zu erkennen, dann muß die Frucht, die aus dir kommt, mit Schmerzen das Licht dieser Welt erblicken. Du kannst ›Mehrwert‹ produzieren und deine Güter und deinen Reichtum, also deine Materie und deine Götter und ihre

Abbilder vermehren, aber diese Art der ›Erzeugung‹, die ›Geburt‹ dieser Früchte wird dir niemals ein leichtes sein können. In Knechtschaft und Sklaverei, unfrei und unter unendlichen Zwängen wirst du sie erbringen, wirst du diese gebären.«

Nun können und sollten wir in dieser Form Wort für Wort anschauen. Nur ist hier natürlich nicht der Platz dafür. Beispielhaft seien noch zwei weitere, für uns an dieser Stelle bedeutsame Begebenheiten aus der »Mosesgeschichte« genannt. Als Moses nicht rechtzeitig vom Gottesberg zurückkehrt, gießt sich seine Gefolgschaft ein goldenes Abbild zum Gott. Natürlich ist es golden, denn Gold ist das erste Metall. Da wird also durch das Zeichen des Goldes etwas zur »Nr. 1« gemacht, was natürlich in Wahrheit nicht die Nr. 1 ist. Was? Eben der Stier! Das erscheinende »Weibliche«, das Ypsilon, das, was ja eigentlich überwunden und in der Verbindung mit dem Jenseitigen zur Ganzheit, zur Einheit geführt werden will: Das Ypsilon der Welt, das Äußere, das wird in Form eines goldenen Jungstieres, eines goldenen Kalbes verehrt. Und so kann es hier nichts anderes als das Bild eines Jungstieres sein, das in Gold gegossen wird. Natürlich ist es kein ausgewachsener Stier, sondern eben ein Kalb, scheint doch die menschliche Entwicklungskraft, die Energie des Rades zuerst so harmlos, so lieblich, so ungefährlich in ihren Anfängen. Daß aus dem Kalb ein nicht mehr zu bändigender Stier wird, das will die sich selbst feiernde Welt in ihrem Rausch nicht wahrhaben. Die Hörner sind ja erst kaum dem Schädel entwachsen. Und schaut, wie es glänzt, schaut, wie es sich dreht, schaut, wie schön bunt das alles leuchtet. Erst, wenn die Löcher im Himmel größer werden und schon heute in vielen Teilen der Welt die Menschen an den krebserregenden Folgen sterben, wenn die Luft zu verschmutzt ist zum Atmen, wenn die Neurosen zu groß geworden sind, um sie im Rausch zu ersticken, und erst wenn das Jagen nach dem neuen, anderen, noch schöneren und größeren Blendwerk im totalen Chaos, im Zusammenbruch endet, dann werden wir erkennen, daß aus dem Kalb ein ausgewachsener Stier geworden ist, den wir nicht mehr zu bändigen vermögen. Dann werden wir erkennen, daß wir nicht die Herren sind. Die »Zivilisation« dient nicht mehr dem Menschen, sondern der Mensch wird von ihr gefressen. »Die Kinder fressen einst die Eltern«, heißt es. Dieses »einst« tobt vor unseren Türen! Soviel zum goldenen Kalb!

Und ein weiteres Urrätsel aus der Mosesgeschichte sei noch genannt, bevor wir uns in diesem Kapitel dem Ende des Regenbogens zuwenden, der uns ja wieder zurückbringen soll in das ganz reale Leben hier und heute. Mit dem Unterschied, daß wir jetzt schon einen reich gefüllten Rucksack tragen, mit vielen Karten und Schlüsseln zu den Schatztruhen der Urrätsel dieser Welt. Wir können uns in dieser Realität jetzt vielleicht schon etwas anders bewegen! Hier also das zweite für uns wichtige Beispiel aus der Mosesgeschichte. Gott sagt dort:

»Ich, dein Herr und dein Gott, bin ein eifernder Gott, zuordnend Fehl von Vätern ihnen an Söhnen, am dritten und vierten Glied, denen die mich hassen, aber Huld erweisend ins tausendste denen die mich lieben.«

Was für ein Gott sollte das sein, der bis ins dritte oder vierte Glied hinein die Söhne straft für die Taten der Väter? Das aber lehrte und lehrt man in vielen Schulen! Sühne, Strafe, Pest und Tod! Unsere begrenzte Welt wird auf den Himmel projiziert. Schuldgefühl, Angst und Höllenqualen. Furchtbar!

Aber was für ein Gott sollte das sein, der bis ins »tausendste« Glied Huld erweist denen, die ihn lieben? Ausgehend davon, daß es kein »dummes Geschwätz« ist, wie sollte das denn gehen? Da ist womöglich ein ehrbarer Mann, und seinen Söhnen wird darum bis ins »tausendste Glied Huld erwiesen«? Was aber, wenn schon der Sohn vom ehrbaren Weg des Vaters abweicht? Überträgt sich dann die göttliche Huld vom Vater auf seine Söhne oder auf die Folgen der eigenen Fehler? Betrachtet man also auch hier nur das Äußere der Worte, gerät man sofort in Konflikte und ihre unterschiedlichsten Konsequenzen. Und wie paßt die folgende Aussage der Bibel dazu, wenn es heißt, daß Gott mit jedem Menschen »seinem Teil gemäß verfährt«? Und warum benennt Gott ausgerechnet explizit und exakt das dritte und vierte Glied? Geschieht das alles einfach so?

Unsere bisherigen Darstellungen konnten hoffentlich belegen, daß nicht ein Buchstabe, ein Wort einer Quelle einfach so, ohne zum Kern hinverbundene Schöpfungskonzeption, existiert. Die, die Gott hassen, sind die, die XZ, den Ursprung, nicht (an)erkennen. Die, die ihn lieben, sind die, die sich des wahren, verborgenen Ursprungs und damit der wahren Befruchtung der Welt bewußt sind. Und nun wird alles seltsam einfach in seiner Ausdrucksform: (Siehe Zeichnung 38)

Einfach einmal die 6 als Bezeichnung für die (Diffusions)-Grenze ausgeklammert, kommen wir auf eine Unterteilung von unten 10 und oben zweimal die 5. Die ungeteilte, »heile« 10 ist die Einheit jenseits der Grenze von Zeit und Raum. Oben, in der Welt der Erscheinungen, ist die Einheit ja in allem zweigeteilt, und das ist die Bedeutung der so aussagekräftigen und in den Quellen immer wiederkehrenden Zahl Drei. Die Zahl Drei steht für die Einheit des Verborgenen mit dem Erscheinenden. Das

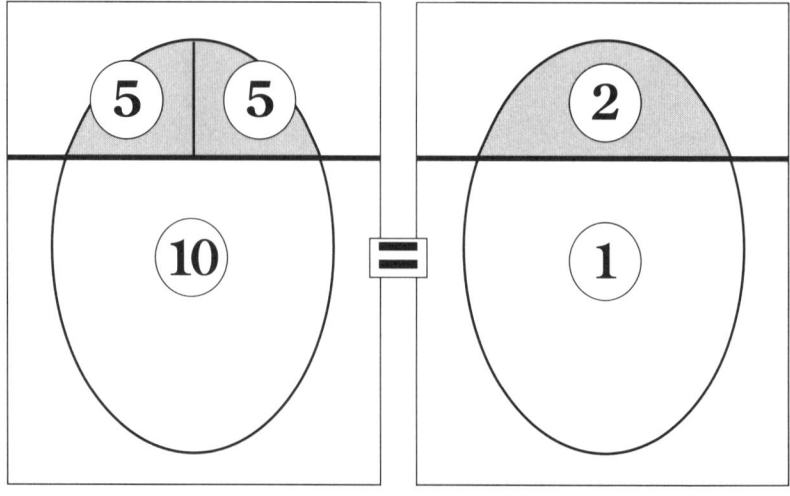

Zeichnung 38

»Unten« ist die 1, das »Oben« ist die 2. Schon ob des »Gebärens« von Eva (dem erscheinenden Menschen) sagten wir, daß es sich dabei um die »Geburt der Materie« aus der Materie heraus handelt. *Es sind damit all die Werke des Menschen gemeint, die er losgelöst vom Ursprung hervorbringt, sich selbst als Schöpfer wähnend.* Diese Art »Söhne« also werden geboren und auf diese »Söhne« bezieht sich der obige biblische Ausspruch. Diese Söhne sind die Werke, die Produkte aus eben dem Handeln heraus, das sich das Ypsilon, die Materie, das goldene Kalb, zum Gott machen läßt. Das heißt, daß jetzt die sichtbare 2 (Ypsilon) *zum Ursprung, zum Befruchtenden, quasi zum »Vater« wird, sich zum »Erzeuger« beruft und ernennt.* Dieses »Ypsilon« aber kann in Wahrheit ja nicht befruchten, denn es ist ja »die Frau« (Eva), ist ja das Erscheinende. Das Erscheinende glaubt zwar, befruchten, schöpfen zu können, glaubt, Ursprung zu sein, der es natürlich nicht

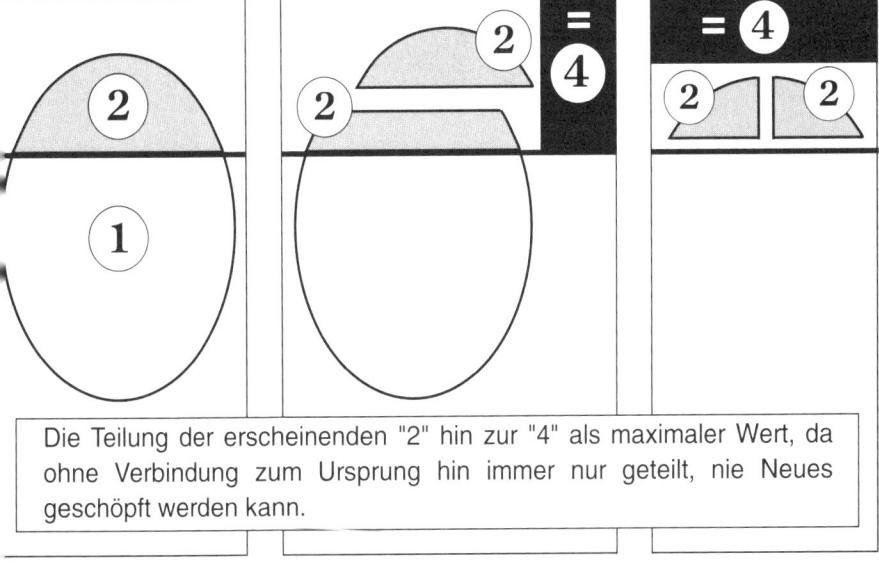

Die Teilung der erscheinenden "2" hin zur "4" als maximaler Wert, da ohne Verbindung zum Ursprung hin immer nur geteilt, nie Neues geschöpft werden kann.

Zeichnung 39

ist. Allein, auf sich gestellt, quasi aus sich heraus kann es sich nur zerteilen! Mehr aber nicht! (Siehe Zeichnung 39)

Der Mensch kann ja in Wahrheit nicht einen Tropfen Öl aus dem Boden holen, wenn keiner da ist! Er kann umwandeln, zerstören, zerteilen, ausbeuten, benutzen, rauben und schänden und sich dabei nur immer weiter zerstückeln. Und so kommt aus der Teilung der diesseitigen Zwei die Zahl Vier zustande, die darum auch so häufig wiederkehrt in den Urquellen. Und die Vier ist ja auch die Grundlage für unser gesamtes mathematisches Verständnis *dieser* Welt, bildet sich doch aus ihr die 10, die Grundlage unseres Dezimalsystems. Die vier Finger der Hand können aber ohne den Daumen nicht greifen. Glaubt die Zwei, *oder die daraus maximal resultierende Vier,* das Alleinige zu sein (wir sagten schon, daß die Vier auf der ganzen Welt das Ypsilon darstelle), glaubt sie »Vater« zu sein, dann sind ihre »Söhne« nur immer »Teilungsprodukte«. *Die »Zwei« teilt sich nur immer in die »Vier« – Aus und Schluß!* So ordnet Gott dieses »Fehlhandeln« nicht nur dem Handelnden (sich als »Vater« wähnend) selbst zu, sondern auch seinen Werken (Söhnen). Also allem! Desgleichen seinen Gedanken, seinen Sprüchen, seinen Taten, seinen Tagen, eben allen seinen Früchten, alles trägt diesen Makel. Den Makel nämlich, nicht aus dem Ursprung befruchtet worden zu sein, sondern als bloße Illusion der Ypsilonwelt, in der Vier also, zu existieren. *Denn nichts Echtes, Wahres kann einem solchen Schein-Sein entspringen!* Die Fäulnis pflanzt sich nur immer weiter fort, indem sie sich bis ins Unendliche immer weiter zerteilt, sich immer wieder selbst kopiert, als Kopie von der Kopie und sich schließlich zu guter Letzt im vollkommen Unkenntlichen, Fratzenhaften verschleißt.

Anders ergeht es denen, die das Große, Verborgene in ihr ganzes Dasein miteinbeziehen. Anders geht es also jenen Menschen, Männern wie Frauen, die sich in »ihrer Weiblichkeit« erfahren. Also in ihrer Fähigkeit, »befruchtet zu werden«. Die, die nicht aus sich selbst heraus schöpfen wollen, die zerteilen (sich) eben auch nicht! Die bleiben in der Einheit, also in der alles tragenden Drei. Sie sind wie ein Brunnen, aus dem immer wieder neues Wasser geschöpft werden kann, weil »unten«, aus dem »Verborgenen«, immer wieder neues, »frisches Wasser nachfließt«. (Siehe Zeichnung 40)

Diese Menschen dienen der Schöpfung, indem durch sie unendlich Neues geschöpft wird. Ihre Werke sind zahlreich und unerschöpflich, wie Wasser einer sprudelnden Quelle (tausend), und all ihre Werke (Früchte, Söhne) sind bis

Der Weg des Mannes 311

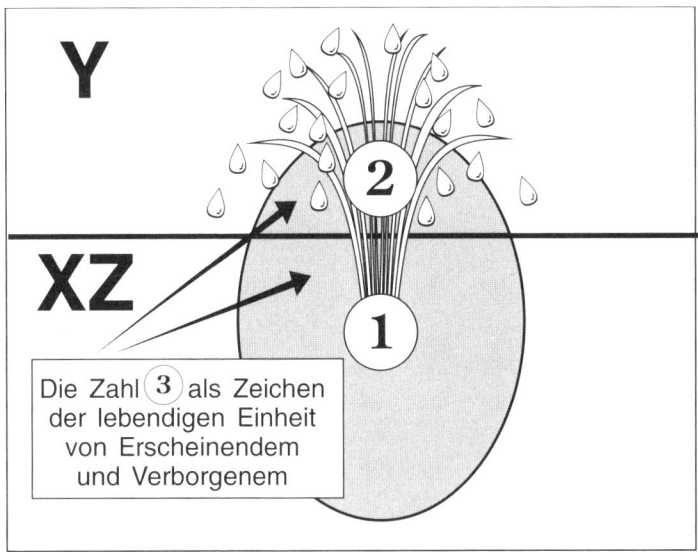

Zeichnung 40

ins letzte Glied hinein gesegnet. Macht das nicht Sinn? Ist das nicht wunderbar? So, also im Grunde einfach zu erkennen, sind die Urrätsel der Welt. *In diesem Sinne also ist der ganze erscheinende Mensch weiblich. Alles das ist Eva.* Ich, als erscheinender Mensch (Mann, Y), bin Eva! Mit meinem verborgenen Anteil XZ (Adam). *»Frau und Pferd« bekommt jetzt eine überraschend neue Dimension, verbirgt sich hier doch auch: »Erscheinender Mensch (Y) und Pferd«. Und weiter: »Alles Erscheinende und die Grenze zum Unsichtbaren (Haken, 6)«.* Frau und Pferd heißt im Sinne der Quellen, daß das Erscheinende (Y) durch eine Membrane (6), durch etwas, was uns zuerst fest wie Beton erscheint (Wasser, Zeit), nur hauchdünn vom wahren Quell, vom wahren Ursprung getrennt ist. »Frau« ist das Diesseitige und »Pferd« ist beides: Durchgang oder unpassierbare Grenze. *Je nachdem wie Mensch (Mann oder*

Frau) diese Grenze (Pferd) wahrnimmt. Frau und Pferd ist: »Diesseits (Y) und Grenze (6)« mit der alles durchdringenden *Aufforderung*, das Diesseitige mit und durch die Grenze mit dem Jenseits (XZ), mit dem Ursprung zu verbinden. *Frau und Pferd ist das alles!*

In dem Bild »Frau und Pferd« ist also die alles umfassende Uraufgabe des Menschen verborgen! Der ganze Sinn vom Menschsein! »Frau und Pferd« steht darum synonym für alle Urrätsel dieser Welt. *Und in diesem Sinne ist der Titel dieses Buches dann natürlich auch zu verstehen!* Was ganz und gar nicht heißen soll, daß wir uns jetzt nicht vor diesem Hintergrund um das reale Paar Frau und Pferd kümmern wollen, und auch um den realen Mann, denn das alles hält noch viele, viele Überraschungen für uns bereit.

Eine versprochene Überraschung habe ich inzwischen eingelöst, nämlich eben die nach der Frage, wieso ein Mann ein solches Buch schreiben konnte. Es schrieb ein Mann, der Eva (Frau) ist und darum weiß... Und schon jetzt will ich darauf hinweisen, daß es tatsächlich eine Stelle geben wird, an der ich mit meinem Latein als realer Mann dann in der Tat am Ende bin. Da dann kann ich zum Schluß nur noch die Quellen zitieren und Vermutungen anstellen und die Leserinnen fragen, wobei mich die Antworten sehr interessieren. Aber da sind wir ja noch nicht.

Aussagen wie: »Die Frau diene dem Manne« und »Die Frau sei nie ohne Mann«, die konnten wir bis hierher ihren ersten, wahren Inhalten und Bedeutungen zuführen. Aber: *Auch in allen Naturkulturen dient ja wirklich die reale Frau dem Mann!* Auch bei den so oft zitierten Aborigines, jenem Volk, das doch ganz offensichtlich tief in diesen großen Zusammenhängen verwurzelt lebt, auch bei diesen werden alle Mädchen im Teeniealter über ihre

Köpfe hinweg verheiratet. Ein Aborigine-Mann ist extrem besitzergreifend ob seiner Frauen. Er ist eifersüchtigst auf seinen »Besitz« bedacht. Die Stammesführer sind in nahezu allen Fällen Männer, und das Dasein dieser ganzheitlich lebenden Menschen entspricht augenscheinlich dem eines Patriarchats. Sollten diese aber nicht die Urquellen so durchschauen, daß ein paritätisches, wirklich gleiches Miteinander möglich werden sollte? Wie paßt das nun alles zusammen? Paßt das überhaupt zusammen? Was also ist mit der realen Frau, dem realen Mann, dem realen Pferd? Was ist mit ihnen allen zusammen in der Beziehung zu ihrem schöpfenden Ursprung jenseits der Grenze von Zeit und Raum? Was kann, was will das reale Paar »Frau und Pferd« uns Heutigen sagen? Gehen wir auch das letzte Stück unseres Weges wieder sachte Schritt für Schritt.

Wir sind nun etwas vertrauter mit der biblischen Urquelle. Legen wir uns noch einen schönen, festen Stein daraus zurecht, von dem aus wir einen weiten Satz hinein in die anderen Kulturen springen können. Denn in einem wundersamen Punkt führt uns diese Urquelle direkt hinein in wichtige Geheimnisse der Urrätsel der Naturvölker. Und die sind sehr hilfreich für das letzte Stück unseres gemeinsamen Weges.

Da sind zwei ganz seltsame, ja ganz außergewöhnliche Begebenheiten in der biblischen Urquelle. Da ist die Rede von zwei eigenartig unverständlichen, ja »dämonischen Aktionen«, die scheinbar so gar nicht mit all dem anderen verschmelzen wollen. Moses, der tapfere Mann, führt das Volk Israel in die Befreiung. Und Jakob erhält lange Zeit davor den Namen Israel und wird damit der Namensgeber dieses Volkes. Beide Männer sind in besonderem Maße von Gott erwählt und tragen außerordentlich zu

dem Schicksal des Gottesvolkes bei. Und diesen beiden geschieht etwas Ähnliches, etwas seltsam Einmaliges. Hier die Gemeinsamkeiten auf einen Blick:
1. Beide sind in hohem Maße auserwählt.
2. Beide befinden sich auf einem Weg, auf einer langen Reise.
3. Beide begegnen des Nachts einer ganz offensichtlich göttlichen Macht, einer Kraft oder Erscheinung, die sie tatsächlich zu töten beabsichtigt. Es geht zweifelsohne in beiden Fällen um Leben oder Tod. Einer von beiden wird dabei ja auch tatsächlich chronisch an der Hüfte verletzt, sie wird ihm ausgerenkt, so daß er künftig nur noch humpeln kann!
4. Beide wurden von Gott auf ihre Wege geschickt und beiden *versicherte Gott zuvor seinen Schutz(!),* bevor er sie dann *selbst* nächtens überfiel.
5. In beiden Geschichten spielt eine Frau eine bedeutsame, beschützende, initiierende Rolle.

Rebekka, die Mutter Jakobs, verhalf bekanntlich diesem zu dem Segen des Vaters. Die Urheberin all dessen war ja Rebekka. Und in jener Nacht der Moseserzählung ließ Gott erst von Moses ab, als seine Frau blitzartig ihren Sohn beschnitt. *Erst diese eigenwillige Handlung der Frau bewirkte die Versöhnung und das Ende des Kampfes.* Am Ende des Kampfes bekommt Jakob (was soviel heißt wie »Fersenschleicher«) seinen neuen Namen. Er soll sich fortan Israel nennen.

Wir halten fest: Die Erwählten werden auf einen Weg geschickt. *Die Frauen begleiten, versöhnen oder lösen aus.* Auf diesem Weg werden die Männer von eben jener Macht, die sie schickt und erwählt, nahezu getötet, verletzt, *gebrochen.* Nach diesem Todesringen bekommt Jakob einen anderen Namen. Ist diese Auflistung nicht deckungsgleich mit jenen seltsamen Riten, die überall auf der Welt und zu allen Zeiten ausnahmslos in den Urgemeinschaften den *werdenen Männern* zuteil wurden?

»Mit Initiationsriten ist die Gesellschaft bestrebt, den Übergang von einer Phase zur nächsten so deutlich zu gestalten, wie es der Übergang einer Substanz vom festen in den flüssigen oder vom flüssigen in den gasförmigen Zustand ist. In Gesellschaften, die die Initiation kennen, ändern sich bei jedem wichtigen Übergang Name, äußere Erscheinung, soziale Stellung und der Anteil einer Person an der Gesamtverantwortung, weil man es für besser hält, daß keine äußere Eigenschaft von einem Lebensabschnitt in den nächsten mitgenommen wird. ... Um den Übergang zu überleben, muß der Initiand ein umfassendes Gefühl für passives Dulden entwickeln. ... Die Eingeweihten sind für die Welt, in der die Knaben gelebt haben, bereits ›tot‹. Symbolisch wird der Initiand von den ›Toten‹ durch den Tod geführt, denn nur durch den Tod ist eine erneute Geburt möglich. ... Dem Weltbild der Aborigines liegt der Glaube zugrunde, daß die Menschen Erfüllung nur dann erlangen, wenn sie bereit sind, das Risiko und das Abenteuer stetigen Todes und stetiger Wiedergeburt auf sich zu nehmen. ... Auf einer inneren Ebene sterben die Knaben deshalb tatsächlich und werden auch wiedergeboren.«[1] Und weiter heißt es: »Initiierte Männer wissen, daß das Leben nur richtig gewürdigt werden kann, wenn man es in Verbindung mit den anderen Reichen des Daseins, dem des Toten und dem des Ungeborenen betrachtet. ... An die Stelle des toten Knaben ist ein junger Mann getreten, der tiefe seelische und körperliche Verletzungen ertragen hat und daher in der Welt einen anderen als den kindlichen Status erreicht hat;

er besitzt nun neues Wissen über das Wesen der Welt und über Leben und Tod.«[2]

Diese Schilderung aus der Welt der Aborigines kann man mit nur wenigen Abweichungen getrost auf wohl nahezu alle Urvölker der Welt übertragen. Der »auserwählte« Initiand erlebt dabei immer so etwas wie einen ritualisierten Todeskampf. Der ihn Begleitende, Beschützende, eine Art »Stellvertreter der schöpfenden Mächte«, ist zugleich auch derjenige, der ihn in diese Todesnähe führt. Die seelischen und körperlichen Verletzungen am Ende des Monate dauernden, ja in den Jahren immer wiederkehrenden Rituales sind *real*. Das *»Gebrochen«*-Werden ist *real*. Sagt der biblische Gott nicht: »Ich bin mit den Gedemütigten, mit den Gebrochenen«? Interessant in den soeben wiedergegebenen Schilderungen ist die Rolle der Frau. Doch dazu kommen wir noch. Das ganz Entscheidende hier ist, daß eine solche Initiation *nur der reale »Urmann« durchzustehen hat, niemals aber die reale »Urfrau«. Diese Form der Initiation heißt darum in vielen Kulturen auch schlicht und einfach das »Männermachen«*(!). Da dieses rituelle Sterben und Wiedergeborenwerden, dieses »Männermachen« zu allen Zeiten auf der ganzen Welt vorkam und noch heute selbstverständlich ist in noch existierenden Urgemeinschaften, so ist offensichtlich die »Ausnahme« bei uns zu suchen und nicht bei »den anderen«! Müssen wir aus alledem nicht eine ebenso eindeutige wie frappierende Schlußfolgerung ableiten:

A) Der westliche Mann geht nicht mehr durch diese ritualisierten Lebensphasen. *Im Westen werden also keine »Männer gemacht«.*

B) Die Urfrau, also die Frau schlechthin, geht auch in den Urgesellschaften keinen expliziten Initiationsweg – auch dort werden *keine Frauen gemacht.*

Daraus folgt C): *Die sogenannte westliche, zivilisierte Welt hat zwar Frauen, aber keine Männer! Wir werden von spät pubertierenden Kindern beherrscht und unterdrückt!* Wie weit das in dieser Ausschließlichkeit stehenbleiben soll und darf, dazu komme ich in den folgenden Betrachtungen noch. Doch ist an dem jetzt Zitierten nicht ganz grundsätzlich etwas Wahres dran?

»Die Männer von heute werden nicht mehr initiiert und wissen nicht mehr um den Zugang zu tiefen Bewußtseinszuständen, in denen die vorstoffliche Welt wahrgenommen und beeinflußt werden kann. Statt dessen versuchen sie, die stoffliche Welt zu unterwerfen, indem sie konstruieren, regulieren, analysieren, kategorisieren, mechanisieren und andere verzweifelte Maßnahmen ergreifen, um die Natur – die Domäne der lebensspendenden, lebenerhaltenden Weiblichkeit – zu beherrschen.«[3]

Angesichts des großen Leides, das ja im ersten Teil dieses Buches in einigen Ansätzen beschrieben wurde, ertappe ich mich immer wieder dabei, in durchaus harte Formulierungen abzudriften. Doch liege ich wirklich so falsch, wenn ich behaupte: Jene verfolgenden, vernichtenden, verbrennenden, unterdrückenden, die Frauen niederstoßenden, sich der Pferde bemächtigenden Obermachos sind in den Augen eines jeden wahrhaften Mannes nichts weiter als auf den Tod wartende, ergreiste, verbitterte, den Sinn des Lebens verpassende, großmäulige Knaben?

»Größenwahn und jegliche Form von Egoismus verleiten die Männer zur Annahme, die Macht, die sie in der Welt ausüben, gehöre zu ihrem individuellen körperlichen und geistigen Wesen. 1990 hat Saddam Hussein die alte Vorstellung eines Anführers, der die Macht Allahs vertritt, einmal mehr neu zu beleben versucht, aber sein betrügerischer und umnachteter Geist hat keinerlei Initiationsunterricht genossen, der so etwas möglich machen könnte. Die Art, wie ein Mann Körper und Geist einsetzt, entscheidet, was für metaphysische Kräfte er in der Welt verbreitet. Die Aufgabe der Männlichkeit umfaßt mehr, als nur das angeborene Wesen zu beherrschen oder freizusetzen; ein Mann muß sich zum ausgeglichenen Gefäß und Überbringer metaphysischer Kräfte formen. Der Rationalismus läßt uns diese Vorstellung als abergläubisch abtun; solange uns aber die Mittel fehlen, um metaphysische Kräfte verstehen und lenken zu können, werden die Gottheiten oder Ahnen mit dem Leben der Menschen genauso unbewußt umspringen wie wir mit ihnen. Und schon ein kurzer Blick auf die dramatische Lage unserer Zivilisation genügt, um die großen Gefahren zu erkennen, die drohen, wenn die Macht in die Hände uneingeweihter Männer fällt.«[4]

Ganz sicher gibt es auch »Männer« in unserer Kultur. Aber mit vielen Frauen stimme ich darin überein, *daß es mit großem Abstand zu wenige sind!* Kann sich das ändern? Unsere Betrachtung läßt jetzt jedenfalls diesen einfachen Schluß zu: *Das Verstopfen der Diffusionsgrenze bewirkt unmittelbar und zuvorderst einen extrem Wandel im Dasein des männlichen Teiles der betroffenen Kultur. Ihrem allmählichen Reifen wird die Basis entzogen!*

Was aber ist mit der Frau? Muß sich nicht auch die zu einem »ausgeglichenen Gefäß und Überbringer metaphysischer Kräfte formen«? Und was dann ist das Zusammenspiel beider, also das von Mann und Frau, in dieser Welt, und warum gibt es in den natürlichen Teilen dieser Welt dann keine Pferde domestizierenden Frauen? Den Antworten zu diesen Fragen werde ich mich gleich stellen.

Bleiben wir erst noch bei dem Weg des Mannes. Die

Frage nach der »Nur-Initiation« des Mannes ist ja eine sehr wichtige und entscheidende – natürlich auch für unser Thema. Auf dem Weg bis hierher haben wir schon so viel zusamengetragen, daß wir nun zumindest eine Art erste Hypothese aufstellen können. Wie wäre denn der folgende gedankliche Ansatz: (Siehe Zeichnung 41)

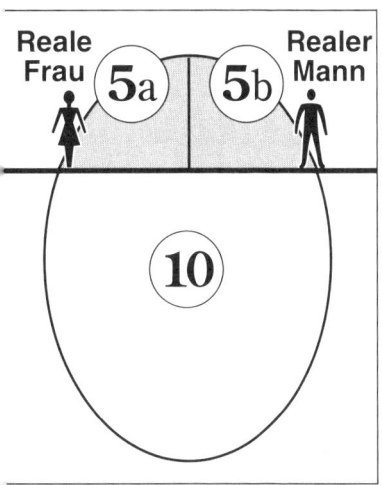
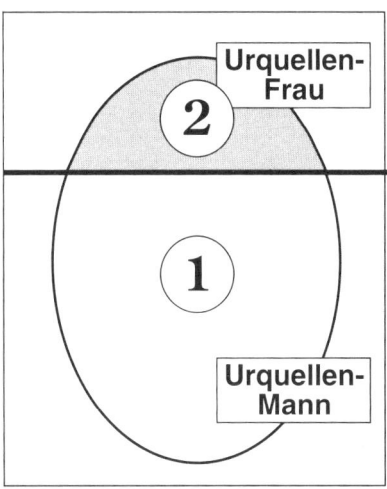

Zeichnung 41

Der Urquellen-Mann (Adam z. B.) ist ja, wie wir inzwischen erkannt haben, Ausdruck für das unsichtbare, schöpfende XZ. Die Urquellen-Frau (Eva z. B.) ist Ausdruck für z. B. den erscheinenden Menschen. Alles Erscheinende aber existiert in der Form der Teilung, also der Zwei. Himmel und Erde, Tag und Nacht, Mann und Frau. In unserer Skizze ist darum die reale Frau 5a und der reale Mann 5b. Beide wären als erscheinende Menschen der Ausdruck der Urquellen-Frau, also Eva. (Die Zwei steht der Eins gegenüber.)

Nun kommt der entscheidende Schritt! Kann es sein,

daß sich der *reale Mann* eher als *Urquellen-Mann,* also als Schöpfender empfindet als die Frau? Kommt der reale Mann bei seiner *ersten,* also bei seiner physischen Geburt automatisch mit dieser *zwangsläufigen Täuschung* auf die Welt (»Was kostet das alles, ich bin der Held – her damit.«)? *Ist in ihm als reales, männliches Wesen dieser* »*Größenwahnirrtum*« *implantiert, der ihn die Welt so betrachten läßt:* (Siehe Zeichnung 42)

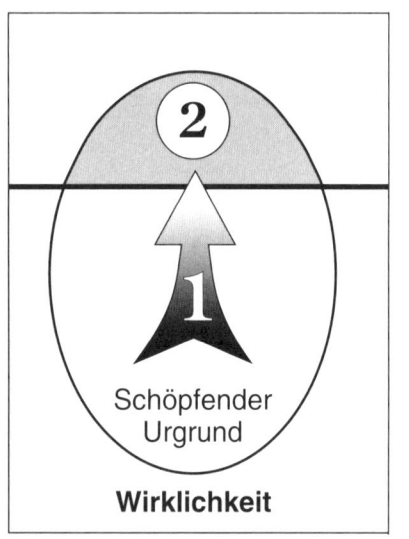

Zeichnung 42

Die reale Frau jedenfalls ist doch schon Teil der Urquellen-Frau! Der reale Mann ist das auch, nur kann er das von vornherein akzeptieren? Kann er dieses »Frausein« der Welt gegenüber einfach so, ohne »Wiedergeburt«, ohne zum »Mann« gemacht worden zu sein für sich annehmen und leben? Sieht er sich nicht zuvorderst als Urquellen-Mann, als mindestens kleiner, wenn nicht gar großer Gott? *Muß er als Urquellen-Frau noch einmal geboren wer-*

den? Muß er in diesem Sinne gebrochen, verletzt, »zurechtgestutzt«, zum wahren, empfangenden und verbundenen Manne gemacht werden? *Und bleibt dieser Weg der »realen Frau« tatsächlich erspart, erlebt sie sich doch im Idealfall als weiblich (empfangend) im Urweiblichen?* Und sind es womöglich auch die Hufe der jungen Hengste, die ihm das auf ihre Weise einzubleuen vermögen: »Schau, wer du bist, schau, was du vermagst, schau, was du tust?« Also: *Ist der Weg vom Reiter zum Ritter ein Initiationsweg? Ist der Ritter nicht im Idealfall der Geläuterte, der Relativierte, der Berufene und der Bezwungene und erst dadurch (sich) Bezwingende?* Wir sagten: Die »tausend guten Früchte«, die Segnungen bis ins tausendste Geschlecht kommen durch das Anerkennen des Ursprungs, der geistigen, schöpfenden, metaphysischen Ebenen zustande. *Der Mann also, will er wirklich wirken, muß sich befruchten lassen vom männlichen Ursprung! Als Mann darf ich sagen: Das ist wirklich eine ganze Menge verlangt!* Aber es ist nun einmal der Weg des Mannes! Besteht darum der Neid des »Urmannes« auf die »Urfrau«, ist sie es doch, die sich von vornherein in der »zu befruchtenden« Rolle befindet? Aber was geschieht, wenn sich die Frau auf diesen »Knabenmann«-Weg begibt? Alle Medien der Initiation sind Größen, um äußere Macht zu brechen. Der Mann soll hinken! Wie Jakob! Er soll die Schwäche seiner eigenen Macht erfahren, um die Kraft und die Größe des wirklich Schöpfenden wahrhaftig und für all seine Tage in sich wirken lassen zu können. Der kleine David siegt.

Was aber, wenn die reale Frau sich mit diesen »Medien« umgibt? Auf Tod oder Leben, so zumindest scheint es, war den Naturfrauen der Kontakt zu den Initiationsritualen und ihren Gegenständen untersagt. Zu allen Zeiten und an jedem Ort. *Das Pferd, haben wir gesagt, kann vieles sein. Ist es auch unter ganz bestimmten Umständen Medium zur Initiation? Und: Finden wir es darum bei den Naturvölkern nicht mit den Frauen zusammen?*

Und wenn dieses der Weg des Mannes ist, was ist dann der Weg der Frau? Und was dann ist der Weg des Lebens, also der Weg beider zusammen? Und warum dienen die Naturfrauen auch den weisen, den initiierten Männern? Dienen sie ihnen tatsächlich?

DER WEG DES MENSCHEN

Wenn wir von den ungezählten Zeugnissen ausgehen, die uns von menschlichen Urgemeinschaften überliefert sind und von ihren Quellen, dann scheint also nicht nur zweifelsfrei festzustehen, daß die Auseinandersetzung, die Konfrontation mit jenem Teil des Daseins, den wir XZ nannten, für diese Menschen zu dem Wichtigsten überhaupt zählte bzw. noch zählt. Ein ganz entscheidender Punkt ist ganz sicher auch, *daß der Zugang zu diesen Wahrheiten, der Weg dorthin, für Männer ein anderer war als für Frauen. Und dies ist ein Merkmal praktisch aller Naturkulturen, wie unterschiedlich sie auch sonst organisiert sein mögen.* Mit dieser Feststellung haben wir ein Kapitel des menschlichen Daseins aufgeschlagen, das für uns Heutige genauso unbekannt wie bedeutsam ist. Nun also stehen wir vor einem weiteren Rätsel. Nicht nur, daß das Durchdringen als solches offensichtlich ein bedeutender und durchaus »hindernisreicher« Schritt ist, den wir in unserer Kultur bislang kaum mehr zu vollziehen vermögen. Jetzt müssen wir uns zu alledem ganz offensichtlich auch noch damit abfinden, daß *dieser Schritt für eine Frau etwas ganz anderes darstellt als für einen Mann!* Das jedenfalls bezeugen einstimmig all unsere Vorfahren. Ohne Frage mutet alles das für uns »moderne Menschen« sehr verschwommen, sehr abstrakt an. Doch daß die »modernen« Wege, die wir gehen, nicht zu Ende gegangen werden sollten, das bezweifeln nur noch wenige. Wenn wir aber die Wege unserer Vorfahren ernst nehmen wollen und zu einer ernsthaften Auseinandersetzung, zu einer wirklichen

Diplomatie des Ursprungs bereit sind, dann müssen wir eben auch jede einzelne Etappe dieses Weges ernst nehmen. Die Flugzeuge werden darum nicht von den Himmeln und die Autos nicht von den Straßen verbannt. Aber, davon bin ich überzeugt, die Leere aus den Herzen so mancher Menschen! Um an dieser Stelle unserer Spur weiter bedachtsam, aber konsequent zu folgen, scheint es sinnvoll zu sein, einmal allgemein nach dem zu fragen, was man den »Weg des Menschen« nennen könnte.

Finden wir darauf eine Antwort, dann kann auch die Antwort auf die Frage nach dem »Weg der Frau« nicht mehr weit entfernt liegen und damit auch nicht die letzten Antworten zu den wichtigsten Urrätseln dieser Welt. Dann steht notwendig auch das Phänomen von Frau und Pferd klar umrissen vor uns.

Der Mensch verbinde Himmel und Erde, sagen einhellig und übereinstimmend die Urquellen. Gut – das ist ja in Ordnung. Aber was, wenn am Morgen um 6 oder 7 Uhr der Wecker rasselt. Es regnet. Die Kaffeemaschine spuckt verschlafen und hustend das braune Zeug in die Kanne. Auf den Schränken lauern die »Tiger«, die Raubtiere der funktionellen Alltags-Routine, die einen zu packen und aufzufressen drohen. Sie tragen die Gesichter der Mitarbeiter, der Kunden, der »Freunde«, der Banker, der Eltern oder der Kinder oder wessen Gesichter auch immer. Kaum mehr wahrnehmbar schwingen noch die hehren und aufbauenden Worte der letzten Nachtlektüre im Bewußtsein nach, die so kunstvoll ausformuliert von einem anderen Dasein schwadronierten. »Ja, so könnte es sein – was für ein Dasein, was für ein Frieden«, mögen die letzten gemurmelten Worte sein, die den Lippen dieses geplagten Alltagsmenschen entschlüpfen, bevor er sich den Traumtigern der Nacht überläßt. Doch jetzt eben gilt es, sich der Tiger des Tages zu erwehren, sich einigermaßen durch die kommenden zehn Stunden zu mogeln und, wenn auch nicht glücklich, so doch zumindest ab und zu fröhlich zu sein. Damit wäre man ja schon zufrieden. Alles andere bleibt eben doch nur ein Traum. Also: Der Wecker rasselt, und dann? Dann denkt dieser Mensch: »Ich muß.« Er könnte aber genausogut sagen: »Ich habe mich entschieden für.« Denn wenn sich das Leben dieses Menschen nicht irgendwo in einer Art Gefangenenlager abspielt, dann ist Wohnort, Art seiner Behausung, Form seines Wirkens und der Ablauf seines Tages doch vor allem die Folge auch und zuerst *seiner* Entscheidungen. Und doch steht seltsamerweise am Ende dieser Entscheidungskaskade zuallermeist das Gefühl von: »Ich muß!« Das kann man einem Menschen auch nicht mit einem Fingerschnips nehmen. Aber er könnte einfach einmal Folgendes tun: Er könnte, nur so zum Spaß, immer dann, wenn er geneigt ist zu sagen: »Ich muß ... dies oder das, heute oder morgen tun«, denken oder sagen: »Ich habe mich entschieden, das zu tun oder dieses« oder auch: »Ich entscheide mich jetzt dafür, dies zu tun oder jenes.« Die Wirkung kann durchaus enorm sein, wird ihm doch vielleicht im Laufe einer solchen Übungsphase vor allem bewußt, *daß er immer vor Alternativen steht!* Darum also geht es zuerst einmal! Zwischen Zersplitterung und eingleisigem, routinierten Zwang ist das wirklich andere, das Befreiende in der Alltagsroutine nämlich einfach nicht mehr aufzuspüren. Wie kommen wir da raus?

Wieder schaffen wir mit uns schon bekannten Größen ein Diagramm. Und auf der Grenze von Zeit und Raum male ich diesmal viele kleine »Huckel«: (Siehe Zeichnung 43). Zwei von diesen Huckeln habe ich besonders gekennzeichnet und mit den Ziffern 1 und 2 versehen. Die Ziffer

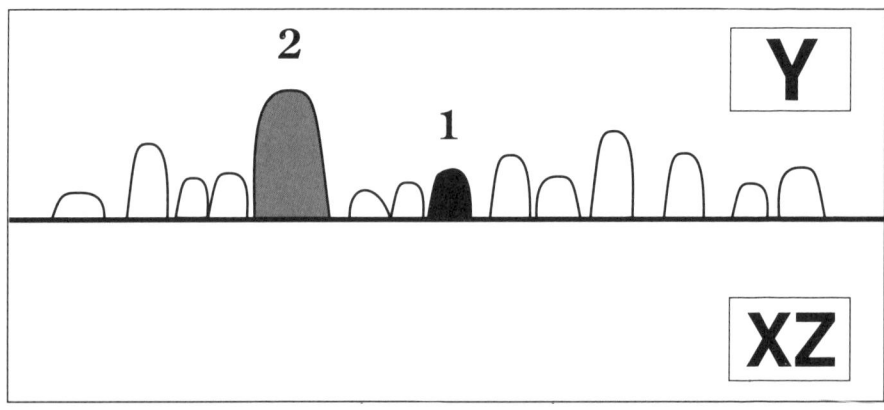

Zeichnung 43

1 stellt einen Menschen dar. Genauer gesagt, die augenblickliche Lebenssituation eines Menschen. Der schaut sich jetzt um, sieht im Außen (Y) eine Menge, vor allem aber jenen großen Huckel mit der Ziffer 2. Seine Wahl fällt natürlich auf diesen Huckel, ist dieser doch am »schönsten«, am »größten« und am »leuchtendsten«. Unser Mensch namens Eins trifft seine Wahl auf der *horizontalen* Ebene. Er »*muß*« sich quasi mit dem Huckel 2 verbinden, scheiden alle anderen »Huckel« als Alternative doch von vornherein aus, sind sie doch im Vergleich zur Nr. 2 *häßlich, klein und mickrig!* So verschwinden die anderen Alternativen mehr und mehr in dem Bewußtsein dieses Menschen, und für ihn besteht so, nach Ablauf einer gewissen Zeit, in der Tat »keine andere Wahl« mehr. Die Wahl des »Huckels« Nr. 2 ist für ihn fortan *wie ein Gesetz*. Nur wirklich glücklicher wird er nicht, sei die Wahl nun ein Beruf, ein Haus, ein Mensch oder eine globale Lebenssituation. (Siehe Zeichnung 44)

Aber warum nur? Er hatte doch das Größte und Schönste gewählt! Die Diffusionsgrenze aber hatte dieser

Der Weg des Menschen 327

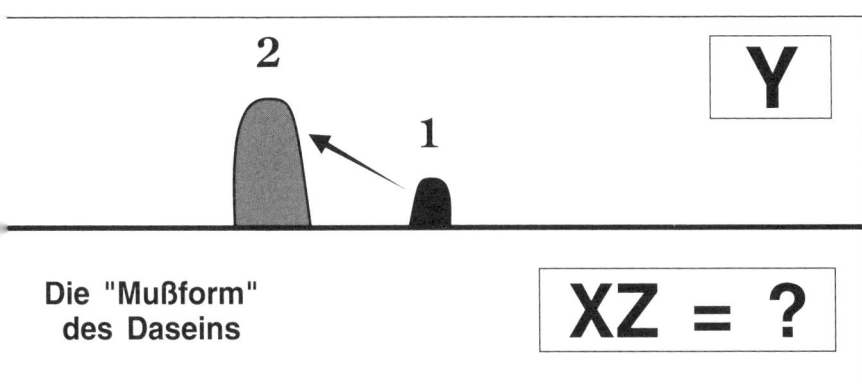

Zeichnung 44

Mensch natürlich nicht durchschritten, geistig, innerlich, mit seinem inneren Sein. Die Welt von XZ bleibt ihm unbekannt, ist für ihn gar nicht existent. Was er *nicht* »*weiß*«, ist das Folgende: (Siehe Zeichnung 45)

Nur *ein einziger der Huckel, die zur Wahl stehen, gehört wirklich zu ihm.* Wie zwei Finger einer Hand, die aus der Grenze von Zeit und Raum auftauchen. Wie die Finger einer Hand, die von unten einen Wasserspiegel durchbrechen. Nur ein einziger Huckel ist wirklich und wahrhaftig mit diesem Menschen *wesenhaft* und im *tiefsten Inneren verbunden.* Die Verbindung mit diesem einen Huckel, mit *dieser Alternative* eint ihn, heilt ihn, macht ihn ganz. So ist der Weg durch die Diffusionsgrenze eben *keine Einbahnstraße! Es ist Austausch, Kommunikation, Verbindung!* Die Wahl eines Menschen, der die Diffusionsgrenze zu passieren vermag, ist von *vollkommen anderen Parametern bestimmt:* War zuvor das äußere, lockende Bild bestimmend, so spielt das jetzt überhaupt keine Rolle mehr, weiß dieser, jetzt geläuterte, *initiierte* Mensch doch nur zu genau, daß auch das Schönste und Größte ihm

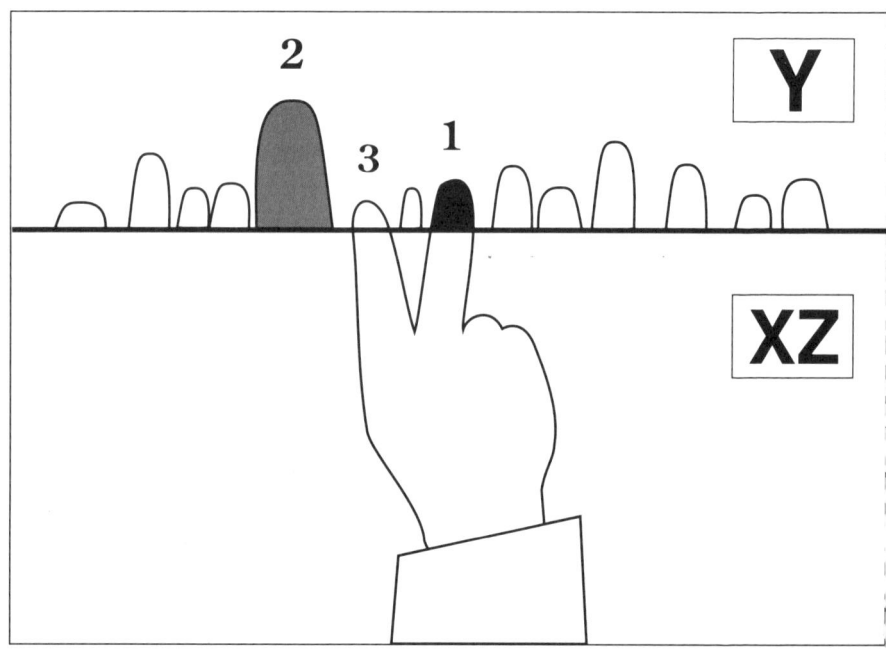

Zeichnung 45

dann nichts nützt, wenn es doch im Kern, in der Schöpfungswelt des XZ *nicht* mit ihm verbunden ist. Es ist nicht seine »Blase«! Es entspricht eben nicht *seiner* Ur-Schöpfungskonzeption. Er wird *nicht* mehr im Außen werten und sagen, gut, groß, bunt, toll, besser als, etc. weiß er doch, daß nur eines entscheidend ist: daß die Wahl, welche auch immer, auf jene Alternative fallen muß, die ihn mit seiner Ganzheit verbindet. Und so also spielen all die Darstellungen dieses Buches bis hierher wieder direkt zurück ins Leben, und zwar in jede Sekunde des Tages. Damit ein Mensch aus der Fülle der Alternativen das wahrhaft Seine erkennt, muß er nicht nur die ausschließlich bekannten und wertenden Parameter in Frage stellen und verlassen, *er muß vor allem aus der »horizontalen« in die »vertikale« Ebene durchdringen.* Er muß sich quasi »erheben«, er muß aufstehen und in diesem Sinne »gehen« lernen. Das Durchdringen der Diffusionsgrenze wird dann zu einem »Wandern« zwischen den Welten. Die Sicht auf alles, auf jede Sekunde des Tages, verändert sich radikal. Erst das emotionale, geistig-seelische Erkennen der »Hand« in der Sphäre von XZ wird mir meine wahren Entsprechungen offenbaren, im Raum alles Erscheinenden. Jetzt verbindet dieser Mensch Himmel und Erde. *Er erkennt an, daß die Wahl ja schon längst auf einer anderen Ebene getroffen wurde.* Er wählt in Wahrheit nicht, er vollzieht nur die Wahl nach, die lange vor ihm getroffen wurde! Auch dieser Mensch muß suchen, fragen, forschen, doch konzentriert sich seine Suche auf etwas, das gänzlich verschieden ist von der Suche des ersten!

Die große Frage also, was ist eine Entscheidung des Menschen und wie wird sie getroffen, *muß* darum in der Tat ob all dessen *radikal* anders aufgefaßt werden. *Der Weg des Menschen ist jetzt jedenfalls nicht mehr und nicht weniger als das Finden der Entsprechungen.* Es ist das Finden der Ganzheit. Das Finden jener »Finger«, die wie aus dem Wasser ragend doch zu *einer* Hand, zu *einem* Arm, zu *einem* Ganzen gehören. Und sei dieser Finger noch so klein – er ist der meinige! Er ist und bleibt der *mir bestimmte. Es ist mein Volk!* – wie es in den Urquellen heißt. Und das ganze Volk muß ich mitnehmen auf meinem Weg. Ich muß es einsammeln wie der Hirte seine Tiere.

Darum ist Diebstahl jeder Art auch außerhalb unserer Gesetzesauffassungen so verwerflich. Nicht nur, daß ich im Bereich des Ypsilon veruntreue, vor allem zertrenne ich die Einheit, zertrenne ich die »fremden Völker«. Darum u.a. sollen die Söhne Israels nicht die »Frauen« der fremden Völker »heiraten«. Die »Finger« einer Hand gehören zusammen. Hat ein Mensch in diesem Sinne seine Wahl getroffen – und das kann durchaus blitzschnell gehen – *dann bringt er sie mit tiefster Entschlossenheit und einem Mut, der sich aus geheimen Quellen speist, zur Realisierung,* folgt er doch dem (verborgenen) Großen, und nimmt er *daraus* seine Sicherheit. In vielen Fällen trifft er eine Wahl, trifft er Entscheidungen, die von seiner Ypsilon-Umwelt nur mitleidig belächelt werden, fällt er sie doch nach Kriterien, die für diese »unsichtbar« und nicht nachvollziehbar, ja oft »kindisch« erscheinen. Ja, er wird belächelt! Was soll's!

Der Weg des Menschen ist das »Sammeln seines Volkes«. So wird er im Laufe seines Lebens immer vollzähliger, ganzer, heiler. Immer größer, vollständiger wird die Verbindung zu seinen Wurzeln, zu seinem Ursprung. Immer sicherer ruht er auf dem Unsichtbaren. Immer erfüllter sind seine Lebensspuren, bis schließlich die Tage seines Alters wie die reife Frucht eines Lebens in *innerer* Pracht und Fülle, in *innerem* Glanz und Reichtum wie ein tief verwurzelter Baum ins Leben hineinragt. Das alles kann sein. Das alles ist im Menschen, in *jedem*, in wirklich jedem Menschen angelegt. Das ist das Geschenk der Schöpfung, die immer wieder aus dem Unsichtbaren spendet. Der Kreis der Urrätsel der Welt beginnt sich zu schließen. Aus dem Erkennen und Wahrnehmen der anderen Welt wurde das Verbinden. Aus einem zögerlichen Eintreten wurde das Wandern zwischen ihnen, und aus vielen abstrakt scheinenden Herleitungen und Wegabschnitten wird so sekündlich gelebte, konkrete Realität. Und wenn dieser so handelnde Mensch dann vor einer Fülle von Alternativen steht, wird er sich kaum zerreißen lassen und sich auch kaum »wie zwanghaft besessen« gleich dem Größten und Schönsten verschreiben. So läßt er sich auch nicht versklaven vom »muß« und nicht manipulieren vom »ich brauche«. Er sucht ruhig das Seine. Und wenn er den »Finger seiner Hand« gefunden hat, dann sagt er zwar »Finger« oder »Hand« oder »Rad« oder »Meer« oder »Pferd« und meint doch zugleich ein ganzes Universum. Und er wählt womöglich ein kleines, struppiges, ja kümmerlich scheinendes Tier aus der Herde prachtvoller Pferde und verbindet sich doch so und nur so mit dem Seinen, mit seinem ihm ganz eigenen inneren Reichtum. Und ein Mensch, der so handelt, wird nie das Rezept suchen, die Routine, eben alles das, was die Entscheidung in der Nur-Ypsilon-Welt erleichtern soll. Er weiß, daß *jeder* Moment seine *eigene*, auf *diesen* Augenblick bezogene Wahrheit enthält und daß diese verbunden werden muß mit dem Großen jenseits der Grenze. *Dieser Mensch handelt, ohne zu handeln!* Er tut etwas, ohne nach dem Lohn zu fragen; und ist sich doch sicher, daß er das, was im Augenblick einzig getan werden muß und getan werden kann, auch wirklich tut. Ist das der so viel gesuchte Ort des Paradieses? Wenn morgens also der Wecker rasselt, wird der scheinbar freie, in Wahrheit aber versklavte Mensch sicherlich nicht gleich sagen können: »Ich entscheide mich jetzt für etwas ganz anderes.« Denn ohne die Anbindung zur Wurzel hat er ja keine neuen, gültigen Kriterien für seine Entscheidungsfindung. *Aber er beginnt langsam zu ahnen, daß es sie gibt!* Das erste Tor in eine große, noch unbekannte Welt öffnet sich. Und sooft er kann, sollte er sich um sie mühen und die Urquellen zu verstehen suchen, um den Weg des Menschen, also *seinen* Weg, zu finden. Lauschen wir dazu noch einmal in die Welt der Aborigines:

Die Konsequenzen

»Die Träume und die Schöpfungen der Menschen spielen sich innerhalb eines Großen Traumes ab, der bereits vollendet ist. ... Die Traumzeit ist so beständig und unveränderlich wie die Erde selbst. Erneuerung und Veränderung entsteht für die Aborigines dadurch, daß sie die Fähigkeit entwickeln, die ewigen Elemente der Traumzeit zu entdecken und neu zu beleben. In ihrer Kosmologie ersetzt dieses Entdecken unsere Vorstellung von der Evolution. Bewußtsein wird größer, indem der Austausch zwischen seinen zwei Bereichen – Bewußtem und Unbewußtem – verstärkt wird. ... Es ist diese Lebensweise, die den Menschen dazu befähigt, gleichzeitig in der Traumzeit und der körperlichen Welt zu leben. ... Die Initiationen der Aborigines fördern das umfassende Gefühl, eins zu sein mit der metaphysischen Welt. ... Es ist zu spät, auf etwas zu reagieren, was die stoffliche Welt bereits betreten hat; wenn sich die geistige Energie einmal verstofflicht hat, verändert die sich daraus ergebende Kette von Reaktionen das ganze Muster der Natur. ... Mit dem psychologischen Prinzip der inneren Einkehr verhält es sich ebenso, ist es doch viel wirksamer, die Gedanken zu beherrschen und zu lenken, als sich erst mit ihnen zu befassen, nachdem sie in Worte gefaßt sind.«[1] Und diese Aussage macht es auf ihre Weise noch deutlicher: »Der alte Mann berührt jeden Stein, um herauszufinden, ob ihm das Potential innewohnt, das ihn dazu bestimmt hat, ein Werkzeug und ein Leben lang Begleiter zu werden. In der Sprache der Warlpiri, eines großen Stammes aus dem westlichen Wüstenland, lautet das Wort für dieses einer Sache innewohnende Potential ›guruwari‹, was soviel heißt wie ›Totemzeichen‹. Der Begriff bezieht sich auf den unsichtbaren Samen oder die Leben schaffende Energie, die die schöpferischen Ahnen in das Land und in alle Erscheinungsformen der Natur gelegt haben.«[2]

Um diesen Weg des Menschen aufspüren und beschreiten zu können, finden und fanden eben überall und wohl ausnahmslos in den Urkulturen erschreckend martialische Initiationsprozeduren, eben das »Männermachen«, statt. Der schließlich zum Mann gewordene Jüngling und der immer tiefer eingeweihte Weise wurde so schließlich jener Wanderer zwischen den Welten, der somit all seine Entscheidungen diesem metaphysischen Dasein unterordnete. Warum gaben die Urmenschen den Frauen diese Chance nicht? Glaubten auch sie, die Frauen seien dazu nicht imstande?

Nachdem wir also den Weg des Mannes erörtert haben und den des Menschen überhaupt, bleibt uns noch die Frage nach dem Weg der Frau. Das Wesen des Pferdes, auch als Bild in den Urquellen, konnten wir bereits entschlüsseln. Damit dann haben wir alle Geheimnisse zumindest so weit aufgedeckt, als daß wir die Antworten zu all unseren Fragen jetzt wie reife Früchte von den Bäumen pflücken können. Was also ist der Weg der Frau? Herrscht auch bei den Naturvölkern der Mann, weil die Frau schlicht und einfach zu schwach ist, diesen martialischen Weg der Initiation zu durchstehen? Folgt sie dem Mann, weil er – nun weise geworden – die Entscheidungen des Lebens auch für sie, für die Frau, »mitträgt«?

DER WEG DER FRAU

Bemerkenswert ist nicht nur die Tatsache, daß die »Urfrau« selbst ganz offensichtlich einen solchen Prozeß des »Initiierens«, des ersten »Durchbrechens der Diffusionsgrenze«, nicht nur nicht explizit vollzieht, daß vielmehr darüber hinaus die Rolle der Frau vor allem in der Vorbereitung des »Männermachens« sehr bedeutsam ist.

Wir sagten, daß sich im Prozeß der Initiation des Mannes seine Sicht auf vielen Ebenen weite und daß sich ihm die Möglichkeit eröffne, die Diffusionsgrenze ob seines grundsätzlich neuen, anderen Erkennens zu »passieren«. Er erfährt den wahrhaft schöpfenden Urgrund und erkennt ihn damit zugleich auch an. Er erfährt, daß er sich als »erscheinender Mann« so weit relativieren muß, daß eine Befruchtung im höheren Sinne stattfinden kann. Es ist das vollständige Negieren eines erheblichen Teiles seiner kindlich-»männlichen« Vorstellungen.

Wir erinnern uns: Das Urquellen-»Männliche« und »Weibliche« hatte, bezogen auf die Grenze von Zeit und Raum, ja diese Anordnung: (Siehe Zeichnung 46)

In diesem Bild konnten wir den realen Mann und die reale Frau so integrieren: (Siehe Zeichnungen 47 und 48)

In dieser nun sich ergebenden Zusammenstellung ist die Frau, bezogen auf das erscheinende Weibliche und das befruchtende Männliche, gleich mit ihrer Geburt *an der richtigen Stelle* und im richtigen Verhältnis: (Siehe Zeichnung 49)

Die Urquellen und die Riten der Naturvölker bekun-

Der Weg der Frau 335

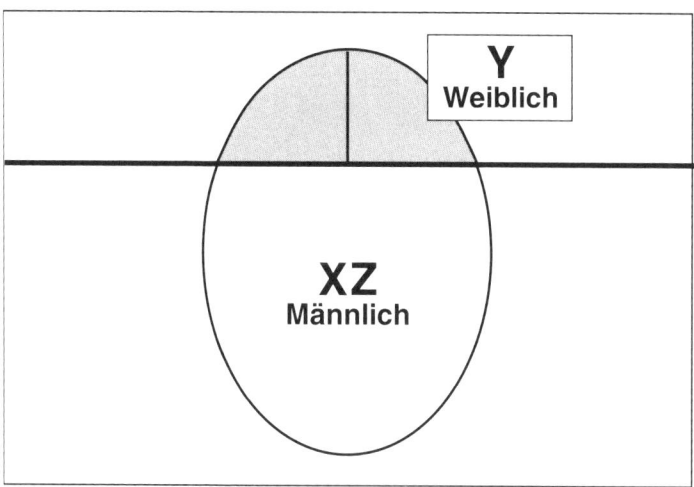

Zeichnung 46

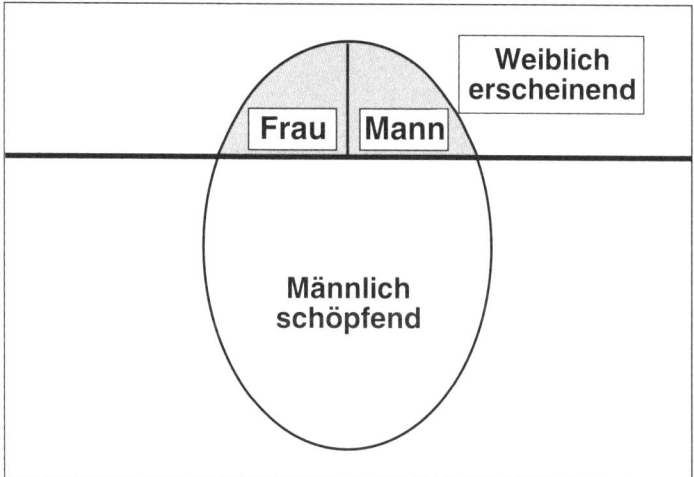

Zeichnung 47

den einhellig, daß die Frau in jenem ganzheitlichen Urzusammenhang (YXZ) geboren wird:

»Ein Aborigine drückte es einmal so aus: ›Die Frauen

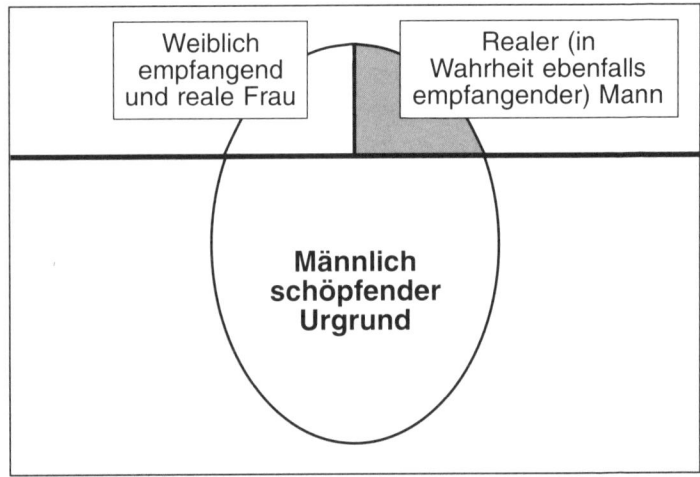

Zeichnung 48

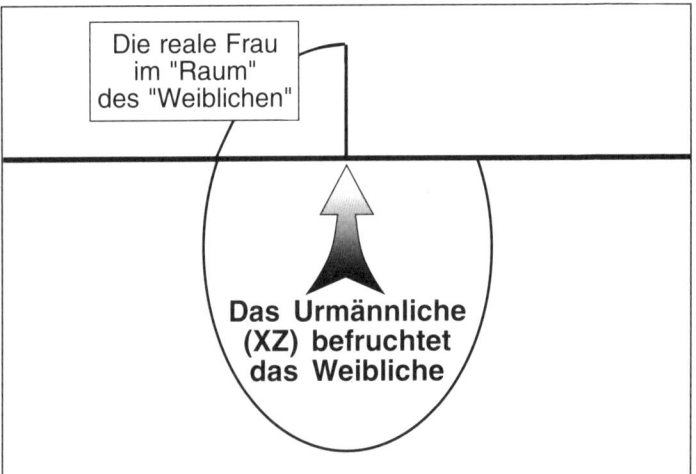

Zeichnung 49

werden von der Natur geboren, die Männer müssen von der Kultur geformt werden.‹ ... Die irdische Natur oder die Phase körperlichen Daseins gilt als Bereich der gebärenden Kraft des allumfassenden Weiblichen. Frauen finden deshalb sofort von allein ihre Stellung im natürlichen Fluß und Kontinuum des Lebens. Der auf das Jenseits gerichtete Geist der Männer muß, weil er im Widerspruch zum Leben steht, ins Dasein geträumt und behutsam im mütterlichen Boden gehegt werden. ... Alle Frauen werden prinzipiell vom Leben selbst eingeweiht. Mit jedem Kind, das sie trägt, und mit jeder monatlichen Menstruation nimmt die Frau Stufe um Stufe Schmerz, Erschöpfung oder inneren Rückzug hin. ... Frauen werden während Schwangerschaft, Geburt und Menstruation als ›Bugu‹ bezeichnet, womit darauf hingewiesen wird, daß die Frau von Natur aus ständig an der Initiationserfahrung teilhat.«[1]

Diesen Status also müssen die Männer offensichtlich erst im Zuge eines zurückzulegenden Weges erreichen. Die Orientierung innerhalb der männlichen Initiationsprozesse ist also die hin zum »empfangenden Sein«, also hin zum »inneren, weiblichen Prinzip«.

Sie, die zum wahrhaften Manne Werdenden, jedenfalls müssen einen entscheidenden Bruch vollziehen, einen tiefen, inneren (= nächtlichen) Kampf vollführen und zum Schluß eben auch bestehen. *Die Frau ist, der Mann wird!* In den Urquellen geschieht nichts ohne tiefen und tiefsten Sinn. In den Erzählungen um Jakob und Moses spielen die Frauen eine, wie gesagt, duldende und versöhnende Rolle. In der Tat zeigt ein weiterer Blick auf unsere Grafik erste Aspekte ob des feinen Zusammenspieles von Frau und Mann, bezogen auf die Gesamtheit des Weges des Menschen. (Siehe Zeichnung 50)

Der Pfeil Nr. 1 bezeichnet die unzerbrochene Verbindung des schöpfenden Urgrundes zur Frau. Der Pfeil Nr. 3 bezeichnet den vor der »Initiierung« durch die

338 *Die Konsequenzen*

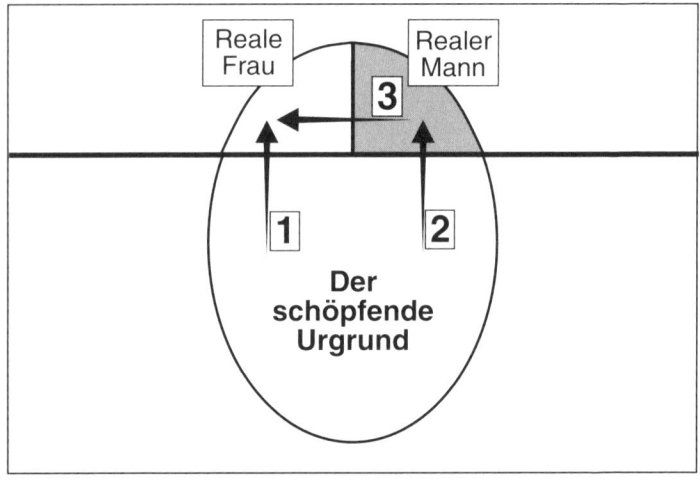

Zeichnung 50

Geburt immer angelegten Irrtum eines jeden Mannes. *Der Knabe und der nicht initiierte Mann glauben sich bewußt oder unbewußt, mehr oder weniger, als Urheber, zumindest ihres eigenen Daseins, als »Macher«, als König, als kleiner oder großer Gott in dieser Welt.* Ob uns das gefällt oder nicht, das ist nun einmal so! Die Initiation bewirkt die Relativierung, bewirkt also das Brechen dieses Pfeiles und den allmählichen Aufbau der Kommunikation mit dem Urgrund (Pfeil Nr. 2). Hernach werden Urmann wie Urfrau von dem geistigen Urgrund befruchtet. *Dazwischen aber ist das Dulden, Helfen und Versöhnen der immer schon »wissenden«, der schon verbundenen Frau!* Sie weiß durch und durch um das größte »Problem« des Mannes, muß er doch noch ein *zweites* Mal geboren, erst zum Manne »gemacht« werden!

Hierin also ist das *Dulden* und das *Versöhnen* und das *Erkennen* und das *Mitleiden* der Urfrau begründet. Sie *weiß* ja um das ihre und *ahnt* den Schmerz des anderen. Und dies ist wirklich ein Schmerz, wirklich ein Sehnen, dies ist ein langsames Sterben, eine langsame Vorbereitung zur neuen Geburt. So wird dieser ganze Prozeß zwar mit unterschiedlichen Anteilen, aber doch immer *gemeinsam,* auch in der Gemeinschaft, getragen, hin zum Sein des ganzen Menschen. Das »rechte Viertel« in unserer Zeichnung, die rechte obere Ecke, der Mann also, ist zuerst so etwas wie ein »Fremdkörper«, der sich erst einmal »richten« muß, ja der gerichtet werden muß. Aber auch diese »vor-initiierte« Phase des Mannes ist ganz uneingeschränkt außerordentlich bedeutsam für das ganze Dasein der Menschheit überhaupt.

Die Schöpfung kennt keine Fehler, nicht einmal die vielen der Menschen. Dieses »gemeinsame Richten«, dieses gemeinsame »Versöhnen« bildet eine wichtige Grundlage für den Bestand des Menschengeschlechts und für den Fortbestand des »Weges der Menschen«, und des »Weges der Menschheit«. Die Ordnung wertet ja nicht. Sie nimmt an und folgt dem großen Zusammenspiel. So hilft die Urfrau dem Urmann, in die große Welt der Zusammenhänge einzudringen und in ihr zu leben (sie dient ihm so im wahren, tiefen Sinne).

»Die Aboriginal-Frauen scheinen ein unausgesprochenes Verständnis dafür zu haben, daß die männliche Psyche in der Schöpfung von Natur aus eine Nebenrolle spielt oder von ihr abgetrennt ist. Sie nehmen es hin, daß das zerbrechliche männliche Ego eine ständige Bestätigung von außen braucht, und sie fördern und unterstützen die Zeremonien der Männer, mit denen die männliche Psyche so geformt wird, damit die Männer in der Lage sind, in Natur und Gesellschaft eine positive Rolle zu spielen.«[2]

Der Urweg des Menschen, über den wir im vorhergehenden Abschnitt gesprochen haben, ist gültig für Mann wie Frau. Aber das schließliche Erreichen ist eben sehr verschieden. Der Mann erreicht ihn über den inneren Kampf, über den rituellen Tod, der ja, wie wir sahen, sogar wie ein wahrhaftiger erlebt wird – mit all den damit verbundenen Ängsten und Qualen.

Das Geschenk der Urfrau an die Gemeinschaft der Menschen ist das Erdulden des »Noch-nicht-Seienden«. Das Erdulden des *anmaßenden*, des *irrenden* (Mannes). Es ist die Gabe, im doch schon »wissenden« Status die Versöhnung mitzubewirken, sich so dem anderen helfend, *dienend* an die Seite zu stellen. So kommen wir zu einer anderen Auffassung des Wortes dienen seitens der Frau gegenüber dem Mann, die mit dem uns Geläufigen ganz offensichtlich auch hier nur das Äußere des Wortes gemeinsam hat. Der Inhalt dieses Wortes dienen ist nicht nur anders, er hat sich zum vollkommenen Gegenteil hin aufgeschwungen! Dieses Wort, das jetzt auch Frau und Mann miteinander verbindet, ist elementarer Bestandteil eines gewaltig miteinander schwingenden Daseinsensembles geworden.

Vom »modernen Mann« sagten wir, daß ihm der Schritt in die Initiation durch den gewaltigen, historischen Schnitt, den unsere Kultur erfahren mußte und der ja zuvor ausführlich dargestellt wurde, in dieser Urform zumindest kaum mehr möglich ist. Dieser Vorgang der Läuterung ist als Initiation zumindest hier nicht mehr existent. Konnten denn die Frauen ihr »Urdasein« bewahren? Gilt all das Gesagte ob des »Urwissens« der Frau denn auch noch für die »moderne Frau«? Und welche Rolle spielen dabei das Pferd und die besonders große Zuwendung ihm gegenüber seitens der »modernen Frau«?

Ist es vielleicht so etwas wie eine »Erinnerung«, ein Wieder-bewußt-Werden tiefer, urweiblicher, urnatürlicher Prozesse? Fest steht jedenfalls, daß ganz ohne bewahrende Rituale auch die Urfrau nicht auskam: Eine kurze Abgeschiedenheitsphase außerhalb der täglichen Normalität erlebte und erlebt auch sie. Dort erhält sie von den älteren Frauen die unterschiedlichsten Unterweisungen. Als junge Frau erlebte sie sich ja vollkommen in diesem intuitiven, großen, empfangenden Ganzen. Was also galt es ihr noch zu vermitteln? War es vor allem die Warnung davor, das Dasein als Frau, als Ganzheit zu verlassen, zu verleugnen? Und ist es nicht das, was in dieser Welt geschieht? *Lockt nicht das Patriarchat, das »nicht initiierte Mannestum« zum Nachmachen?* Ist die »moderne Frau« eine jetzt im Außen handelnde, »männergleich« agierende Nichtmehr-Frau? Und zwar jetzt im engen Zusammenspiel mit den spätpubertierenden Greisen? Lassen sie sich mehr und mehr auf einen Weg drängen, von dem sie im Tiefsten ahnen, ja wissen, daß er überhaupt und ganz und gar nicht der ihre ist?

EIN URMENSCH SIEHT DEN
»WESTEN«

Der große Bogen ist geschlagen. Von den ersten elementaren Strukturen der Urquellen zu den Anfängen und Ursachen dessen, was wir das »Feuer des Westens« nannten, über das Wesen der »Diplomatie des Ursprungs« und ihrer ungeahnten Möglichkeiten hin zu dem, was man den Weg des Menschen, den Weg des Mannes, den Weg der Frau nennen kann, haben wir das weite Feld bestellt. Nun gilt es, die Früchte einzusammeln. Und ich wage zu behaupten, daß es so viele an der Zahl sind, daß wir im Rahmen dieses Buches nur mehr einige wenige zu kosten vermögen, um so die aufgeworfenen, noch nicht beantworteten Fragen aufzulösen. Und bevor wir das tun, wollen wir uns noch einmal klar die neuen »Größen« vor Augen führen, die wir haben finden können. Denn sie sind unsere Basis für alles Weitere. Unsere normale Umgangssprache hält einfach nicht genug Worte bereit für eine brauchbare und klare Unterscheidung der »Geschlechterbegriffe« hinsichtlich der erscheinenden Wesen und jener, die in den Urquellen genannt werden. Die »Frau« in den Urquellen ist ja zumeist alles Erscheinende, eben auch der erscheinende Mensch schlechthin, also Mann *und* Frau. Der Mann in der Urquelle ist zumeist das, was hier in der sichtbaren Welt überhaupt nicht erscheint. Bezeichnet er dort doch die jenseitigen, geistigen Schöpfungskomponenten (XZ) all dessen, was sich hier, im Diesseitigen, zeigt. Und damit es mit diesen und, wie wir sehen werden, auch anderen Größen Klarheit in der Zuordnung gibt, will ich jetzt sechs(!) verschiedene Größen von »Mann und Frau« festlegen und eindeutig benennen:

Größe 1: Die »Quell-Frau« = Y

Sie bezeichnet eben alles Erscheinende und auch den erscheinenden Menschen (männlich und weiblich) in den Urquellen. Es ist das Weibliche in den Urquellen, z.B. Eva, Ägypten, Kain, Esau, das Wasser, die Zeit, die Materie, die Welt der »6«, das Yin, der Mond, der Stier etc.

Größe 2: Der »Quell-Mann« = XZ

Er bezeichnet alles unterhalb der Diffusionsgrenze und auch den verdeckten, unsichtbaren Teil der Menschen (Mann und Frau) in den Urquellen, z.B. Adam, Abel, Jakob, die Seele, das Geistige, die Schöpfungskonzeption, das Yang, das Befruchtende, etc.

Größe 3: »Der Mann« = Y + XZ

Dies ist der erscheinende, reale Mann, der über einen, wie auch immer gearteten »Initiationsprozeß« die Diffusionsgrenze durchdringen konnte, um so die Welt des XZ zu seinem »Ypsilonwesen« in eine lebendige Beziehung zu setzen. Hier also schlagen wir den Bogen zurück zu unserem Mongolen, zu den Berufenen, denen wir in unseren Skizzen die rechte Seite zugeordnet haben. Aber nur dieses Wesen nennen wir ab jetzt »Mann«. Da also möchte ich mich der »Nomenklatur« der Naturvölker anschließen, die ja bezeichnenderweise vom »Männermachen« spricht.

Größe 4: »Der Prae-Mann« = Y (XZ)

Diese bezeichnet fortan das erscheinende, real männliche Wesen, dem es aber noch nicht in den Sinn gekommen ist, sich um all das zu bemühen, was es jenseits der Diffusionsgrenze zu entdecken gibt. Er lebt eben in jenem unbewußten Zustand, den wir ja ausführlich zu Beginn dieses Buches dargestellt haben. Jenen dem Knabenalter entwachsenen »Prae-Männern« haben wir in unseren Darstellungen die linke Seite zugeordnet, die Seite des »Gemeinen«. Das XZ ist bei ihm in Klammern gesetzt, da es ja immer latent mitschwingt und er auch in der Tat *jederzeit* vor der Wahl steht, diese Klammer zu öffnen. Folgen wir den Denkformen der Urvölker, dann können wir sagen, »in ihm steckt jederzeit das Potential, ein Mann zu werden«.

Größe 5: »Die Frau« = (YXZ)
Diese ist die erscheinende Frau, und, wie gesagt, wir wollen ab jetzt sorgfältig zwischen dieser und der »Quell-Frau« unterscheiden. Ausgehend von dem, was wir erfahren konnten im vorhergehenden Abschnitt, wird ja die Frau in ihrer Ganzheit (YXZ) geboren. Ihr bleibt es erspart, in einem langwierigen Prozeß die Diffusionsgrenze erst zu öffnen. Darum eben bezeichne ich »die Frau« mit YXZ und »den Mann« mit Y+XZ.

Größe 6:
Diese letzte Spalte will ich erst im Laufe dieses Abschnittes ausfüllen. Denn wenn wir in unsere »moderne Welt« blicken, dann werden wohl die meisten mit mir darin übereinstimmen, daß so manche hier lebende Frau nicht dieser ganzheitlichen Kategorie »Frau (YXZ)« zugerechnet werden darf. So wie sich also die real erscheinenden, männlichen Wesen in Männer und in Prae-Männer unterscheiden lassen, ebenso sind wir wahrscheinlich genötigt, auch der real erscheinenden Frau eine »zweite Daseinsform« zusprechen zu müssen. Doch dazu später mehr.

Natürlich können wir alles das, was ich zuvor schon ausführlich über die Unterscheidung von »den Gemeinen« und »den Berufenen« sagte, ob all der Relativität und ob des Fließens der Grenzen, auch diesen Zuordnungen anheften. Auch hier wieder schaffen wir uns ja nur Hilfen, »Krücken« und Bilder. Aber solange sie helfen, Licht in das Dunkel zu bringen, sind sie sicher sinnvoll.

Wir haben vieles zusammengetragen und zu einem »Instrument« zusammengefügt. Nun müssen die Saiten noch gestimmt werden und dann können wir darauf nach Herzenslust spielen. Das können lustige und schwungvolle Melodien sein, ebenso wie leise, zarte und melancholische. Es wäre schön, wenn ein jeder zum Schluß auch seine eigene Melodie spielen würde. Womöglich fände er dann ja wieder zu dem Erleben, das wir von den singenden Druiden ganz zu Anfang schon skizzierten. Welch vielfältige Melodien erfüllten dann wieder diese Welt?

Doch dieses Instrument ist noch neu, und man muß es erst zu spielen lernen. Und so sind die folgenden Buchseiten nicht nur meine Antworten auf die eingangs gestellten Fragen, sondern auch so etwas wie vorsichtige Anregungen für die unendliche Vielzahl möglicher Melodien. Denn es gibt ja mindestens so viele Melodien, wie es Menschen gibt. Natürlich will ich mich mit der jetzt folgenden Melodie ob ihrer »Tonfolgen« und ob ihrer »Rhythmen« festlegen. Aber es bleibt *meine* Melodie, also *eine* Möglichkeit von ganz vielen. Das Buch ändert ab hier ein wenig seinen Charakter. Es will nicht mehr nur herleiten, sondern freier als bisher Möglichkeiten und Richtungen andeuten und aufzeigen. Der Trichter weitet sich wieder und öffnet sich erneut dem Leben. Und das ist ja unendlich vielgestaltig.

Ist der wahre Dialog nicht der zwischen dem Erscheinenden und dem Unsichtbaren? Und ist in diesem Gespräch nicht jeder Mensch in sich und mit sich als Ganzes allein? So will ich gerne noch einige Melodien auf unserem Instrument anklingen lassen. Natürlich würde ich mich freuen, wenn sie Ihnen gefallen. Aber das müssen sie nicht. Es genügt schon, wenn sie ein wenig anregen zum »Selberspielen«.

Gerne vergleiche ich das Leben mit einem wirklich schönen Adventskalender. Jeder Tag, jeder Augenblick kann so etwas sein wie das gespannte Öffnen eines noch verschlossenen Kläppchens. Das »Kind« erwartet immer wieder gespannt das Neue, das, was kommt. Es läßt sich überraschen und gleitet dann mit der Überraschung zusammen spielend in die Welt aus Traum, Phantasie, Emotion und dem ganz realen Erleben. Es spielt seine kleine große Melodie mit dem, was es findet. Und kaum daß die eine beendet ist, beginnt auch schon wieder eine neue. Hell schwingt und klingt es noch nach, da wacht es schon wieder auf, um geschwind das neue Kläppchen zu öffnen, um immer wieder etwas anderes zu entdecken. So tanzt es immerfort nach seiner Melodie. So wie auch König David immerfort getanzt hat, mochten die anderen ihn auch belächeln und mit ätzendem Spott überschütten. »Was tanzt du so wie ein Kind«, riefen sie ihm zu und starben bald darauf den biblischen Tod. Und das ist vor allem der Tod der Seele. Nicht singend, nicht tanzend leben sie als Gespenster weiter auf einer Welt, die fortan nur noch aus Grenzen und Mauern besteht. Das Kind aber balanciert auf diesen Mauern, und schaut es hinunter, sieht es keine Mauer, sondern nur einen schmalen Steg. Und es schaut nach links und nach rechts und nach oben und es ruft ihnen zu: »Was wollt ihr denn, was tun euch denn die Mauern? Kommt und seht sie euch an, die Welt, erblickt sie so, wie ich sie sehe!« Und zumindest auf diesen letzten Seiten geht es mir ein wenig wie diesem Kind. Und wenn ich jetzt nach alledem abschließend die ersten Bilder meines Ausblickes beschreibe, dann mögen andere nur graue Mauern sehen. Doch, wie gesagt, es ist ja alles nur eine Melodie!

Und so eröffne ich das Kommende gleich mit einem kleinen Zaubertrick. Ich schlüpfe einfach in die Haut eines Urmenschen. Um das ganz klar zu sagen: Im Grunde kenne ich nicht einen von ihnen persönlich. Und doch will ich den »meinen« jetzt hier entstehen lassen. Und ich bin – hoffentlich zusammen mit Ihnen – sehr auf seine Äußerungen gespannt.

Dies ist die Rede des Urmenschen: »Welcher Mann denn bei euch würde seine Hose verlieren, trüge er sie ohne Gürtel? Der Ledergürtel dient doch nur in ganz wenigen Fällen auch einem praktischen Zweck, nämlich die Hose zu halten. Nein, die Menschen bei uns scheinen nackt, doch sie tragen ein feines Band um die Hüften als Zeichen, daß der Mensch zweigeteilt ist. Das Geistige, das Seelische führe und leite das Animalische, das Triebhafte, das dem Sichtbaren Verhaftete. Der Teil unterhalb des Gürtels symbolisiert diesen animalischen, triebhaften Teil im Menschen. Der Teil oberhalb des Gürtels stellt den geistigen, seelischen Bereich dar. Und bis heute hat sich dieser ›Quellgedanke‹ auch bei euch erhalten.

Die Quelle des Lebens steckt noch immer im Menschen – in jedem. Und ich bin erstaunt, wie vielfältig sie sich auch in eurer ›neuen‹ Welt immer wieder ausdrückt. Auch wenn euch doch vieles unbewußt bleibt. Doch in ungezählten, prachtvollen Bauten, in den Strukturen eurer Musik, den Tonfolgen, in den Malereien und Skulpturen und in vielen Schriftwerken ist der ›Ledergürtel‹ wiederzufinden. Im Unbewußten kann sich der Mensch nicht von seinen Ursprüngen trennen. Und die Jahrhunderte des Dunkels haben doch auch immer wieder und in hoher Zahl großartige Menschen hervorgebracht, die wie wunderschöne Blüten die vertrocknete Steppe belebten. Vor diesem hoffnungsvollen Hintergrund will ich das Meinige berichten.

Der Mann bei uns, in unserem Volk, geht den Weg der Irrungen, wird aber sogleich in seinem Wandel erkannt und getragen. Er ist in seinem Reifen gehalten von den Frauen und den Alten, jenen, die in diesem Buch die »Hüter der Quellen« genannt wurden. Da diese äußere Schale der Gemeinschaft so stark ist, können dem jungen Mann viele Freiheiten gelassen werden. Die Freiheit nämlich, *sich zu irren und es selber zu erkennen!* So wird auch er einst zu den Alten und den Weisen gehören. Er wird hinauswachsen über dieses unwissende, nicht erkennende Stadium. Unsere Frauen lachen oft über uns Männer. Darum organisieren sich die jüngeren von uns in Gruppen, um so auch das Gefühl zu haben, stark zu sein. Sie sind es aber *nicht,* und darum sind sie durchaus auch gefährlich. Dieses Stadium des »Noch-nicht-Mann-Seins« ist ein ständiger, natürlicher Reibungs- und Konfliktpunkt in unserer Gemeinschaft. Aber in diesem sehen wir auch einen wichtigen Keim für ihren Bestand. Den Konflikten weichen wir darum nicht aus – im Gegenteil – wir nutzen sie für die vielschichtigen, vor allem inneren Reifungsprozesse, in denen sich die einzelnen Mitglieder unseres Volkes befinden. In euren Augen sind das Formen der Aggression, die mit den euren zu vergleichen sind. Das ist es aber nicht. Für uns sind diese Konflikte ein Energie- und Reifungsquell, dem wir nie ausweichen dürfen, so wie das Leben des hellen Tages ja auch ohne die Nacht nicht denkbar wäre. Für alles das sind wir den jungen Männern dankbar. Die Initiation ist auch nicht, wie oft geglaubt, ein ganz automatisch ablaufender Prozeß. Nein – speziell die späteren Weihen sind nur zu durchstehen, wenn der unbedingte Wille und der unbedingte Wunsch des Mannes diese Initiation heraufbeschwört. Darum ist die Freiheit des Irrens so wichtig. *Denn erst das ›Nichtmehrweiterwissen‹ führt zum Fragen. Und erst das Fragen führt zur Demut. Und das zusammen fördert den Kontakt zu den Alten, zu den Lehrern.* Um alles das wissen unsere Frauen. Darum weinen sie, wenn die Alten kommen und ihnen ihre Söhne nehmen. Sie wissen um das Leid, das ihnen bevorsteht. Sie weinen, weil sie ihre Söhne auf eine weite und sehr leidensvolle Reise schicken.

Unser ganzes Dasein, alle Geschehnisse des Tages sind im Grunde nichts weiter als die Abbildung, die Spiegelung des großen Schöpfungsprozesses. Hier, in diesem Buch, wurde es Schöpfungskonzeption genannt. Darum verläßt die Frau ihr Dorf, wenn sie heiratet, und nicht der Mann. Das wird von westlichen Beobachtern oftmals als ›patriarchalisch‹, ungerecht und barbarisch empfunden, und wir lassen sie auch in diesem Glauben. Denn was soll man ihnen schon erklären? In Wahrheit ist auch in diesem Geschehen die Frau sehr frei, und es ist in Wahrheit nur eine neue Probe für den Mann. Die Frau bei der Heirat verkörpert alles Erscheinende (Y) und der Mann das Geistige, das Urbefruchtende (XZ). Und natürlich muß das ›Erscheinende‹ dem ›Geistigen‹ folgen, ihm ›dienen‹. Das Diesseits ist immer eine Folge des Jenseits. Nun aber kommt die große Probe für den Mann. Und dieser Punkt unterscheidet unsere Ehen sehr wohl von den meisten westlichen. Denn die Frau verläßt ihre Eltern und geht, auch mit Trauer und voll von Heimweh und warmen Erinnerungen. Und nun zeigt es sich, ob die *geistige* Kraft des initiierten Mannes so groß ist, seine Ausstrahlung, seine Persönlichkeit, daß das ›Erscheinende‹, also die Frau, ihm wirklich folgen mag. Die geistige, innere Stärke des

Mannes, sein großer, innerer, menschlicher Reichtum nur wird mit den Jahren die Frau an ihn binden können. Und nicht wenige Frauen kehren zu ihren Familien zurück, um mit anderen Männern verheiratet zu werden, weil die innere, verbindende Kraft des ersten Mannes noch zu wenig entwickelt war. *Der Mann muß sich in diesem Sinne täglich um seine Frau bemühen. Sie ist Prüfstein für seine Initiation, für seinen Reifungsprozeß.* Und das Zusammensein einer Frau mit einem hocheingeweihten Mann wird zu einem tiefen, alle Ebenen des Lebens einbeziehenden Austausch. Bei einem solchen Mann werden dann auch mehrere Frauen bleiben, ja zu ihm drängen, verspricht diese Verbindung doch einen tiefen, reichen Lebenskern. Und diese Verbindung eines Mannes mit zwei oder gar drei Frauen hat nichts mit den gezwungenen Eheverbindungen zu tun, wie es z. B. bei großen Religionen der Fall ist.

Der Prozeß der Scheidung dann ist bei uns auch nur ein formaler. *Die Frau ist und bleibt frei.* Bevor ein Mann aber nicht in einem bestimmten Einweihungsgrad initiiert ist, er also noch ein ›Prae-Mann‹ (Y(XZ)) ist, kann er nicht heiraten, wäre es ihm doch unmöglich, die Ehe, also die *innere* Verbindung vom Männlichen zum Weiblichen, *wirklich* zu vollziehen. Darum heiraten die Frauen bei uns schon im Mädchenalter, während die Männer oft 15 oder 20 oder noch mehr Jahre älter sind. Im Ursprung, wo nicht gemessen und gezählt wird, ist die Frau ja, gemäß ihrer inneren Entwicklung, immer ›älter‹ als der Mann. Der Mann hat erst *seine* Reise zu vollziehen. Um an jenen, inneren Punkt zu gelangen, an dem seine Frauen sich schon von Geburt an befinden, braucht er viele Jahre der Einweihung. Erst dann ist er vorbereitet und würdig, die Frau zu empfangen. Natürlich: Da, wo Naturvölker mit der westlichen Welt in Berührung kommen, da werden diese Prinzipien schnell pervertiert. Vor dem Hintergrund von Scheinritualen wirkt ein furchtbarer Zwangsapparat, der nur dazu dient, Macht zu sichern und jetzt das erscheinende Weibliche, also auch die reale Frau, zu unterdrücken. Das sieht dann noch immer recht bunt und exotisch aus, aber, wie bei vielen institutionalisierten Religionen auch, tritt der wahre, innere Gehalt hinter die Fassade des Äußeren vollends zurück. Und die Freiheit der Frauen ist das erste, das angetastet wird. Die Männer durchlaufen ihren wahren Weg nicht mehr, und nur durch *Zwang* und *äußere Hierarchie* sind die Frauen bei ihnen zu halten. Von einem tiefen, inneren Austausch kann keine Rede mehr sein.

Das alles ist den Menschen unserer Urgemeinschaft ein Greuel. Ebenso das Phänomen von Gesetz und Verbot. Und auch hier täuschen sich viele Beobachter, auch die, die meinen, in die Geheimnisse unseres Lebens eingedrungen zu sein. Sie sprechen von Gesetzen und Verboten und vergleichen doch nur das ihre mit dem unsrigen. Muß ich denn einem Kaninchen verbieten, Fleisch zu essen, oder einem Hund, Löwenzahn? So aber verhält es sich bei uns mit dem, was viele ›Verbote‹ nennen. Eine Frau kommt z.B. mit bestimmten Initiationsritualen nicht in Berührung. Das tut sie nicht, das ›darf‹ sie nicht. Aber das ist kein Verbot im Sinne eines ›polizeilichen Gesetzes‹. Was denn sollte das Kaninchen mit dem Fleisch, der Hund mit dem Löwenzahn? Was denn sollte die Frau mit dem Prozedere und den rituellen Gegenständen der Initiation? Sie *ist* doch bereits am Orte ihrer Erfüllung! Bei den Beobachtern sieht das dann so aus, als würden die Männer den Frauen etwas vorenthalten, womöglich, um ihre Macht zu sichern. Ordnung und

Hierarchie sehen sich womöglich im Äußeren ähnlich, aber ihr wesenhafter Kern ist genau gegenteilig orientiert. Unser Leben ist ja der Spiegel der schöpfenden Ordnung. So auch kommt die Teilung der Aufgabenbereiche von Mann und Frau zustande. Hier liegt eben nicht ein hierarchisches, sondern ein ordnendes Prinzip zugrunde. Neidet aber der Hase dem Hund das Fleisch oder der Hund dem Hasen seinen Löwenzahn? Und will der Hase Hund sein oder der Hund Hase? In der sogenannten neuen Welt ist mit der Teilung automatisch Hierarchie und Macht verbunden. Diesen äußeren Machtbegriff kennen wir nicht, ebenso wie den der Hierarchie. Ganz im Gegenteil, versucht ja der Mann im Laufe seines Leidensweges gerade die Prinzipien in sich auszubilden, das Wesen des Empfangens, des Aufnehmens, des demütigen Erkennens, die er bei der Frau von Anbeginn an wahrnimmt. So bewegt sich doch nur jeder in *seinem* Zuhause, und schon gar nicht würde eine unserer Frauen die Grenze hin zu den Kulten der Männer überschreiten *wollen*, wäre das doch der eklatanteste und unheiligste Schritt *zurück*. Denn das alles ist ja, damit die anderen, die Männer, an den Ort der Frauen und damit auch in die ›Ehe‹ gelangen. Und womöglich gelingt es mir jetzt, auch etwas verständlich zu machen, was wohl zu dem Unverständlichsten und scheinbar ›Barbarischsten‹ überhaupt gehört. Denn gar nicht selten werden in unserem Volke sogar noch ungeborene Frauen ganz bestimmten Männern zugesprochen. Betrachtet man das durch die Filter der ›neuen Welt‹, dann mutet dieser Vorgang noch barbarischer an als vieles, was dort sonst so geschieht. In Wahrheit aber ist es die größte Ehrerbietung für die Schöpfung, für ihr urgeistiges Prinzip und natürlich auch für die Frau, ja auch für die betreffende, zu verheiratende Frau selbst. Die

Hintergründe ob dieser Rituale zu erklären ist für gewöhnlich nicht möglich. Hier aber wurde eine Art gemeinsame Sprache entwickelt, die das nun möglich macht. Es ist doch dann ganz einfach. Der Weg des Menschen ist es doch, die ›Finger‹ zu der ›Hand‹ zu finden. Soll doch schon jede gewöhnliche Entscheidung im Tagesablauf von diesen ›vertikalen Suchprozessen‹ geleitet sein, wie sehr muß das dann gelten für die Verbindung von Mann und Frau. Die Alten und die Frauen durchdringen die Diffusionsgrenze, die Grenze von Zeit und Raum. Zeit löst sich auf. Das Gestern und das Morgen verschmilzt mit dem Jetzt. Wer denn anders als sie sollten auch schon *vor* der leibhaftigen Geburt eines Menschen, *vor* dem Durchdringen der ›Blase‹ erkennen, erspüren können, wo und zu wem die schöpfungskonzeptionellen Verbindungen bestehen. Und damit dieses Mädchen auf keinen Fall ob dieser wichtigen Frage ungeschützt einem Irrtum in die Fänge läuft und ob äußerer Reize womöglich ein Leben verbringen muß, das niemals das ihre sein und werden kann, *darum wird dieser Vorgang von den ›Wissenden‹ gemäß seiner Bestimmung gelenkt!*

Drei große Unglücke warten auf eine Frau, so denken wir: Das eine Unglück ist Zwang jeder Art. Denn wer darf die Erde zwingen, Früchte zu gebären? Wer den Himmel, uns zu befruchten? Das eine steht doch für das andere, und alles zusammen entspringt dem einen.

Das zweite Unglück für eine Frau ist die Verbindung zu einem nicht initiierten Mann, mündet diese Verbindung doch zuletzt nahezu immer in Zwang, Unterdrückung und lebensunlustiger Langeweile.

Und das dritte Unglück ist die Verbindung zu einem Mann, der ihr nicht vorbestimmt ist. *Darum also sorgen sich um das Verheiraten der Frauen die Weisen.* Keine Frage, daß auch das in den ›Randgebieten‹ zu einer üblen Schacherei verkommen ist. Aber das ändert ja nichts an dem Ursprung. Darum auch bestimmen die Weisen den Zeitpunkt der Hochzeit. Denn erst, wenn die innere Reife des Mannes sichergestellt ist, darf das Paar zueinanderfinden. Unmenschliche, barbarische Gesetze? Nein: Es ist das sorgsame Einhalten der großen, schöpfenden Ordnung, der wir nun einmal alle entspringen.

Alles das erklärt den absoluten Schutz der Frau. Denn *kein* Mann, der um diese tiefen Grundlagen weiß, nähert sich einer Frau, die diese innere Verbindung zu ihm nicht in sich trägt. Und er weiß um das gewaltige Vergehen, die Schöpfungsprinzipien zu durchkreuzen. Er fürchtet nichts – bis auf den Himmel.

Auf alles also legt sich das warme Licht, das dem Kern der schöpfenden Ordnung entspringt und aus dem Dasein der Menschen ein filigranes, vielschichtiges, wunderbares Gebilde zaubert. Die ›neue Welt‹ ist weit davon entfernt, wie es scheint. Aber im Kern ist das alles noch vorhanden. Auch sie tragen die Gürtel um die Hüften, wie gesagt, zumeist ohne jeden praktischen Nutzen.

Das Zusammenleben von Mann und Frau bei uns wird durch und durch von den unsichtbaren Wirklichkeiten des Daseins geleitet. *Keiner also hängt unmittelbar von dem anderen ab. Vielmehr formen Mann und Frau jetzt das sichtbare Bild von Schöpfungskonzeption und erscheinender Welt.* Und darum sorgt sich auf all diesen beschriebenen Fundamenten ›die Frau um den Mann‹, nicht einer äußeren hierarchischen Struktur wegen, sondern als unmittelbares Abbild des Weltlichen zum Schöpfenden. Es ist dann wie das Zusammenspiel eines Organismus, in dem das linke Bein sich beim Gehen erst dann hebt, wenn der rechte Fuß wieder Bodenkontakt hat. Aber das linke Bein will nicht das rechte sein, und das rechte auch nicht das linke. Und keines fühlt sich besser oder schlechter als das andere. Es sind die Teile eines Ganzen. Und gemäß der schöpfenden Konzeption des Urbildes obliegen dem einen die eher aktiveren, dem anderen die eher passiven Lebensbereiche. *Aber keiner würde ein Kaninchen daran hindern wollen, Fleisch zu essen, wenn es denn wirklich mag.* Das alles sind ja *keine* Verbote. Es sind *schützende Hüllen* in die hinein jeder schlüpfen und sich einrichten *kann.* Es sind schöpfungskonzeptionelle Vorgaben, *Freiräume, Angebote und dem Menschen geschenkte Seinsformen,* die ein jeder gemäß seiner inneren, eigenen Melodie zu seinem ›Zuhause‹ ausformen kann. Erst die Hierarchie, die äußere Ungleichheit und das daraus entstehende ›Machtgefälle‹ kreieren den jetzt natürlichen Wunsch, die Gehäuse miteinander zu vergleichen und dann auch gegeneinander auszutauschen. Das Gehäuse der Frau z. B. gegen das der Männer. Aber bei euch ist ja ohnehin das eine wie das andere beliebig. Die Gesetze werden willkürlich von den Menschen erlassen und von einer patriarchalischen Hierarchie verwaltet. Die ewigen Gesetze der Ordnung, der Schöpfung, bleiben unerkannt. Die Erde wird gepreßt, die ›Frau‹ wird benutzt, die reale ebenso wie die ›Quell-Frau‹.

In der Urehe wird wirklich und wahrhaftig das Größte in der Form eines sichtbaren, erscheinenden Bildes vollbracht: Die Gegensätze einen sich. In vollkommener Freiheit werden jetzt zwei ›verstehende‹ Menschen von dem schöpfenden Urgrund genährt. Die Frau helfend, verstehend, in diesem Sinne dienend als Bild alles Erscheinenden an der Seite des jetzt auch relativierten, empfangenden Mannes. *Jetzt* kann zwischen ihnen die leibliche und die geistige Frucht entstehen. Erst *jetzt* auch ›versteht‹ der Mann die Frau, lauschen sie doch gemeinsam dem einen Urgrund, der einen großen Melodie. Nicht der kleine egozentrische Wille des einen oder des anderen ist Ursache für ›Macht- und Konfliktspielchen‹, sondern das Menschsein miteinander drückt die ununterbrochene Verbundenheit mit dem Urgrund aus. *Der Traum der Schöpfung hat sich gewirkt. Sein Sinn wurde erfüllt!*

Auch unsere Urquelle sagt uns, daß die Frau, also alles Erscheinende dieser Welt, nicht ohne Mann sei, also nicht losgelöst vom Urgrund. Und da wir uns als ein lebendiges Abbild dieses Schöpfungsgeschehens betrachten – und all unsere Handlungen –, darum gibt es bei uns auch keine existierende Frau, die nicht verheiratet ist. Da ja auch jede verheiratete Frau vollkommen frei ist, zu bleiben oder sich zu lösen, den Geschlechtsakt zu vollziehen oder nicht, ist es ein großer Schutz für sie, daß im Falle des Ablebens ihres Mannes sie eine neue Wahl treffen kann oder daß durch festgelegte Ehefolge ihr sozialer Stand gesichert ist. So muß z. B. der Bruder des Verstorbenen die Frau in sein Haus nehmen, die Frau aber muß nicht die geschlechtliche Ehe mit ihm vollziehen. Es kann sich dabei um eine Übergangsform handeln, bis die Frau eine andere Ehe eingeht. So ist eben als Abbild des Großen, und zugleich zum Schutz der realen Frau, diese niemals ohne Mann. Doch: *Die Verpflichtung liegt immer beim Mann!* Wie der schöpfende Urgrund die Basis bildet für das Erscheinende, so ist das Versprechen des realen Mannes, sein Sorgen, für sie da sein, die *Basis für die freie Existenz der Frau!* Die wiederum steht dem Mann als ›Urinitiierte‹ helfend und in diesem Sinne ›dienend‹ zur Seite. Ein Geflecht bildet sich – den prachtvollsten Gewächsen des Urwaldes gleich. Die ebenso klare wie immens vielgestaltige Ordnung der Natur findet ihre selbstverständlichste Form.

Ausgehend von all diesen Schilderungen also wende ich den Blick von meinem Volk und richte meine Augen auf das Treiben der sogenannten ›modernen Menschen‹. Und ich sei davor bewahrt, zu den vielen Platitüden auch nur noch eine einzige hinzuzufügen. So will ich von meinen ganz konkreten Beobachtungen berichten.

Aus meiner Sicht gehört die Entwicklung, welche die Frau in den modernen Gesellschaften vollzogen hat und weiter vollzieht, in der Tat mit zu dem Traurigsten. *Entgegen ihrer tiefen, inneren Struktur verleugnet sie viel zu häufig das in ihr angelegte Urprinzip menschlichen Daseins, um jetzt den uninitiierten äußeren Machtstrukturen der ›Prae-Mann-Gesellschaft‹ entgegenzugehen!* Die Bewegungen sind entgegengesetzt. Damit dann wird die Teilung der Menschheit vom Urgrund komplett vollzogen. (Siehe Zeichnung 51)

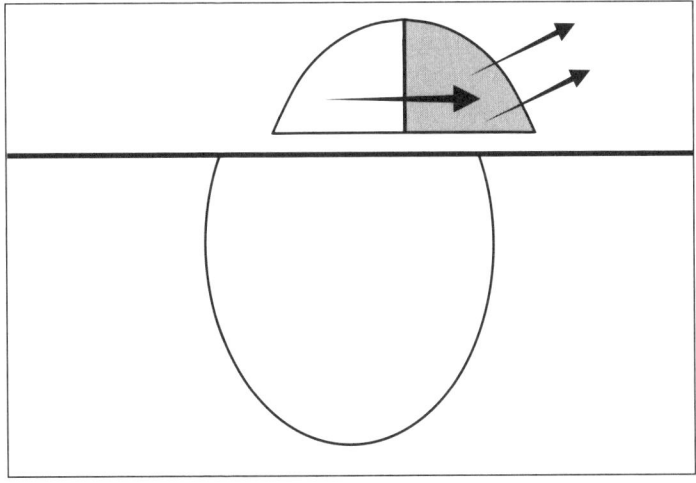

Zeichnung 51

Es gehört zum Traurigsten auch darum, weil etwas vom Urprinzip her Vorhandenes, etwas überaus Kostbares, *verleugnet* wird. Das ist es, was in der biblischen Urquelle als die ›Untreue der Frau‹ bezeichnet wird. ›Bleib bei deiner Jugendliebe‹, heißt es dort. Natürlich ist damit kein ›Knäblein‹ gemeint, das eine Frau einst liebte und verließ. Damit wird die ›Urehe‹ angesprochen, welche die Frau schon bei ihrer Geburt in diese Welt hineinnimmt, *ihre unmittelbare Verbindung zum Ursprung!* Das vollkommen gerechtfertigte Bestreben, aus den furchtbaren Zwängen der ›Prae-Mann-Gesellschaft‹ auszubrechen, äußert sich gleichsam darin, daß der Wald abgeholzt wird, den es doch in Wahrheit vor der Zerstörung zu bewahren gilt. Diese Tendenz strebt einem Höhepunkt entgegen. So leben in eurer Welt mehr und mehr ›Nichtmehr-Frauen‹, Y minus XZ-Frauen (Y-XZ).

Es wird schrecklich kalt, einsam, hart und dunkel um solche Menschen. Das Urgeheimnis, eigentlich im tiefen Inneren verwahrt, wird preisgegeben, um sich mit einer verlorenen äußeren Scheinmacht zu messen. Die Frau, die das Frausein, das eigentliche ›Heilsein‹, das Ganzsein, ihren inneren Ort verläßt, um mit der äußeren Macht zu konkurrieren, erstarrt mehr und mehr. Sie klammert sich an die Welt der Sechs, multipliziert sich in ihr, um ihr schließlich ›erfolgreich‹ anzugehören. Frauen sind die besseren Manager, habe ich mir sagen lassen. Sie verfolgen ihre Ziele nicht selten geschickter als ihre männlichen *Mitstreiter* und sind zum Schluß auch erfolgreicher. Die Welt erstarrt zu Eis. Partizipiert die Nichtmehr-Frau an der Prae-Mann-Gesellschaft, partizipiert sie also auch an der Ausbeutung der Welt, der *Mutter Erde*, durch Schaffung von ›Mehrwert‹, *dann attackiert sie sozusagen ihresgleichen. Jetzt unterdrückt Frau Frau.*

Das ist gemeint, wenn in der Bibel steht: ›Sie essen ihr eigenes Fleisch‹!

So auch ist in der modernen Welt wie in der Urwelt die Angst des Prae-Mannes vor der Frau zu verstehen. Diese Angst des Mannes vor der wirklichen Frau ist das intuitive Erkennen eines wichtigen Bestandteiles, den dieser erst noch durch eine lange, leidvolle innere Reise zu erobern hat. Der initiierte Mann schließlich hat vor der Frau keine Angst mehr. *Sie begegnen sich wie gewaltige Gegensätze unter Gleichen.* Der Prae-Mann hat keine Angst mehr vor der Nicht-mehr-Frau. *Sie begegnen sich als Gleiche unter Ungleichen.*

Da, wo der schützende Ring des Bewahrens das lebensnotwendige Gefühl von geborgener Bedingtheit vermitteln sollte, katapultiert eine nahezu gänzlich ungeistige Umwelt die Hilflosen, noch viel zu jung an Jahren, in die weiten Räume der Beliebigkeit, wo sie im Laufe eines langen Scheinlebens wie dahinsausende Sternschnuppen langsam verglühen. Die Menschen bei euch, bar jedes urordnenden Erkennens, müssen sich die Regeln ihres Daseins von fragwürdigen Vorbildern der Gesellschaft abschauen oder sie sich irgendwie selbst erfinden. So auch formte sich ein gänzlich anderes Verständnis von Individualität: In der ›modernen Welt‹ bedeutet Individualismus vor allem, sich, wodurch auch immer, von dem Wesen links und rechts zu unterscheiden, zu distanzieren. Es ist ein Vorgang diesseits der Grenze von Zeit und Raum, der sich wieder auf der horizontalen Ebene bewegt. (Siehe Zeichnung 52)

Gänzlich anders verstehen wir Urmenschen den Begriff der Individualisierung, der ganz besonders im Prozeß des ›Männermachens‹ eine große Rolle spielt. Wir richten dabei unser Bewußtsein in die vertikale Ebene. Es

Zeichnung 52

geht dem einzelnen ganz und gar nicht um Unterscheidung oder Abgrenzung, sondern um das Wahrnehmen ›seiner Völker‹, um dann alle Beziehungen aus der Tiefe erwachsen zu lassen, von einem Individuum zum ›dazugehörigen‹ nächsten. Die Begriffe sind gleich, der Sinn aber entgegengesetzt. (Siehe Zeichnung 53)

In diesem Prozeß der Individualisierung, den der Mann, wie gesagt, ja erst auf einem langen Weg vollzieht, geschieht auch das so wichtige Auffächern der Emotionen: Das Nichthörbare hörbar machen, das Wahrnehmen einer Melodie, wo nur ein dunkles, dumpfes Schweigen zu sein scheint. Man muß sich das vorstellen wie eine Zwiebel. (Siehe Zeichnung 54)

Unterhalb der Diffusionsgrenze sind die Häute der Zwiebel, einzelne, emotionale Qualitäten, *ganz klar voneinander getrennt*. Diese einzelnen Häute laufen zusammen in jenen braunen Stumpf. Dieser braune Stumpf symbolisiert das emotionale Empfinden oberhalb der Grenze von Zeit und Raum. Da aber ist alles wie vertrocknet und verschrumpelt und ineinandergeknäuelt. Die Emotionen sind zwar noch irgendwo vorhanden, aber: Vermag ein Mensch nicht die große, pralle Erschei-

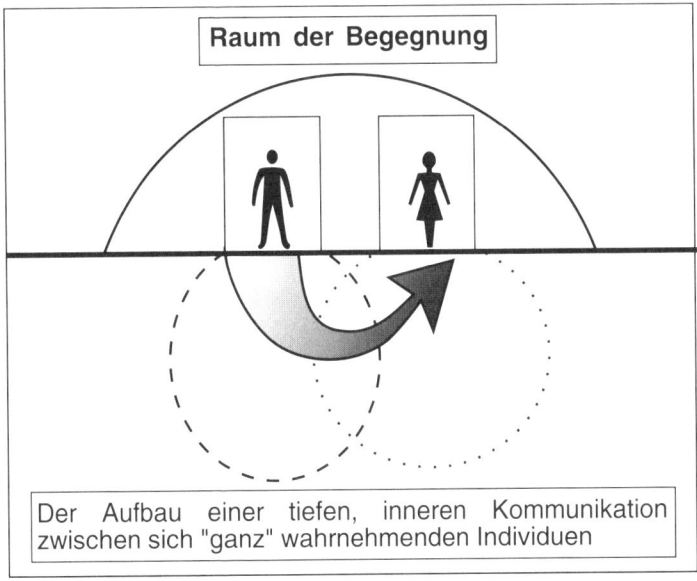

Zeichnung 53

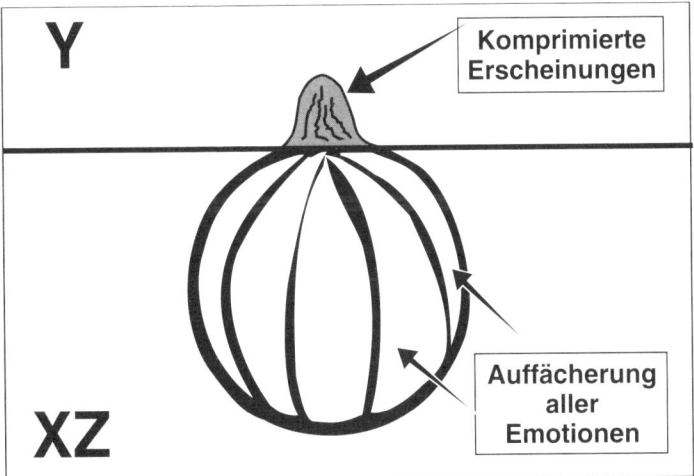

Zeichnung 54

nung, hier die ›Zwiebel‹, in ihrer Fülle zu erkennen, dann bleibt das emotionale Erleben immer extrem bruchstückhaft, die filigranen Strukturen der einzelnen ›Schichten‹ werden zu undurchsichtigen Stolpersteinen, die euch verletzen oder gar erschlagen können.

Erst in dem Gewahrwerden aller Emotionen, aller Gefühle kann etwas anderes, Tieferes, Mitschwingendes erlebt werden. Erst in der Auffächerung durch die Wahrnehmung von XZ zeigen sich auch winzige, zarte Emotionen und innere Ereignisse, deren feine Melodie selbst negative Empfindungen durchdringt, so daß ihr diese verstehen und begreifen könnt. Erst dadurch kann womöglich verdrängt Erfüllendes diese negativen Gefühle gleichsam neu gestalten und sie umwandeln. Die Kraft aber, die Energie auch dieses ›Negativen‹ ist erhalten geblieben, der Sinn auch in diesem wurde erkannt und dringt nun in geläuterter Form helfend und kräftig an das Tageslicht. So ist wirkliche Begegnung mit mir und der Sphäre meiner Welt möglich.

In den ›modernen Kulturen‹ dagegen wird Zusammensein vor allem von ›Konfliktvermeidung‹ getragen. Man ist schon zufrieden, herrscht wenigstens kein Streit, womöglich sogar über eine längere Zeit. Das empfinden wir Urmenschen als eine ›Negativdefinition‹, wird doch durch sie der Raum der eigentlich tiefen Begegnung überhaupt nicht berührt. So kommen und gehen die Menschen, ebenso wie der Wind die vielen Sandkörner einer Wüste durcheinanderwirbelt. Man kommt zusammen und geht auseinander, nach Gesetzen, die ja eben keine sind. So sind die inzwischen wohl häufigsten Kombinationen von Paaren eben die, in denen ein tendenziell Noch-nicht-Mann (Prae-Mann) mit einer tendenziell Nicht-mehr-Frau zusammentrifft. Die Konflikte sind nicht nur unvermeidlich, sondern auch mit an Sicherheit grenzender Wahrscheinlichkeit voraussehbar. Soziale, gesellschaftliche, ökologische, medizinische, ja eben auch institutionalisiert religiöse Eingriffe sind aus unserer Sicht so etwas wie das Abdichten eines gewaltigen gebrochenen Dammes mit kleinen Sandsäcken, wo doch die Frage sein muß: War überhaupt das Errichten des Dammes wirklich sinnvoll und nötig? Teillösungen ersetzen niemals die Umkehr. Und für die Umkehr braucht es tiefe Einsichten in die Urrätsel dieser Welt, braucht es einen neuen Zugang zum Wissen der Hüter der Quellen. Unsere Zeugen sind die Aufschreie, die lauten und die vielen stummen von all den Menschen, die bis zu ihrem Tode nicht erfahren konnten, was es heißt, womöglich auch nur einen Tag *wirklich* gelebt zu haben!

Verläßt eine Frau die ihr von Geburt an verliehene Ganzheit und Ausgefülltheit, ihre Urweisheit, geht sie also den Weg von YXZ zu Y-XZ, dann sagen wir, *sie löscht sich aus*. In unseren Augen ist dieser Vorgang so etwas wie das Sich-selbst-Ausradieren eines Menschen. Seine Hülle, sein Äußeres verbleibt wohl in dieser Welt, und wie mit einer Hülle kann mit ihr verfahren werden. Das Wesen dieser Unglücklichen aber droht immer mehr zu erlöschen. Wie erkaltete, einst leuchtende, feurige, lebensspendende Sonnen ziehen sie zwar noch ihre Bahnen, aber sie sind jetzt tot, ebenso dunkel wie ihre Umgebung. Manchmal vernehme ich tief in solchen Menschen ein Schimmern, ein schwaches Leuchten, etwas Warmes, Glimmendes. Und dann stelle ich mir vor, wie es wäre, wenn dieser Stern wieder zu seiner vollen Strahlkraft aufbrechen würde. Denn zu spät ist es nie!«

FRAU UND PFERD —
LETZTES ZEICHEN EINER
ENTWURZELTEN WELT?

Jetzt laufen all die unterschiedlichen Fäden zu einem Bündel zusammen. Waren zuvor einzelne Instrumente zu hören, so verbinden sich die Melodien jetzt mehr und mehr zu so etwas wie einem »orchestralen Gesamteindruck«. Das klingt laut und wuchtig, und das soll es auch. Nichtsdestotrotz bleibt es *meine* Komposition, also eine *Anregung*, ein *Vorschlag*, eben *meine* Sicht der Dinge.

Der ganz persönlichen und subjektiven Erfahrung, die ich mit Pferden machen konnte und mit vielen tausenden Schülern und Kursteilnehmern – davon ca. 80–90% Frauen –, steht jetzt auf der anderen Seite das bis hier entwickelte und dargestellte komplexe Gesamtbild gegenüber. Würde ich in einem Punkt meinen jahrelangen Erfahrungen und Beobachtungen nicht so ganz trauen, so könnte das entstandene, doch ziemlich differenzierte Gesamtbild sicher Lücken stopfen und noch nicht geschlossene Teilstücke miteinander verbinden. Natürlich wäre auch der umgekehrte Fall denkbar. Wiese das hier entstandene Gesamtbild noch Unschärfen auf, so könnten diese durch die Erfahrungen aus der Praxis nachgezeichnet und »ausgeflickt« werden. Das alles ist aber nicht der Fall. Die Seite meiner erlebten jahrelangen Erfahrungen in vielen Ländern mit und vor ganz unterschiedlichen Menschen und Pferden ist absolut und zweifelsfrei deckungsgleich mit jenem in diesem Buch dargestellten »Bogen«. Das eine braucht keine Anleihe bei dem anderen. So unterschiedlich die Grundlagen der beiden Seiten auch sind, so frappierend gleich sind doch die daraus ableitbaren Konsequenzen und Schlußfolgerungen, die jetzt folgen. Der Mensch, Frau wie Mann, kann, soll und darf mit Pferden sein, *aber wohl kein vergleichbares Tier ist mit uns, das die seelische Entwicklung so eindeutig vor die Wahl des »einen« oder des »anderen« stellt!* Die mythologische Doppelrolle des Wesens Pferd, das konnte all das bisher Gesagte hoffentlich dokumentieren, ragt unmittelbar aus dem Urgrund hinein in die Welt der Erscheinungen, in die Ypsilon-Welt. Es ist wie eine wesenhafte, tief angelegte Formung, die schon in der Schöpfungskonzeption entsteht und im realen Pferd seine Entsprechung findet. Die Beschreibung dieser Doppelrolle wurde zur Grundlage dieses Buches. Zweifelsohne konnten wir das überwiegend äußere Wirken der »modernen Welt« der einen, der »linken« Seite zuordnen, und zweifelsohne konnten wir belegen, daß das Wissen, ja sogar das bloße Ahnen um die *Existenz einer wirklichen Alternative* mit dem großen »Knacks« in der Menschheitsgeschichte praktisch zur Gänze ausgelöscht wurde. Von dieser Doppelrolle des Pferdes ist darum natürlich auch in der Welt der Pferde heute praktisch *nichts* mehr wiederzufinden, denn nahezu *nur die eine Seite ist im Bewußtsein der Menschen präsent! Und da, wo nicht mehr zwei Möglichkeiten deutlich erkennbar nebeneinander stehen, da gibt es natürlich auch nicht unmittelbar die Möglichkeit und die Freiheit der Wahl!* Da ist *weder* das Erkennen einer geradezu überwältigenden Chance, es gibt aber auch *nicht* mehr das Erkennen einer ebenso großen *Gefahr*, die in der einen Variante des Umgangs mit dem Pferd verborgen liegt. Und es ist müßig zu sagen, daß es sich natürlich nicht um die äußeren, sondern vor allem um die Gefahren für das *Innere* des Menschen, seine *Seele,* handelt. Von dem Bettelmann und seinem Unglück beim Besteigen des Pferdes sprachen wir bereits, und von der Möglichkeit, gemeinsam mit dem Pferd im »Boden des Meeres steckenzubleiben«, also in der Zeit, dem Medium der Ypsilon-Welt, zu »ertrinken«. Diese Gefahr besteht für jeden Menschen, für Mann wie für Frau. Wie sich aber sicherlich deutlich herauskristallisierte in den letzten Abschnitten, ist die Kluft, die vor dem realen Paar Frau und Pferd liegt, eben ganz anders beschaffen als jene, die Mann und Pferd zu überwinden haben.

Die Geschichte des Lebens, wie sie in der Urform der Bibel dargestellt wird, ist an ihrem Anfangs- wie an ihrem Endpunkt durch und durch eine Pferdegeschichte. Scheitern, Durchbrechen und Siegen, das Ertrinken oder das Überwinden der Zeit, das Begreifen des Lebens als eine Konsequenz des Getrennt-Seins oder als Chance und Herausforderung, das Gegensätzlichste in sich und in seinem Dasein zu verbinden, alles das ist angelegt in dem Bild oder besser in der Schöpfungskonzeption des Pferdes. Der Weg von Mann und Frau trifft sich schlußendlich in der gemeinsamen Aufgabe des Menschen. Davor aber liegen die denkbar größten Unterschiede, ja Gegensätze. Und diese Gegensätze mit all ihren nie zu leugnenden, mannigfaltigen Gefahren gilt es jetzt zusammenzubringen mit dem mythischen und realen Bild des Pferdes, das wir bis hierher entwickeln konnten. Dann steht vor uns das Bild des ganzen Menschen. Denn mit Hilfe des Pferdes – hier ganz abstrakt – können wir dann die Wurzeln von Mann und Frau ob ihrer Gleichheit ebenso wie ob ihrer Andersartigkeit verfolgen bis tief in die Ursprünge hinein. So war das Verhalten der Naturvölker hinsichtlich »Frau und Pferd« auch in diesem Falle keines, das bestimmten Verboten unterlag. Es war Schutz und Selbstschutz. Es war das Erkennen und ehrfurchtsame Anerkennen all der tiefen, ordnenden Strukturen, die nun einmal unser Dasein bestimmen, ob wir nun wollen oder nicht. Und dieses große Zusammenspiel vor dem Hintergrund von Frau und Pferd, das soll jetzt »orchestral« erklingen.

Natürlich ist es etwas Wunderbares, vor allem auch für die Pferde, wenn Frauen mit ihnen sind. Der Raum aber, in dem sie sich bewegen und begegnen können, damit es, *all die aufgezählten, ursprünglichen Komponenten einbezogen, zu einem förderlichen Miteinander kommen kann, ist in der Tat auf der einen Seite sehr scharf begrenzt – und grenzenlos gewaltig jenseits davon!*

Die Physiker heute wissen, daß vor dem, was sie Urknall nennen, so etwas wie Zeit nicht existieren konnte. Sie wissen heute, daß Raum, Zeit, ja sogar Materie, daß alles das nur so etwas ist wie eine Vorstellung, eine Idee, ja zuletzt nur so etwas wie eine sehr subjektive und extrem begrenzte Wahrnehmung von uns Menschen. Besonders die modernen Physiker haben einen starken Drang zur Metaphysik, zur Mystik, erkennen sie doch inzwischen auch im Rahmen ihrer wissenschaftlichen Betrachtungen, wie unhaltbar und unsinnig die Grenze ist, die die Naturwissenschaft einst zu den Urvölkern und ihrem Erleben hin aufgebaut hat. Für den modernen Physiker, so er nicht den Anschluß hoffnungslos verpaßt hat, haben sich diese Grenzen längst aufgeweicht. Vermutlich wird das Wissen um diese relativierten Grenzen allein sein Leben kaum erfüllter machen, über das rigide naturwissenschaftliche Pennälerwissen seiner Umwelt aber lacht er nur noch. Denn in den Köpfen ist heute zumeist weder das eine noch das andere vorhanden, und das ist ein gravierender Umstand! Weder die ordnenden Strukturen und Daseinsformen der Urmenschen noch das Ahnen um die totale Relativität dessen, was wir als Menschen von der Existenz der Welt wahrnehmen. Die Gentechnologie und die Physik haben sich um Jahrhunderte von dem allgemeinen Wissensstand und den Vorstellungsebenen der Menschen hinwegkatapultiert, und so mancher Physiker ist bereits an jenem Punkt angelangt, an dem ihm die Metaphysik greifbarer und »wissenschaftlicher« erscheint als das klassische naturwissenschaftliche Bild vom Menschen und dem Universum. Auch hier schließt sich der Kreis. Ein moderner Physiker glaubt womöglich an Gott, aber sonst glaubt er an fast gar nichts mehr. Er arbeitet mit vagen Vorstellungen, um auch diese jederzeit wieder in ihr Gegenteil verkehren zu können. Ich schreibe das vor der jetzt kommenden Schlußbetrachtung, um dazu aufzufordern, *ohne* Herzklopfen die oft *sehr rigiden Grenzen zu überschreiten*, die nicht nur die Metaphysik nicht kennt, wie wir sehen konnten, sondern eben auch die Physik nicht mehr. Sie selbst wird die Geister kaum noch los, die sie einst rief.

Durchdringen wir, überschreiten wir also Grenzen. Wir kommen nicht darum herum. Denn die welt- und zeitumspannende, mythologische Bedeutung des Wesens Pferd läßt sich eben nur durch seine »Grenzgängerfunktion« erklären. In der Realität wie in der Mythologie bewegt es sich, wie wir dargestellt haben, zwischen und in den Bereichen, die wir Y und XZ nannten, und deren Verknüpfungen, die wir in der unterschiedlichsten Form beleuchten konnten. Es nimmt darum zweifelsohne in der Mythologie wie in der Realität eine *Ausnahme-, eine Sonderstellung* ein. Denn es *»belegt«* geradezu die Existenz dieser zwei Welten und jener Diffusionsgrenze dazwischen, und es »belegt« und verweist auf die Möglichkeiten des Menschen, die Diffusionsgrenze entweder zu meiden oder sie zu durchbrechen. *Das Pferd ist darum gleicher-*

maßen Symbol für diesen Weg und für das Durchbrechen. Streichen wir das Wort Symbol aus diesem Satz – wir haben ja darlegen können, daß sowohl die realen Erscheinungen dieser Welt als auch die Schilderungen der Urquellen über die Begriffe Symbol und Allegorie hinausgehen –, dann kann man sagen:

> Das Pferd ist Weg, Grenze und das Durchbrechen dieser Grenze zugleich.

Erinnern wir uns: Sowohl die Geschichte um den Auszug aus Ägypten, als auch die Geschichte um König Salomo sind Pferdegeschichten. Ausdrücklich und in differenzierter, blumig beschriebener Form kommen in beiden Fällen die Pferde in einer Ausführlichkeit vor, wie sonst nicht noch einmal in der gesamten Thora. Das Pferd also ist zugleich auch »*Ausgangs-*« und »*Endpunkt*«. Bei diesen zwei Grundfeststellungen sind wir angelangt, und die will ich noch einmal untereinander stellen. Denn diese zwei Folgerungen gemeinsam sind der Schlüssel um das Wesen des Menschen, und vor allem um das Wesen von Mann und Frau. Und diese zwei Thesen sind der letzte Schlüssel zu dem Urrätsel von Frau und Pferd:

> 1) Das Pferd ist Weg, Grenze und das Durchbrechen dieser Grenze zugleich.

> 2) Das Pferd markiert Ausgangs- und Endpunkt des Weges des Menschen.

Kommen wir zum Einsammeln der Früchte. Lassen wir die einzelnen Klänge und Melodien ineinanderfließen zu einem großen Ganzen.

Einen inneren (Initiations-)Weg zu beschreiben, um jene Grenze zu durchdringen, ist *ausschließlich die Aufgabe des erscheinenden (Prae-)Mannes* (Y(XZ)). Er muß sich auf den langen, gefahrvollen Weg machen, um den Durchbruch zu vollziehen. *Das Pferd ist mythologisch und real der Ausdruck für diesen Weg des Mannes* (von Y(XZ) hin zu Y+XZ), denn es ist ja Weg, Grenze und das Durchbrechen dieser Grenze.

Ich habe den Unterschied von Reiter und Ritter in der hebräischen Ursprache so definiert: »... auch im alten Hebräisch unterschied man zwischen dem ›Reiter auf dem Pferd als Nutztier‹ (Färäd) und ›Krieger auf dem Pferd, das siegreich den Boden schlägt‹ (Farasch). Schon in der Sprache war deutlich, daß es wohl zwei Möglichkeiten gab, sich mit diesem Wesen Pferd auseinanderzusetzen! Man konnte es benutzen wie einen ›Gebrauchsgegenstand‹, oder aber man konnte sich mit ihm derart zusammenschließen, daß eine gemeinsame Entwicklung stattfand, die sich wie ein auch immer gearteter innerer Reifungsprozeß vollzog. Und aus dieser unterschiedlichen Art der Begegnung zwischen Mensch und Pferd entstand dann entweder ein ›einfacher Reiter‹ – oder es erwuchs eben ein ›Ritter‹.«[1]

Der Weg, den wir als den (Leidens-)Weg des Mannes erkennen und beschreiben konnten, zeigt sich also schon deutlichst in der Differenzierung der Urwörter Reiter und Ritter. Denn der Ritter durchbricht, er »schlägt siegreich den Boden« (Boden = Bild für das Erscheinende, für das Maternale, für die Quell-Frau, für das Ypsilon). Wohingegen der Reiter, schon im Inneren des Wortes verborgen, das Tier nur *benutzt!* Das aber ist das Betrachten der Welt ohne seine XZ-Wurzeln, es ist die Sichtweise des »Gemeinen«.

Von den Urfrauen aber wurden alle Berührungspunkte jedwelcher Bestandteile des Initiationsprozesses zu allen Zeiten *strengstens gemieden. Denn »der Blick zurück« ist das Gefährlichste, hat man erst einmal einen bestimmten Punkt erreicht.*

Wir wissen nun, aus welchem Grunde Frau und Pferd in den Urmenschengesellschaften als ein den (dressierenden oder domestizierenden) Weg beschreitendes Paar *nie und niemals* denkbar gewesen ist! Das »aktive« Zusammensein (und das Wort »aktiv« in diesen Zusammenhängen werde ich gleich noch näher erläutern) einer Urfrau mit einem Pferd hieße für sie und ihre Urgemeinschaft, *die ordnenden Strukturen der Schöpfungskonzeption aufs Schärfste zu negieren!* Die Darstellungen machten weiter deutlich, daß der in den Urquellen beschriebene Weg der Weg aus der Teilung ist. Die beschriebenen Paare sind allesamt Teile einer Einheit. Adam und Eva als der ganze Mensch, Jakob und Esau, Kain und Abel jeweils als Seele und Körper. Den Weg aus der Teilung in die Ureinheit aber beschreitet eben nur der Mann. Darum sind die Anweisungen der Urquellen tatsächlich für den Mann und nahezu ausschließlich an ihn gerichtet. Sind die Urquellen nicht auch für die Frau? *Natürlich sind sie das, ebenso, wie wir später sehen werden, natürlich auch das Pferd:* Zum einen erkennt die Frau durch die Urquellen den Weg des Mannes und kann ihm helfend und stützend zur Seite stehen. Zum anderen erkennt sie in ihnen auch immer ihr eigenes Sein, das es unter allen Umständen und durch alle Anfeindungen hindurch zu erhalten gilt. Das Zeichen im Buch der Wandlungen, das diese Art der

Herangehensweise der Frau an die Urquellen beschreibt, ist das der Nr. 63 – es heißt: »Vor der Vollendung«. Es steht unter dem Bild eines Fuchses, der einen großen, zugefrorenen Fluß überquert. *Er hat sein Ziel fast erreicht!* Nur zweierlei ist wichtig für ihn: Sich ja nicht umzusehen, um sich dadurch in Gefahr zu bringen und doch noch einzubrechen, und des weiteren, gerade auf den letzten Metern mit großem Bedacht vorzugehen. Dann schließlich wird die Vollendung erreicht. Da aber ist der Prae-Mann ja noch lange nicht. Für ihn gelten all die Anweisungen ob des Weges ganz konkret und ganz direkt.

Es steht geschrieben: »Er wirkt Hilfe mit der Macht eines Pferdes.« Nicht weil *sie* das etwa nicht vermöchte, sondern weil *sie* dieser Hilfe als (Ur-)Frau (YXZ) gar nicht erst bedarf. Nur der Prae-Mann muß sich (durch rituellen Tod und Wiedergeburt) aus der Herrschaft des Ypsilons befreien.

Die Ausbildung eines Pferdes scheint einem fortgesetzten Planen zu unterliegen. Das Planen geschieht *immer* in der Zeit. Das Ertrinken in der Zeit ist die ständig gegenwärtige Gefahr der Ypsilon-Welt. Die Urfrau hat die Zeit seit ihrer Geburt überwunden. Das Überwinden des Planens, des Seins in der Zeit, ist die Aufgabe des Prae-Mannes. *Die »Ausbildung« eines Pferdes ist darum eine der größten Herausforderungen eines Prae-Mannes, dann zumindest, wenn er nicht von vornherein in der Zeit und im bloßen Benutzen des Pferdes ertrinken und in der langersehnten, äußeren »Machtflut des Bettlers« schlußendlich kläglichst untergehen will.* Schon jener Bettler, ganz zu Beginn unserer Betrachtungen, stand an einem Scheideweg. Dies symbolisierte das Pferd. Die (Ur-)Frau steht an keinem Scheideweg mehr. *Geht sie aber einen der beiden Wege, führen sie diese mit absoluter Sicherheit weg von ihrer eige-*

nen Mitte! Das jedoch bezeichnet die größte Gefahr der Frau. Darum also heißt es, solle sich die Frau »nicht bewegen«, soll sie beharrlich sein und sich nicht von der »Mitte des Hauses entfernen«. Dieser Aussage wegen wurden den chinesischen Frauen barbarisch die Füße zu einem Klumpen gebunden. Sie konnten sich schließlich real kaum mehr bewegen. Hier laufen sie in hohen Schuhen und vielfach in Kleidern, die alles gestatten, nur kaum einen freien Schritt. Wir wissen inzwischen: Es ist selbstverständlich die *innere* »Fortbewegung« gemeint. Die heraus aus »ihrem Haus«, aus »ihrem wirklichen Zuhause«. *Die (Ur-)Frau ist ja in der Mitte, in ihrer Mitte, da, wo das Feuer, wo das Licht ist!* Verlasse das nicht, heißt es, denn »wohin du auch (innerlich) gehst«, es wird nicht heller, sondern nur dunkler. Gib dem Mann die Zeit, die er braucht, laß ihn sich austoben, mit den Göttern kämpfen und streiten. Webe du ruhig den Teppich, *denn du kennst ja tief in deinem Inneren das Muster, das Muster dieser Welt.* Habe Geduld. Bleib bei deinem Licht, denn sonst kommt womöglich dein Mann, nachdem er all die Drachen getötet hat, die auf seinem Wege liegen, und du bist nicht mehr da! Du bist »nicht mehr Frau«. Ein Unglück für beide!

Ein Symboltier der Spiritualität ist die Schildkröte. Sie ist langsam und kämpft nicht, sie zieht sich dann und wann zurück, rennt nicht, hetzt nicht und wird doch uralt. Renne nicht, hetze nicht, gib sie nicht auf, deine spirituelle Schildkröte, wohin auch solltest du rennen und hetzen? Das Rennen und Hetzen führt dich nur in die (Vor-)Welt, in die »linke«, in die des Jagens. Der Einstieg der Frau auf die »Achse des Mannes« ist immer der Einstieg in die Prae-Männer-Welt, *ist darum eben immer ein Rückschritt.* Die Schöpfungskonzeption muß natürlich dem Prae-Mann die Wahl lassen, auf seiner Ebene zu verbleiben oder das Erkennen anzustreben. *Und das prägnanteste Daseinsbild dieser Wahl ist allenthalben und überall das Pferd. Aus alledem folgt: Die Schöpfungskonzeption sieht das Paar Frau und Pferd in dieser Form unzweideutig nicht vor!* Eine Erkenntnis, die sehr viele unserer Grenzen sprengt und ganz sicher nicht nur Grenzen des realen Zusammenseins mit den Pferden!

Und wie war das bei den Amazonen? Nannte man die nicht androgyn? Sagte man von ihnen nicht, sie seien das Urbild der Nicht-mehr-Frau (Y‑XZ)? Und waren diese reitenden Frauen ganz im Gegensatz, wie wir hörten, zu den Urfrauen der Urgemeinschaften *nicht ganz bewußt und ihr ganzes Leben hindurch ohne Mann?* Stehen sie nicht als so etwas wie ein Ursynonym für die (moderne) Nicht-mehr-Frau, die sich ihre »Geschlechtspartner erjagt«, so wie sich die Ypsilon-Welt alles andere auch erjagt? Und ist das Attribut dieser Amazonen (Y‑XZ) nicht das Pferd? Ist also die reitende Frau in der Mythologie *das* Ursynonym für die Nicht-mehr-Frau, also für den letzten möglichen und denkbaren Schritt, die sogar *angeborenen* Wurzeln schließlich abzuhacken? Und werden die *sportreitenden Frauen nicht auch Amazonen genannt?* Zu welch einem einzigen Schluß also muß man kommen, betrachtet man all diese Einzelerscheinungen der archaischen Weltauffassung und stellt diese neben das zerstörerische Sein unserer modernen Zeit? *Die »Massenbewegung« von Frau und Pferd, das gesellschaftlich geduldete, allseits akzeptierte Dasein, jenes »Fortschreiten« aus der Einheit in die Teilung der Prae-Männer-Welt ist das im Augenblick ultimativ letzte Zeichen einer menschlichen Gesellschafts- und Daseinsform, die im Begriff ist, selbst die wenigen verbliebenen Fasern zum Ursprung hin zu durchtrennen!* Wie sehr die

Schöpfungskonzeption mit allem Erscheinenden zusammenhängt, das konnte im Verlaufe dieses Buches sicher deutlich gemacht werden. Dem einzelnen ist vielfach weder das eine noch das andere bewußt. Daran ja eben krankt diese Welt, an der Unbewußtheit dem Ursprung gegenüber. Erst in dieser Zeit gibt es ja nicht nur die Massenerscheinung von Frau und Pferd, erst in dieser Zeit kämpft, wie wir darlegen konnten, eben das »Weibliche« gegen das »Weibliche«, integriert sich die Nichtmehr-Frau (Y-XZ) in die Prae-Männergesellschaft. Und erst in dieser Zeit gibt es die Frau, die gegen den Stier kämpft! In der Tat ist dieses zeitgeschichtliche Phänomen fast so aussagekräftig ob des Zustandes der Welt wie das von Frau und Pferd. Die Stierkämpferin mag durchaus eine nette Frau sein, und sie bewirkt ganz sicher nicht das Elend dieser Welt, *aber in ihr drückt es sich auf eine sehr archaische Art und Weise aus!* Ursache, Wirkung und symbolische Aussagekraft stehen hier getrennt nebeneinander und müssen auch unbedingt so betrachtet werden.

Die Stierkämpferin weiß das alles vermutlich nicht. Die Frage für sie persönlich bleibt, ob sie ihren Platz in der Welt gefunden hat, ihre wahre Identifikation mit dem großen Ganzen. Auf der einen Seite also steht ihre mögliche persönliche Erfüllung. Ob sie die hat finden oder bewahren können, diese Frage wird sie sich zum Ende ihres Lebens selbst beantworten müssen. *Was sie aber glasklar ausdrückt und symbolisiert in dieser Zeit, in diesem Umfeld, ist das Zertrennen des Urwesens Frau zugunsten der Pseudo-Frau (Y-XZ) als globale gesellschaftliche Erscheinung. Durch sie wie durch einen Teil der Pferdefrauen wird diese mehr oder weniger zunächst unsichtbare Entwicklung sichtbar gemacht!*

Der andere Teil der Pferdefrauen hingegen kann etwas sichtbar machen, was einer Stierkämpferin nie gelingen könnte, denn der Stier steht nur am Anfang, das Pferd aber bezeichnet ja Ausgangs- *und* Endpunkt. Doch dazu kommen wir gleich.

Die Frage für die Welt aber bleibt, wie lange sie einen so dramatisch unbewußten Umgang mit den Urenergien der Schöpfung noch aushält. Die Spitze bilden immer die, die an der Grenze sind, die sind, wie wir sagten, immer die ersten. An der Grenze bewegt sich nichts so sehr wie »Frau und Pferd«. Und auch diese letzte Bastion hat sich verschoben. Ein Teil von ihnen symbolisiert den Erdrutsch der modernen Frau vom Frausein hin zur Prae-Potenz der Prae-Männerwelt!

Jene Uramazonen bewegten sich noch gänzlich außerhalb der geachteten, schon sehr schwer angeschlagenen Menschengesellschaften. Sie kopierten in maßlosester, brutalster Form jenen Machtbereich, den die Prae-Männergesellschaften für den seligmachenden hielten und halten. Die Weltliteratur schildert diese Konflikte. Nicht nur jene zwischen den Nicht-mehr-Frauen- und den Prae-Männergesellschaften, sondern auch die Konflikte von Frau- und Nicht-mehr-Frau-Sein. Und die enden auch da immer in den schlimmsten Tragödien, im Drama, im schicksalhaften Untergang. Kleists Amazonen zerreißt diese Kluft zum Schluß physisch. *Die Amazonen unserer Zeit werden nicht bemerkt. Denn längst schon leben sie ohne Pferde unter uns!* Doch nichts kann sein, das nicht auch in der Schöpfungskonzeption existieren kann. Und ein Szenario wie das obige würde ich niemals beschreiben, also die Wirklichkeit, glaubte ich nicht an die »Diplomatie des Ursprungs« und an den Weg jedes einzelnen. So also gelangen wir zum »letzten Satz«, zu den letzten großen

Letztes Zeichen?

Schlußakkorden. Und auch wenn wir weiter behutsam diese archaischen Weltzusammenhänge betrachten, wie dann ist denen gemäß das Zusammensein von Frau und Pferd möglich? Ist es möglich?

Nun, nach alledem scheint diese Frage sehr leicht zu beantworten, ja sie hat sich im Grunde bereits selbst beantwortet. Das Pferd gehört zur Erde wie der Drache zum Himmel. Es ist ein Urbild der Weiblichkeit. Die keltische Göttin Epona kam in diesem Bild als Stute zur Erde. So ist Erde, wie Frau, wie Pferd, jedes für sich ein Synonym für Hingabe, Tragen und Gebären – für das tiefste Verbundensein mit dem schöpfenden Urgrund. Sie alle drei sind ebenso Synonyme für die Gefahr des unterdrückten Benutztwerdens. Das auch ist ihre gemeinsame Angst. Der Titel für dieses Buch hätte darum ebenso lauten können: Erde, Frau und Pferd. Aber warum sollte die Frau die Erde, die Erde das Pferd oder die Frau das Pferd kennenlernen? Es sind doch Bekannte! Bekannte aus Urschöpfungszeiten! Sie kennen sich tief und innig schon, seit aus dem Nichts der Rhythmus entsprang. Warum sollte eine Frau reiten *lernen*? Warum sollte die, die trägt und die Hingabe besitzt, *lernen*, getragen zu werden? Muß ein Fisch schwimmen lernen? Die Zwangsmaßnahmen der Prae-Männer-Reitkasernen, die muß sie mit Mühe lernen, und nur mit Mühe und Abscheu wird sie sich dort weiter und weiter von *ihren* Urwurzeln abtrennen lassen, so lange, bis sie sich als Ypsilon-Frau dort selbst scheinbar irgendwie zu Hause fühlt und ihre reitenden Schützlinge ähnlich kommißhaft anraunzt. Ja, dieses Zwingen muß sie »lernen« und sich dabei *opfern*. Und sie muß es »lernen«, daß es für die Erde, für die Frau und für das Pferd *dort – in dieser Welt* – Gesetze gibt! Und daß diese Gesetze *ihnen* gelten! *Ihrem Zurechtgestutztwerden* hin zu makellos handhabbaren Waren und Marionetten. Aber reiten muß sie doch nicht »lernen«, und so auch ist meine Grund- und Hauptaussage zu verstehen, daß ich um Gottes willen *kein* Lehrer bin. Und so ist die harte Wand um mich herum zu erklären, wenn sie kommen, um zu »lernen«. »Reitenlernen« ist eine Vokabel der »Prae-Männerwelt«. Der Mann muß *einen Weg gehen*, denn er will lenken, zwingen, beherrschen. *Er, der Unfertige, muß das Lernenwollen, das Sammelnwollen, das Jagenwollen, das Sich-bestätigen-Wollen »verlernen«.* Denn das sind die zweifelhaften Parameter seiner (Y(XZ))-Welt. Und wie die Frau muß das Pferd *ihn auf seinem Weg erleiden*. Dieses Joch bringt es mit auf diese Welt. *Und darum brauchen Frau und Pferd jenen unbedingten Schutz, von dem der Mongole ganz zu Anfang sprach. Denn die sich Hingebenden, die Duldenden lassen sich am leichtesten unterdrücken.* Darum ja, wie gesagt, besteige der Bettelmann (Prae-Mann) um Gottes willen nicht das Pferd. Natürlich ist darum der Prae-Mann dem Pferd auch viel fremder, als es die meisten Frauen sind, trifft doch bloßes Ypsilon auf YXZ. *Sie sind sich fremd, ja sie sind sogar Gegensätze!* Und der Prae-Mann, der »Reiter«, wird ihm, dem Pferd, auch dann, wenn er zum Schluß eine gut geölte, funktionierende und resignierte »Maschine« unter sich wähnt, immer genauso fremd bleiben wie von Anbeginn an. *Erst der Weg des Mannes bringt ihn dazu, die Erde, die Frau und das Pferd zu erkennen!* Denn jetzt erst sind ihm *innere* Ohren gewachsen, um all die feinen Melodien zu hören, das sanfte Schwingen zu vernehmen. Und erst hier treffen sich alle, Mann, Frau, Erde, Pferd und alles Sein. *Der Frau, der Erde und dem Pferd, ihnen gilt das Bewahren. Dem Mann gilt der Weg. Denn nur auf dem Weg kommt er zum Finden, vom Finden zum Erkennen und*

Letztes Zeichen?

vom Erkennen dann schließlich ebenso zum Bewahren, zum Sein.

Wo also liegt die »Gefahr« für die Frau? Ganz einfach: Wenn sie, wie und in welcher Form und wo und hinter welchen Verkleidungen auch immer, versucht, mit dem Pferd einen (Ausbildungs-)Weg zu gehen. Denn ein (Ausbildungs-)Weg ist immer in der Zeit, ist immer irgendwie Planen, ist Befürchten, ja Angst, ist Ziel, ist Streben, ist Wollen, ist auch Ehrgeiz, ist auch die Konsequenz von Versagen, ist Wut und Zorn und ist auch Strafen, ja Unterdrücken. Kurz – ist das pure Dasein im Ypsilon. Und das wohl konnte ich deutlichst herausstellen, daß es auf der Welt nichts Vergleichbares gibt, das so scharf und schnell zerschneidet und zertrennt wie ein Pferd. *Begibt sich (Ur-)Frau auf diesen (Ausbildungs-)Weg, dann verläßt sie mit Lichtgeschwindigkeit ihr »Zuhause«, ihr Urdasein!* Damit schlachtet die Frau ihre Schildkröte, gelangt der Fuchs zum Schluß mit dem Schwanz ins Wasser!

Gestiefelt und gespornt – im Outfit variierend mit Freizeit-, Western- oder Dressurstiefeln – bietet sie so der Prae-Männerwelt die Stirn zur mittuenden Konkurrenz. Das Pferd *muß* jetzt irgendwann, irgendwie, irgendwo hin, und sei es auch nur zu einem gemütlichen Ausritt. Aber sie fühlt noch, daß das Pferd lieber auf der Weide wäre oder im Stall. Es will nicht. Frau *ist* jetzt nicht mehr, Frau *zwingt*, wie subtil auch immer! Ein Wesen, das das Geschenk der Ganzheit mit der Geburt schon empfängt, die Frau, zwingt jenes Wesen, das wie *nur sie noch einmal* Ganzheit symbolisiert. Und das ist die übergreifende Tragik dieses Bildes. *Darum gab es das zu keiner Zeit auf der ganzen Welt, so nicht Strukturen herrschten wie die unsrigen!*

Alle die beschriebenen Mechanismen rasten wie mit

einem Schlage ein. Darum der mühevolle Aufbau dieses Buches, der, wie ganz zu Beginn gesagt, »mühevolle Aufstieg zum Gipfel des Berges«. Denn: Wenn auch das Verhalten vieler Frauen ihren Pferden gegenüber Bände spricht, dann gehört dennoch eine solche Aussage zu den gewagtesten überhaupt! Allen Urkulturen galt das Pferd als etwas ganz Außergewöhnliches, etwas ganz Besonderes. Erst diese Micky-Maus-Zeit rüttelte die ordnenden Urstrukturen bis zur Unkenntlichkeit durcheinander. Davon handelte dieses Buch. Das Chaos ist, wie wir sahen, überall. *Wenn sich aber das Chaos der Grenze nähert, dann verglüht es.* Und das Pferd ist Grenze! Dringt der Prae-Mann oder – schlimmer noch, bezogen auf die Konsequenzen für die einzelne Frau – die Nicht-mehr-Frau auf ein Pferd ein, *ist Kampf die Folge, und zwar immer!* Und sei es nur im täglichen, beide zerschleißenden »Gemetzel«. Und auch wenn Prae-Mann oder Nicht-mehr-Frau siegen sollte: Noch im Taumel dieses »Sieges« verglühen sie innerlich vor dieser gequälten und unterdrückten Kreatur. Nur: Im Prae-Mann verglüht die *kleine* Wurzel, die in ihm angelegt ist, um auf einem langen Weg zu einem prächtigen Gewächs heranzureifen. *In der Frau aber verglüht dieser gewaltige, prächtige, schon immer angelegte Paradiesbaum unter einem zum Schluß nicht mehr enden wollenden Schmerz!* Ich kann kaum zum Ausdruck bringen, wie froh ich bin, durch diese Aufzeichnungen endlich darstellen zu können, was ich zuvor nur immer nahezu wortlos sah, erkannte und fühlte. Und natürlich fühlen auch sie, die Frauen, wie es in ihnen brennt oder brannte, besonders im »zwingenden« Zusammensein mit den Pferden! Wo aber sollten sie das Tor suchen? *Daß es nirgendwo sonst zu finden wäre, außer in ihnen selbst, an einer Stelle, die sie womöglich längst verlas-*

sen hatten, das schien gänzlich außerhalb ihrer Vorstellung zu liegen, sagten ihr doch immerzu alle nur das eine: »Mach dich auf den Weg, denn nur so kannst du dich in dieser Welt behaupten – werde wie die (Prae-)Männer, außen hart, ›stark‹ und ›mächtig‹, was in deinem Inneren dabei verbrennt – laß es lodern auf den Scheiterhaufen dieser Zeit.« Nein, um alles in der Welt – laß es nicht lodern. Verbünde dich mit dem Pferd, mit seiner geistigen oder realen Erscheinung, und sei ein erstes Zeichen für einen neuen Beginn!

FRAU UND PFERD – ERSTES ZEICHEN FÜR EINEN NEUEN BEGINN?

Wie eine Frau ihres inneren Reichtums teilhaftig werden kann *auf der Grundlage der Überlieferungen*, das schauen wir uns jetzt an: Betrachten wir nach alledem noch einmal unsere Skizze. Leicht können wir jetzt mit den einzelnen Symbolen spielen, und leicht auch können wir die letzten Antworten auf unsere Fragen durchschimmern sehen: (Siehe Zeichnung 55)

Was für ein prächtiges Gewächs ist aus unserer ersten Skizze geworden. Der Platz hier reicht lange nicht mehr aus, um auch nur die wichtigsten Dinge darin zu verzeichnen. Wie eine Schatzkarte aus den Erzählungen aus 1001-Nacht mutet sie an, und vielleicht sollten wir uns ihr auch mit einer gewissen tastenden Ehrfurcht nähern, liefert uns dieses so ganz allmählich entstandene Schema eines so ganz anderen Weltenzusammenhanges doch einen tiefen Einblick in die Geheimnisse der Überlieferungen. Eigentlich alles finden wir da wieder, und vieles Neue hat sich dazugesellt zur Abrundung. Da finden wir die Könige David, Saul und Salomo. Da sind die Ägypter mit ihren Pferden. Da ist der Ort der Versammlung und in ihm die 4000 Pferde und die 12000 Reiter Salomos. Da sind 12 Rinder, ein rundes Meer auf Säulen. Wir finden einen marmornen Thron, zehn goldene Leuchter und 666 Zentner Gold. Zwei weitere Persönlichkeiten, beides Frauen, finden wir in der Skizze, die Tochter des Pharaos und die Königin von Saba. Und natürlich sind da auch Adam und Eva sowie all unsere Symbole, Zahlen und Ziffern.

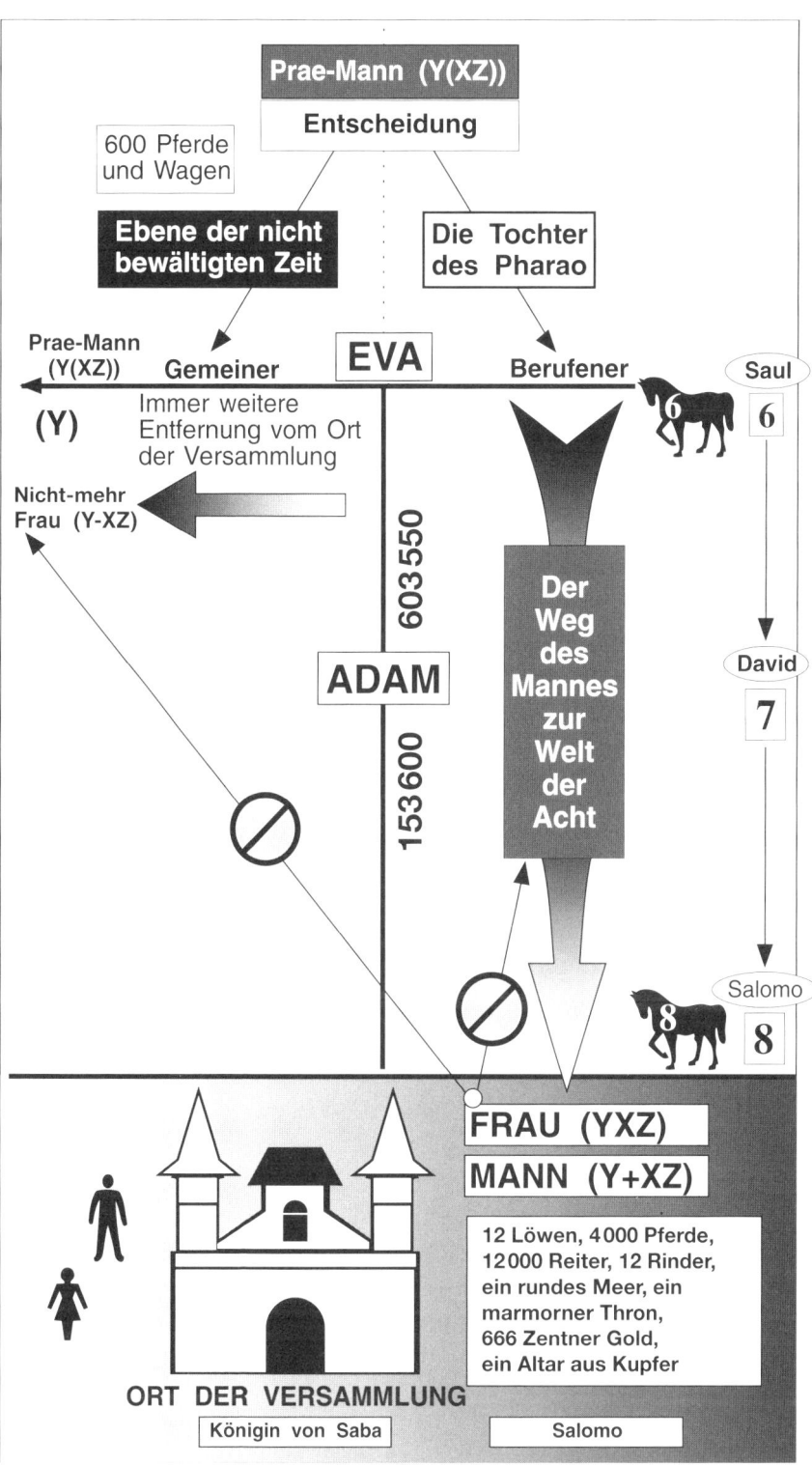

Zeichnung 55

Unser Schema ist entstanden als ein »Spiegel« der Welt. Und wer folgen wollte, der konnte nun zu einem Tor geführt werden, das tatsächlich den Weg des Menschen zu öffnen mag. Und da wir nun an dem wundersamen Eintrittstor angelangt sind, ist es auch allmählich an der Zeit, daß sich der Wegbegleiter, der »Bergführer« von seinem Gast verabschiedet. Durch die vielen Gänge, über die vielen Treppen und über all die Wegkreuzungen und -gabelungen, da war der Begleiter hoffentlich eine gute Hilfe. Jetzt aber stehen wir auf dem Gipfel in einem gigantischen Schloß, vor den Toren zu den Prachtgemächern, und da hat sich dieser mit einer diskreten Verbeugung zu entschuldigen und zu verabschieden. Der Weg zum Weg ist gegangen!

Von Königen und Königinnen ist hier die Rede, von heiligen Orten der Versammlung, von Gold und Marmor. Hier nun beginnt der Traum eines jeden einzelnen und all die Begegnungen mit dem, was sich jenseits der Grenze, jenseits des Tores befindet. Das Staunen, das Wundern, das zarte Tasten, das Lauschen auf die Klänge, das Geblendetsein von all der Pracht. All diese Berührungen geschehen allein und im Innersten eines jeden Menschen. So will ich noch vage die Tür beschreiben, doch sobald sie sich auch nur einen winzigen Spalt geöffnet hat, dann will ich mich dafür bedanken, daß ich Sie bis zu diesem Weg habe begleiten dürfen. All unsere Formen vom Mann- und Frausein finden sich schon in den Ornamenten dieser Tür wieder. Fein sind sie ineinander verwoben und miteinander verschlungen, und unsere Skizze ist dagegen nur ein grobes und flüchtiges Abbild.

Die obere Ebene ist also die der Sechs. Die der ägyptischen Welt, des Drückens, des Rades, der Macht der aus Gold geformten Kälber, die Macht des Nur-Ypsilons.

Dort, über der Scheidegrenze, findet sich auch der Prae-Mann. Er steht vor der Wahl. Viele Drachen sieht er vor sich. Aber er ahnt auch tief in seinem Innern von der Prinzessin. Dort unten, an dem Ort der Versammlung, vermutet etwas tief Verborgenes in ihm die »Frau«. Dort ist die Königin von Saba. Diese Königin, diese Frau, all die Drachen, der lange, ungewisse Weg, alles das macht ihm Angst. So wählt so mancher den »linken« Weg und bleibt sehr lange oder sogar Zeit seines Lebens auf ihm. Hier »oben« ist das Verlockende, das Außen, und alles scheint nur aus dem beherrschbaren, manipulierbaren, vermehrbaren Ypsilon zu bestehen. Man kann es sofort greifen, wie es scheint, bewegen, vor sein Rad spannen, Gesetze entwickeln und sich zum Herrn aufschwingen. Und das einzige Ziel, das einzig Begehrenswerte hier ist es, soviel wie möglich zu erjagen und all die zu bremsen, die einen anderen Weg einschlagen wollen. Hier ist das unüberwindlich scheinende Meer, hier sind die Stiere, deren Hörner in den Himmel wachsen, die nur technischen A's und B's und hier auch auf dieser Ebene immer weiter nach links, finden sich neben den Prae-Männern die Nicht-mehr-, die Y-XZ-Frauen. Sie jagen wie die anderen, mal mit- und mal gegeneinander, so wie das Entfesselte sich ihnen fügt. *Sie sprechen von Zufällen, von gloriosen Erfolgen und Sicherheiten,* auch von Lebenskämpfen in tosenden Stürmen, die sie mal da und mal dort hinwehen. Und so trägt es sie immer weiter weg von all den Königen, die den »anderen« Weg säumen, und auch von der Königin von Saba. Von einem Sein im Ort der Versammlung wissen sie bald überhaupt nichts mehr. Und der Sog wird immer stärker und die Zeit rast immer schneller – ebenso wie wenn eine Raumkapsel in ein »schwarzes Loch« eintaucht.

Um das ganze Schema jetzt erfassen zu können, auch ob des Erkennens von Frau und Pferd, wenden wir uns noch einmal dem Weg des Mannes und dem Weg des Menschen zu. Denn mit dem hat es noch etwas ganz Besonderes auf sich, was wir am Schluß dieser Darstellungen unbedingt wahrnehmen sollten. Die biblische Beschreibung, vor allem des König Salomo, also des achten Königs, offenbart uns auch dieses Urrätsel. König Salomo baut das »Gotteshaus«. Das Gotteshaus ist das Ganze, das Erscheinende zusammen mit dem Verborgenen. Es sind die Zwei (Y) und die Eins (XZ) miteinander verbunden. (Siehe Zeichnung 56)

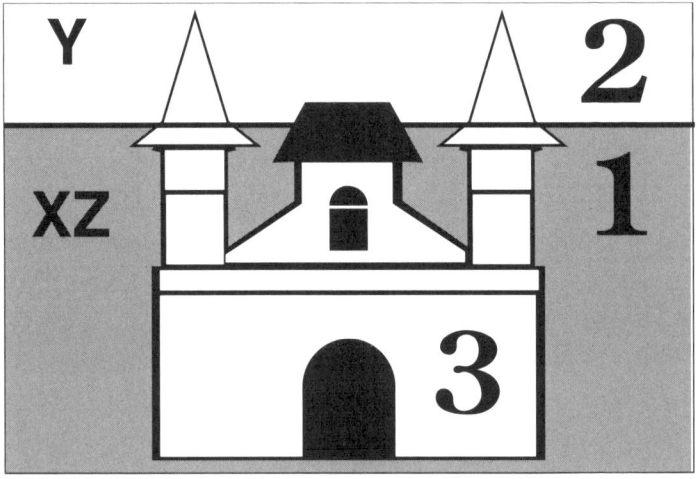

Zeichnung 56

Und so stoßen wir in der Beschreibung des Gotteshauses immer wieder in den unterschiedlichsten Zusammenhängen auf die Zahl Drei. Im Zusammenhang mit den tausend Geschlechtern, den »guten Früchten aus der einen Quelle«, benannten wir die Zahl Drei als Erschei-

Erstes Zeichen für einen neuen Beginn? 387

nung des Ganzen, als Ausdruck der Verbindung, der »Ehe« vom Ursprung mit dem Erscheinenden. Drei Tage ist die Nacht dunkel, drei Tage ist der Mond voll. Die Zahl Drei ist das Zeichen des Durchbrechens, des Verbindens, des Sich-Gebärens aus der Welt des Wortes, aus der Welt des Traumes. Und darum stoßen wir in der Erzählung um König Salomo und das Haus Gottes *ständig* auf diese Zahl – immer und immer wieder. Ja, sie wird sogar mit 10, 100 oder 1000 multipliziert, um ihre *Allgegenwart* noch prägnanter zu dokumentieren. *Doch mit der Drei hat es hier noch etwas ganz Bedeutsames auf sich.* Natürlich ist im Zusammenhang mit König Salomo und dem Gotteshaus neben der Zahl 3 auch immer wieder die Zahl 8 im Spiel. Die Zeit wurde ja überwunden. Die Unendlichkeit (∞) des Augenblicks, in dem alles möglich ist, wurde ja zum alles bestimmenden und tragenden Lebensfundament! Aber hier, am Ort der Versammlung, am Ort des Paradieses, da stoßen wir neben der Zahl 3 seltsamerweise immer wieder auch auf die Zahl 6. Und damit öffnen wir die letzte Tür zu dem großen Geheimnis von Frau und Pferd.

So ist der Altar kupfern. Kupfer ist nach Gold und Silber das 3.(!) Metall. Er ist 20 Ellen lang und 10 Ellen hoch (2 zu 1)! Salomo gießt ein Meer(!), das eine Schnur von *30 Ellen* umspannt und 10 Ellen (2) breit und 5 Ellen (1) hoch ist. Das Meer ist rund und es faßt *3000 Eimer!* Das »Meer« ist gegossen zu *einem* Stück. Immer leichter fällt es, zumindest die ersten Spuren vom inneren Kern der Worte zu erkennen. Die Zeit (das Meer) wird also zu einer *Einheit* gefaßt. Und es finden sich im Gotteshaus 12 Rinder, 12 Stiere. Aber: *Das Meer steht auf Säulen über den Stieren.* Die Eins also, die überwundene und gefaßte, zur Einheit gegossene Zeit, herrscht über die Stiere, herrscht über die »Quell-Frau«, heiligt sie, eint sie, verbindet. Und die Stiere, so heißt es, zeigen mit den Hinterteilen zueinander. Sie kämpfen also nicht mehr, ihre *Hörner* sind nach *außen* gerichtet. Aber wurde die Welt der Sechs denn nicht zurückgelassen und überwunden? Ja, doch jetzt kommt das ganz Besondere, das ganz und gar Bemerkenswerte: Gehen wir langsam vor: Wir finden die Zahlen 1, 3, 6 und 8. Acht ist die Unendlichkeit – prima. Eins ist der Ursprung – auch gut. Drei ist die Verbindung des Ursprungs mit dem Erscheinenden, ist also »Einheit nach der Geburt des Erscheinenden«, ist Sinn und Weg des Menschen. Aber warum sind da 666 Zentner Gold? Da sind *4000 Pferde! (60-6-60).* Warum überzog Salomo den Raum des Allerheiligsten mit *600 Zentnern* Gold? Warum machte er Schilde, jedes aus *600 Lot* Gold? Sein Thron hatte *sechs* Stufen, das Gotteshaus war exakt *60 Ellen* lang etc., etc. Und warum waren die Stiere in drei Gruppen zu je *vier* unter dem gegossenen Meer angeordnet? Weil der Sechs (der Materie, den Stieren) hier ausdrücklich immer die Eins oder die Drei gegenübersteht! Jedes Pferd (6) hat 3 Reiter. (Siehe Zeichnung 57)

In der Welt der Erscheinungen wäre so etwas ein völliger Blödsinn. In der Welt der Überlieferungen aber ist es das Zeichen für das *größte Wunder. Daß* nämlich das *Kleinste, jedes Atom, jeder Gedanke, jeder »Unsinn« aus der Welt der Sechs gleichsam »vergoldet« mit dem Sein der Eins verbunden wird!* Da sind 666 Zentner Gold – Gold ist *Eins.* Die Sechs tritt hier also *nie* allein auf wie sonst zuvor immer, *hier ist alles vereint, geeint, geheilt!*

Salomo zählt sein Volk und es sind exakt 153600 Israeliten. Auffallend ist, daß es zu dieser Blütezeit numerisch wesentlich weniger sind als nach dem Auszug aus Ägypten. Da waren es ja über 600000. Diese seltsame Zahl

Erstes Zeichen für einen neuen Beginn?

Zeichnung 57

birgt das noch größere Geheimnis als die Zahl 603550. Denn die Zahl 153600 wurde ja zu Zeiten König Salomos bestimmt. Die »3600« zum Schluß sind leicht als 6 x 6 zu erkennen. Aber die 6 ist auch hier in ihrer höchsten Form vertreten. So wie die höchste Anzahl Pferde nur bei Salomo zu finden ist. Die Zahl 153600 wird an zwei weiteren Stellen in der folgenden Form aufgeteilt: Da sind:
80000 Steinmetze
70000 Lastenträger und
3600 (6 x 6) Aufseher.
Deutlich und explizit ist also wieder die Reihenfolge 6, 7, 8 zu erkennen.

In der Regentschaft des Königs der Acht ist also *der ganze Weg* vertreten. Alles ist noch da! Nichts ist verloren gegangen! Nicht ein Augenblick war umsonst! Denn alles dieser Welt, alle Handlungen wurden *versammelt!* Das Besondere dieser Zahl: Den 6 x 6, den 3600 also, stehen

3 x 50000 gegenüber. Und von beiden Zahlen wissen wir ja inzwischen, daß sie den *höchsten Ausdruck menschlichen Seins darstellen!* Das Verbinden schlechthin! Der höchsten Form der Sechs als Bild des Erscheinenden steht das Geheiligte in einer *einzigen* Zahl gegenüber. Israel ist jetzt 153600. *Nicht quantitativ, sondern qualitativ!* Israel ist jetzt alles das! *Nichts war vergebens! Alle Spuren der Zeit werden dem höchsten Sinn zugeführt!* Die Welt der Sieben, die Welt aus Raum und Zeit wurde verlassen, doch nicht ohne auch das Kleinste zu erhöhen. So feiert König Salomo ein Fest von 7 Tagen. Aber am 8. Tag ist die Versammlung. Alles ist da, alles hat Sinn! So sind es 6 Stufen, aber unten ist noch *ein* goldener Schemel. Es sind 666 Zentner »Eins« (Gold). Und dieses Gold wird König Salomo ausdrücklich in *einem* Jahr dargebracht. 600 Lot Gold kam auf *ein* Schild. Und so trägt die Zahl 153600 dieses Geheimnis in sich wie die 12000 Reiter für die 4000 Pferde oder die 12 Rinder. Es sind je 3 Reiter auf *ein* Pferd, das 60-6-60 ist. Es sind also 4000 von 60-6-60, die von 3 *Rittern*, wie es genau heißt, gelenkt werden! *Wird also der Weg beschritten, dann findet sich im Ort der Versammlung alles wieder!* Nicht ein Atemzug, der nicht das Gotteshaus mitgebaut hätte! Allem aus der Welt der 6 und der 4 steht jetzt die 1 oder die 3 als Zeichen der Ganzheit gegenüber. Die Quell-Frau (Y) dient jetzt dem Quell-Mann (XZ).

Kommen wir zur Tochter des Pharao und zur Königin von Saba. Denn hier ist eine der wenigen Stellen in der Bibel, an der die *reale (Ur-)Frau (YXZ)* und die *Quell-Frau (Y)* wundersam miteinander genannt sind. Die Tochter des Pharao, die Frau aus der Welt der 6, die König Salomo zu sich nimmt, ist die *Quell-Frau* (Materie), sie ist Ausdruck der Ypsilonwelt, ist die »Zwei«. Und *ausdrücklich* darf sie *nicht* im Tempel wohnen. Das Verborgene und das Offenbare kann *nicht* einfach vermischt werden. Es ist jetzt miteinander. Denn die Pharaotochter kommt zum König Salomo, aber ihr wird ein eigenes Haus an einer Seite gebaut. Jetzt also wird auch Ägypten geheiligt. Die 2 und die 1 finden in ihrem Extrem zueinander. Wer aber ist die Königin von Saba? *Sie ist jede wirkliche Frau!* Salomo, der Weise, wird König. Und sie, die Königin von Saba, die »Frau«, *kommt*, um Salomo zu prüfen. Sie stellt »Rätselfragen«, auf die nur der Weise Antwort weiß, und prüft seinen »Besitz«, ob auch wirklich »alles« versammelt wurde. *Ohne den Weg zu gehen, war sie schon immer an ihrem Ort, war sie schon immer das »Wesen im Bild der Königin«!* Und die Geschenke, die sie Salomo gibt, bekommt sie vielfach zurück. Es ist eine Begegnung von Gleichen. Eine Begegnung von »inneren Königen«. Und es ist ein Austausch von innerem, gewaltigem Reichtum. Sprach unser Ureinwohner denn von etwas anderem? Was also ist Frau und Pferd?

Bei König Salomo ist alles vertreten, jetzt auch wieder die Pferde, alles von dem ganzen Weg. Und seine Reiter sind ausdrücklich Ritter! Und alle Handlungen und alle Taten dieses Mannes, dieses initiierten, inneren Königs, sind nun bis ins tausendste Glied hinein gesegnet. Die »Frau« aber, die reale, *sei mit allem! Durch ihre Geburt schon vermag sie zu geben und zu nehmen!* Zu sein! Alles doch ist schon bei ihr, und all dessen mag sie sich bemächtigen, *bleibt sie nur in ihrer eigenen Mitte!* Sie ist die 3, sie *ist* die Lauschende, die sich *allem* widmen darf, *nur nicht dem Weg, der Nur-6, der keine 1 oder 3 gegenübersteht, der Zeit, dem reinen Ypsilon ohne Wurzel!* Wenn sie dem nur immer vertrauen würde. Weiche nicht von *deinem* Platz, denn du *bist* Königin, *was noch willst du mehr?*

In und bei dir ist schon alles versammelt. *Jeder Weg, den du gehst, führt aus deinem Königtum heraus!* Mit der Geburt ist dir alles gegeben! Und wenn dich Menschenmassen mit Eva oder der Tochter des Pharao vergleichen, so laß sie, laß sie spotten. Und wenn sie allesamt immer weiter abdriften nach »links« und immer lauter rufen: Vertraue und glaube uns – wir können beweisen, was wir tun! ... Höre nicht auf sie! *Du bist die einzige, die König Salomo prüfen kann.* »Und es war Salomo nichts verborgen, was er *ihr* nicht hätte sagen können!« Sie sprechen über Rätselfragen, heißt es. Für *sie* ist alles das kein Geheimnis mehr, was für die Welt ein (Ur-)Rätsel ist. Für die Prae-Männer und die Nicht-mehr-Frauen. Hier ist jede Frau angesprochen! Die »Frau«, die *bewahren konnte von Geburt an*, muß *mich*, einen Mann, muß *uns* prüfen! Ich will ihnen gerne begegnen! Der Bogen ist vollendet! Der zweite Schenkel berührt die Erde. Wir sind angekommen. *Das Sein mit dem Pferd hat nur dann einen wahren Sinn, wenn es entweder dem Weg des Mannes oder dem Bewahren der Frau dient!* Für die (Pferde-)Frau ist es das Bemühen des Nichtbemühens. Das Spüren um die Verletzlichkeit, um die Scham. Schließlich treffen sie sich doch, und der im Inneren zum König Gereifte, der seine inneren Drachen besiegte, der erkennt die Königin. Und der kann jetzt auch geben und nehmen. Der kann wirklich Liebe schenken und geliebt werden. Das Leben beginnt! Dieses Wunder gebiert sich immer wieder neu!

Die Frage vieler Menschen in einer ganz bestimmten Epoche war z. B. die, was wohl geschehe dem Menschen, der an den Rand der Erdscheibe gelangte und dort hinunterfiele? Eine solche Frage läßt sich ja darum nicht beantworten, weil sie von vollkommen falschen Voraussetzungen ausgeht. Sie läßt sich nur eliminieren, indem man die

Voraussetzungen, die Vorstellungen vom Dasein korrigiert. Unser Verständnis vom Sein mit den Pferden stammt praktisch zu 100% aus *dem Mittelpunkt des Daseins in der Prae-Männer-Welt!* Und die Menschen hier glauben, *die »Erde sei eine Scheibe«,* und alle Fragen, die sich auf diese Vorstellung beziehen, kann der »Eingeweihte« doch nur mit einem Achselzucken beantworten! Dort jedenfalls, im Zentrum dieser Prae-Männer-Welt, in der im archaischsten Sinne die Pferde vor das (Leistungs-)Rad gespannt werden, da ist es wichtig, ob eine Traversale von Reiter A »besser« geritten wurde als von Reiter B, und der freut sich dann auch noch darüber! Da ist es wichtig, ob man mit einem Pferd 10 cm höher springt als der andere, und um das zu erreichen, opfern sie Stunden, Wochen und Monate ihres Lebens! Man plaziert sich und präsentiert sich vor anderen Leidensgenossen dieser Daseinsform und läßt sich für diese »Leistungen« beklatschen und dekorieren. Und das alles wird ernst genommen! Von der Quälerei der Pferde einmal ganz abgesehen, auf deren Rücken diese »Meere« und »wilden Stiere« toben: *Diesen unbeschreiblich lächerlichen Kindereien der spätpubertierenden Prae-Männer-Welt entspringen praktisch alle Fragen um das Pferd!* Das Pferd aber braucht *keine* Ausbildung, kennt *keine* Zeit, weiß *nichts* von einer platten Welt. *Es kann nur in der Zeit reifen wie eine Frucht!* Und womöglich kann Frau (oder der zum Manne Gereifte) es dabei *begleiten.* Wer haut denn auf einem Apfelbäumchen herum, damit dieses schneller wachse?! Im Kern ist doch alles schon da. Muß ich als Ypsilon-Mensch schöpfen? Kann ich das? Oder wird nicht alles aus dem Urschöpfungsprinzip? Mein Zusammensein mit Pferden ist *dieses,* und darum, sagte ich zuvor einmal, ist es das *weibliche Sein im Sinne von Ganzsein, vom ganzen Sein der Frau,* in das der

Mann hinein- und das er durchdringen muß. Was denn tue ich mit Pferden? Was denn kann eine Frau mit Pferden tun? Nichts – nur sein! Und das in ihrer urweiblichsten, urfraulichsten Form: hingebend, beobachtend, begleitend. *Der immens wichtige Schritt aller Pferdefrauen ist die Vorstellung, »die Erde sei eine Scheibe«, zu verlassen!* Am Ort der Versammlung, da wo sich König Salomo mit seinen 4000 Pferden mit der Königin von Saba trifft und mit all seinem Volk und mit den 12000 Rittern, zählt da auch nur ein Hauch jenes barbarischen Handgemenges der jagenden Horde? Hat hier auch nur *ein* Gesetz von der »in der Zeit zwingenden Ausbildung«, vom Planen und vom Besiegenwollen eines »Unterlegenen« Bedeutung? Aus dieser Zange hat sich das israelitische Volk auf seinem Weg befreit, und die Königin von Saba war dort *nicht eine Sekunde ihres Lebens gefangen!* Auf dem Weg zum Ritter lernt der Prae-Mann, daß jedes Wollen im Zusammensein mit der Welt, mit dem Leben (und hier kommen die zwei Worte wieder, die ich den Worten Frau und Pferd an die Seite gestellt hatte), nicht dem Weg des Menschen entspricht. Er befreit sich auf seinem Weg von den drückenden Gesetzen der Prae-Männerwelt, um in jene hingebende, duldende, höchst lebendige, überschauende Freiheit zu gelangen, in der die Frau schon ist. Und nun fragt ihn eine Frau, was sie mit einem Pferd tun soll, wie sie es auszubilden habe? Sie sucht nach jener Technik, die jener Ritter mühselig verlassen hat und die er als *Defizit* bei einer Frau niemals erwartet hätte! Denn diese »Frauen« heute fragen auch danach, wie sie Kinder erziehen sollen, ernsthaft! Sie fragen in all diesem nach Regeln und Gesetzen, glauben krank zu sein, wenn sie schwanger sind, weil die Prae-Männerwelt für sie große Krankenhäuser gebaut hat. Sie könnten, sie sollten, sie müßten, ja sie sind diejenigen, die von Geburt an aus sich heraus leben sollen, aus ihrer Anbindung zum Ursprung; und statt sich daraus zu nähren, erniedrigen sie sich, werfen sie all ihre Kronen in den Schmutz, um Fast food zu verschlingen, Sklavenkost!

Mit Macht und Eile und Leistungszertifikaten drängen sie vom Ort des Königlichen, vom Ort der Versammlung zurück zu den Horden der Barbaren, zu denen sie eben nur mit Leistungszertifikaten Einlaß bekommen! Und dann fragen sie dort die, die sich ausweisen können mit Zeugnissen und Medaillen (hopp-hopp, gut gemacht!), wie sie ihre Kinder und ihre Pferde ausbilden und erziehen sollen! Wie die Figuren auf einem Schachbrett lassen sie sich von einem Feld zum anderen schieben und wie schmutzverschmierte Bauern schließlich opfern. »Es tut uns leid, Sie sind zu alt. Und wenn Sie uns nicht versprechen, keine Kinder kriegen zu wollen oder sich besser gleich noch sterilisieren zu lassen, dann nehmen wir eben lieber einen (prae-)männlichen Kollegen. Schließlich sind wir ›Männer geschaffen im Bilde Gottes‹!« »Nein – nein, ich tue ja alles, was Sie wollen, wenn Sie mich doch nur in Ihre Prae-Männerwelt lassen. Ich will auch bestimmt *nicht mehr Frau* sein.«

Wir alle müssen mit ansehen, wie sich die Königinnen der Welt, die Repräsentanten des Menschseins, in den Schlamm stürzen (lassen), um sich auf breitester Ebene zu prostituieren.

»Aber es bleibt uns doch nichts weiter übrig – die Welt ist so!«

Am Ort der Versammlung, da fragt die Königin von Saba König Salomo, um ihn zu prüfen: »Was hältst du für deine wichtigste Erkenntnis?« Und er könnte gesagt haben: »Das hingebende, wirkliche Vertrauen in die großen Zusammenhänge des schöpferischen Ursprungs. Das Wissen, das sekündliche Erleben, daß sich auch das Dasein hier aus einem tieferen Urquell speist.« Die Y-XZ-Frau hat diese Dimension verloren! Und eine Dimension, die nicht im Bewußtsein verankert ist, die kann sich ein Mensch auch beim bestem Willen nicht (mehr) vorstellen.

Am Ort der Versammlung ist *alles* Sein mit Pferden ein Dienen. *Auch der Mann hat diese Daseinsform hier erreicht. Die Frau kann, darf und soll mit Pferden sein, und sie wird es einer Königin gleich tun, dann, wenn sie den haarsträubenden Lockungen, den kindlich-dümmlichen, nichtswürdigen Vorstellungen der Prae-Männerwelt herzlich gerne und dankend entsagt!* Es heißt in einem Kommentar zum Buche der Wandlungen:

»Wer keine moralische Integrität besitzt, dem sollte es nicht gestattet sein, zu dienen. Auch wenn Menschen fortgesetzt darum bitten, sollte man sie zurückweisen. Setzt man solche Menschen ein, folgt Verfall, und nichts ist förderlich.«[1]

Nach allem ist nur zu deutlich geworden, daß die Nicht-mehr-Frau den *Weg* – auch den zusammen mit dem Pferd – nicht gehen darf. Der Mann findet schließlich, so er den Weg wirklich geht, auch zusammen mit dem Pferd und über viele Irrungen zum XZ. Ginge die Frau aber auch nur ein Stück dieses Weges, würde sie sich nur immer weiter davon entfernen! *Geht also »Frau« zum Pferd, dann muß von Anbeginn an ihre Urintegrität, ihr Urfrausein sie leiten!* Die Königin von Saba ist die erste biblisch-reale »Frau mit Pferd«. *Die Frau kommt in diesem Zustand auf die Welt! Nur so macht das Sein der Frau mit dem Pferd tiefen Sinn: Es gilt ausschließlich dem Bewahren! Es gilt dem Höchsten, dem Lebendigsten, dem von Anbeginn an Existenten – wenn sie doch nur darauf vertrauen würde!*

DIE WELT IM SPIEGEL VON FRAU UND PFERD

Die Welt im Spiegel der Frau: Damit haben wir unseren Weg, unsere Reise begonnen. Alles erschien so weit entfernt von jeder sinnerfüllenden Spur, daß schon das Losgehen zwecklos schien. Und doch deutete ich schon ganz zu Anfang ob all dieser Zusammenhänge und ob all dieser ja auch furchtbaren Realitäten an, daß selbst in diesen Trümmern ein tiefer Sinn verschüttet liegt. Ich habe versucht, diesen Weg etwas freizuräumen, den Weg zum Weg! Und wenn wir jetzt noch einmal aus einer inzwischen gänzlich anderen Perspektive den Blick auf die Welt und ihre Zusammenhänge richten, dann fügen sich seltsam organisch, so man diesen Begriff angesichts des Zustandes der Welt überhaupt verwenden darf, die Bruchstücke aneinander. Wir wollen das tun mit einem zügigen Schwenk, wollen noch einmal Bilder an uns vorbeiziehen lassen, um die jetzt erkennbaren Verbindungsstücke kurz auf uns wirken zu lassen. Es bedarf jetzt keiner großen Beschreibungen und Erklärungen mehr: Ein Wort, ein Hinweis genügt, und ein weiter, unbenannter Raum schwingt mit. Und so mündet eben doch alles, wie ganz zu Anfang versprochen, in jener frohen Botschaft, daß auch zwischen den unwürdigst erscheinenden Scherben dieser Welt der tiefe Ursprung noch immer ungebrochen hindurchschimmert! Womöglich ist es uns doch gelungen, die Kruste dort zu durchbrechen, wo sie am dünnsten war. Und die Verbindung vom eher Konkreten zum jetzt eher Allgemeinen sei die Schilderung einer Szene, die ebenso grundlegend wie leider auch extrem alltäglich ist.

Viele Menschen fragen und wundern sich, wie es möglich sein kann, daß sich Pferde in Minuten zu verändern, ja gänzlich zu verwandeln scheinen. Daß diese Verwandlung in wenigen, unscheinbaren Augenblicken geschieht, ist, wie ich versucht habe darzustellen, das tiefste und doch zugleich auch offensichtlichste Geheimnis. Wir fragten immer wieder nach einem Handeln, das in keiner Weise nach einem Nutzen fragt. Gibt es das also tatsächlich?

Da ist jenes kleine, zehnjährige Mädchen, das jede freie Minute zum benachbarten Pferdestall läuft, um sich immer wieder vor eine ganz bestimmte Box zu stellen. Dort steht *ihr* Liebling. Vorsichtig hält sie ihm die Hand hin, fühlt den Atem, spürt geradezu körperlich das Beben der Flanken, lebt mit und in ihm und läßt so Stunde um Stunde verstreichen. Sie versinkt in den tiefschwarzen Augen *ihres* Pferdes und versinkt in dem, was eben die anderen drum herum einfach *Zeit* nennen. Alles ist, wie es ist, und so wie es ist, ist es schlicht und einfach das Paradies. Dann kommt die erste Reitstunde. Natürlich wählt sie *dieses* Pferd, *ihren* Liebling, aus. Und natürlich bekommt sie Sattel, Trense und Peitsche. Und wenn der Reitlehrer (die Reitlehrerin) sie anbrüllt, sie solle die Peitsche doch auch endlich einmal benutzen, dann kommen Tränen. Doch dann schließlich, mit Widerwillen, mit großer Abscheu, folgt sie, tut sie, wie ihr lautstark befohlen wurde. Erst einmal, dann zweimal, dann zehnmal und hundertmal. Und dann wird es zur Gewohnheit. Und mit der Zeit will der »Bock« nicht, *jenes* Pferd aus *jener* Box, und dann kommt die Wut, der Zorn, und längst schon schlägt sie und schlägt sie auch *ohne* Anweisung des Reitlehrers. Und so wird sie zusammen mit all den drückenden und unterdrückenden Erfahrungen der Jahre eine erwachsene »Frau«. Und kommt sie irgendwann einmal in einer ruhigen Minute zu Bewußtsein, ja wie sehr würde sie sich wünschen, noch *einmal* so vor *ihrem* Pferd stehen, beben und fühlen zu können, wie in jenen, längst vergangenen, ersten Begegnungen! Denn irgendwann und irgendwo in den Jahren ihres Seins ist sie ihr vom Kopf gerutscht, die Krone ihres Königreiches! Und sie weiß nur, *daß ihr etwas fehlt!* Denn: Etwas Gewaltiges hat sich verändert – etwas Dickes, Hartes hat sich über ihre Seele gelegt, und so sehr sie sich auch bemüht, wie um alles in der Welt käme sie je da heraus? Dabei war es ihr gegeben, dieses Pferd aus dem Stall zu holen, mit ihm gemeinsam zu agieren, es zu führen, zu leiten, ohne einen Hauch dieses gewaltigen, ursprünglichen Erlebens dafür zu opfern! Jene zarte, warme, leise Melodie, die sie vernahm in der Gegenwart dieses Wesens, das ihr so ähnlich war, diese Melodie hätte *nie* zu verstummen brauchen! Aber sie schwingt ja noch immer! Und das jetzt vermag ich nicht mehr im Detail, als Mann, zu beurteilen, das kann ich nur den Quellen entnehmen. Denen zufolge jedenfalls kann sie auch bei jener Frau wieder hörbar gemacht werden. Jetzt ist das Vertrauen gefragt, auf die langsame, innere Schildkröte zu setzen anstatt auf die mechanischen Pferde eines verirrten und versprengten Teiles dieser Welt.

Das Buch der Wandlungen drückt das so aus: »Ernährst (dienst) du andere(n), hüte dich vor Unklarheit und Selbstzufriedenheit. Durchdringe ihr inneres Selbst gründlich, nähere dich ihnen mit ganzem Herzen und gib mit vollen Händen, getrieben von einem Verlangen, das so heftig ist wie das Verlangen eines Tigers. Sei eifrig und beständig, dann erschöpft sich das nicht, was du gibst, und es gibt keinen Makel.«[1]

Sie könnte erleben, wie ihr Pferd wächst und erblüht

im erkennenden Ganzsein von YXZ, ohne daß auch nur der Hauch eines Wollens und Drängens das Wesen des Pferdes beeinträchtigen, zerbrechen oder knicken würde. Wie eine Pflanze, die sie hingebend begießt und die sich schließlich baumgleich und mächtig aus dem Boden erhebt, könnte jenes Pferd aus jener Box mehr und mehr dem Wunder jener »Blase« entsprechen, das die Schöpfung an ihm zu vollbringen vermag. Kein schneidendes Schwert zerstörte und zerstückelte jene feine, unendlich wundersame Ordnung, die im Augenblick des Zeugens ihre volle Ausprägung fand. Einmal gereift, vermöchte es dieser Frau gleich ebenso gebend und hingebend sich auszutauschen, ihr jetzt bewahrender Schutz sein vor Stürmen des Lebens. Vorsichtig senkte es seine Vorderbeine, jenem märchenhaften Bild gleich aus Gullivers Reisen, um ihr zu bedeuten: »Jetzt, jetzt ist der Augenblick. All das Warten, das geduldige Schenken, das Nicht-mehr-Hoffen auf diesen Augenblick, das Vergessen all deiner Wünsche, der tiefe Respekt und die größte Furcht, mich ja niemals zu zwingen, zu pressen, ja mich nicht einmal zu bitten, alles das ließ mir die Freiheit, mich dir jetzt zu schenken. Die Erde unter mir, ich unter dir ist doch eines wie das andere. Uns erkennend und anerkennend, den bescheidensten und doch schönsten Schmuck der Natur verkörpernd, bewahren wir zugleich ihr größtes Geheimnis und bilden so eine der starken Säulen, auf der die Welt ruht.«

Königinnen unter sich! Das Diesseits verkörpernd, das Jenseits und die Grenze, das Wesen des sechsten Tages, mit dem darin verborgenen Geheimnis des Durchbrechens. Diese also, und wir konnten erkennen, daß es überall und immer wieder »aufgeschrieben« steht, diese sollen uns prüfen, uns Männer, so wir den Mut und die

Kraft hatten, welche zu werden. Ein Brief an mich vom 8. Juli dieses Jahres:

»Hallo Klaus,

… Fest steht aber jedenfalls, daß ich mich verändern möchte, daß ich mein Leben (anders) gestalten möchte, denn ich habe festgestellt, daß mir etwas fehlt: Mir fehlt der Kontakt mit Menschen, mit meiner Umwelt, der Welt allgemein, mit meinem Leben. Oft komme ich mir vor wie hinter einer Glasscheibe: abgekapselt, sauber bleibend, unberührt. Aber ich laufe dabei rum wie ein Tiger im Käfig und weiß nicht, wie ich's anstellen soll. Theorie hab ich genug gelesen; sozialkritische, therapeutische, philosophische Sachen – als Ersatz für tatsächliches Leben. Was steckt hinter dem großen Traum vieler junger Mädchen vom Reiten; doch wohl die Einheit mit dem Pferd, der Natur, dem Wind … Daß die Realität anders aussieht, hielt mich als Mädchen davon ab (der aggressive Unterricht, die Furcht vor so großen, unberechenbaren Pferden), als ich mit 25 Reiten angefangen hab, kam noch der Druck dazu, den die Übungsleiter einem machten in viel zu großen Gruppenreitstunden, und meine Aversion, meine eigene Unfähigkeit durch Einsatz der Gerte oder Treten der Fersen in den Bauch des Pferdes auszugleichen, damit womöglich das Ergebnis stimmt. …«

Nicht wenige Frauen glauben, in alten Kulturen, in alten Religionen eher maternale, weibliche Göttinnen zu finden. Auch diese irrige Annahme zu durchdringen ist uns jetzt ein leichtes geworden, eine von ungezählten. In Wirklichkeit berichten die Urquellen z. B. der Indianer, immer von einem *männlichen* Gott. Bei all der Hochachtung dem Weiblichen gegenüber, der Erde und der Frau, ist das bei den Urvölkern natürlich *nicht*, wie wir inzwischen wissen, Ausdruck der patriarchalen Gesinnung, sondern eben ganz einfach das Zeugnis der Teilung. Die Schöpfungskonzeption, das *geistige Urprinzip*, drückt sich ja, aus dem Jenseitigen kommend, als befruchtend, als *Quell-Mann* aus (XZ). Das Erscheinende als Quell-Frau (Y). Da das Ganze eine Einheit bildet, ist eben alles Erscheinende das Mütterliche oder die Quell-Frau (Y) und alles außerhalb/innerhalb des Erscheinenden das Väterlich-Befruchtende, das Prinzip des Quell-Mannes (XZ). *Darum* also ist in der Vorstellungsebene der *Vater-Gott* das alles (männlich) Befruchtende. In der Teilung drückt sich das jenseitig Befruchtende hier männlich aus. Alle Urquellen verbieten es darum *striktest*, sich Bilder zu machen, Abbilder jedwelcher Art. Das Göttliche, das Jenseitige darf niemals dem Offenbaren preisgegeben werden! Wir wissen jetzt, daß der »Quell-Mann« mit dem »realen Mann« oder »Prae-Mann«, ja nicht identisch ist. Aus dem schöpfenden, männlichen Urprinzip, aus diesem Gottvater einen *realen* Gottvater zu machen, heißt eben, alles das im Negativen zu tun, worauf dieses Buch hinweist. Es hieße eben, sich ein Bild von Gott zu machen und die Wurzeln abzutrennen. So also erklärt sich auf einfachste Weise auch dieses. Doch schauen Sie nur in die Büchereien der Welt. Wieviel Unsinn, von »Frauen« und »Männern« verzapft, Sie unter dem Deckmantel eines neuen liberalen »Feminismus« finden können. Und mit jeder Buchseite verwechseln sie mehr Jenseitiges mit Diesseitigem, Quell-Frau mit realer Nicht-mehr-Frau oder gar mit der wahren Frau.

Nun, es soll wohl so sein. Und daß viele zu alledem auch noch tief in das Werten verfallen und in den Kampf um das »höhere Sein« und damit alle urordnenden Schöpfungsprinzipien eben auch im ersten Ansatz schon negieren, ihnen den letzten Stoß versetzen und dazu aufrufen, diese Welt zu verbessern, das läßt mich nicht selten tief durchatmen – kopfschüttelnd, aber dennoch vertrauend.

Bezogen auf die Geschichte der Menschheit ist das alles ja noch sehr jung: Das Phänomen von Frau und Pferd währt ja noch nicht einmal einen Augenblick. Die Entwicklung der letzten 2000 Jahre ist ob ihrer Folgen sicher gravierend, aber gemessen an dem Dasein der Menschen war sie wie ein kurzer Atemzug. Mit ungeahnten Folgen: Das irrende Suchen eines entfesselten, blökenden Kalbes! Was es zertreten hat, wird spätestens jetzt offenbar und jedem Einzelnen zum sichtbaren Zeichen, und zugleich, wenn er es will, zum Keim für das Neue, für einen neuen Weg.

Die Prae-Männer von heute durchreisen elektronisch und mechanisch diese Welt, aber eine Konfrontation mit ihr fürchten sie so sehr wie sie eine wahre Frau fürchten. Ebenso wie die wahre Konfrontation mit einem Pferd! Denn das eine ist ja wie das andere. Und eine wirkliche, tiefe Konfrontation und Auseinandersetzung mit dem einen wie mit dem anderen bedeutet ja dem Prae-Mann immer eine Ahnung des gefürchteten, ersten Todes, der dem eigentlichen Leben, dem Sein der »Frau« vorausgeht. An diesen Stellen des Lebens findet sich der Apfel, riesengroß und zuckersüß; die Schlange, sie hat leichtes Spiel. Der Scheideweg, wir erinnern uns: *Die Straße ins Unglück ist breit!*

Zu lachen, wenn alle lachen, zu feiern, wenn alle feiern, heißt Ruhe bewahren ohne den Sturm. Wenn alle weinen, vor Angst zittern und wenn der Sturm tost, dann beruft sich der Bewährte auf sein tiefes Vertrauen. Auch und gerade dann findet er in sich die tiefe, ruhige Freude der Entschlossenheit, er sieht das Abenteuer, den Weg, und er trachtet, sich zu erproben. Immer sicherer wird sein Wandern zwischen den Welten, immer entschiedener sammelt er die Augenblicke aus der sechsten und siebten Welt, um sie in dem Dasein der Acht, im Ort der Versammlung, miteinander als »ein Volk« zu einen. In allem noch erkennt er, erahnt er und vertraut er auf den Sinn des Ganzen. Sein Wesen, sein Herz, sein Gemüt, sein Geist und also auch sein Handeln bleiben weich, beweglich, passen sich an im Austausch, in der Kommunikation mit dem »Innen des Äußeren«. Das Leben stellt jetzt auf die Probe, was es im Spiel zu erlernen, zu erkennen galt, um es wirklich zu festigen.

Darum birgt jedes Leben die Erschütterungen, die gewaltigen Beben. Wahre ich gerade jetzt die innere Größe, oder erliege ich schon bei der kleinsten »Gefahr« der Versuchung, mich im Außen, in der Welt des blockierten sechsten Tages zu verdingen, zu verkaufen, mein Inneres zu Markte zu tragen – zu veräußern, um eines scheinbaren oder eines tatsächlichen Zwanges wegen meine Seele aufs neue zu erschlagen? Ausgeglichen zu handeln und überlegen zu sein in Friedenszeiten ist nicht das Verdienst des Bewährten – aber so zu handeln in Zeiten der Not, der Entbehrung, dann Glaube, Vertrauen, Freude, innere Kraft und Gelassenheit aufzubringen, das ist der Weg zum Weg!

Das lehren uns die Pferde! Dem Ypsilon und dem Prae-Mann setzen sie ständig Grenzen, wie die Frau, wie die Erde ihm Grenzen setzt. Die Pferde lassen uns vor Mauern laufen, um immer wieder auf die Macht der Ohnmacht, auf die Größe in der Niedrigkeit zu pochen, hinzuführen zu dem Segen der Demut, in die Freude eines jeden Momentes, die in der Überwindung der Zeit, in dem Durchschreiten des Meeres erlebt werden kann und soll.

Wo anders denn ist innere Größe, Kraft, Hingabe und Vertrauen wirklich zu leben, wirklich zu erfahren, wirklich zu erproben als vor den Hemmnissen und Hindernissen des Lebens? Dem jungen Massai bleibt nahezu schutzlos der Urwald, in den hinein er verbannt wird und aus dem er erst dann in sein Dorf zurückkehren darf, wenn er als Trophäe den Schwanz eines Löwen präsentieren kann. Unter der äußeren Macht, die gewaltig, ja vernichtend sein kann, wird er *dann* zerbrechen, wenn er ihr äußerlich begegnet, sei es im äußerlichen Kampf oder in der äußerlichen Anpassung. Aber genau darum ist sie existent, genau das ist ihr Sinn! Und so ist jedes Hemmnis, jedes Hindernis, das mir als Mann ein Pferd entgegenstellt, ein Geschenk Gottes, ein Geschenk, das ich mit großer Freude und großer Dankbarkeit entgegennehmen darf! Ist es doch ein Hemmnis, das außerhalb meines Schicksalsweges mir zur Erprobung geschenkt wurde! Hieran kann ich üben, lernen, mich erkennen, mich erfahren, außerhalb jener Lebenswogen, die dann in der Tat schicksalhafte Konsequenzen haben können. Das Folgende wird in der Welt des sechsten Tages, in der Prae-Männerwelt niemals zu verstehen sein: *Die Hemmnisse der Pferde ist ihr Sinn! Die Widerstände der Pferde ist ihr Wesen!* Ihr Drängen, ihre Ungeduld, ihre Urgewalt, ihre Triebhaftigkeit, ihr Freiheitsdrang, alles das ist gerichtet zu allen Zeiten *gegen meine Äußerlichkeit, gegen mein Fett, gegen Trägheit, Erschlaffung, Unglaube, Starrheit, Härte, Arroganz, Unbeweglichkeit, gegen die Verstockung meines Herzens, gegen Größenwahn und Überhebung, gegen das Übergewicht der »Quell-Frau« in mir, gegen die Macht des Ypsilons!* Es scheint gerichtet zu sein gegen mich – genauso wie die Hemmnisse des Lebens. In Wahrheit aber ist es gerichtet gegen das, was *in mir* und *durch mich* den Tod bringt. Jenen Tod, von dem ich wähne, daß er das Leben ist. Es ist gerichtet gegen diesen Teil in mir, um das andere zu bewahren, zu stärken, zu erhöhen, um das hinauszuzerren ins Licht der Welt, was wirklich Leben ist. Das gilt es zu erfahren, eine solche Grundlage des Seins, in den langen Jahren des Lebens. Auf ruhiger See kann jeder täuschen, sich mit Heldentaten schmücken in »unbefleckter Prae-Mann-Montur«. Danken wir Gott für jedes kleine und große Hemmnis, das er uns schenkt, damit wir uns erkennen, um nicht auf ruhiger See zu schwadronieren, sondern wortlos dem Sturm zu widerstehen.

Das erste Anliegen von »Akedah«, von *meinem* Weg mit dem Pferd, ist es nicht, diese Hemmnisse zu beseitigen! Und das ist der gewaltige Unterschied zu allen anderen mir bekannten Formen im Umgang mit Pferden. Ganz im Gegenteil! Die Hemmnisse werden in ihrer größten Berechtigung gewürdigt als nicht zufällige, auf den jeweiligen Menschen bezogene Bedingtheit, ja Notwendigkeit! Die Hemmnisse des Pferdes werden zuerst lediglich erkannt, um sich dann zuvorderst und entschieden den *Reaktionen des Menschen* auf diese Hemmnisse zuzuwenden. Diese Reaktionen gilt es als Wesentliches wahrzunehmen. *Der Brennpunkt ist nicht das Pferd, sondern der Mensch! In dem Wahrnehmen seiner Reaktionen liegt die größte Chance, die größtmögliche Hilfe und das größte Geschenk!*

Mit den Veränderungen des Menschen im Spiegel des ihm durch das Pferd entgegengebrachten Hemmnisses verändern sich gleichzeitig und unmittelbar auch dessen Hemmnisse!

Der Hebel setzt also *immer* da an, wo ein jeder Mensch wirklich ansetzen kann: *Bei sich selbst!* Jeweils tief im Wesen des Mannes oder im Wesen der Frau. Die Geheimnisse um die Urrätsel der Welt und das Wissen um die Urquellen, quasi wie in einem »großen gepackten Rucksack« immer gegenwärtig, sind dabei lebenswichtig! Denn *ohne* diese Begleitung, diese *verwurzelte Führung,* gerät jedes Eintauchen in uns selbst zu einem chaotischen, gefährlichen Labyrinth. Gestützt auf die Urquellen aber, erlangt ein Mensch nach und nach Bewußtsein darüber, daß kein einziges Hemmnis seines Lebens etwas Absolutes ist, sondern in »maßgeschneiderter« Beziehung steht zu demjenigen, dem es widerfährt, und daß seine Überwindung zusammenhängt mit seinem inneren Empfinden, seinem momentanen Sein und den daraus folgenden Handlungen.

In den Jahren meines Wirkens mit Pferden lag hierin das *größte* Mißverständnis seitens der großen Masse der Reiter. Denn die Anweisungen für jedes Handeln meinerseits bezogen sich *nie* auf das Hemmnis selbst – wie es sonst praktisch immer und ausnahmslos geschieht –, sondern auf die Reaktionen der Menschen! Darum gebe ich *nie* ein »Lösungsrezept« für ein womöglich unbequemes Verhalten eines Pferdes, sosehr man mich auch dafür öffentlich schilt. Jetzt ist es ersichtlich: Es kann ja immer nur ein vielfältiges »Erkenntnisbouquet« geben, das so und nicht anders in dieser absoluten Einmaligkeit existiert, eben bezogen auf *dieses Individuum Mensch!* Nur um *dies* zu dokumentieren, habe ich mich ungezählte Male auch mit »problematischsten« Pferden so vieler Menschen konfrontiert – um zu zeigen, daß sich das Verhalten der Pferde blitzartig ändert, wenn der Brennpunkt nicht im Pferd sondern ausschließlich im Menschen gesucht wird. *Dieser »Weg« bildet immer einen Rahmen für den Menschen, niemals ein System für die Benutzung eines Pferdes!*

So wird schließlich auch der erkennende Mann zu einem Rahmen für das Pferd (den die Frau, so sie sich bewahren konnte, schon verkörpert), so daß sich mehr und mehr in den gemeinsamen Begegnungen die Hemmnisse (des Pferdes) aufzulösen vermögen, einfach deshalb, weil auch der Mann sie jetzt nicht mehr braucht! Sie alle begegnen sich am salomonischen Ort der Versammlung.

Auch eine Frau muß sich vor den Stürmen und Unbilden der Erde schützen, wenn sie sie auch nicht, wie der Prae-Mann, geradezu herauszufordern hat. Will also eine Frau (YXZ) mit einem Pferd sein, so genügt es für sie zu »wissen«, wie sie sich vor den Übergriffen dieses ihr so gleichen »Erdwesens« in verstehender, hingebender Form zu schützen vermag. Alles andere ist ja ohnehin das Ihre. Hier mag man sich über das eine oder andere austauschen – am Ort der Versammlung! Aber dann mag eben geschehen, was geschehen soll. Die Ordnung der Schöpfungskonzeption kann durchbrechen, sich manifestieren.

Das Benutzen der Welt und des Lebens und eben aller Größen, die ein Prae-Mann in ihr findet, ist für ihn das Organischste und Natürlichste der Welt. Vor allem da er von seinem Umfeld in jeder Hinsicht bestätigt, unterstützt und in diesem Handeln und Denken gefördert wird. Das Belohnungssystem »dieser Welt« richtet sich ja eben nicht an innere Werte – *wie* jemand zu Macht und Reichtum gelangte, ist relativ egal. Macht und Reichtum als solches zeichnet bereits aus, adelt. Für den Prae-Mann (Y(XZ)) existiert die tiefe Wurzel der Frau nicht. Sein Ypsilonbewußtsein richtet sich direkt und ausschließlich an das Äußere, das Objekthafte der Frau. Ihre innere Welt ist ihm nahezu vollkommen unverständlich. Obwohl beide ähnliche Worte benutzen, sind ihre Inhalte jedoch oft so verschieden, als kämen sie aus unterschiedlichen Universen. Durch die gewaltige gesellschaftlich normierte Übermacht der Ypsilon-Welt findet der Prae-Mann bei sich alle (Vor-)Rechte der Welt. Und die einzelne Frau zweifelt angesichts der Übermacht des anderen nicht selten an ihrem Verstand. Jedenfalls sieht sie sich genötigt, die Tiefe ihre Wesens, ihre Wurzel immer mehr zu verleugnen – und dabei eben, wie wir haben erkennen können, immer tiefer ins Messer hineinzulaufen. Ein Teufelskreis – ohne Frage. Denn so wird die Frau tatsächlich immer mehr zum Objekt, zum verschiebbaren Versatzstück, zur käuflichen und verkäuflichen Ware. Durch die Legitimation des Äußeren der Worte wird die Y-XZ-Frau für den Prae-Mann nicht nur Objekt, sondern auch noch ein legitim zu unterdrückendes. Und da die Y-XZ-Frau inzwischen selbst die Regeln der Prae-Männerwelt gelernt und akzeptiert hat, toleriert sie eben auch mehr oder weniger dieses Hierarchiegefälle. Den Schmerz und die Qualen, welche die Frauen im Laufe dieser Identifikationsnegierung, im Laufe dieses »Sterbens wider besseren Fühlens« durchleiden, kann ein Prae-Mann nicht im allermindesten nachvollziehen. Und jetzt ja auch spielt sie längst dieses Spiel der oberflächlichen Eitelkeiten mit. Der Ball der Vampire ist eröffnet, das große Jagen ist in vollem Gange. *Können wir jetzt nachvollziehen, was jener so lapidare Satz des Mongolen vom Schutz der Frauen und vom Schutz der Pferde alles beinhaltet?* Unausgesprochen liegt alles das hier Dargestellte in ihm tief verborgen. In diesem einen Satz. Darum gilt der Schutz von »Frau und Pferd« in den Hochkulturen als Synonym für den Respekt vor der Gewaltigkeit der Schöpfung und ihrer ganzen Schöpfungskonzeption schlechthin. Die Extreme jedoch bleiben die Extreme, Mann *wird* Mann und Frau *bleibt* Frau, um sich dann in den Extremen zu begegnen. Und zum

Schluß treffen sie sich, Mann und Frau und Pferd und Erde. Was für eine Reise, was für ein Suchen, was für ein Bewahren. Und sie sind dann *eins* auf den »langen Zügen über die weite Ebene«. Da ziehen sie dahin, *unterschiedlich* und doch zutiefst *gleich*, *anders* und doch zutiefst *verbunden*, lebend und doch den Tod nicht fürchtend. Und so schützt der Himmel die Erde, wird aus dem Dunst die Wolke, aus der Wolke der Regen, aus dem Regen und der Erde und der Sonne die Frucht. Das Unmögliche geschieht, das ganz und gar Unfaßbare, das Glück, das nur das Leben, welches Trennung ist, schenken kann, damit sich verbindet, was sich nach menschlichen Gesetzen niemals wirklich verbinden könnte. Und doch wartet alles nur darauf, lebt alles doch nur darum, hofft alles doch nur aus diesem Grunde und schenken uns die Urquellen die Worte, die doch immer nur sagen: Es ist keine Utopie! In jedem Leben steckt der Keim für das Größte, für wirkliche Begegnung, das Potential zum Einswerden.

Wären beide Komponenten ineinander in einem Wesen vereint – wie langweilig. Das ist schließlich diese Welt, voller Drama und Wahnsinn, damit sie sich doch zum Schluß finden, immer wieder. Adam und Eva, Kain und Abel, Jakob und Esau, Salomo und die Königin von Saba, Himmel und Erde, Gut und Böse, Mann und Frau – das ist der Liebesreigen dieser Welt. Und der braucht das Getrenntsein im Hier und Jetzt, damit es sich nach langem Suchen, nach sehnendem Wünschen und Hoffen treffen kann. Im ersten zarten Berühren, im ersten Kontakt, in der ersten rauschenden Liebesnacht, im Wahn, in der Illusion..., um sich dem ganz zu verschreiben, den Kopf zu verlieren, glücklich unglücklich zu sein – dann das Mißtrauen – bleibt das Erscheinende, die Quell-Frau, die Erde dem Verborgenen, dem Quell-Mann, dem

Himmel treu? Dann das immer neue Entdecken, das neue Begegnen, die Versöhnung bis zum nächsten Sturm. Das ist das Leben, das Suchen und das Finden, das sich immer wieder Verlieben in die Schönheit dieser Welt, in die Schönheit alles »Weiblichen« – das ist Leben und davon berichten die Quellen! In diesen schillernden Farben sprühen sie, leuchten sie uns überall entgegen. Da ist nichts Verstaubtes, lang Geschehenes, da ist das Berauschendste jenseits des Rausches, Weisungen für ein Leben in innerer Freude, und zwar heute!

Die Grundlage eines solchen Miteinanderseins ist der »Schutz der Frau«, der Schutz der Erde, der Schutz des Erscheinenden, damit kein Mißbrauch, kein Benutzen, kein Ausbeuten, keine »Unzucht«, auch nicht im allerweitesten Sinne, geschieht. Es ist der Schutz des Urduldenden, Urwissenden, Urversöhnenden. Dazu braucht es die hemmenden Kräfte eines bewahrenden und initiierten (erkennenden) Seins. Frau wie Mann also sind in ihren Unterschieden gleichermaßen gefragt, tragen gleichermaßen verantwortlich Teile des Ganzen. Gemeinsam sind sie dann die Hüter der Quellen, all der Geheimnisse um die Urrätsel der Welt, von denen wir nur eine erste vage Spur haben nachzeichnen können.

»Was durch Schuld von Menschen verdorben ist, kann durch Arbeit von Menschen wiedergutgemacht werden«,[2] heißt es im Buch der Wandlungen. Die Gefahr für das Dasein eines einzelnen ist mächtig, oft übermächtig. Nur ganz langsam füllt das Wasser die tiefen Schluchten, um dann weiterzufließen. Jedes Überstürzen, jedes hastige Voranstürmen kann unnötige Bedrohungen heraufbeschwören.

»... es droht noch Gefahr, deren man bewußt bleiben muß, um sich nicht die Festigkeit rauben zu lassen. So muß man einerseits sich üben in dem, was voranführt, andererseits in dem, was gegen unvermuteten Angriff schützt. Dann ist es gut, ein Ziel zu haben, dem man zustrebt.«[3]

Was ist gemeint, wenn in den Quellen von Ehebruch die Rede ist? Daß zwei Menschen ihr Leben lang zusammengekettet sind, komme, was da wolle? Nein, es ist das Brechen der »Ehe der zwei Welten« gemeint, der Ypsilon- und der XZ-Welt. Diese »Ehe« soll niemand an keiner Stelle brechen, diese Einheit darf nie getrennt werden. Es ist das ewige Werben des Mannes (Y+XZ) um die Frau. Das Werben des Ritters und der wahren Frau um die freudige Impulsion des Pferdes. So steht also das Empfangende dem Schöpfenden als ordnende Grundstruktur gegenüber.

Die Welt im Spiegel von Frau und Pferd. Wir sind an den Anfang zurückgekehrt. Jene Melodie des Lebens, so sagten wir dort, habe sich vielerorts in einen kreischenden Schrei verwandelt. In der Wahrnehmung weniger aber wird der Schrei des hörbar Unhörbaren zur unerträglichen Realität. In ihnen, durch sie und mit ihnen bricht immer wieder etwas in diese Welt hinein, das sich dieser Realität wundersam an die Seite stellt und das sich als die Freiheit des Menschen entpuppt. So wird des Menschen größtes Geschenk ihm zur grenzenlosen Quelle seines Lebens.

Immer mehr Klänge werden wahrnehmbar für die inneren Ohren des Hörenden. Auch in dem Überschreiten jeder Grenze menschlicher Irrungen, hinter den Schreien der Gequälten und hinter den ohnmächtig starrenden Augen der Stummen schwingt dennoch das Unhörbare, das Zarte, das Verschüttete – ist es auch in ihnen gegenwärtig, in dem unbarmherzigen Sein der Unterdrückenden. Die Quellen verlangen oder sie erbitten, erhoffen vom Mann, er möge das Äußere zugunsten des Inneren zurückdrängen. Er möge sein Inneres freilegen, sich jenem Sein jenseits der Grenze von Zeit und Raum, jenseits der 6, jenseits der Diffusionsgrenze zuwenden. Das Äußere gilt es »abzulegen«, ja »abzuschneiden«. In dem rituellen Akt des Beschneidens, des Äußeren des Männlichen, des Äußeren des männlichen Gliedes findet dieses auf der ganzen Welt in den Urgemeinschaften seinen Ausdruck. Und so zwingt mich die Konsequenz dieser Betrachtung, den Schluß des Buches einer der schrecklichsten Repressalien weiblichen Daseins zu widmen, das Pervertieren des Außen der Worte in seiner unerträglichsten Form. Wer vermag sich vorzustellen, was es heißt, im Kindesalter mit einer Glasscherbe, einem Stein, dem Deckel einer Blechbüchse oder einem Messer, ohne jede Betäubung, in einer Prozedur, die an Grausamkeit kaum etwas anderes vorstellbar macht, den Großteil der Vagina entfernt zu bekommen? In selteneren Fällen werden nur Teile der Klitoris auf diese Weise entfernt – in aller Regel aber werden gleich ganze Fetzen der Schamlippen zusammen mit der ganzen Klitoris herausgerissen, herausgeschabt unter den Schreien der Gepeinigten, so sie nicht ohnehin den Großteil der bis zu einer Stunde dauernden Marter in der Ohnmacht verbringen. Nicht nur, daß der Frau der Genuss an der Sexualität *nicht* gestattet ist, nicht nur, daß dem »Versuch der Lüsternheit« ein für allemal ein Ende gesetzt ist, zu alledem wird die Tortur lebenslang verlängert, indem der Frau die Vagina zugenäht wird – oftmals bis zu einer Miniöffnung, durch die nicht einmal das Blut abfließen kann zu der Zeit der Menstruation. Ein Großteil der so Gemarterten – *täglich sind es in der Welt mehrere Tausend(!)*, mit denen so aufs neue verfahren wird, sterben an den Folgen dieser »Beschneidung«. In der Hochzeitsnacht dann dringt der Mann in die Frau gewaltsam ein, um sich in einem Bad aus Blut eine »Bahn zu öffnen«, die eben genau seiner Penisgröße entspricht. Eine Frau »maßgeschneidert«. Das Grauen, das Mißachten, das Benutzen, das Pervertieren, das Suhlen im sich legitimierenden Wahn zeigt sich in der unmenschlichsten, in der teuflischsten Fratze. Ein solcher Penetrierungs- und Öffnungsvorgang dauert Tage, Wochen oder Monate. Hier also beruft man sich nicht mehr nur auf das Äußere der Worte, hier wird das Äußere noch im Äußersten pervertiert. Dieses furchtbare Geschehen, man mache sich das klar, ist *Normalität in weitesten Teilen dieser Welt!* Dieser Welt im Spiegel von Frau und Pferd! Und wenn ich hier nicht davon lassen wollte, es so zu beschreiben, dann, weil wir immer wieder an den Anfang zurückkommen, zurückkommen müssen, zurück zu den brennenden, leidenden Frauen dieser Welt. Immer wieder schwingen sie mit, Realitäten, wie sie aus den eingangs erwähnten Zitaten sprechen. Bei uns ist Nietzsche ein tragischer Meilenstein dieses Bekennens. Jetzt können wir auch sein Leiden eingrenzen. Der junge Nietzsche fand eben so seinen Weg, wie auch seine Mutter ihn zuvor fand. Ihm zwanghaft ergeben und ihn gleichzeitig zwanghaft unterdrückend, reichte sie die Peitsche an ihn weiter, die in *ihr* zuvor alles das zerschlagen hatte, was mit Nietzsches Worten nach ihm um so besser, um so legitimierter zerschlagen werden konnte. Die zur Verstümmelung gequälte Liebe einer Mutter, einer verzweifelten, sich selbst nicht mehr wahrnehmenden »Nicht-mehr-Frau« zertrennte schon in dem Knaben, was eigentlich auf nichts anderes wartete als auf die Verbindung. In Gedanken und in vielen Briefen umschlingen sie sich mit jenen Armen, die das Schicksal beider im wahren Leben wie zwanghaft lähmte.

»Sie glaubt, in einem Akt der Selbstverleugnung ihre Mutterliebe vor dem Sohn verbergen und unterdrücken zu müssen, damit das große Erziehungsziel nicht durch Weichheit und Nachgiebigkeit gefährdet wird. Ein folgenreiches Paradox: Der Sohn erfährt die ganz durch und für ihn lebende Mutter als (väterliche) Straf- und Kontrollinstanz gegen sich, fordernd, richtend, all sein Bedürfnis nach Gefühls- und Körpernähe strikt abweisend.«[4]

Im ersten Keim schon ist das Drama angelegt, führt der Weg, wie es scheint, unentrinnbar in eine Richtung. Tiefste Verzweiflung und Wahn treffen jenes Paar, das auf einer Grenze wandelte, die den Abgrund markiert, aber in Wahrheit doch nichts anderes war als ein Extrem der Normalität. So kommen wir also unvermeidlich zu den Grenzen zurück, mit denen eben immer wieder alles beginnt und an denen immer alles endet. Dort macht die Frage nach Schuld oder Unschuld, nach Opfer oder Täter, nach Ursache oder Wirkung, womöglich nur noch wenig Sinn, ertrinkt doch ohnehin nur das eine wie das andere in menschlichem Leid.

So sind es eben zum Schluß doch nicht die Grenzen, die bestimmend sind, sondern die Richtungen, die auf sie deuten. Weil, wie wir jetzt wissen, unter der absurden Wertung dieser Welt eine Ordnung verborgen liegt, zählt eben nicht so sehr das Maß, die Quantität, sondern die Richtung, die Qualität des Seins. *Und die definiert sich immer mit dem ersten, mit dem nächsten Schritt.* In jedem Augenblick, wenn Sie z. B. dieses Buch gleich aus der Hand legen und sich von Ihrem Platz erheben, jenes Glück, das Sie *dann* verspüren, markiert Richtung und Qualität dessen, was kommt. Mit dem *nächsten Atemzug* formt sich *Ihre* Zukunft, *Ihr* Sein. Das Glück, glauben viele, läge irgendwo – wenn überhaupt – *in der Zeit*, die noch kommt. Und das Glück, das sie nicht ergriffen, als sie es besaßen, formt schließlich jenes Loch, jenen Abgrund, in dem der Tod der Freiheit endlich ein Ende setzen möge.

Frau und Pferd markiert ja beides. Das eine wie das andere. Nur die Zeit konnte etwas zum Bersten bringen, das in den Jahrhunderten erstarrte. Daher spreche ich auch von jenen wissenden, ahnenden, fühlenden Frauen, die sich einem Phänomen hingeben, das bislang noch zu jung war, als daß man es erkennen, begreifen und beschreiben konnte. Sie sind die ersten, sie sind die, die dem Augenaufschlag folgten, der diese Zeit aus einem alptraumhaften Schlaf, noch immer müde und wenig bewußt, aber dennoch zu erwecken vermag. Denn auch in ihnen schließt sich der Kreis. Zu Anfang sprach ich von jener Kluft, von jener Grenze, die Pferdefrauen untereinander trennt. Im Dasein dieser zwei Extreme können sich die Unterschiede nicht deutlicher offenbaren. Doch, wie gesagt, die Gerade gibt es nicht. Und wenn zwei Extreme ihre äußerste Ausdehnung erfahren haben, treffen sie sich dann nicht wieder an eben jenem Punkt, an dem sich der Kreis schließt? Ein Fingerschnips ja reicht aus, und sie »ist auf der anderen Seite«.

Frau und Pferd ist neu, Frau und Pferd ist jung. Frau und Pferd ist noch unbeachtet und doch ist Frau und Pferd eines der stärksten Signale der Veränderung. Die einen haben sie ja bereits vollzogen oder sind mit Macht auf dem Weg dorthin, und die anderen, die von all dem Alten, Irrenden mit Macht künden, sie eben sind ja jenes Extrem, das am Ende einer Jahrtausende währenden Entwicklung steht. Ihrer *Befreiung* bedarf es ja nur noch eines Augenaufschlages.

Das neue Jahrtausend bricht an unter dem Zeichen

von Frau und Pferd! Es ist das Zeichen vollkommener Befreiung und der größten Versklavung zugleich, die ihren Wandlungspunkt, ihren Zenit ereicht hat.

Nach drei Tagen größter nächtlicher Dunkelheit funkelt der erste schmale Mondstreif leuchtend am Himmel. Dunkelheit und Licht stehen noch ganz dicht nebeneinander, und doch siegt das letztere. Frau und Pferd: Auch hier stehen Dunkelheit und Licht scharf getrennt nebeneinander, und doch weiß der nächtliche Wanderer, wo er ihn finden wird, den Mond. Denn ist das erste Licht auch noch so schwach: *Es ist!*

Die Wochen des Schreibens an diesem Buch, sie sind doch nichts weiter als eine Reaktion, eine Orientierung hin auf das, was deutlich erkennbar zu leuchten beginnt. Wie jeder Mensch seinen Weg zu gehen hat, so geht ihn die Menschheit auch. Sie atmete aus, entfernte sich von ihrem Kern, um jetzt mit um so größerer Freude die Lungen neu zu füllen. Die Erde wurde gequält, sie schreit nach ihrem Recht. Die Pferde wurden gequält, sie schreien nach ihrem Recht. Die Frauen wurden gequält, sie schreien nach ihrem Recht. Und sie alle tun es, bezogen auf die anderen, die Unterdrückenden, beschämend leise. Und natürlich finden sie sich an diesem Wendepunkt zusammen. Die Königin von Saba, sie schlief einen seltsamen Schlaf über mehr als 2000 Jahre hinweg. Mehr als 2000 Jahre schlummerte in ihr das Geheimnis, das sich zu dieser Zeit mit den Frauen und den Pferden zusammen neu zu offenbaren vermag. Ich wünschte mir, daß vor allem auch in ihnen, den Frauen, Unbewußtes bewußt wird. Daß ihnen bewußt wird, daß sie jenes Wesen riefen, das wie kein anderes Weg und Ziel, Mann und Frau, ja das Dasein und die Freiheit des Menschen verkörpert, ebenso wie sein darin begründetes Scheitern. Und ich wünschte mir, daß ihnen bewußt wird, daß sie ja eben schon alle am Ziel *sind* und uns Männern Vorbild sein könnten, sein können, sein sollen für das Durchstehen eines langen Weges.

Das alles ist für mich Frau und Pferd.

VERZEICHNIS DER ZITIERTEN LITERATUR

Beauvoir, Simone de: *Memoiren einer Tochter aus gutem Hause.* Reinbek bei Hamburg 1968 (Originalausgabe: *Mémoires d'une jeune fille rangée.* Paris 1958)

Bejick, Urte: *Die Katharerinnen. Häresieverdächtige Frauen im mittelalterlichen Südfrankreich.* Freiburg/Breisgau 1993

Brumlik, Micha: *Die Gnostiker. Der Traum von der Selbsterlösung des Menschen.* Frankfurt/Main 1992

Diem, Carl: *Asiatische Reiterspiele.* Berlin 1942

Eibl-Eibesfeldt, Irenäus: *Sein Schlüssel zur Verhaltensforschung,* hrsg. von Schiefenhövel, Wulf/Uher, Johanna/Krell, Renate. München 1993

Eliade, Mircea: *Geschichte der religiösen Ideen,* Bde. 1 u. 2. Freiburg/Breisgau 1994² (Originalausgabe, *Histoire des croyances et des idées religieuses.* Paris 1976,1992)

Gimbutas, Marija: *Die Sprache der Göttin. Das verschüttete Symbolsystem der westlichen Zivilisation.* Frankfurt/Main 1995 (Originalausgabe, *The Language of the Goddess. Unearthing the Hidden Symbols of Western Civilization,* o. O. 1989)

Goch, Klaus: *Friedrich Nietzsche über die Frauen.* Frankfurt/Main, Leipzig 1992

Die Heilige Schrift des Alten und Neuen Testamentes. Hrsg. u. kommentiert von Hamp, Vinzenz/Stenzel, Meinrad/Kürzinger, Josef. Augsburg: Weltbild 1991

Heinrich, Nathalie: *Das »zarte« Geschlecht. Frauenbilder in der abendländischen Literatur.* Düsseldorf, Zürich 1997 (Originalausgabe, *États de femme. L'identité féminine dans la fiction occidentale,* Paris 1996)

Hempfling, Klaus Ferdinand: *Die Botschaft der Pferde.* Stuttgart 1995

I Ging
– Übersetzung von Wilhelm, Richard. München: Diederichs 1996[21]
– Übersetzung aus dem Englischen: Wetzel, Sylvia. München: Theseus 1991
(Originalausgabe: *Yi Jing,* Übersetzung von Gia Fu Feng, Sue Bailey und Bink Kun Young. Mullumbimby 1986)
– Kommentiert von Moog, Hanna. München: Knaur 1994

Kraft, Helga/Liebs, Elke (Hrsg.): *Mütter – Töchter – Frauen. Weiblichkeitsbilder in der Literatur.* Stuttgart, Weimar 1993

Lao Tse, *Tao-te-king.* Übersetzung und Kommentar: von Strauß, Victor. Zürich: Manesse 1992[9]

Lawlor, Robert: *Am Anfang war der Traum. Die Kulturgeschichte der Aborigines.* München 1993 (Originalausgabe: *Voices of the First Day.* Rochester, Vermont 1991)

Meister Eckehart: *Deutsche Predigten und Traktate.* Hrsg. und übersetzt von Quint, Josef. Zürich 1979.

Nigg, Walter: *Das Buch der Ketzer.* 1949, Zürich, Stuttgart 1970

Reuter, Hans-Heinrich: *Johann Wolfgang von Goethe.* Leipzig 1990

Schirg, Berthold: *Die Reitkunst im Spiegel ihrer Meister,* Band 1. Hildesheim u. a. 1987

Schroeder, Hans-Werner: *Der Mensch und das Böse. Ursprung, Wesen und Sinn der Widersachermächte.* Stuttgart 1990^2

Shaw, Bernard: *Die heilige Johanna.* Frankfurt/Main 1990 (Originalausgabe: *Saint Joan.* London 1924)

Sommer, Volker: *Feste, Mythen, Rituale. Warum die Völker feiern.* Hamburg 1992

Das II. Vatikanische Konzil »Über die göttliche Offenbarung«. In: Hamp, Stenzel, Kürzinger (Hrsg.), a.a.O.

Walker, Benjamin: *Gnosis. Vom Wissen göttlicher Geheimnisse.* München 1995 (Originalausgabe, *Gnosticism. Its History and Influence.* Wellingborough 1983)

QUELLENNACHWEIS

Prolog – Vorspann
1 Rudolf Georg Binding: *Gesammelte Werke*. Hamburg 1954. Zit. nach Schirg, S. 47

Prolog – Teil 2: Das Ziel verfehlt?
1 Henryk M. Broder, zit. nach: Der Spiegel, 9/1998, S. 134

Prolog – Teil 3: Ein gewaltiger Schritt
1 Johann Wolfgang Goethe, zit. nach: Reuter, vgl. S. 60
2 Johann Wolfgang Goethe, zit. nach: Reuter, S. 46
3 de Beauvoir, S. 330
4 Honoré de Balzac, *Memoiren zweier Jungvermählter*, 1842, Zit. nach: Heinrich, S. 133
5 Honoré de Balzac, *Die Frau von dreißig Jahren*, 1832, Zit. nach: Heinrich, S. 136
6 Kraft, Liebs, S. 184
7 Ibid., S. 48
8 Ibid., S. 144 f.
9 André Gide, *Die Schule der Frauen*, 1929, Zit. nach: Heinrich, S. 143
10 Goch, S. 41
11 Ibid., S. 202
12 Kraft, Liebs, S. 187
13 Diem, S. 17
14 Heinrich, S. 34; für die folgenden Absätze vgl. Heinrich, bes. S. 34 ff.

15 Nigg, S. 274
16 Heinrich, S. 37
17 Eibl-Eibesfeldt, S. 21, S. 34, S. 42

Prolog – Teil 4: Verletzlichkeit und Identität
1 Heinrich, S. 395
2 Eliot, George: Die Mühle am Fluß. 1869, zitiert nach: Heinrich, S. 42
3 Vgl. Heinrich, bes. S. 112 u. S. 113

Kapitel I – Vorspann
1 Shaw, Bernard, »*Die heilige Johanna: Eine Radio-Ansprache*«. In: Shaw, a.a.O., S. 225

Kapitel I – Teil 1: Wo sich die Geister scheiden
1 Meister Eckehart, Predigt 32, a.a.O., S. 303 f.

Kapitel I – Teil 2: Das Resultat ist immer gleich
1 I Ging, Übers. Wilhelm, S. 145
2 I Ging, Übers. Gia Fu Feng, dt. Wetzel, S. 280
3 I Ging, Kommentar Moog, S. 168 ff.
4 I Ging, Kommentar Moog, S. 168

Kapitel I – Teil 3: Einstieg zum Leben?
1 Meister Eckehart, Predigt 36, a.a.O., S. 324

Kapitel I – Teil 6: Bastarde?

1 I Ging, Übers. Wilhelm, S. 85 f.
2 Walker, S. 12
3 Ibid., S. 69
4 Ibid., S. 56
5 Ibid., S. 55
6 Brumlik, S. 80
7 Walker, S. 80 f.
8 Ibid., S. 59
9 Ibid., S. 161
10 Ibid., S. 161
11 Bejick, S. 55
12 Schroeder, S. 198 f.
13 Brumlik, S. 383
14 Walker, S. 7
15 Eliade, Bd. 2, S. 100
16 P. Grimal, *La civilisation Romaine 27*, Zit. nach: Eliade, Bd. 2, S. 101
17 Eliade, Bd. 2, S. 106 und S. 104
18 Vgl. Ibid., S. 105
19 Eliade, Bd. 1, S. 322
20 I Ging, Übers. Wilhelm, S. 67
21 Tao-te-king, Übers. von Strauß, S. 153

Kapitel I – Teil 7: Ein Wald ohne Wild

1 Ernst Bloch, *Das Prinzip Hoffnung,* Frankfurt/Main, 1976, S. 1396, Zit. nach: Brumlik, S. 350
2 Brumlik, S. 348
3 Walker, S. 19 f.
4 Ibid., S. 152 f.
5 Ibid., S. 153
6 Ibid., S. 81

7 Bejick, S. 105
8 Walker, S. 162
9 Ibid., S. 84
10 Ibid., S. 84f.
11 Ibid., S. 143
12 Ibid., S. 145
13 Ibid., S. 143
14 Ibid., S. 170
15 Ibid., S. 169
16 Brumlik, S. 279
17 Walker, S. 22
18 Ibid., S. 87
19 Ibid., S. 178
20 Brumlik, S. 363f.
21 Ibid., S. 366
22 Ibid., S. 21 und S. 342f.
23 Tao-te-king, Übers. von Strauß, S. 81
24 Ibid., S. 118
25 Hamp, Stenzel, Kürzinger, Kommentar, S. 3
26 Ibid., S. 1f.
27 II. Vatikanisches Konzil, a.a.O., o.S.
28 Ibid., o.S.
29 Hamp, Stenzel, Kürzinger, Kommentar, S. 167
30 Ibid., S. 181
31 Ibid., S. 276
32 Ibid., Vorwort, o.S., Hervorhebungen KFH
33 Ibid., Vorwort, o.S., Hervorhebung KFH
34 Ibid., Vorwort, o.S., Hervorhebung KFH
35 Brumlik, S. 89f.

Kapitel II – Teil 1: Diplomatie des Ursprungs
1 Lawlor, S. 60f.

Quellennachweis

Kapitel II – Teil 2: Wie eine gigantische, unsichtbare Blase?
1 Gimbutas, S. 265
2 Ibid., S. 266
3 Ibid., S. 266
4 Ibid., S. 265
5 Sommer, S. 84
6 Lawlor, S. 38 f.
7 Ibid., S. 38 ff.

Kapitel II – Teil 5: Die Befreiung
1 Vgl. Lawlor, S. 258 f. und S. 256 (Hervorhebungen KFH)

Kapitel II – Teil 6: Das Pferd in der Urquelle
1 I Ging, Übers. Wilhelm, S. 107
2 Ibid., S. 46 f.
3 I Ging, Übers. Wilhelm, S. 218; Übers. Gia Fu Feng, dt. Wetzel, S. 419
4 I Ging, Übers. Wilhelm, S. 141
5 Ibid., S. 137
6 Ibid., S. 186 f.

Kapitel II – Teil 7: Die Frau in der Urquelle
1 Lawlor, S. 43 f.

Kapitel III – Teil 1: Der Weg des Mannes
1 Lawlor, S. 191, S. 200, S. 191 und S. 199
2 Ibid., S. 198 und S. 207

3 Ibid., S. 194
4 Ibid., S. 214

Kapitel III – Teil 2: Der Weg des Menschen
1 Lawlor, S. 52f., S. 249 und S. 194
2 Ibid., S. 38

Kapitel III – Teil 3: Der Weg der Frau
1 Lawlor, S. 194f., S. 221 und S. 192
2 Ibid., S. 215

Kapitel III – Teil 5:
Frau und Pferd – Letztes Zeichen…?
1 Hempfling, 1995, S. 54

Kapitel III – Teil 6:
Frau und Pferd – Erstes Zeichen…?
1 I Ging, Übers. Gia Fu Feng, dt. Wetzel, S. 220

Kapitel III – Teil 7:
Die Welt im Spiegel von Frau und Pferd
1 I Ging, Übers. Gia Fu Feng, dt. Wetzel, S. 220f.
2 I Ging, Übers. Wilhelm, S. 85
3 Ibid., S. 111
4 Goch, S. 16

Bücher und Videos

Mit Pferden tanzen
Das Grundlagenwerk mit seinen einzigartigen Kommunikationsprinzipien, die jeder erlernen und praktizieren kann: Dominanz ohne Strafe, Vertrauen von Anfang an, eine pferdegerechte Körpersprache und die Versammlung am losen Zügel.
204 Seiten, 520 Farbfotos, gebunden
ISBN 3-440-06564-2

Die Botschaft der Pferde
Erstmals berichtet Klaus Ferdinand Hempfling von seinem ganz persönlichen Weg, der Ihn an die Grenzen des menschlichen Seins führte. Auf der Suche nach den verborgenen Wurzeln und Kräften eines ganzheitlichen Erlebens findet er im Pferd das strahlende Symbol von Würde, Kraft und Freiheit.
220 Seiten, gebunden
ISBN 3-440-06802-1

Die erste Begegnung
Basierend auf dem jahrhundertealten Prinzip von Freiheit und Freiwilligkeit, demonstriert Klaus Ferdinand Hempfling seine Arbeit mit unterschiedlichen Pferden, unter anderem gefährlichen Hengsten, und zeigt als einen der Höhepunkte das Zusammensein mit seinem eigenen Pferd Janosch in spielerischer Perfektion.
VHS-Video, 50 Minuten
ISBN 3-440-06762-9

Körpersprache
In außergewöhnlichen Sequenzen zeigt Klaus Ferdinand Hempfling das Kaleidoskop der non-verbalen Verständigung zwischen Mensch und Pferd und ihre tiefgreifenden Wirkungen auf Körper und Psyche. So erschließt sich die Welt der Pferde dem, der sich mit seiner inneren und äußeren Präsenz klar auszudrücken vermag.
VHS-Video, 50 Minuten
SBN 3-440-07287-8

von K. F. Hempfling

Klaus Ferdinand Hempfling, *DiplomIngenieur für Kommunikationstechnik, beschäftigt sich Zeit seines Lebens mit den unterschiedlichen Formen künstlerischen Schaffens. Kunst ist für ihn eine Brücke, auf der sich Ritual und moderne Welt begegnen. Das bedeutsamste Element sind dabei die Pferde, und mit ihnen verbunden die ältesten Quellen ursprünglichen Daseins.*

Schon sein erstes Buch, der Best- und Longseller "Mit Pferden tanzen", war ein aufsehenerregender Erfolg. Mit seinen provozierenden Thesen und inspirierenden Ideen hat er die Pferdewelt nachhaltig in Bewegung gebracht, ebenso wie er regelmäßig die Teilnehmer seiner Seminare und Demonstrationen begeistert.

Seine Art des Erfassens der Pferdepsyche, der pferdegerechten Körpersprache und des Umgangs mit diesen Geschöpfen ermöglicht eine erfüllende Beziehung zwischen Mensch und Tier. Vor allem jedoch wirkt sie sich auf die Persönlichkeit des "Pferdemenschen" aus, der in sich selbst die Wurzeln eines sinnerfüllten, autonomen Lebens findet.

KOSMOS KOMPETENZ

DAS SEMINARPROGRAMM
für Reiter und Pferdefreunde

Bei uns finden Sie ein vielfältiges Seminarangebot mit aktuellen und interessanten Themen rund um Pferdeausbildung, Haltung und Umgang, Reiten und Gesundheit. Wir bieten Diskussion und Erfahrungsaustausch mit anderen Teilnehmern sowie die Begegnung mit unseren Erfolgsautoren.

Klaus Ferdinand Hempfling

Seminare und mehr...

KOSMOS Kompetenz bietet jedes Jahr exklusiv in Deutschland Seminare und Veranstaltungen mit Klaus Ferdinand Hempfling.

Bitte fordern Sie unser ausführliches Programm an:
KOSMOS Verlag · **KOSMOS Kompetenz**
Postfach 10 60 11 · 70049 Stuttgart
Tel.: 0711/2191-270 · Fax: 0711/2191-350